BIBLIOTHÈQUE DES ÉCOLES FRANÇAISES D'ATHÈNES ET DE ROME

PUBLIÉE

SOUS LES AUSPICES DU MINISTÈRE DE L'INSTRUCTION PUBLIQUE

FASCICULE TRENTE-TROISIÈME

HISTOIRE

DU

CULTE DES DIVINITÉS D'ALEXANDRIE

SERAPIS, ISIS, HARPOCRATE ET ANUBIS

HORS DE L'ÉGYPTE

DEPUIS LES ORIGINES JUSQU'À LA NAISSANCE DE L'ÉCOLE NÉO-PLATONICIENNE

PAR

Georges LAFAYE

ANCIEN ÉLÈVE DE L'ÉCOLE NORMALE, ANCIEN MEMBRE DE L'ÉCOLE FRANÇAISE DE ROME
CHARGÉ DE COURS À LA FACULTÉ DES LETTRES D'AIX

*L'Égypte . . . est le temple du
monde entier.*
Asclepios, un dialogue d'Hermès
Trismégiste attribué à Apulée.

PARIS

ERNEST THORIN, ÉDITEUR

LIBRAIRE DES ÉCOLES FRANÇAISES D'ATHÈNES ET DE ROME
DU COLLÈGE DE FRANCE ET DE L'ÉCOLE NORMALE SUPÉRIEURE
RUE DE MÉDICIS, 7

1884

BIBLIOTHÈQUE DES ÉCOLES FRANÇAISES D'ATHÈNES ET DE ROME

EN VENTE

PREMIÈRE SÉRIE (Format grand in-8°)

FASCICULE PREMIER. — 1. Étude sur le LIBER PONTIFICALIS, par M. l'abbé DUCHESNE. — 2. Recherches sur les manuscrits archéologiques de Jacques Grimaldi, par M. Eugène Müntz. — 3. Étude sur le mystère de sainte Agnès, par M. Clédat . . . . 10 fr.

FASCICULE SECOND. — Essai sur les monuments grecs et romains relatifs au mythe de Psyché, par M. Maxime Collignon, ancien membre de l'École française d'Athènes, professeur à la Faculté des lettres de Bordeaux . . . . . 5 fr. 50

FASCICULE TROISIÈME. — Catalogue des vases peints du musée de la Société archéologique d'Athènes, par M. Maxime Collignon, ancien membre de l'École française d'Athènes (avec sept planches gravées) . . . . 10 fr.

FASCICULE QUATRIÈME. — Les arts a la cour des papes pendant le XVe et le XVIe siècle, recueil de documents inédits tirés des archives et des bibliothèques romaines, par M. Eugène Müntz, ancien membre de l'École française de Rome, bibliothécaire-archiviste de l'École nationale des Beaux-Arts, membre résidant de la Société nationale des antiquaires de France. — Première partie : Martin V — Pie II (1417-1464). (Ouvrage couronné par l'Institut) . . . . 12 fr.
N.B. — Un fascicule ne se vend qu'avec le IXe et le XXVIIIe contenant les 2e et 3e parties du travail de l'auteur.

FASCICULE CINQUIÈME. — Inscriptions inédites du pays des Marses, recueillies par M. E. Lefebure, ancien membre de l'École française de Rome . . . . 4 fr. 50

FASCICULE SIXIÈME. — Notice sur divers manuscrits de la bibliothèque Vaticane. — Richard le Poitevin, moine de Cluny, historien et poète, par M. Élie Berger, ancien membre de l'École française de Rome, lauréat de l'Institut de France (avec une planche en héliogravure) . . . . 5 fr.

FASCICULE SEPTIÈME. — Du rôle historique de Bertrand de Born (1175-1200), par M. Léon Clédat, ancien élève de l'École des Chartes et de l'École pratique des Hautes-Études, ancien membre de l'École française de Rome, professeur à la Faculté des lettres de Lyon . . . . 4 fr.

FASCICULE HUITIÈME. — Recherches archéologiques sur les îles Ioniennes. — I. Corfou, par M. Othon Riemann, ancien membre de l'École française d'Athènes, maître de conférences à la Faculté des lettres de Paris (avec deux planches hors texte et trois bois intercalés dans le texte) . . . . 3 fr.

FASCICULE NEUVIÈME. — Les arts a la cour des papes pendant le XVe et le XVIe siècle, recueil de documents inédits tirés des archives et des bibliothèques romaines, par M. Eugène Müntz, ancien membre de l'École française de Rome, bibliothécaire-archiviste de l'École nationale des Beaux-Arts, membre résidant de la Société nationale des antiquaires de France. — Deuxième partie : Paul II (1464-1471). 1 vol. avec deux planches en héliogravure (Ouvrage couronné par l'Institut). 12 fr.
N.B. — Ce fascicule ne se vend qu'avec le XXVIIIe contenant la 3e partie du travail de l'auteur (voir également ci-dessus, fascicule IV, ou 1re partie de cet ouvrage).

FASCICULE DIXIÈME. — Recherches pour servir a l'histoire de la peinture et de la sculpture chrétiennes en Orient avant la querelle des iconoclastes, par M. Ch. Bayet, ancien membre de l'École française de Rome et de l'École française d'Athènes, professeur à la Faculté des lettres de Lyon . . . . . 4 fr. 50

FASCICULE ONZIÈME. — Études sur la langue et la grammaire de Tite-Live, par M. Othon Riemann, ancien membre de l'École française d'Athènes, maître de conférences à la Faculté des lettres de Paris . . . . 9 fr.

FASCICULE DOUZIÈME. — Recherches archéologiques sur les îles Ioniennes. — II. Céphalonie, par M. Othon Riemann, ancien membre de l'École française d'Athènes, maître de conférences à la Faculté des lettres de Paris (avec une carte). 3 fr.

FASCICULE TREIZIÈME. — De codicibus mss. graecis Pii II, in Bibliotheca Alexandrino-Vaticana schedas excussit L. Duchesne, gallica in urbe scholae olim socius. 1 fr. 60

FASCICULE QUATORZIÈME. — Notice sur les manuscrits des poésies de saint Paulin de Nole, suivie d'observations sur le texte, par M. Émile Chatelain, ancien membre de l'École française de Rome, lauréat de l'Institut de France, répétiteur à l'École pratique des Hautes-Études . . . . 4 fr.

FASCICULE QUINZIÈME. — Inscriptions doliaires latines. Marques de briques relatives à une partie de la gens Domitia, recueillies et classées par M. Ch. Descemet (avec figures) . . . . 12 fr. 50

A suivre.

BIBLIOTHÈQUE

DES

ÉCOLES FRANÇAISES D'ATHÈNES ET DE ROME

FASCICULE TRENTE-TROISIÈME

HISTOIRE DU CULTE DES DIVINITÉS D'ALEXANDRIE HORS DE L'ÉGYPTE,

PAR GEORGES LAFAYE.

TOULOUSE. — IMP. A. CHAUVIN ET FILS, RUE DES SALENQUES, 28.

HISTOIRE

DU

CULTE DES DIVINITÉS D'ALEXANDRIE

SÉRAPIS, ISIS, HARPOCRATE ET ANUBIS

HORS DE L'ÉGYPTE

DEPUIS LES ORIGINES JUSQU'A LA NAISSANCE DE L'ÉCOLE NÉO-PLATONICIENNE

PAR

Georges LAFAYE

ANCIEN ÉLÈVE DE L'ÉCOLE NORMALE, ANCIEN MEMBRE DE L'ÉCOLE FRANÇAISE DE ROME
CHARGÉ DE COURS A LA FACULTÉ DES LETTRES D'AIX.

« L'Egypte ..... est le temple du
monde entier. »
(*Asclépius*, ou dialogue d'Hermès
Trismégiste attribué à Apulée, 24.)

PARIS

ERNEST THORIN, ÉDITEUR

LIBRAIRE DES ÉCOLES FRANÇAISES D'ATHÈNES ET DE ROME
DU COLLÈGE DE FRANCE ET DE L'ÉCOLE NORMALE SUPÉRIEURE
7, RUE DE MÉDICIS, 7

—

1884

BIBLIOGRAPHIE GÉNÉRALE

Petrus Erasmus Mueller. *De hierarchiá et studio vitæ asceticæ in sacris et mysteriis Græcorum Romanorumque latentibus.* Hauniæ, 1803. Schultz. In-12.

Sainte-Croix (le baron de). *Recherches historiques et critiques sur les mystères du paganisme.* Seconde édition, revue et corrigée par M. le baron Silvestre de Sacy. Paris, de Bure, 1817. In-8°. Seconde partie, huitième section, article III.

B. Matthiæ. Article *Isis* dans : Ersch und Gruber. *Allgemeine Encyklopædie.* Zweite Section, herausgegeben von A. G. Hoffmann, 1845.

L. Georgii. Articles *Harpocrate, Horos, Isis,* dans : Pauly's *Real Encyclopædie der Alterthumswissenschaften,* 1846.

C. Reichel. *De Isidis apud Romanos cultu.* Dissertatio inauguralis ad summos in philosophia honores rite capessendos. Berolini, Schade, 1849. In-12.

L. Preller. *Ueber die Ausbreitung der Isis - und Serapis Dienstes in Griechenland,* dans : *Berichte der kœnigl. sæchs. Gesellschaft der Wissenschaften zu Leipzig,* 1854, p. 196 et suiv.

— *Les dieux de l'ancienne Rome,* trad. Dietz. Douzième partie, II. — Cultes égyptiens : Isis et Sérapis.

Alf. Maury. *Histoire des religions de la Grèce antique.* Paris, Ladrange, 1859. In-8°. Chapitre XVII : Influence des croyances et des doctrines égyptiennes sur les croyances et le culte des Grecs.

Marquardt und Mommsen. *Handbuch der rœmischen Alterthümer.* Edition de 1878. Leipzig, Hirzel. In-8°. Vierter Theil : *Das Sacralwesen,* p. 76 à 80.

1

PREMIÈRE PARTIE

LES TEXTES

LES

DIVINITÉS D'ALEXANDRIE

HORS DE L'ÉGYPTE

———

CHAPITRE PREMIER.

LES ORIGINES.

§ 1.

Quoique les savants soient encore loin de s'entendre sur tout ce qui touche à la religion égyptienne, ils s'accordent à reconnaître qu'elle a cédé, au moins dans une certaine période de son développement, à une tendance monothéiste (1). Osiris est le nom sous lequel les Egyptiens adoraient le plus généralement « le Souverain Maître (2). » Un mythe exprime l'idée qu'ils s'étaient faite de son essence et de ses rapports avec la nature et avec l'homme. Osiris est un dieu en trois personnes ; il est lui-même la première, Isis est la seconde. Sous ces deux formes, il a la faculté de se reproduire éternellement, et il échappe à l'action de Set, principe de la destruction. Set a mis les membres d'Osiris en pièces et les a dispersés ; Isis, femme et sœur de la victime, les réunit et les rappelle à la vie ; elle en forme la troisième personne qui prend le nom d'Horos. Ainsi Dieu n'a ni commencement ni fin et il se perpétue par un effet de sa propre puissance ; en lui le père et le fils ne se distinguent pas, et ils sont identiques tous deux à la mère qui les fait revivre l'un par l'autre.

Là manifestation de Dieu dans la nature, c'est le soleil ; comme

---

(1) De Rougé, *Monuments égyptiens du Louvre*, p. 118 et 120, en bas ; Maspéro, *Histoire ancienne des peuples de l'Orient*, ch. I, *De la religion égyptienne* ; Tiele, *Manuel de l'histoire des religions*, trad. Vernes, p. 46-47.

(2) Pierret, *Dictionnaire d'archéologie égyptienne* : *Osiris*, « le Seigneur au-dessus de tout. »

Osiris, l'astre disparaît pour renaître; cette résurrection se renouvelle chaque jour lorsqu'il triomphe des ténèbres de la nuit. Isis est l'espace céleste qui, le matin, reçoit de nouveau son époux ressuscité sous le nom d'Horos.

Enfin Dieu est à la fois, pour l'homme, un créateur, un témoin et un juge. Il lui communique une parcelle de l'essence divine en lui donnant une âme; caché sous la forme du bœuf Hapi, il surveille de près toutes ses actions, et il lui en demande compte au delà de son existence terrestre. L'homme lui-même, rendant à Dieu ce qu'il a reçu, devient un Osiris. En un mot, il n'y a en toutes choses que deux principes, le Bien et le Mal, la Vie et la Mort; ils se combattent sans cesse, mais le premier finit par l'emporter. Cette lutte et ce triomphe, qui sont toujours les mêmes en Dieu, dans la nature et dans l'homme, ont pour expression un seul mythe, à la fois métaphysique, naturaliste et moral. Osiris, Isis et Horos résument en eux un système religieux, aussi simple que complet, auquel les Egyptiens ont accordé, dans leurs croyances, sinon un empire absolu, au moins la place d'honneur.

Les Grecs en avaient-ils découvert le principe, lorsque les Ptolémées fondèrent à Alexandrie une dynastie nouvelle? On n'en peut douter, si l'on étudie la formation des légendes qui se développèrent autour du mythe égyptien, dans un espace de trois siècles, depuis l'an 600 av. J.-C. environ jusqu'à l'an 300. Ni Homère, ni Hésiode, ni Eschyle ne connaissent les dieux de la Triade; il n'en est pas question davantage dans les historiens qui ont précédé Hérodote. Lorsque celui-ci visita l'Egypte, vers 450, il y avait deux siècles qu'elle avait été ouverte aux Grecs, et il y en avait un qu'ils avaient peuplé les villes de Naucratis et d'Abydos (1). C'est donc à une époque relativement basse que la légende hellénique est née, et l'on peut sans peine en suivre dans les auteurs les diverses étapes. Elle devait être de fraîche date lorsque Hérodote entreprit son voyage. Isis est la divinité que les Grecs appellent Déméter (2), Osiris est leur Dionysos (3); il a eu d'Isis un fils nommé Horos, qui n'est autre qu'Apollon (4), et une fille, Bubastis ou Artémis (5). Typhon cherche les deux enfants pour

---

(1) Maspéro, *Histoire ancienne des peuples de l'Orient*, p. 491-492 et 526-527.
(2) Hérodote, II, 59.
(3) *Id.*, II, 42.
(4) *Id.*, II, 144.
(5) *Id.*, II, 156.

les faire périr ; ils sont cachés et nourris par Latone dans l'île de Chemnis ; enfin, Horos triomphe de Typhon et met fin à sa puissance. Il est le dernier représentant de la génération des dieux qui régna sur la terre dans l'enfance de l'humanité.

Telle est la légende grécisée, dans son premier âge. Le mythe n'y est pas envahi par des fables parasites, et il apparaît distinctement sous le voile encore peu épais qui le recouvre. Les noms mêmes des dieux de la Triade égyptienne sont respectés. Mais il est facile de voir que si l'hellénisme n'a pas pris pleinement possession de cette légende, il l'a déjà marquée de son cachet. On a quelquefois blâmé les Grecs de n'avoir vu partout que leurs dieux dans ceux du reste du monde, comme si c'eût été une façon de ne voir partout qu'eux-mêmes. En réalité, ils firent preuve en ceci d'un grand sens religieux ; ils comprirent d'instinct que toutes les croyances humaines ont un fond commun, et ils cherchèrent à le persuader aux peuples qui jusque-là s'étaient enfermés aveuglément dans la prison étroite de leurs dogmes nationaux. L'éclectisme religieux de l'école néo-platonicienne ne naquit à Alexandrie qu'au second siècle de notre ère ; mais il était facile de prévoir que ce serait là le terme où aboutirait la philosophie. Les comparaisons qui s'établissaient sans cesse dans l'esprit des Grecs entre les différents cultes qu'ils étudiaient dans leurs courses lointaines ne pouvaient manquer de conduire des hommes aussi fins à une tentative de conciliation. On n'arrive à l'éclectisme qu'après avoir passé par le doute, et au sixième siècle avant Jésus-Christ on n'en était pas encore là ; mais le sentiment qui, dans l'âge sceptique, se traduit par des dissertations et des systèmes, donne naissance à des mythes, dans l'âge de la foi. Il est donc d'un grand intérêt d'examiner ces légendes de formation récente que l'on pourrait appeler *internationales*. C'est sans doute vers la fin du sixième siècle, avant l'arrivée d'Hérodote, que se fit, parmi les Grecs établis à Naucratis et à Abydos, le premier rapprochement entre leurs traditions et celles de leurs hôtes. Or, c'est précisément à cette époque que s'opère dans la Grèce propre le grand travail de fusion d'où sont sortis les mystères de l'Attique (1). Chose plus remarquable encore, la Triade qui, suivant Hérodote, correspond à celle de l'Egypte, à savoir, Dionysos (Osiris), Déméter (Isis), Apollon (Horos) est justement celle que l'on adorait dans les sanctuaires d'Eleusis et de Delphes ; à la vé-

(1) Girard, *Sentiment religieux en Grèce*, liv. II, ch. III, § 2 ; Maury, *Religions de la Grèce antique*, t. III, p. 304-305.

rité, ici dominait Apollon, là Déméter et Dionysos ; de même en
Egypte, les trois divinités n'étaient rapprochées nulle part sous
leurs noms les plus ordinaires ; elles ne le furent qu'à Philæ, peu
de temps avant la conquête macédonienne (1). Mais, on ne peut
nier qu'un lien étroit n'unît les trois personnes en Grèce comme
en Egypte. On s'est demandé si Dionysos et Apollon étaient bien
réellement identiques (2), et, sans le nier, on fait remarquer
combien ils se distinguent l'un de l'autre par leurs fonctions et
leur apparence extérieure. Il nous semble que les passages d'Hérodote que nous avons cités tranchent la difficulté. Est-ce qu'il
n'y a pas entre Osiris et Dionysos, entre Horos et Apollon des différences mille fois plus sensibles que celles qui séparent Dionysos
d'Apollon ? Est-ce que surtout, si nous nous abandonnons à l'impression qu'ont laissée dans nos esprits les ouvrages des arts des
deux nations, nous pouvons concevoir un instant que l'on ait
identifié Osiris, cette figure raide, au visage noir, qui tient dans
ses mains la crosse et le fouet (3), avec l'élégant Dionysos couronné de pampres ? qu'Apollon, à la blonde chevelure, à la taille
élancée, ait été comparé à cet Horos, dont le corps accroupi est si
peu propre à flatter le regard ? Est-ce que même dans les attributions il n'y a pas des différences plus profondes ? Si on ne s'y est
pas arrêté, c'est que pour les Grecs la forme et les fables
n'étaient pas tout. S'ils ont identifié Apollon à Horos, c'est évidemment qu'il jouait dans la Triade de leurs mystères un rôle
semblable à celui que l'on prêtait à Horos dans la Triade égyptienne, et qu'il n'était comme lui qu'une forme de la première
personne ressuscitée. Les différences que les Grecs ont négligées
sont tout justement pour nous une garantie que ce qui nous paraît
avoir de l'importance était ce qui en avait le moins à leurs yeux,
et que dans leur conception fondamentale de la divinité ils en
faisaient complètement abstraction. Il faut bien reconnaître qu'en
rapprochant leurs dieux de ceux de l'Egypte, ils ont agi, non à la
légère, et séduits par des contes d'enfants, mais d'après un dessein bien arrêté et en vertu d'un système théologique très nettement défini. Nous n'avons pas à expliquer d'où viennent les ressemblances que les Grecs remarquèrent entre les deux doctrines ;
mais il est certain qu'ils en furent frappés. Exclus de l'Egypte

(1) Wilkinson, *Manners and customs*, t. II, p. 513 ; Pierret, *Dictionnaire
d'archéologie égyptienne* : *Philæ*.
(2) Girard, p. 249-250.
(3) Pierret, *Dictionnaire d'archéologie égyptienne* : *Osiris*.

pendant longtemps, ils s'aperçurent, en y entrant, que les mystères dont ils cachaient soigneusement les secrets dans leur patrie reposaient sur le même principe que ceux qui s'abritaient derrière les remparts élevés des pylônes. Il y avait là de quoi les surprendre. Des textes d'Hérodote, il ressort que de son temps, et même avant lui, les théories répandues par l'orphisme avaient déjà fait bien du chemin et qu'elles étaient bien populaires puisqu'on était capable de reconnaître en pays étranger celles qui y ressemblaient. Dès lors est fixée dans ses traits généraux la légende égypto-grecque. Osiris est comme Dionysos le symbole de toute vie et de toute mort; il a comme lui sa passion. Isis représente Déméter, le principe femelle « de la production et de l'harmonie (1). » Horos personnifie comme Apollon la vie reparaissant dans toute son intensité, après une éclipse temporaire. On fut sans doute plus embarrassé pour donner un nom grec à Set, l'esprit du mal; on l'identifia avec Typhon, Titan foudroyé, sur l'histoire duquel on ne s'entendait pas très bien. Puis, autour du mythe, se groupèrent des fables secondaires. Nephthys doit être la déesse dans laquelle Hérodote reconnaît Latone, et Bast celle qu'il regarde comme Artémis. Enfin Io est mise en rapport avec Isis.

La fable d'Io est inconnue à Homère; Hésiode (2) et Acusilas (3) sont les premiers qui en aient parlé. Elle paraît être originaire d'Argos et s'être répandue surtout du temps d'Eschyle; dans le *Prométhée enchaîné* (4) il est dit que Canope doit être le terme des voyages d'Io; la même tradition se retrouve dans les *Suppliantes* (5). Mais personne avant Hérodote ne remarque une ressemblance entre Isis et Io. « Isis, dit-il, est représentée sous la figure d'une femme à cornes de vache comme l'est Io chez les Grecs (6). » Ce passage ferait presque croire que nous touchons là à l'origine d'une identification qui a fait fortune depuis; Hérodote ne prétend pas que l'héroïne et la déesse soient considérées comme une seule personne, ni même qu'elles puissent être comparées autrement que par leurs images; il semble que ce soit cette analogie tout extérieure qui ait donné lieu plus tard à

(1) Girard, p. 234.
(2) *Fragm.* V.
(3) *Historicorum græcorum fragm.* Ed. Didot, *fragm.* 18.
(4) V. 705.
(5) V. 548 et 788.
(6) II, 41.

un rapprochement plus complet. En ce cas, il faudrait admettre que les Grecs se sont laissés aller, sans y plus regarder, à la première impression que reçurent leurs yeux. Mais ce serait se tromper; le symbolisme de la fable d'Io ne ressemble tant à celui de la fable d'Isis que parce qu'ils sont nés l'un et l'autre de deux mythes qui avaient entre eux plus d'un rapport. Il n'est pas bien sûr qu'Io, à Argos tout au moins, ne fût pas une de ces divinités locales, autour desquelles se concentra et se perpétua le culte des forces mystérieuses de la nature et dont les autels attiraient presque autant d'hommages que ceux des grands dieux de l'Olympe(1).

Ainsi nous voyons se fondre, à une époque historique, les mythes fondamentaux des deux religions grecque et égyptienne; c'est une fusion qui s'opère pour ainsi dire sous nos yeux. Elle commence à peine lorsque Hérodote visite l'Egypte, c'est-à-dire vers le milieu du cinquième siècle; nous avons saisi çà et là la preuve qu'alors ce travail n'était pas encore achevé. Mais il faut se garder de croire qu'il fût l'œuvre d'une imagination capricieuse accumulant, petit à petit, sans ordre ni suite, les inventions les plus hétérogènes. On s'est gravement trompé autrefois, en cherchant dans les mythes un système où tout devait s'enchaîner par les liens étroits de la logique. On est disposé aujourd'hui à tenir plus de compte de la fantaisie poétique, qui surtout chez les peuples de l'Orient ajoute chaque jour quelque chose aux croyances du monde. On a eu raison de changer ainsi de méthode; mais il ne faudrait pas verser dans un autre excès et s'imaginer que l'humanité s'est abandonnée tout entière aux rêves flottants des poètes. Si l'imagination populaire s'est donnée carrière dans les légendes qui retracent les aventures fabuleuses des dieux et des héros, on ne lui a pas permis de s'exercer sur les dogmes qui s'enseignaient dans les mystères. Jamais on n'a refusé d'ouvrir les portes du ciel aux êtres extraordinaires pour lesquels la multitude se passionne, ni de grossir leur légende; mais il est resté bien entendu que les profanes n'avaient rien à ajouter ni à changer à la conception de la divinité, dont on n'achetait la connaissance qu'au prix de nombreuses épreuves. C'est donc par suite d'un dessein prémédité que la Triade grecque a été identifiée, au temps d'Hérodote, avec la Triade égyptienne. Une fusion qui suppose des études religieuses et des comparaisons savantes ne se fait pas au hasard et n'est pas de celles que peut accomplir lentement le

(1) Voir Lenormant et de Witte, *Elite des monuments céramographiques*, t. III, p. 238; Mariette, *La mère d'Apis*, 1856, in-4°, p. 19 et suiv.

grand nombre. C'est une œuvre qui a été préparée par le mouvement philosophique du sixième siècle et qui doit y être rattachée. Les événements politiques y ont sans doute contribué aussi pour une bonne part. Chacune des circonstances qui ont rapproché la Grèce de l'Egypte a noué d'autant l'une à l'autre les religions des deux pays. En 463, une flotte athénienne de deux cents navires remonta le Nil jusqu'à Memphis, pour soutenir contre les Perses le parti national insurgé. Ce fut pour Athènes la cause d'un désastre (1) ; mais sortie plus tard des guerres médiques avec honneur, elle reprit son prestige aux yeux des Grecs établis depuis longtemps déjà à Abydos et à Naucratis et l'hellénisme fit un pas de plus sur la terre des Pharaons.

Depuis l'an 450 jusqu'à la fondation d'Alexandrie, la légende reste stationnaire; mais les études religieuses se poursuivent activement. On attribue à Hellanikos de Lesbos, un des historiens du cinquième siècle, une description de l'Egypte (2) ; si cet ouvrage n'est pas d'Hellanikos, il paraît bien probable tout au moins qu'il ne lui est pas de beaucoup postérieur ; les questions religieuses y ont leur place et y sont traitées, autant qu'on en peut juger par ce qui nous en reste, avec une certaine sobriété qui n'exclut pas le merveilleux, et qui rappelle assez la manière d'Hérodote. L'auteur avait voyagé en Egypte et interrogé les prêtres ; il avait entendu parler d'Osiris et de Baba, une des formes de Set, l'esprit du mal, qu'il identifie avec Typhon. Mais, ce qui est bien significatif, c'est qu'il avait fait entrer dans son livre les doctrines de la théologie orphique (3) ; il prétendait que la vigne provenait de l'Egypte ; on en a conclu, avec grande apparence de raison, qu'il avait cru retrouver sur les bords du Nil l'origine des mystères dionysiaques, dont il partageait les croyances (4). Ce témoignage, remontant à l'époque même où l'orphisme a été le plus en honneur, doit être souligné.

La chute de la domination perse en Egypte et l'avènement d'une dynastie nationale (404), qui ne pouvait vivre que grâce à l'appui des Grecs (5), leur facilita encore davantage l'accès des temples. La philosophie du siècle de Périclès n'a pas manqué

(1) Maspéro, *Histoire ancienne des peuples de l'Orient*, p. 556-557.
(2) Αἰγυπτιακά. V. *Historic. græc. fragm.*, éd. Didot, t. I, p. XXIII et suiv., et p. 66, *fragm.* 154 en particulier.
(3) *Ibid.*, *fragm.* 155.
(4) Girard, p. 236.
(5) Maspéro, p. 563.

d'aller s'y instruire ; Platon, qui est resté si Grec, se souvient cependant maintes fois de ce qu'il avait appris dans ses voyages ; il connaît Isis ; il a entendu chanter ses louanges et s'est renseigné sur la liturgie sacrée (1). Autour du maître, on ne s'intéresse pas moins à la religion égyptienne ; un de ses disciples, Héraclide de Pont, dans son ouvrage *Sur les oracles* (2), cherche à identifier les dieux de l'un et de l'autre pays. Aristagoras de Milet rédige un recueil d'observations sur l'Egypte, le plus ancien que l'on connaisse après ceux d'Hérodote et d'Hellanikos (3). Eudoxe de Cnide, muni d'une lettre de recommandation d'Agésilas pour le roi Nakhtnebew, va passer seize mois en la compagnie des prêtres, se rasant la barbe et les cheveux, vivant de leur vie et étudiant leurs doctrines, et il écrit au retour un traité *Sur les dieux*, le monde et les phénomènes célestes (4). Si la perte de ces ouvrages ne cause pas de regrets aux égyptologues, elle est fâcheuse aux yeux de ceux qui étudient les phases successives de l'hellénisme, et qui s'efforcent de ne laisser échapper à leur examen aucune des influences qu'il a subies. Des écrits datant de la grande époque de la Grèce indépendante seraient fort utiles pour montrer ce que des écoles fameuses ont cru devoir prendre aux religions étrangères ; on pourrait, sur ce point, comparer leurs opinions à celles qu'a répandues longtemps après le néo-platonisme. Les descriptions rédigées quatre cents ans avant Jésus-Christ ont été lues, commentées et discutées par les philosophes du second siècle de notre ère ; Plutarque, dans son traité *d'Isis et d'Osiris*, cite Hellanikos (5), Héraclide de Pont (6), Aristagoras de Milet (7). Pourquoi le système religieux de l'Egypte n'a-t-il pas fait fortune de leur temps ? Ils en connaissaient certainement le principe ; les identifications de dieux qu'Hérodote a recueillies ne laissent aucun doute à cet égard. Pour nous, nous pensons que cette influence a été considérable, mais qu'elle s'est exercée secrètement. Il était impossible que la croyance au monothéisme et à l'immortalité de l'âme, qui se cachait au fond de la théologie égyptienne, ne séduisît pas en Grèce tous les esprits

---

(1) *Lois*, II, p. 657.

(2) Περὶ χρηστηρίων. *Historic. græc. fragm.*, éd. Didot, t. II, p. 197 et notes.

(3) *Hist. græc. fragm.*, éd. Didot, t. II, p. 98 et 99, *fragm.* 7. Αἰγυπτιακά.

(4) Diog. Laert., III, 86-91 ; Fabric., *Bibl. græc.*, t. IV, p. 12 (éd. nov. 1795),

(5) Ch. XXXIV, p. 364 D.

(6) Ch. XXVII, p. 361 F.

(7) Ch. V, p. 353 A.

distingués que lassait le fardeau à la fois pesant et vide du polythéisme. Platon se serait-il fait initier à la science des prêtres, si
Solon et Pythagore n'en avaient vanté la profondeur ; et Eudoxe
eût-il suivi l'exemple de Platon, s'il n'avait eu la certitude d'y
profiter ? Le mouvement continu qui entraîne les plus grands
hommes de la Grèce vers les temples de l'Egypte, dès le jour où
elle ouvre ses portes, prouve clairement qu'ils y trouvaient
quelque chose qui leur manquait dans leur patrie. Mais ce qu'ils
rapportaient au retour passait dans le domaine de la philosophie,
et n'entrait dans celui de la religion que lentement et sans bruit ;
ainsi se formait un esprit qui pénétrait les mystères, qui en
modifiait les rites et les traditions et se communiquait peu à peu
aux initiés. Au commencement du quatrième siècle, on ne connaît encore les dieux de l'Egypte que par ce qu'en rapportent les
voyageurs ; aucune légende ne s'est développée autour de leurs
noms, la poésie ne les chante pas. La Grèce n'a d'hommages que
pour ses dieux brillants et passionnés comme elle ; elle réserve à
l'examen des graves problèmes qui troublent l'âme certaines heures
et certains lieux où l'on fait trêve aux agitations de la vie publique et des affaires. Mais le jour est proche où les dieux de
l'Egypte vont venir vers elle ; Athènes sera leur première conquête.

Il ne subsiste plus guère de doutes sur les mesures que la loi
athénienne appliquait aux cultes étrangers (1). Le principe, dans
toute sa rigueur, était que quiconque introduisait dans la cité des
divinités étrangères sans une autorisation préalable était passible
de la peine capitale. Cet article n'était pas lettre morte. Du temps
de Démosthène, une prêtresse, nommée Ninos, accusée de l'avoir
enfreint, fut condamnée et exécutée ; le grand orateur lui-même
fit infliger le dernier châtiment à une autre femme, Théoris, sur
laquelle pesait peut-être le même grief. Enfin Phryné, la célèbre
courtisane, fut citée en justice sous l'inculpation « d'avoir introduit une divinité nouvelle, et réuni des thiases illégaux d'hommes
et de femmes. » Si elle échappa à la sentence la plus sévère, elle
ne le dut qu'à l'habileté de son avocat Hypéride. Ces exemples,
après tout, sont rares. La loi était une arme terrible ; mais on ne
songeait à en frapper que ceux qui étaient signalés à l'attention
des juges par quelque ennemi personnel. Combien de femmes

---

(1) Voir, pour tout ce qui suit, Maury, *Religions de la Grèce antique*, t. III,
p. 71, note 2, et surtout Foucart, *Associations religieuses chez les Grecs*, p. 129
et suiv.

dans Athènes devaient être aussi coupables que les infortunées que l'on traîna devant les tribunaux ! Il était facile, en effet, de tourner les prescriptions du code. Les étrangers qui, pour les besoins de leur commerce, avaient des comptoirs sur le sol athénien, pouvaient toujours demander au Conseil et au Peuple la permission d'élever un temple à leurs divinités nationales sur un terrain acheté de leurs deniers. Leur requête était discutée ensuite dans les deux assemblées. Il semble qu'au quatrième siècle l'autorisation préalable n'était accordée qu'avec une certaine mesure. En 333, l'orateur Lycurgue, après un vote favorable du Conseil, propose au Peuple de permettre que des marchands de Citium élèvent au Pirée un temple d'Aphrodite (1). Le peuple y consent ; dans le texte du décret rendu à cette occasion, on rappelle que les Egyptiens ont obtenu de même le droit de fonder au Pirée un sanctuaire d'Isis (2). C'est donc que l'orateur a eu besoin, pour emporter les suffrages, d'invoquer un précédent, et ce précédent est de fraîche date, il est peu commun, il est peut-être unique ; et, qui plus est, le peuple a voulu qu'il fût mentionné dans la rédaction, comme pour justifier une faveur exceptionnelle. On dirait que la proposition n'a pas été adoptée sans une certaine répugnance. Si l'on se place au point de vue du parti qui tenait aux vieilles mœurs et à la religion des ancêtres, ce sentiment ne se comprend que trop. Permettre à des étrangers venus de Citium ou du Delta, d'installer leurs dieux dans l'Attique, c'était porter un coup fatal aux cultes nationaux. Tous ceux qu'avaient effrayés les procès de Ninos et de Théoris se montrèrent plus circonspects en public. Mais pouvait-on leur interdire l'accès des temples établis au Pirée, et la fréquentation des prêtres cypriotes ou égyptiens ? Et lorsqu'ils se laissaient persuader de faire, auprès de leur foyer domestique, une place aux dieux nouveaux, pouvait-on les en empêcher ? En ce cas, où commençait l'illégalité et où finissait-elle ? Platon (3) déplore cet entraînement ; il voudrait que l'Etat y opposât une barrière ; mais les mesures préventives qu'il recommande pour sa cité idéale étaient inapplicables dans la cité réelle. La fin du quatrième siècle marque la première période de l'invasion. Un petit groupe d'étrangers est établi aux portes de la ville, sur un terrain dont l'Etat leur reconnaît la possession ;

(1) Inscription dans Foucart, *l. c.*, *C. I. Att.*, II, 168.
(2) Voir une inscription du Laurium, en l'honneur d'Horos, qui est peut-être de la même époque. *Rheinisches Museum*, 1869, p. 476.
(3) *Lois*, X, 910.

de là leur religion s'infiltre dans les maisons des particuliers ; elle s'y étend dans l'ombre. Bientôt la question sera de savoir comment elle osera se produire au grand jour. Ce sera la seconde période.

§ 2.

En 332 fut fondée Alexandrie. Les études sur la théologie égyptienne reprirent aussitôt un nouvel élan. Un Macédonien, nommé Léon, né comme Alexandre à Pella, et qui l'avait sans doute accompagné dans ses expéditions, aurait été le premier, s'il faut en croire la tradition, à écrire un ouvrage d'ensemble *Sur les dieux de l'Egypte ;* il le dédia à Olympias, mère du roi (1). Sous Ptolémée Ier Soter, cet exemple fut suivi par un grand nombre de Grecs (2); Hécatée d'Abdère, entre autres, visita Thèbes avec Ptolémée (3) et consigna le résultat de ses investigations dans un livre, dont un chapitre, celui qui traitait de la philosophie, a été plusieurs fois cité par les écrivains postérieurs (4). Mais le principal rôle, dans la littérature d'où est sortie la religion alexandrine, appartient à un prêtre égyptien originaire de la ville de Sebennytus, à Ma-n-thôth. Ce personnage célèbre, que les Grecs ont appelé Manéthon, en publiant le premier dans leur langue ce que pendant longtemps ils étaient venus chercher à grand'peine dans les temples, fonda véritablement cette religion mixte qui allait avoir de si grandes destinées. Quand on considère l'importance qu'a prise son œuvre dès le premier jour, on ne peut écarter l'idée qu'il fut chargé par le roi d'une mission officielle, et qu'il exerça une sorte de suprématie pontificale dans la nouvelle capitale de l'Egypte.

On sait avec quel bon sens Ptolémée comprit sa tâche ; il s'enferma dans sa conquête et n'eut plus qu'une pensée : unir les deux races destinées à vivre sous ses lois. Rien n'était plus conforme à ses principes de gouvernement que de leur montrer qu'en religion, comme en tout le reste, elles étaient faites pour s'entendre, et que de les amener à un mutuel échange d'idées sans rien brusquer, sans rien imposer. Le *Livre sacré* de Mané-

---

(1) *Hist. græc. fragm.*, Didot, t. II, p. 331.
(2) Diodor., I, 46, 8.
(3) *Hist. græc. fragm.*, Didot, t. II, p. 384 et 388.
(4) Entre autres par Plutarque, dans le traité d'*Isis et d'Osiris*, c. VI, p. 353, B. c. IX, p. 354.

thon servit à merveille cette politique. C'est de là que sont nés les dieux alexandrins (1).

On a vu comment, au cinquième siècle, la triade d'Osiris, Isis et Horos avait été identifiée avec celle de Dionysos, Déméter et Apollon. Sous Ptolémée Soter apparaît un nouveau dieu, Sérapis. Est-ce donc que l'on méconnaît le principe de la Triade? Est-ce que l'on fait entrer dans la conception de la divinité une personne de plus, et que l'on abandonne le système théologique des mystères? Cette question mérite de nous arrêter un instant.

L'origine de Sérapis a donné lieu à des discussions sans fin (2); elles viennent de ce que, dès le règne du second des Lagides, on ne s'entendait plus sur ce sujet. Alors se répandirent deux opinions contradictoires qui ont égaré les écrivains de l'époque impériale, et dont les modernes n'auraient jamais tiré la lumière sans le secours de l'égyptologie. Parmi les commentateurs alexandrins, les uns prétendaient que Sérapis avait été adoré par les Egyptiens dans le vieux bourg de Rhacotis, bien avant la conquête macédonienne; les autres qu'il avait été apporté de Sinope, ville du Pont. Pour les premiers, c'était un dieu indigène; pour les autres, un dieu grec. Ce qui mettait surtout la critique dans l'embarras, c'était qu'un auteur aussi grave que Tacite rapporte les deux traditions dans la même page sans en faire remarquer la différence, comme s'il eût désespéré de les concilier jamais (3). Plutarque, qui avait lu tout ce que les Alexandrins avaient écrit sur cette matière, a tenté, dans son traité *d'Isis et d'Osiris*, une explication qui mît les deux parties d'accord. Suivant lui, Ptolémée, ayant vu en songe la statue colossale d'un dieu, consulta un Grec

(1) *Hist. græc. fragm.*, coll. Didot, t. II, p. 613. L'authenticité des fragments de Manéthon a été niée par M. Havet, dans son livre sur le *Christianisme et ses origines*, *l'Hellénisme*, t. II, p. 29, et la note (1873). Mais son opinion ne nous paraît pas être universellement adoptée, même par les égyptologues. V. un article de M. Révillout dans la *Rev. arch.*, 1877, t. XXXIII, p. 73. En tout cas, il n'est pas douteux que les adeptes du culte alexandrin eurent une grande vénération pour Manéthon, et qu'ils le considérèrent en quelque sorte comme leur patriarche. On a trouvé à Carthage, au milieu d'inscriptions et de fragments provenant des ruines du Sérapéum de cette ville (*C. I. L.*, VIII, 1002 à 1009), un buste d'homme, sous lequel est gravé le nom MANEΘΩN, *C. I. L.*, VIII, 1007.

(2) Dans ce qui suit, nous ne faisons qu'analyser un excellent mémoire de M. Lumbroso, intitulé *Del culto di Serapide*, et inséré par l'auteur dans ses *Ricerche alessandrine*. Il nous dispense de donner la longue liste des indications bibliographiques qui seraient nécessaires.

(3) *Hist.*, IV, 84.

qui avait beaucoup voyagé, et apprit de lui que c'était celle du
Pluton de Sinope. Il la fit transporter à Alexandrie, et des gens
compétents y reconnurent une image de Sérapis : « *Ce n'était pas
ainsi que le dieu était appelé à Sinope; mais arrivé à Alexandrie, il
y reçut ce nom, qui est celui que les Egyptiens donnaient à Pluton.* »
De ce passage il ressort qu'il y avait en Egypte, avant la fondation d'Alexandrie, un dieu de la mort et des régions souterraines
qu'on appelait Sérapis, mais que ce nom était resté jusque-là inconnu aux Grecs. C'est ce que confirme l'égyptologie. Sérapis
n'est qu'une transcription hellénisée du mot *Osor-Hapi*, par lequel on désignait, après sa mort, Osiris envisagé dans sa manifestation terrestre, le bœuf Apis (1). Que les Grecs eussent ignoré
le terme propre à cette forme du mystère divin, c'est ce dont témoigne leur littérature, comme on peut aisément s'en convaincre
par l'examen des textes antérieurs à l'an 332. Lorsqu'on le leur
eut enseigné, ils l'écrivirent Ὀσόραπις, Ὁ Σόραπις, Σόραπις, Σάραπις
et Σέραπις. Il reste à expliquer l'origine de la légende acceptée par
Plutarque, d'après laquelle la statue du dieu auquel on appliqua
ce vocable aurait été apportée de Sinope. On pourrait penser
d'abord que les Ptolémées, en la laissant se répandre de si bonne
heure, voulurent ménager la susceptibilité des Grecs, qui auraient pu souffrir dans leur amour-propre d'avoir à brûler leur
encens devant le dieu des vaincus; mais en général ce n'est pas
un dessein politique qui engendre les légendes. Au contraire,
rien n'est plus commun que de les voir naître d'une confusion de
noms, surtout à cette époque et dans ce pays (2). Les Apis étaient
entretenus à Memphis sur une colline que l'on appelait *Sen-Hapi*
« la demeure d'Hapi (3); » les Grecs établis depuis longtemps dans
la ville avaient donné à ce nom la forme *Sinopion* (4). N'était-ce
pas assez pour que le peuple prît le change? Les relations commerciales qui unissaient Alexandrie à la Sinope du Pont firent le
reste. Quelques années suffirent pour que les lettrés eux-mêmes
oubliassent l'origine d'une fable construite sur le modèle de tant
d'autres (5). Sérapis n'est donc pas distinct d'Osiris. Dans les mys-

---

(1) Pierret., *Dict. d'arch. égypt.* : Osor-Hapis.
(2) Cf. Lumbroso, *Della formazione di alcune leggende greco-egizie*, dans
Nuovi studi d'archeologia alessandrina, p. 14 et suiv.
(3) Brugsch, *Geogr.*, I, 240.
(4) *Eustath. ad Dion. Perieg.*, v. 255, cf. Ps. Call. : ὁ δὲ ἔπεμψεν αὐτοὺς διὰ
χρησμῳδίας πρὸς τὸν ἀόρατον τοῦ Σινωπίου.
(5) Lumbroso, *Formazione,...* etc., p. 16.

2.

tères, les deux noms désignent la même personne; quand bien même Plutarque ne l'affirmerait pas (1), nous le verrions assez par les inscriptions : il n'y en a pas une seule où Osiris et Sérapis figurent ensemble.

Un autre dieu reçut aussi une appellation nouvelle; c'est celui dont Hérodote orthographie le nom Oros, plus communément écrit Horos. Sur l'expression égyptienne *Har-pa-Khrat*, qui signifiait Horos l'enfant, on appliqua le mot Ἁρποκράτης, qui ne présentait aucun sens, mais qui sonnait grec. Quoiqu'on se soit mépris quelquefois sur le rôle d'Harpocrate, il n'est pas douteux qu'il continua toujours à représenter dans les mystères la résurrection (2).

Ainsi la triade subsiste sous cette forme :

(Osiris) — Sérapis (3).

Isis.

(Horos) — Harpocrate.

La triade, dans les diverses combinaisons des divinités éleusiniennes, était souvent accompagnée d'un personnage d'ordre inférieur que l'on considérait comme le ministre des autres (πρόπολος). On assigna ce rôle, dans le culte alexandrin, à *Anup* ou *Anpu*, Anubis; il devint le conducteur des âmes, et à ce titre il remplit auprès d'Isis les mêmes fonctions qu'Hermès auprès de Déméter. Cette addition ne changeait rien au système. Anubis n'était jamais qu'un serviteur divin chargé de faire exécuter dans le monde les ordres venus d'en haut, un être intermédiaire placé fort au-dessus de l'homme, mais au-dessous de Dieu.

Il s'agissait de persuader aux Grecs que tous les dieux du polythéisme s'absorbaient dans les trois personnes de la théologie alexandrine. Pour les amener au syncrétisme, il fallait montrer :

1° Que le panthéon égyptien se fondait dans une triade;

2° Qu'il en était de même du panthéon grec;

3° Que la triade égyptienne et la triade grecque étaient identiques.

---

(1) *De Is. et Osir.*, ch. XXVIII, p. 362, A.-B.

(2) Pierret, *Dict. d'arch. égypt.* : *Harpocrate*.

(3) Malgré les explications si séduisantes de M. Lumbroso, quelques auteurs persistent à voir dans Sérapis un dieu apporté de la Sinope du Pont. Il serait, suivant eux, originaire de Babylone. Son nom signifierait *serpent*, et devrait être comparé au *Séraphim* des Hébreux. V. Tiele, *Manuel de l'histoire des religions*, trad. Vernes (1880), p. 59. Krall. *Tacitus und der Orient*, 1er Theil. *Historien*, IV, 83, 84. *Die Herkunft des Serapis*. Wien, 1880. V. Bouché-Leclercq, *Hist. de la divinat.*, t. III, p. 378, note 1.

Nous avons dit en commençant quel était le caractère de la re-ligion égyptienne : « Obscurcie à nos yeux, dit M. Pierret, par la complexité de la mythologie qui la recouvrait, elle s'est prêtée jusqu'ici à de nombreuses explications, souvent contradictoires, dont aucune n'a été unanimement adoptée ; mais ce qui est hors de doute, ce qui pour tout le monde se dégage clairement des textes, c'est la croyance en un Dieu unique. Le polythéisme que les monuments semblent accuser n'est qu'apparent ; les innom-brables dieux du panthéon ne sont que la mise en scène de l'être unique dans ses différents rôles (1). » Il était donc facile d'écar-ter l'idée de ces rôles tout secondaires et de s'élever jusqu'à une conception plus haute ; il n'y avait qu'à dégager le dogme fonda-mental et à prouver qu'à Thèbes, à Syène, à Philæ on adorait un seul et même Dieu en trois personnes, qu'elles s'appelassent Ammon, Maut et Khons, ou Kneph, Sati et Anouké, ou Osiris, Isis et Horos (2). Le polythéisme grec se prêtait moins à une sem-blable concentration, et cependant, si l'on accorde que la mytholo-gie et la religion n'étaient pas même chose, que la théologie n'avait rien à démêler avec les aventures fabuleuses que l'on prêtait aux dieux (3), il faut avouer que la question était bien simplifiée. Dans les mystères, non seulement on adorait la divinité sous une triple forme, mais encore on devait forcément ramener à cette croyance toutes les autres ; déjà à Eleusis, Dionysos est une sorte d'Hadès qui règne souverainement sur les Enfers, et « il devient comme l'énergie productrice de Zeus lui-même (4). » En d'autres termes, Dionysos, Hadès et Zeus ne sont qu'une seule personne. Déméter et Kora, quoique distinctes dans la légende, tendent aussi à se confondre et à englober petit à petit les attributions des déesses de la mer et du ciel ; présidant à la reproduction des êtres, elles absorberont, par exemple, Aphrodite, qui, à vrai dire, leur servait presque de doublure. Enfin, les fonctions d'Apollon s'étendent au point qu'on en fait le « surveillant et le directeur des affaires humaines » (5), et qu'on lui reconnaît, dans l'ordre moral, le pouvoir purificateur. Ainsi les mystères, au plus beau temps de la Grèce, contenaient un germe de syncrétisme par cela même

(1) Pierret, *Dict. d'arch. égypt.* : *Religion.* V. aussi *Divinité.*
(2) Wilkinson, *Manners and customs*, t. II, p. 513.
(3) Decharme, *Mythologie de la Grèce antique.* Préface.
(4) Girard, p. 239.
(5) *Id.*, p. 243.

que le dogme de l'unité était le principe plus ou moins explicite de la doctrine qu'on y enseignait.

Comment donc s'étonner que ce germe se soit développé au contact d'une religion dont l'esprit, malgré la multiplicité des formes de la divinité, était toujours monothéiste? Comment les Grecs, chez qui la sève de l'imagination s'était arrêtée et la raison s'était mûrie, n'auraient-ils pas compris la supériorité du système égyptien? Ils firent, lorsqu'ils le connurent mieux, le dernier pas dans la voie du syncrétisme. Mais tous leurs dieux ne gagnèrent pas également à ce progrès; il y en eut que l'on identifia bon gré mal gré avec certaines formes du Dieu de l'Egypte, en se fondant seulement sur des analogies de légendes assez superficielles, et qui n'eurent plus, dans la théologie nouvelle, qu'une importance secondaire. On a beau dire qu'Athéné et Aphrodite se confondent avec Neith et Athor (1), qui elles-mêmes ne sont pas distinctes d'Isis, qu'Arès est le même qu'Horos (2), en réalité, Athéné, Aphrodite et Arès sont condamnés désormais à un rôle effacé; leur culte est assimilé, en Egypte, à celui de certaines divinités locales, au pied desquelles on veut attirer les deux peuples (3); mais ce ne sont pas eux que l'Occident adorera sous les noms de Sérapis, d'Isis et d'Horos. L'avenir est réservé aux maîtres d'Eleusis et de Delphes; ils gagneront l'empire des âmes que tourmentent chaque jour davantage les sombres idées de mort et de vie future, et feront oublier à l'humanité tous les autres objets de sa vénération. Bien que le syncrétisme soit le principe de la religion qui naît à Alexandrie, certains attributs, certaines fonctions de la divinité sont laissées dans l'ombre; le monde se tourne vers le monothéisme, qui se fait alors de plus en plus grave et sévère.

Si les Ptolémées ne furent pas les seuls auteurs de ce changement, ils y contribuèrent pour beaucoup. Le premier d'entre eux obéit à une impulsion de la philosophie de son temps, non moins qu'à un dessein politique, lorsqu'il rapprocha par un lien religieux la Grèce et l'Egypte. Il conclut cette alliance avec tact, en s'éclairant des conseils des hommes les plus compétents; il y en eut deux surtout qui lui prêtèrent le secours de leur science théologique : ce furent Manéthon et Timothée. Manéthon découvrit,

(1) V. ces mots dans Pierret, *Dict. d'arch. égypt.*

(2) De Rougé, *Monnaies des nomes*, dans la *Revue numismatique*, 1874, p. 7. *Monnaies d'Edfou.*

(3) *Ibid.*, *passim.*

dans son *Livre sacré*, le sens des mythes(1), il fixa dans une étude-d'ensemble ce que les Grecs avaient appris lentement depuis Hérodote, et donna, par son témoignage, de l'autorité à leurs découvertes. Timothée était un Athénien, de la famille des Eumolpides, qui exerçait un sacerdoce élevé dans les mystères d'Eleusis. Ptolémée l'appela auprès de lui et le confronta avec Manéthon (2). Les conférences de ces deux hommes avec le chef de l'Etat furent le point de départ de l'alexandrinisme. Suivant les auteurs, ils n'auraient été consultés que pour décider si le dieu de Sinope, que le roi avait vu en songe, était bien identique à l'Osor-Apis des Egyptiens. Malgré la confusion que nous avons signalée dans cette tradition, elle doit être exacte en ce qu'elle rapporte de Ptolémée et de ses conseillers. Il est probable que leurs entretiens roulèrent sur beaucoup d'autres sujets et qu'ils réglèrent d'une façon définitive tout ce qui touchait au dogme et à l'organisation du culte mixte. Dès lors, en effet, le principe et la forme de la religion sont arrêtés. Les siècles suivants n'y ajouteront rien. Les travaux d'Amométos (3), d'Anticlidès d'Athènes (4), de Nymphodore de Syracuse (5) deviennent, sous Ptolémée Soter et son successeur, la tige d'une littérature dont l'auteur du traité *d'Isis et d'Osiris* recueillera les fruits. Les identifications se poursuivent, les légendes se compliquent et s'enchevêtrent, on s'égare dans un fatras d'explications désordonnées, dont Plutarque sera plutôt embarrassé qu'éclairé, et qui ne dérouteront pas moins les savants modernes jusqu'au jour où les découvertes de Champollion permettront de s'en passer. Nous n'avons donc pas à suivre les Alexandrins dans ce travail stérile. Il suffit de rappeler qu'il commence à s'accomplir lorsque paraît l'*Histoire sacrée* d'Evhémère. Ce fut pour l'alexandrinisme une circonstance fâcheuse que de naître en même temps que le système de ce philosophe. Si, en outre, l'on songe que la religion égyptienne nationale subit à la même époque une altération semblable à celle qui dégrade l'hellénisme (6), on comprendra combien le mythe primitif dut être dénaturé (7). Suivant les dogmes les plus anciens, Dieu, à l'ori-

(1) *Hist. gr. fr.*, Didot, t. II, p. 613, fr. 74-79.
(2) Tac., *Hist.*, IV, 83. Plut., *De Is. et Osir.*, ch. XXVIII, p. 362, A.
(3) *Hist. gr. fr.* Didot, t. II, p. 396.
(4) *Script. rer. Alex. M.* Ed. Didot, p. 147. Cité par Plutarque, *De Is. et Osir.*, c. XXXVII.
(5) *Hist. gr. fr.* Didot, t. II, p. 375.
(6) Maspéro, *Hist. anc. des peuples de l'Or.*, p. 51.
(7) Evhémère appliqua certainement son système à la légende des dieux

gine du monde, s'était manifesté sous la forme d'une suite de
rois, dont le séjour sur la terre marquait la période de l'âge d'or.
Si cette croyance ne s'était pas modifiée, elle n'aurait pu servir
la théorie d'Evhémère ; car autre chose est de dire que Dieu s'est
incarné dans l'homme, autre chose de dire qu'il n'y a de dieux
que des hommes élevés au ciel par notre imagination. Mais les
Egyptiens, à force de vouloir préciser les détails de l'existence
terrestre de leurs dieux, en étaient arrivés d'eux-mêmes, sous les
Ptolémées, à des abus de langage dont l'évhémérisme pouvait
profiter. La religion alexandrine allait donc puiser à deux sources
déjà corrompues. Le mythe s'en ressentit ; on développa outre
mesure la légende de la Passion d'Osiris et des aventures d'Isis ;
elle devint un canevas sur lequel chaque génération s'exerça à
son tour. La fable d'Io surtout se grossit de détails empruntés à la
géographie (1). On allongea le récit de ses courses errantes et l'on
chercha à expliquer pourquoi elle avait été depuis si longtemps
identifiée avec Isis. C'est sans doute à cette époque que l'on prétendit que l'héroïne grecque, amenée en Egypte par sa destinée
singulière, y avait été adorée à partir de ce jour sous le nom
d'Isis (2) ; présenter ainsi la fable, c'était donner le culte de la déesse
égyptienne comme originaire de la Grèce, ce qui est le contraire
même de la vérité. Il est regrettable que le poème de Callimaque,
intitulé l'*Arrivée d'Io en Egypte*, ne soit pas parvenu jusqu'à
nous ; composé sous les premiers Ptolémées, il nous permettrait
de mesurer le chemin que la légende avait parcouru depuis Eschyle et d'apprécier l'idée que les Alexandrins se faisaient des origines de leur religion.

Mais aussi bien leurs interprétations, souvent erronées, ont
peu d'intérêt ; qu'il nous suffise d'avoir vu comment s'est opéré
le rapprochement entre les mythes fondamentaux des mystères de
l'Egypte et de la Grèce. Les ressemblances qu'ils présentent
s'expliquent-elles par une communauté d'origine ou par des emprunts que le plus jeune des deux peuples aurait faits à l'autre ?
Il faudrait remonter, pour trancher cette question, à des époques

---

d'Alexandrie. V. Minutius, Félix, *Octavius*, c. 21. V. l'indignation de
Plutarque contre ce système, *De Is. et Os.*, p. 360, A.

(1) V. un mémoire de M. Hignard dans les *Comptes rendus de l'Académie
des inscriptions et belles-lettres*, 1868, p. 258.

(2) Lucien, *Dialogues des dieux*, 3. Remarquez qu'il n'y a rien de semblable
dans Hérodote ni dans Eschyle ; celui-ci parle bien du *voyage* en Egypte,
mais non du *culte*.

qui ne sont pas de notre domaine. Ce que nous avons voulu établir, c'est que les Grecs n'ont été frappés de ces ressemblances
que dans les temps historiques. La fusion qu'ils ont tentée est
l'œuvre de la réflexion et de l'étude. Elle a été inspirée par des
doctrines qui se répandirent immédiatement après celles des
grandes écoles, et achevée grâce à un heureux concours d'événements. Dès le jour où Alexandrie fut fondée, l'éclectisme religieux
s'imposa comme une nécessité à la politique et à la philosophie.
Ce fut en même temps un immense progrès. Cinq siècles nous
séparent encore de l'éclosion du néo-platonisme, et déjà on cherche à concilier d'une part le sentiment du divin avec les exigences de la raison, et de l'autre les différents systèmes entre eux.
La religion grecque y gagne, puisqu'elle se resserre et s'épure en
se concentrant tout entière dans le dogme fondamental de ses
mystères : la religion égyptienne y gagne aussi puisqu'elle ac-
quiert la force de se répandre au dehors; l'hellénisme lui communique son étincelle. On objectera sans doute qu'elle était alors
en pleine décomposition et que l'on pouvait tout au plus lui rendre les apparences de la vie. Il faut bien croire cependant qu'au
milieu des éléments impurs qui s'y étaient introduits les Grecs
surent trouver un principe que la corruption n'avait pas atteint,
et qu'il leur suffit, non seulement pour soutenir pendant des siècles la vieille foi de l'Egypte, mais encore pour la propager jusqu'aux dernières limites du monde antique.

CHAPITRE II.

LE CULTE ALEXANDRIN DANS LE MONDE GREC (1)
ET AUTOUR DE ROME.

§ 1.

Les modernes n'ont que des éloges pour l'habileté dont Ptolémée Soter fit preuve dans son gouvernement, et c'est justice. Les progrès de la religion mixte, dont il fut le principal promoteur, ne peuvent se comparer, pour la rapidité, qu'à ceux du christianisme naissant. Avant de suivre les doctrines du culte nouveau chez les Grecs et chez les Romains, il serait bon de savoir comment il fut organisé à Alexandrie. Il faudrait surtout pouvoir reconstituer ce Sérapéum, qui fut jusqu'au dernier jour pour les Alexandrins ce que le temple de Jérusalem était pour les Juifs, un centre vénéré, où affluaient tous les hommages, et d'où partaient toutes les inspirations. Comment se combinèrent les traditions et les usages des deux races dans les cérémonies, dans les associations, dans la hiérarchie sacerdotale? Si l'on parvenait à l'expliquer on jetterait beaucoup de jour sur la suite de cette histoire (2). Alexandrie a répandu sur toutes les côtes ouvertes à son commerce les règles des honneurs qu'on devait rendre à ses dieux, et elle en a conservé le code dans son sanctuaire principal. C'est là que les rites ont été célébrés avec le plus de solennité et observés avec le plus de rigueur. C'est là que le culte était né, et là qu'il se retrempait

---

(1) V. l'ouvrage de L. Preller, cité dans notre *Bibliographie générale.* V. encore une étude de Letronne, *Sur les noms propres d'hommes et de femmes que les Grecs tirèrent de ceux des divinités égyptiennes : Isidore, Sarapion,* etc. *Annali dell'Inst. di corrisp. arch.*, 1845, p. 325, et suiv.

(2) Ce sujet a été traité sommairement par Franz dans l'*Introduction* au recueil des inscriptions grecques de l'Egypte, *C. I. G.*, t. III, p. 303, col. 2.

lorsqu'il avait subi ces altérations que le contact des cultes étrangers rendait inévitables. C'est donc là qu'il faudrait chercher les premiers éléments de cette étude. Mais la religion alexandrine nous intéresse surtout par le rôle qu'elle a joué, à une heure décisive, dans la capitale du monde. On nous pardonnera donc de ne pas nous attarder autour de son berceau, et de laisser à de plus compétents le soin de rechercher ce qu'elle fut à sa naissance.

Le chemin qu'elle parcourt au troisième siècle est immense. Elle se propage d'abord vers l'intérieur de l'Egypte, en même temps que la domination des Lagides. Memphis avait toujours conservé, aux yeux des indigènes, son prestige d'ancienne capitale et de ville sainte. C'était dans son temple que l'on était venu prendre Osor-Api pour l'installer au milieu des conquérants. Ceux-ci, craignant sans doute que les Egyptiens ne vinssent pas assez souvent prier le dieu ainsi grécisé, le leur portèrent à Memphis et établirent auprès de l'antique sanctuaire le culte mixte qu'ils avaient imaginé. Dès lors deux temples s'élevèrent face à face, l'un égyptien et datant de l'époque des Pharaons, l'autre de fondation alexandrine. M. Mariette (1) a découvert le premier et fixé l'emplacement du second. Parmi les papyrus que l'on a tirés des ruines du Sérapéum grec, les plus anciens paraissent être du règne de Philométor (2). Mais, à coup sûr, le monument a été construit bien plus tôt, et c'est dans le courant du troisième siècle qu'il s'est agrandi et peuplé (3). Ce qui se passa à Memphis sous les premiers Ptolémées (4) peut donner une idée de ce qu'ils tentèrent dans les autres villes de l'Egypte; les temples des dieux nationaux furent protégés, embellis et enrichis; seulement ils virent des autels s'élever à leurs portes pour le culte que la faveur royale et l'engouement du vainqueur avaient sanctionné.

L'esprit grec ne fut pas sans être modifié par ce voisinage. En voyant la ferveur que les Grecs témoignent en Egypte pour leur nouveau culte, on s'explique déjà la fortune que leurs frères d'outre-mer lui réservent. Ptolémée, fils de Glaucias, s'enferme dans le Sérapéum de Memphis et n'en sort point pendant quinze ans; il s'astreint à toutes les pratiques de la dévotion la plus étroite et ne communique avec le dehors que par une lucarne. Les Egyp-

---

(1) Mariette, *Le Sérapéum de Memphis.*
(2) Devéria, *Manuscr. ég. du Louvre*, p. 241.
(3) Mariette, ouvr. cité, p. 7.
(4) V. la description du Sérapéum grec de Memphis dans notre chapitre sur *Les temples.*

tiens ne lui épargnent aucun tracas; ils le volent, le bâtonnent,
lui lancent des pierres; les marchands du temple même le moles-
tent. Le pauvre homme n'a d'espérance que dans le roi; il lui
adresse requêtes sur requêtes pour le mettre au courant de ses tri-
bulations. En attendant que la réponse arrive, il lutte avec tous
ceux qui l'entourent, tantôt avec le boulanger, tantôt avec le marchand d'habits. Cependant Ptolémée ne cherche pas à sortir de sa
cellule; il éprouve pour son temple cette affection qui attache
étroitement le moine à son couvent (1). Où sommes-nous, dans
quel pays et dans quel siècle? Celui qui accepte cette vie est-il bien
le petit-fils de ces Macédoniens, amoureux de combats, race de
montagnards et de guerriers, qui sont descendus avec Philippe
du haut de leurs sauvages citadelles? Ou n'est-ce pas plutôt quelque religieux du moyen âge byzantin consacré corps et âme aux
ineffables jouissances de la contemplation? Nous sommes en
Egypte et le second siècle avant Jésus-Christ vient à peine de
s'ouvrir. Ainsi, avant de suivre Isis et Sérapis du côté d'Athènes,
gardons-nous de croire que ces divinités tristes, qui ne parlent
que de mort et de vie future, qui imposent à l'homme des sacrifices et des privations, seront accueillies froidement par la société
grecque. On a dit et répété que le fond du caractère des Grecs
était la mobilité. Rien mieux que cette histoire ne prouve combien il faut apporter de corrections à ce jugement, à moins que
l'on ne dise que chez eux la mobilité allait jusqu'à s'accommoder,
au besoin, de l'inaction même.

D'ailleurs c'était un mouvement parti des écoles grecques, qui
avait rapproché les systèmes religieux des deux pays. Le culte qui
naquit du mélange trouva, en pénétrant en Grèce, un terrain tout
préparé. Athènes, malgré ses malheurs, n'était pas déchue de sa
suprématie morale. Ses maîtres lui-même mettaient un certain
point d'honneur à la lui conserver. Les Lagides eurent pour elle
autant d'égards que les autres successeurs d'Alexandre; ils s'en
montrèrent plus prodigues encore lorsque l'intérêt politique les
poussa. En 270 (2), à la suite d'une invasion gauloise, Athènes
put espérer un instant qu'au milieu du désarroi général elle se
soustrairait à la domination de la Macédoine, dont le sceptre trem-
blait aux mains d'Antigone Gonatas, fils de Démétrios Poliorcète.
Ptolémée Philadelphe envoya, pour l'aider à reconquérir son
indépendance, une flotte auxiliaire sous le commandement de

(1) Devéria, ouvr. cité, *Papyrus grecs*, passim.
(2) Champollion-Figeac, *Annales des Lagides*, t. II. p. 26.

Patroclos (1). Peut-être cette intervention n'était-elle qu'un premier effort pour rattacher la Grèce aux Etats des Lagides ; peut-être auraient-ils fini par saisir leur proie, si Rome ne s'était bientôt dressée au milieu des compétiteurs. En ce cas l'influence d'Alexandrie se serait exercée dans le monde hellénique plus directement encore qu'elle ne le fit par la suite. Le secours envoyé par Ptolémée ne fut pas d'une grande efficacité. Quelques années plus tard, Athènes retomba aux mains du Macédonien. Mais il y avait eu entre le prince et ses protégés un échange de bons procédés, dont le souvenir survécut au naufrage de leurs espérances communes. L'alliance qui prévalut pendant cette courte période laissa dans Athènes une trace durable. Le peuple appela *Ptolémaïs* une des tribus de l'Attique et donna à un dème de cette tribu le nom de *Bérénice*, pour faire honneur à la femme (2), à la bru (3) ou à la mère (4) du roi. Ptolémée, en sa qualité d'éponyme, eut une statue dans le Tholos (5). A son tour il fit élever, près de l'Agora, un gymnase qui prit son nom (6). Enfin on reçut dans les murs de la ville le culte des dieux alexandrins (7).

Si l'on étudie la philosophie de ce temps, il semble que jamais l'esprit humain ne fut aussi embarrassé pour asseoir ses croyances. En 270, Epicure finit sa carrière. Zénon et Arcésilas sont encore vivants ; le pyrrhonisme est dans tout son éclat. Epicure enseigne que le monde reste étranger et indifférent aux dieux, et que la mort est pour l'homme le terme suprême, au delà duquel il n'y a plus rien. Zénon nie que Dieu ait une personnalité distincte de la nature ; la Providence, telle qu'il l'imagine, n'a point d'existence propre et déterminée : c'est un germe, une semence qui se développe conjointement avec l'univers, un principe insaisissable, dont l'esprit le plus habitué aux subtilités de l'abstraction a peine à concevoir l'idée ; l'âme humaine, dégagée de ses liens terrestres, ne conserve pas son individualité : elle fait retour au grand Tout, s'y mêle et s'y perd. A qui, d'Epicure ou de Zénon, la raison va-t-elle s'en remettre pour résoudre les deux problèmes qui lui causent le plus de trouble et d'inquiétude ? S'inclinera-t-elle devant le Dieu égoïste et impassible de

---

(1) Pausan, *Attica*, 1, 7 et 8.
(2) Steph. Byz., Βερενίκιδαι. Pollux, *Lex.*, VIII, 110.
(3) Champoll.-Figeac, *l. c.*
(4) Bœckh, *ad. C. I. G.*, 120.
(5) Pausan., *l. c.*, 5.
(6) *Id.*, 17.
(7) *Id.*, 18.

l'un, ou devant le Dieu impersonnel de l'autre? Croira-t-elle que l'âme est anéantie par la mort ou qu'elle s'évanouit et se fond au milieu des éléments de l'univers? Ou bien enfin, ne pouvant sortir d'embarras, se jettera-t-elle dans le pyrrhonisme et doutera-t-elle de la vérité de toute religion en doutant de sa propre puissance? Arcésilas s'offre encore, qui lui propose un scepticisme mitigé, une certitude provisoire, et l'engage à admettre des vraisemblances dans les questions qui la tourmentent. En résumé, si diverses que soient les routes par lesquelles les philosophes prétendent conduire l'homme au bonheur, à l'inaltérable sérénité de l'âme, à l'*ataraxie* tant souhaitée, il n'y a qu'un point sur lequel ils paraissent s'entendre : c'est que Dieu est inaccessible à l'homme et qu'on ne saurait compter sur une seconde existence.

On pourrait penser que la société élevée au bruit des discussions de ces grandes écoles prit aisément son parti de leurs conclusions décourageantes. C'est un des lieux communs de l'histoire que de flétrir l'insouciance des Grecs de ce temps ; on s'imagine volontiers que, se voyant éloignés de la vie publique, ils employèrent à raffiner leurs plaisirs la fécondité d'imagination qu'ils avaient reçue de la nature. On se représente Athènes surtout comme un petit royaume d'Epicure ; on cherche à reconnaître, dans la génération que peint Ménandre, les traces de l'influence pernicieuse de la secte. Si la Grèce d'alors était tout entière dans ses philosophes, il serait logique de conclure, d'après le même principe, que le sentiment religieux était en pleine décadence.

Mais laissons là les écoles, et allons écouter ce qui se dit au théâtre. Voici les maximes que Ménandre mêle à ses comédies :

« Il y a quelqu'un qui est partout et qui voit tout : c'est Dieu (1). »

« Ne crois pas, quand tu te parjures, échapper à son regard (2). »

« Sans Dieu, il n'est point de bonheur pour l'homme (3). »

« Si ton action est juste, aie bon espoir, et dis-toi bien que Dieu aide le courage qu'inspire une bonne cause (4). »

---

(1) Menandri Γνῶμαι μονόστιχοι. Ed. Duebner, coll. Didot, *Supplementum ex Aldo*, 61.
(2) *Id.*, Γνῶμ. μον., 253.
(3) *Ibid.*, 250.
(4) *Ibid., Incertarum fabularum fragm.*, XLVII.

« Le plus beau sacrifice à Dieu, c'est la piété (1). »

Ce Dieu dont parle Ménandre n'est pas, comme on voit, celui des philosophes : c'est celui d'un sage, qui descend en droite ligne de Socrate, mais qui s'est éloigné des écoles lorsque sa raison et ses sentiments se sont révoltés contre leurs systèmes. Ces vers ne sont que des bribes échappées à la ruine de l'œuvre du poète ; ils suffisent cependant pour donner une idée de ce que pouvait être, en dehors des sectes, la religion d'un homme qui s'adressait, non à un petit nombre d'auditeurs, mais à la foule. Ménandre est devenu, aux yeux des générations postérieures, un maître de morale, dont l'Eglise invoquait volontiers le témoignage ; on a mis sous son nom des sentences apocryphes ; on a été jusqu'à donner, comme venant de lui, des vers calqués sur un passage d'Isaïe (2). N'est-ce pas là la meilleure preuve qu'on avait reconnu dans ses ouvrages cette conception haute et pure de la divinité que le christianisme se plaisait à saluer chez les grands écrivains du paganisme ? Au reste, on retrouve les mêmes idées dans un autre poète de la comédie nouvelle, dans Philémon :

« Crois en Dieu, » dit-il quelque part, « et adore-le, au lieu de chercher à le connaître ; car à cette recherche tu ne gagneras rien qu'incertitude. Ne t'inquiète pas de savoir si Dieu existe ou non ; dis-toi qu'il existe, qu'il est partout présent et adore-le (3). »

Il semble que l'on entend quelque vieillard d'Athènes, parent du Chrémès de l'*Héautontimoroumenos*, un de ces hommes sages et doux, dont les jeunes gens exploitent quelquefois la bonté, mais dont le langage grave exprime, à l'occasion, les opinions mêmes du poète et de la multitude qui l'écoute. Sans doute, ce personnage, qui jadis a vu passer Platon sous les ombrages de l'Académie, gourmande d'un ton paternel un fils trop épris des doctrines du jour. Il ne lui parle pas des dieux ; car, lui aussi, il a philosophé quelque peu, et il comprend que le polythéisme vulgaire a fait son temps ; mais il lui prêche un Dieu unique et partout présent, dont « il est impie de vouloir pénétrer la nature alors qu'il nous la cache (4). » Il estime que ce qu'il sait de la divinité est nécessaire à son bonheur ; mais il croirait le détruire en cherchant à en savoir davantage.

Il y a donc dans le peuple d'Athènes une classe éclairée qui ne

---

(1) Menandri Γνῶμ. μον., 246.
(2) Ch. Benoît, *Essai sur la comédie de Ménandre*, Paris, 1854, p. 160, note.
(3) Philémon, *Incert. fabul. fragm.*, Didot, XXVI.
(4) *Ib. ibid.*, Didot, LXXXVI.

prend à la philosophie que tout juste ce qu'il lui faut pour épurer ses croyances, et qui ne s'abandonne ni au Portique, ni à l'Académie, ni à Épicure, ni aux pyrrhoniens. Elle forme dans la société de ce temps la partie la plus considérable, celle avec laquelle il faut compter. On prévoit qu'elle n'aura pas grand effort à faire pour se détacher du polythéisme des vieux âges; mais on sent qu'elle ne veut rien brusquer. Elle est si bien maîtresse de la situation, que les philosophes eux-mêmes composent avec elle; aucun d'eux ne se donne des allures de réformateur et d'apôtre. Zénon (1) fuit la foule : c'est un homme au visage grave, presque triste, dont l'aspect est plutôt fait pour éloigner que pour attirer; il se promène sous un portique, en compagnie d'un ou de deux auditeurs. Si on s'assemble autour de lui, il demande aussitôt un salaire, afin d'écarter les importuns. Epicure vit retiré dans son jardin, au milieu d'un cercle d'amis et de disciples, partageant son temps entre la discussion orale et la rédaction de ses trois cents écrits philosophiques; il meurt de maladie à l'âge de soixante et douze ans, sans avoir jamais été persécuté autrement que par des railleries. Pyrrhon, ce Pyrrhon dont le nom a servi d'enseigne à toutes les révoltes de l'esprit humain, est élu grand pontife par ses concitoyens, lorsqu'il rentre, après un long voyage, dans Elis, sa patrie (2).

Ces faits ont une double signification. Les Grecs n'ont point passé par toutes ces luttes de la pensée sans que leur foi dans la vieille religion nationale ait été ébranlée; ils sont devenus surtout plus tolérants et ne s'étonnent plus que l'on révoque en doute ce qui jusqu'alors leur avait paru le plus solidement établi (3). Néanmoins, on aurait tort de considérer cette tolérance comme le fruit d'un scepticisme qui se serait étendu à toutes les classes de la société hellénique. La multitude ne fait pas aussi vite table rase de ses croyances. Il est bien vrai qu'au troisième siècle le sentiment religieux se transforme; mais il n'est pas en décadence. Lorsque la Grèce s'habitue à souffrir le libre examen, une partie de ses croyances s'affaiblit; mais celle qui résiste à l'épreuve en sort plus forte que jamais. Tout ce que perdent les

---

(1) Diog. Laert., 14, 15, 16, 18, 19, 22, 23, 26, etc. Stob., *Sermon.*, XXXIV. Sidoine Apollin., *ép.* IX, 9.

(2) M. Havet, dans son livre sur les *Origines du christianisme* (l'*Hellénisme*, t. II, p. 98), a montré pourquoi, en Grèce, le scepticisme des philosophes n'allait pas jusqu'à la foule.

(3) V. Maury, *Relig. de la Grèce ant.*, t. III, le dernier chapitre.

dieux de l'Olympe tourne au profit d'un Dieu unique, encore vaguement entrevu, mais dont le règne est déjà assuré. Le discrédit dans lequel tombent le Tartare et le Styx nuit momentanément à la certitude d'une vie future ; mais il reste au fond des âmes une espérance qui se réveillera au premier jour.

§ 2.

Il n'est pas impossible que Ptolémée Philadelphe ait eu conscience de ces besoins nouveaux. Il avait été élevé par Strabon le péripatéticien (1) ; il connaissait Timon le sceptique (2) et il envoyait des députés à Zénon le stoïcien (3). En d'autres termes, il étudiait tous les systèmes des philosophes et ne s'enfermait dans aucun. Il put croire qu'Athènes accueillerait avec faveur une religion qui reposait sur un dogme unique et qui avait sur le polythéisme grec l'avantage d'offrir moins de prise aux railleries des sceptiques, par la raison que la légende et la poésie y tenaient beaucoup moins de place. Le culte qu'il recommandait était assez semblable à celui qu'on célébrait dans les mystères pour qu'on n'éprouvât pas trop de répugnance à l'accepter ; il était assez nouveau pour exercer un attrait sur l'esprit de la multitude. Enfin Timothée l'Eumolpide, ce prêtre d'Eleusis qui avait aidé Ptolémée de ses conseils, était là pour lever les derniers scrupules de ses concitoyens, et pour propager une religion qui était un peu son œuvre.

Depuis que des marchands égyptiens avaient élevé au Pirée un temple d'Isis, plus d'un demi-siècle s'était écoulé. Combien de fois, pendant tout ce temps, la route qui unissait Athènes à son port avait-elle vu passer des femmes avides de retremper leur âme dans les pieuses émotions des mystères ? Combien d'épouses et de mères avaient rapporté de leur pèlerinage auprès du foyer domestique les images des dieux nouveaux ? Evidemment les étrangers du Pirée avaient mis à la mode leurs mœurs et leur religion. On jurait par Horos (4) et par Isis (5). Les poètes comiques

(1) Diog. Laert., V. 2, 3.
(2) Id., IX, 12, 1.
(3) Id., VII, 1, 20.
(4) V. un fragment du Παγκρατιάστης de Théophile, un des derniers poètes de la comédie moyenne, dans Comic. græc. fragm. de Didot, p. 629.
(5) Fragm. de Philémon (360-262) publié à la suite de l'Aristophane de Didot, p. 131. — Ce même fragment est attribué par Meineke à Ophélion, poète de la comédie moyenne, qui vivait au commencement du quatrième siècle, Comic.

Antiphane, Anaxandride, Timoclès (1), tournaient en raillerie l'engouement général sans pouvoir l'empêcher de s'étendre. Le culte des animaux répugnait à certains esprits et soulevait déjà les objections dont les Pères de l'Eglise devaient plus tard tirer parti ; Anaxandride (2) mettait en scène (3) des ambassadeurs égyptiens qui venaient solliciter l'alliance des villes de la Grèce, représentées sous des costumes de femmes (4) ; Athènes répondait plaisamment à l'un d'entre eux : « Je ne puis vous accorder mon alliance dans cette guerre ; vos mœurs et vos lois, n'ont rien de commun avec les nôtres, et de grandes différences les en séparent. Tu adores le bœuf, et moi je le sacrifie aux dieux ; l'anguille est pour toi une grande divinité, et pour nous un fin morceau. Tu ne manges pas de porc, et moi je m'en régale ; tu vénères le chien, et moi je le bats si je le prends à me voler quelque ragoût. Ici la loi veut que les prêtres soient entiers, et la vôtre veut, je crois, qu'ils soient châtrés. Quand tu vois un chat malade, tu te mets à pleurer, et moi j'ai le plus grand plaisir à le tuer et à l'écorcher. La musaraigne reçoit chez vous des honneurs, et elle n'en reçoit point chez moi. » Timoclès à peu près à la même époque s'écriait : « Quel secours peut-on attendre d'un ibis ou d'un chien ? Quoi ! nous voyons que les offenses envers les dieux reconnus de tous ne sont pas suivies d'un châtiment immédiat, et vous voulez que l'on tourne ses prières vers l'autel d'un chat ? » Le bonheur de l'impie était une des anomalies de ce monde qui révoltaient le plus les anciens, une de celles qui ébranlaient le plus fortement leurs croyances religieuses. C'était, aux yeux des Athéniens, une injustice qui ne pouvait s'expliquer que si l'on supposait la divinité ou trop faible ou trop insouciante pour protéger la vertu. Il ne leur en fallait pas davantage pour douter, avec Epi-

---

græc. fr., Didot, p. 517. Il est plus probable qu'il appartient au poète le plus jeune, puisque le culte égyptien, à l'époque d'Ophélion, était à peine connu du peuple.

(1) Antiphane (404-329) avait écrit une pièce intitulée Αἰγύπτιοι, *Comic. gr. fr.*, Didot, p. 347. Quoiqu'on n'en connaisse pas le sujet d'une façon précise, rien n'empêche de croire que c'était une satire comme la comédie de Timoclès qui portait le même titre.

(2) Milieu du IVᵉ siècle.

(3) Dans sa pièce intitulée Πόλεις. *Comic. gr. fr.*, Didot, p. 426, fr. XXVIII.

(4) Sans doute à propos des négociations qui avaient été engagées entre Athènes et la dynastie nationale de l'Egypte, avant la conquête d'Alexandre, alors que ce pays cherchait à s'affranchir du joug de la Perse.

cure, qu'il fût utile de s'adresser à ces êtres supérieurs, que la raison leur représentait comme nécessaires et parfaits. Et cependant ces mêmes Athéniens, si ombrageux à l'égard des dieux acceptés de tous, ne faisaient point difficulté de se prosterner devant un chat; voilà ce que le comique ne peut comprendre. (1) Cette contradiction l'indigne; il n'admet pas que l'on soit à la fois si sceptique et si crédule. Mais cette contradiction même est un signe du temps. Tel qui rejette sans façon les croyances les mieux fondées se soumet sans examen à des pratiques entachées de superstition, pourvu qu'il y trouve quelque nouveauté qui flatte ses aspirations et ses préjugés. C'est une faiblesse dont la nature humaine est coutumière, et qu'on se pardonne mutuellement dans les époques de transition.

Malgré la faveur toujours croissante dont jouissait le culte égyptien, il n'avait pas encore dans Athènes une existence légale. Il dut à la protection de Ptolémée de franchir ce nouveau pas. De tout temps, les alliances politiques avaient ouvert aux dieux étrangers les portes de la ville (2). Isis et Sérapis eurent d'autant moins de peine à se faire accepter, qu'on pouvait les présenter comme déjà grécisés. Il semblait qu'ils apportaient avec eux leur droit de cité. C'étaient la Déméter, le Zeus d'une partie de la famille hellénique qui demandaient place. Il ne s'agissait plus seulement de permettre que des marchands élevassent un autel sur la côte, loin des murs. Le commerce n'était plus l'unique raison des rapports qui unissaient Athènes à Alexandrie. Outre les négociants qui débarquaient au Pirée, il y avait des gens de lettres, des acteurs, des artistes, des athlètes, des hommes d'Etat, qui se mêlaient aux habitants et qu'il fallait bien retenir. En agréant les propositions de Ptolémée, on ne fit que régulariser une situation qui s'imposait d'elle-même. Mais dans quelles conditions le culte nouveau fut-il accepté? Lui accorda-t-on d'emblée les honneurs et les privilèges des cultes publics? C'est ce qu'il faut examiner.

Vers 250, trois ans avant la mort de Ptolémée, il y avait au Pirée (3) une association (*éranos*) d'adorateurs de Sérapis (*Sarapiastai*). Elle y était sans doute installée auprès du sanctuaire

---

(1) *Comic. gr. fr.*, Didot, p. 612. Timoclès vivait vers la fin du quatrième siècle.

(2) Maury, t. II, p. 8.

(3) *C. I. Att.* vol. II, Pars 1, 617. — Nous admettons avec M. Foucart (*Mém. sur les associat. relig.*, p. 101) que cette inscription provient du Pirée, bien qu'il puisse y avoir là-dessus quelques doutes (Wachsmuth, *Athen in Alterthum*, p. 224, note 1).

3.

d'Isis et devait être, à cette époque, de fondation récente, puisque
le culte du dieu, à Alexandrie même, datait à peine de trente ans.
Elle avait à sa tête une femme (*proeranistria*) qui présidait aux sacrifices à certains jours prescrits. Les autres dignitaires étaient :
un trésorier (*tamias*), un secrétaire (*grammateus*), plusieurs commissaires (*épimélétai*) et sacrificateurs (*hieropoioi*). Cette organisation ne diffère en rien de celle des autres sociétés du même
genre (1). Les noms des membres que nous connaissons, Nicippè,
Zopyros, Théophanès, Séleucos, Dorion, Euboulidès, sont tous
Grecs.

Pourquoi, longtemps après qu'une alliance eut été conclue entre Athènes et Ptolémée, les adorateurs de Sérapis se réunissaient-
ils hors de la ville, dans le faubourg où l'on confinait les importations dangereuses? On suppose que le culte avait été reconnu
comme public et que néanmoins l'*éranos* continua à exister,
« parce qu'il avait gardé plus fidèlemet les rites étrangers (2). »
Mais le culte de Sérapis était déjà l'œuvre de l'hellénisme avant
même qu'on l'eût transplanté en Grèce; pouvait-on tenir beaucoup à ce qu'il ne perdît pas de son caractère exotique, alors qu'on
savait l'avoir reçu des descendants d'Alexandre? Il y avait
quelques années à peine que l'Attique le connaissait; pendant ce
court laps de temps avait-il dépouillé son originalité au point que
les partisans de la couleur locale se crussent déjà obligés de la défendre? Il est plus simple d'admettre qu'il était toujours aux yeux
de l'Etat dans la même condition, ou plutôt qu'on avait apporté
de nouveaux tempéraments à la loi qui le proscrivait de la cité,
sans cependant le mettre sur le même pied que celui de Zeus ou
d'Athénè. Il semble, en effet, qu'il y avait, entre la situation que
l'on faisait aux religions étrangères, dès le jour de leur apparition,
et celle qui suivait pour elles leur triomple définitif, un degré intermédiaire. On fermait les yeux sur leurs progrès; on laissait
les citoyens courir à elles; on ne déférait plus aux tribunaux les
Phryné que l'on voyait entrer dans les sanctuaires des faubourgs.
C'était la période de la tolérance. L'opinion du grand nombre
finissait par imposer silence aux accusateurs; il aurait été de
mauvais goût de résister à l'envahissement; et toutefois on aurait
peut-être trouvé hardi celui qui aurait proposé de rapporter les
lois d'exclusion. C'est, croyons-nous, par cette seconde phase

_____

(1) V. pour toutes ces fonctions Foucart, p. 24-25.
(2) Foucart, p. 102.

que le culte égyptien passait, au milieu du troisième siècle, chez les Athéniens.

Enfin, il vint un jour où il fit le dernier progrès. Sérapis eut un temple à l'intérieur des murs, au pied de l'Acropole (1). Mais rien ne dit que ce monument ne fût pas de fondation récente lorsque Pausanias le vit. Nous inclinerions même à admettre que les dieux alexandrins ne remportèrent leur victoire finale que sous l'administration romaine, peut-être même assez tard.

Ils étaient établis bien plus solidement en Béotie à la fin du troisième siècle. En 216, Ptolémée Philopator, ayant à soutenir une guerre contre Antiochus III le Grand, prit à sa solde un corps de troupes béotiennes commandé par Socratès (2). A cette occasion (3), les villes de Tanagra et d'Orchomène rendirent chacune un décret de proxénie en faveur de Sosibios, fils de Dioscoridas, qui était à Alexandrie le premier ministre du roi, et qui, sans doute, avait servi d'intermédiaire dans toute cette affaire. Il n'est pas impossible que cette date de 216 soit approximativement celle de l'arrivée d'Isis et de Sérapis en Béotie. En ce cas leur culte y prit aussitôt une grande importance. Nous avons, en effet, une vingtaine d'actes, par lesquels des maîtres s'engagent à leur consacrer des esclaves qu'ils veulent affranchir. Les inscriptions originales proviennent les unes d'Orchomène, les autres de Chéronée (4). Les plus anciennes de toutes paraissent être celles d'Orchomène et, parmi celles-ci, celles qu'a publiées M. Foucart. La série de ces documents comprend une période qu'on peut enfermer entre la fin du troisième siècle et le milieu du second. Du reste, ils ne présentent entre eux aucune différence pour le sens général des idées exprimées.

On sait comment, à Delphes, les esclaves pouvaient acheter de leurs maîtres la liberté (5). Ils s'adressaient à Apollon, qui, par l'intermédiaire de ses prêtres, présidait à l'affranchissement. Le dieu jouait le rôle d'acquéreur, et c'était de lui que le vendeur

---

(1) Pausan., *Att.* 18, § 4-5. Pour tout ce qui concerne l'identification des lieux, V. Wachsmuth, ouvr. cité, p. 223.

(2) Polyb., V. 63 et 65.

(3) Conjecture de M. Foucart, *Bullet. de corr. hellén.* Févr. 1880, p. 98.

(4) Foucart, *l. c.*, p. 91, deux actes. Decharme, *Inscriptions de la Béotie*, quatre actes. Preller, dans les *Berichte d. Akadem. d. Wiss. zu Leipzig*, 1854, cinq actes. *C. I. G.*, 1608, huit actes. V. encore Ἀθήναιον, novembre et décembre 1880, Stamatakis, *Inscription inédite de Chéronée*.

(5) Foucart, *Mémoire sur l'affranchissement des esclaves* dans les *Archives des missions scientifiques*, 1867, p. 375.

était censé recevoir la somme convenue. Le contrat prenait ainsi
un caractère sacré et irrévocable. Une coutume analogue s'établit
autour du temple d'Isis et de Sérapis à Orchomène. On céda à
ces deux divinités les esclaves que l'on voulait affranchir; mais
au lieu qu'à Delphes cette transmission se faisait sous la forme
d'une vente avec toutes les garanties exigées par la loi, ici ce ne
fut qu'une simple consécration (1). On se tromperait cependant si
l'on concluait de là que l'acte n'avait pas à Orchomène la même
valeur et qu'on ne trouvait pas auprès des dieux alexandrins une
protection aussi efficace qu'auprès d'Apollon. Si le caractère du
contrat était différent, si des garanties aussi minutieuses n'en assu-
raient pas l'exécution, si un aussi grand nombre de formalités
solennelles n'entourait pas la cérémonie de l'affranchissement,
l'autorité civile n'en confirmait pas moins l'acte religieux. Il est
toujours stipulé au nom de l'esclave qu'il ne pourra retomber au
pouvoir de personne et que celui qui mettrait la main sur lui
s'exposerait à être poursuivi non seulement par les prêtres, mais
encore par les polémarques et par les membres du conseil (synè-
dres) et se rendrait passible d'une amende. Le culte d'Isis et de
Sérapis est donc reconnu par l'Etat; il jouit des mêmes avantages
que les autres; qui plus est, ses prêtres interviennent dans des
affaires civiles et un engagement pris devant eux est valide aux
yeux de la loi. Ce fait est d'autant plus remarquable qu'il s'agit,
non d'une vente, mais d'une consécration à titre gratuit. On comprend que les magistrats sanctionnent un marché où l'on traite
en espèces sonnantes; mais pour qu'ils assurent le même avantage à une donation, il faut que le temple qui en bénéficie jouisse
d'un grand crédit auprès de la population et de ses représentants.
A Delphes, les précautions prises par les parties sont telles que le
caractère sacré du contrat disparaît. On a été jusqu'à nier que les
affranchissements auxquels présidait Apollon « aient été inspirés
par une idée morale ou par un sentiment religieux. » Il serait
impossible de faire le même reproche à ceux qui se concluaient
devant l'autel d'Isis et de Sérapis. Ici les citoyens n'étaient ame-
nés que par une pensée pieuse et par l'espoir de s'attirer les fa-
veurs de la divinité en se montrant bons et généreux. L'autorité,
en offrant l'appui de la force publique à une transaction qui
n'avait point d'autre intérêt pour but, reconnaissait implicitement

(1) On ne dit pas que le maître a vendu, ἀπέδοτο, mais qu'il a *consacré*, ἀνέ-
θηκε ἱερὸν εἶναι.

et que le culte exerçait sur les âmes une influence puissante et que cette influence était salutaire (1).

Délos fut de toutes les îles celle qui entretint avec les premiers Ptolémées les relations les plus étroites et les plus suivies. Pendant tout le troisième siècle, l'Egypte eut une prépondérance marquée dans les affaires des Cyclades. Philadelphe organisa une confédération des Insulaires (2), dont il fut le protecteur, avoué ou non. Il y eut à Délos ou à Ténos un conseil suprême (3), chargé de régler toutes les affaires communes et de mettre les alliés en communication avec le roi. Des agents politiques facilitèrent encore ce rapprochement, qui fut consommé par les nécessités journalières du commerce entre les Iles et Alexandrie. Les Déliens, de leur côté, élevèrent une statue à Philadelphe dans l'enceinte du temple d'Apollon et instituèrent en son honneur des jeux auxquels ils donnèrent son nom (4). Ses successeurs se gardèrent bien de briser le lien qu'il avait noué ; Evergète conserva la même autorité et le même prestige et, si l'hégémonie des Iles échappa à Philopator (5), Délos n'en ressentit pas moins les effets de la bienveillance des Lagides jusqu'au règne du huitième de ces princes (6). Ils eurent autant d'égards pour les dieux que de prévenances pour les hommes ; c'est ainsi qu'ils contribuèrent à enrichir le grand temple d'Apollon (7). Est-ce sous Philadelphe que fut importé le culte d'Isis et de Sérapis ? C'était de lui qu'Athènes l'avait reçu ; Délos, plus voisine encore de ses Etats et directement soumise à sa tutelle, ne pouvait manquer d'élever des autels aux dieux d'Alexandrie. Nous possédons actuellement environ cent vingt inscriptions qui proviennent du Sérapéum de Délos (8). Le plus ancien document qui atteste l'existence de cet

---

(1) V. six actes semblables, mais postérieurs, qui proviennent du Sérapéum de Tithorée (Phocide). Ulrichs. *Rhein. Mus.*, 1843, p. 544-560. Le Bas et Waddington, IIIe part., 823 à 826.

(2) Τὸ κοινὸν τῶν νησιωτῶν. V. Homolle, *La Confédération des Cyclades au IIIe siècle avant J.-C.*, dans le *Bullet. de corr. hellén.*, mai 1880, p. 320.

(3) συνέδριον.

(4) Homolle, *Bull. de corr. hellén.*, 1879, p. 470.

(5) Polyb., V. 34.

(6) Homolle, *l. c.*, 1878, p. 239.

(7) *Id.*, p. 321.

(8) Treize étaient connues par le *C. I. G.*, 2293 à 2306, plus une douteuse, *ibid.*, 6841. M. Stamatakis en avait trouvé trois autres Ἀθήναιον 1873, t. II, p. 134 ; M. Homolle, deux. *Monum. de l'assoc. pour l'encourag. des ét. gr.*, 1879, p. 38-41. M. Am. Hauvette-Besnault, qui a fouillé le Sérapéum en 1881 avec un soin tout spécial, a exhumé une centaine d'inscriptions nouvelles qu'il a

édifice est de l'an 180 av. J.-C. (1). Il serait bien surprenant toutefois que Délos n'eût pas adopté, dès le troisième siècle, le culte auquel l'Attique et la Béotie faisaient un si bon accueil. Le temple qu'elle éleva à Sérapis devint un sanctuaire important, auquel certaines pratiques de la dévotion alexandrine paraissent être restées propres (2).

Au troisième siècle, ce dieu et ses parèdres étaient adorés aussi dans l'île de Céos (3) et, en Asie Mineure, à Smyrne (4) et à Halicarnasse (5).

Mais les points de la Grèce où nous pouvons, grâce à des documents positifs, saisir la trace de l'influence des Lagides sur la religion, ne sont certainement pas les seuls où elle se soit fait sentir à cette époque. Ce fut surtout le long des côtes que le culte nouveau dut se propager rapidement. Il avait un temple, au temps où écrivait Polybe (6), jusque sur le rivage de la Thrace, à l'entrée du Bosphore, en face de la pointe asiatique appelée Hiéron. C'est assez dire quels progrès Isis et Sérapis firent dans le monde grec sous les successeurs immédiats d'Alexandre. Il ne nous convient pas cependant de les suivre du côté de l'Orient (7). Désormais le théâtre sur lequel se jouent les destinées des dieux est déplacé, comme celui où les hommes se disputent la domination du monde. Rome paraît à l'Occident. C'est chez elle que toutes les religions vont se rencontrer et lutter.

§ 3.

Les Egyptiens entrèrent de bonne heure en rapport avec les populations de l'Italie. Dès le quatorzième siècle avant notre ère, des bandes composées de Siciliens, de Sardes et d'Etrusques passèrent la mer avec femmes et enfants, et tentèrent de s'établir dans le Delta. Elles furent vaincues ; mais les Pharaons les re-

publiées dans le *Bulletin de correspondance hellénique*, t. VII (1882), p. 295 à 352 et 470 à 503 ; la plus ancienne (135 av. J.-C.) est celle qui est classée dans son recueil sous le n° 77.

(1) *Bull. de corr. hellén.*, t. VI, p. 1-168, *Inventaire de Démarès*, face A, igne 156.

(2) Les Μελανήφοροι. V. les inscriptions précitées, p. 37, note 8.

(3) Foucart, *Associat.*, p. 222, n° 42.

(4) *Ibid.*, n° 42.

(5) *Bull. de corr. hellén.*, 1880, p. 400.

(6) IV, 39, 6.

(7) Sur le culte des dieux alexandrins en Grèce sous la domination romaine.
v. Pausanias, *passim*, et Curtius, *Rhein. Mus.*, 1843, p. 99.

tinrent et les incorporèrent dans leur armée comme troupes auxi‑
liaires (1). Plus tard, le commerce phénicien servit de trait
d'union entre les deux pays. Rome n'était peut-être point née en‑
core, que déjà les produits de l'industrie de Sidon et de ses colo‑
nies avaient fait connaître aux Etrusques les images des dieux
de l'Egypte (2). Enfin‑, la présence de Pythagore dans les villes
de la Grande Grèce et la diffusion de son enseignement achevè‑
rent d'ouvrir la voie aux doctrines religieuses de Thèbes et de
Memphis. Néanmoins, jusqu'à l'époque de la fondation d'Alexan‑
drie, elles ne firent pas en Italie assez de chemin pour arriver
jusqu'à Rome, ni même pour sortir des écoles. Après ce grand
événement, elles commencèrent à se répandre au dehors. En 273,
Philadelphe envoya au Sénat romain une ambassade, qui sans
doute était chargée de conclure, non seulement une alliance
politique; mais encore un traité de commerce (3). Ces ambassa‑
des étaient dans l'antiquité des événements considérables, et on
ne saurait faire trop grande la part qu'elles eurent dans le mé‑
lange des institutions et des mœurs de l'Orient avec celles de
Rome. Elles amenaient à la suite des députés une foule d'offi‑
ciers, de secrétaires, d'esclaves, en un mot cette légion de gens
de service de toute espèce, sans laquelle de hauts fonctionnaires
ne se mettaient pas en route. Ces étrangers, après avoir fait un
trajet long, coûteux et souvent difficile, ne se décidaient pas tou‑
jours volontiers à reprendre le chemin de leur patrie. En 155,
Carnéade et ses compagnons ne quittèrent la ville que sur l'invi‑
tation du Sénat; on sait comment ils avaient employé le temps
qu'ils y avaient passé et quelles furent les conséquences de leur
séjour. Une fois que Philadelphe eut fait aux Romains les pre‑
mières avances, les communications entre les deux capitales de‑
vinrent de plus en plus fréquentes. Entre 216 et 210, elles
échangèrent trois ambassades (4). Il n'y aurait donc rien d'ex‑
traordinaire à ce que, dès la fin du troisième siècle, le culte
égypto-grec se soit glissé en Italie, au moins dans le Sud (5). La

____

(1) Emm. de Rougé, dans la *Revue archéolog.*, juillet et août 1867.
(2) V. la coupe phénicienne à figures égyptiennes trouvée à Palestrina (Pré‑
neste). *Gazette archéolog.*, 1877, pag. 15, et *Bullett. dell'Inst. di corr. arch.
di R.*, 1839, p. 71; 1841, p. 111. Noël des Vergers, *l'Etrurie et les Etrusques*,
t. I, p. 255.
(3) Eutrope, II, 15. V. P. Guiraud, *De Lagidarum cum Romanis societate*
pag. 6 et suiv.
(4) Eutrope, III, 1, T. Liv., XXVII, 4. Guiraud, *l. c.*, pag. 9.
(5) De cette époque date peut-être l'inscription du *C. I. G.* 5795.

guerre alors bouleversait trop les provinces méridionales pour qu'il pût s'y propager bien vite, et Rome était trop occupée pour s'apercevoir des progrès, même médiocres, qu'il pouvait y faire. Mais, dans la première moitié du siècle suivant, il commença, à la faveur de la paix, à se montrer sur les grandes routes qui conduisaient vers le capitale.

La période qui s'étend entre l'an 200 et l'an 150 doit être notée dans l'histoire religieuse de l'Italie : c'est celle où les cultes mystérieux font leur apparition, et où l'on essaie de fonder une religion philosophique. Déjà, en 204, on avait introduit à Rome la déesse de Pessinunte. En 186 est rendu le décret sur les Bacchanales; en 181 a lieu le procès sur les livres apocryphes de Numa (1). C'est aussi, suivant nous, dans ce demi-siècle que le culte alexandrin prend position en Italie. Les textes, au moins ceux que l'on peut considérer comme positifs, sont muets sur ce point; mais les monuments parlent. Un critique allemand (?) a reconnu, après un examen attentif de l'Isium de Pompéi, qu'à la place de cet édifice il y en avait auparavant un autre, qui fut renversé par le tremblement de terre de l'an 63 ap. J.-C. Cet Isium primitif, construit sur un plan beaucoup plus simple, dans un goût plus sévère et avec des matériaux plus grossiers, ne peut pas être postérieur au second siècle avant notre ère. En 105 av. J.-C., les autorités municipales de Pouzzoles prennent un arrêté pour faire exécuter des travaux devant le temple de Sérapis (3). Or, pour qu'à cette date un des dieux alexandrins reçût un culte avoué sur le sol d'une colonie romaine, pour qu'il fût nommé dans un acte public, il faut, d'après la marche ordinaire des choses, qu'il y fût connu depuis cinquante ans au moins. Il est donc probable, pour ne pas dire certain, qu'Isis et Sérapis pénétrèrent en même temps à Pompéi, à Pouzzoles et dans les principales villes de l'Italie méridionale, c'est-à-dire au plus tard dans la première moitié du second siècle av. J.-C. (4).

---

(1) Preller, *Les dieux de l'ancienne Rome*, dernier chapitre.

(2) Nissen, *Pompeianische Studien*, pag. 174.

(3) *C. I. L.*, I, 577. Nous souscrivons entièrement à l'opinion des critiques qui rejettent du texte d'Ennius plusieurs vers où il est question des *Isiaci conjectores* (Cic., *De divinat.*, I, 58). Bothe, le premier, les a attribués à Cicéron (*Poetæ scenici latini*); à son avis se sont rangés Otto Ribbeck (*Tragic. roman. fragm. Ennius. Telamon*, II) et Vahlen (*Ennian. poes. reliq. Telamon*, II). Nous écartons aussi à dessein un texte relatif à L. Æmilius Paullus, que nous discuterons plus bas.

(4) A peu près vers la même époque, on le trouve établi en Sicile. V. les

S'il en est ainsi, comment méconnaître le lien qui unit ce grave événement au succès des Bacchanales et à l'entreprise qui aboutit au procès sur les livres apocryphes de Numa? La lettre des consuls au sujet des mystères de Bacchus nous est connue par un exemplaire adressé à une petite ville du Bruttium (1). Bien qu'elle fût destinée à toute l'Italie, le danger qu'elle prévenait était à craindre surtout dans la région méridionale, plus voisine de la Grèce et de l'Orient, et plus ouverte aux importations étrangères (2). Preller remarque combien cette répression fut efficace : « Le résultat cherché, » dit-il, « fut atteint ; les fêtes mystiques de Bacchus ne reparurent plus guère à Rome et en Italie (3). » Il faudrait savoir si l'agitation que l'on voulait calmer ne trouva pas alors un dérivatif, et si ce n'est pas là précisément la cause de cet apaisement soudain que Preller attribue à l'énergie des magistrats. Il est vrai que l'on étouffa le culte naissant de Bacchus ; mais on laissa se développer celui de Sérapis, qui était identique ; c'était comme si l'on n'eût rien fait. Partis de la même source, ils avaient été accueillis en Italie en même temps, ou peu s'en faut ; ils répondaient aux mêmes besoins et pouvaient causer la même effervescence. L'un entra par Osties, l'autre sans dout par Pouzzoles. Tous deux arrivèrent par mer, apportés par quelque prêtre, que des marchands avaient amené avec eux sur leur vaisseau.

Les livres apocryphes de Numa, que l'on trouva sur le Janicule, enfermés dans des coffres de pierre, étaient écrits *sur papier*, comme l'attestent Cassius Hemina et L. Piso (4), lesquels vivaient vers le milieu du second siècle avant Jésus-Christ. Preller souligne ce détail, et il a raison : « Le papier ne fut connu qu'assez tard, » dit-il, « et par Alexandrie. » Sur les quatorze volumes que le Sénat fit brûler, sept étaient rédigés en grec et contenaient un commentaire philosophique tout imbu des idées pythagoriciennes (5). Si l'on songe que la doctrine de Pythagore sur la vie future formait la base de l'enseignement dans les cultes mys-

---

monnaies autonomes de Syracuse, de Catane et de Palerme, et Cicér., **Verr.** *Act.*, II, 2, 66, § 160.

(1) *C. I. L.*, I, 196.

(2) *Dictionnaire des antiquités* de d'Aremberg et Saglio. Articles *Bacchanalia* et *Bacchus*, XVI.

(3) *l. c.*

(4) Dans Pline l'Anc., *Hist. nat.*, XIII, 27, 1.

(5) Notez aussi ce nombre fatidique *sept*.

térieux, et qu'à cette époque on cherchait à la rajeunir en la rat-
tachant plus étroitement encore à la théologie égyptienne, on
conviendra que ces écrits tracés *sur papier* pouvaient bien provenir d'Alexandrie. D'ailleurs cette supercherie elle-même, imagi-
née et exécutée avec tant de raffinement, a quelque chose qui sent
l'alexandrinisme : cette patience, cette persévérance dans la
fraude, mises au service de l'esprit de secte, ne se sont rencon-
trées que dans une seule ville, dans celle où Grecs, Juifs et
Égyptiens se communiquaient leurs défauts comme leurs vertus.
Ce qui frappe dans les faits que nous venons de rappeler, c'est
que le prosélytisme, « cette maladie épidémique et populaire (1), »
commence à gagner l'Occident. Rome est l'objet d'un véritable
siège ; ces prêtres étrangers qui abordent à ses portes, ces livres
apocryphes que l'on cherche à couvrir de l'autorité d'un de ses
anciens rois, ces cultes mystérieux qui s'établissent dans ses co-
lonies les plus voisines, tout cela atteste qu'il y a un certain lieu
du monde où l'on a rêvé de la conquérir par la religion, et
qu'une fermentation sourde travaille autour d'elle et jusque dans
son sein.

Cependant ces mêmes faits prouvent que si, avant l'année 150,
la ville de Rome était déjà très gravement menacée, ses magistrats avaient pris toutes les précautions pour écarter le péril de
ses murailles. Dans l'affaire des livres de Numa, il suffit que le
préteur jurât qu'ils ne devaient pas être lus ni conservés pour
qu'on les brûlât sur le Comitium. C'est pourquoi nous ne croyons
pas que, du temps d'Ennius, on vît des prêtres d'Isis abordés et
consultés publiquement par des citoyens, comme on l'a prétendu
d'après un témoignage suspect (2). Il est question aussi, dans
Valère Maxime (3), d'un personnage appelé L. Æmilius Paulus,
qui donna les premiers coups dans Rome aux temples d'Isis et
de Sérapis. Quelques auteurs ont rapporté ce texte à l'Æmilius
qui fut consul en 219 et 216 (4); d'autres au vainqueur de Per-
sée, consul en 182 et 168 (5). Autant qu'on peut le conjecturer
d'après ce que nous savons de cette période, il n'est pas possible
que même en 168, c'est-à-dire treize ans après le procès des livres
de Numa, Isis et Sérapis aient eu des temples dans l'intérieur

---

(1) Montesquieu, *Lettres persanes*, 85.
(2) V. plus haut, pag. 40 not. 3.
(3) I, 3, 3.
(4) Fabricius ad Dio. Cass., XL, 47, note 188. Krahner, *Varronis curio de cultu deorum*, p. 16. Renan, *Apôtres*, p. 346.
(5) Marquardt, *Handbuch der römisch. Alterthüm.*, IV. Theil, p. 85, n° 14.

de Rome. Comment le Sénat, si sévère pour des écrits qui, après tout, n'étaient que des ouvrages de philosophie grecque, aurait-il attendu, pour frapper un culte doublement étranger comme grec et comme égyptien, qu'il eût sur la voie publique des temples ouverts à la foule? Nous sommes habitués à trouver plus de logique et de suite dans les décisions de ce grand corps.

Mais si, à la fin du deuxième siècle, les dieux d'Alexandrie n'avaient pas encore pénétré dans Rome, ils n'en étaient pas loin. De l'an 204 à l'an 100, le Sénat et les Lagides échangèrent plus de dix ambassades, et leurs relations devinrent chaque jour plus étroites. En 181, Philométor fut placé par sa mère Cléopâtre sous la tutelle de M. Æmilius Lepidus ; en 159, ce même prince, chassé par son frère, vint en personne dans la capitale solliciter l'appui du peuple romain, et, refusant une hospitalité magnifique, il s'y logea comme un simple particulier, chez un peintre alexandrin qui y était établi. Son frère Evergète le suivit de près ; tous deux assiégèrent la curie de leurs sollicitations. Ils se décidèrent à quitter la place ; mais Evergète fit bientôt un nouveau voyage. Puis on vit les ambassadeurs de l'un et de l'autre aller et venir entre l'Egypte et l'Italie, si bien que le Sénat, fatigué de leurs querelles, finit par les éconduire. La conséquence de ces discordes fut que trois délégués romains se rendirent à Alexandrie, en 143, pour y faire une véritable inspection des ressources du royaume. Dès lors Rome tourna ses regards vers l'Egypte. Elle s'en rapprocha bientôt, grâce au testament d'Apion, qui, en 96, lui donna la Cyrénaïque (1).

A cette date, ses grandes voies commencent à rayonner sur toute l'Italie ; par Brindes, par Ostie et Pouzzoles, elle est accessible au monde entier. Pouzzoles surtout devient pour elle d'un prix inestimable ; c'est en Occident le principal entrepôt des nations orientales, avec lesquelles elle trafique. C'est par là qu'elle reçoit les objets de luxe d'Alexandrie, en particulier ces beaux tapis dont Plaute (2) vantait déjà la richesse. Comment pourra-t-elle refuser l'hospitalité aux dieux qui sont débarqués dans ce port au milieu des marchands, et qui déjà y ont trouvé un gîte?

(1) Guiraud, ouvrage cité, pages 12 à 27.
(2) *Pseudolus*, I, II, 15.

CHAPITRE III.

LE CULTE ALEXANDRIN DANS ROME.

§ 1.

La perturbation que les discordes intestines apportèrent dans les idées et dans les institutions religieuses des Romains fut profonde. Chacun des deux partis qui se disputaient l'Empire avait ses préférences en matière de culte comme en tout le reste; elles intervenaient d'autant plus fréquemment dans la lutte que l'union du pouvoir civil et du pouvoir sacerdotal était plus étroite. Lorsque le peuple prétendait nommer lui-même les pontifes, au lieu de laisser à leur collège le soin de se recruter par cooptation (1), c'était la suprématie du domaine spirituel qu'il cherchait à conquérir, et cela, bien entendu, au profit de croyances et d'institutions nouvelles. Avant même qu'il n'y réussît d'une façon définitive, le danger rendit ses adversaires plus timides, et ils ne combattirent plus que mollement contre l'invasion qu'ils ne pouvaient arrêter.

Suivant Apulée (2), ce fut au temps de Sylla que l'on fonda un collège de pastophores, adorateurs d'Osiris, dans l'intérieur de la ville de Rome. Ce témoignage, venant de cet écrivain, est certainement exact et nous donne une date précieuse (80 av. J.-C. environ). Comment le terrible dictateur, dont les lois rendaient le pontificat à l'aristocratie (3), ferma-t-il les yeux sur cet abus? Sans doute parce que les plus sévères défenseurs du passé se voyaient dans la nécessité de faire des concessions, et parce que Sylla lui-même, en franchissant le premier l'enceinte sacrée du

---

(1) Bouché-Leclercq, *Histoire des pontifes romains*, p. 335.
(2) *Métam.*, XI, pag. 817 (Pagination d'Oudendorp reproduite en marge de la grande édition d'Hildebrand).
(3) Bouché-Leclercq, p. 331.

Pomœrium à la tête d'une armée, avait montré que l'on pouvait
désobéir impunément aux dieux de la vieille Rome.

Les nouveaux venus furent presque aussitôt les maîtres; ils
avaient à peine passé les murs qu'on les porta au Capitole, tant la
voie leur avait été préparée d'avance! Ils avaient pour eux le petit
peuple, les esclaves, et même les familles d'affranchis qui formaient la clientèle des grandes maisons. Une inscription curieuse,
qui peut dater de cette époque, mentionne une prêtresse d'Isis
Capitoline appartenant à la gens Cæcilia (1). La triade alexandrine
trônait donc auprès de Jupiter; on avait osé introduire ses statues
jusque dans la *curie des dieux*. Cette fois le Sénat s'émut. Il fit
renverser les statues. Ce fut là l'occasion d'une sédition; des
mains zélées relevèrent les images proscrites. Enfin, le 15 janvier
de l'année 58, un des deux consuls, A. Gabinius, exécuta rigoureusement la sentence; il donna ordre, non seulement de briser
les statues que l'on avait remises en place, mais encore de détruire, et dans toute la ville sans doute, les autels que l'on avait
élevés au mépris des lois (2). La persécution commençait. Il ne
manquait plus au nouveau culte aucune chance de succès.

Le consul, dans cette répression énergique, avait dû braver la
fureur de la foule. Bientôt ce ne furent plus des autels que les
particuliers consacrèrent aux dieux alexandrins; ce furent des
chapelles, des temples (3). A la fin de 54, le Sénat rendit un nouvel arrêt de proscription; tous les édifices qui avaient été consacrés, même à titre privé, devaient être démolis. Nous ne voyons
pas cependant que l'on ait obéi sur-le-champ; il est probable, au
contraire, que l'autorité temporisa, espérant que la menace suffirait. Il n'en fut rien. En 50, le consul L. Æmilius Paulus résolut
d'en finir; mais il ne trouva pas un ouvrier pour porter les premiers coups. Il fallut qu'il se rendît lui-même devant un temple
d'Isis. Là on vit le plus haut magistrat de la République déposer
sa robe prétexte, saisir une hache et la planter au milieu de la
porte (4). Vaine rigueur. Deux ans après, Isis et Sérapis recevaient de nouveau des honneurs au Capitole (5). La résistance
qu'ils rencontraient dans le pouvoir civil était, il est vrai, secondée
par celle des collèges sacerdotaux, qui ne se souciaient pas de voir

---

(1) *C. I. L.*, 1, 1034, et VI, 2247.
(2) Tertull., *Apolog.*, 6, *Ad. Nat.*, I, 10. Arnob., II, 73.
(3) D. Cass., XL, 47 : « Ναούς, οὓς ἰδίᾳ τινὲς ἐπεποίηντο..... »
(4) Val. Max., I, 111, 3.
(5) D. Cass., XLII, 26.

l'influence leur échapper au profit de collèges rivaux, où les prêtres étrangers étaient certainement en grand nombre. En 48, un
prodige ayant eu lieu au Capitole, les augures déclarèrent qu'ils
y reconnaissaient un signe manifeste du courroux des dieux;
pour l'apaiser, il fallait démolir de nouveau les temples d'Isis et
de Sérapis. On les crut sur parole, et on employa encore une fois
la hache et la pioche.

Ce qui confond, dans cette lutte, c'est l'impuissance de l'Etat et
la hardiesse des particuliers. L'une et l'autre ne sont explicables
que si on suppose que les partisans du culte alexandrin trouvaient
aide et appui auprès des hommes politiques de ce temps, tous si
ambitieux, si jaloux de l'influence d'autrui et si peu scrupuleux
sur les moyens. César lui-même, devenu l'idole de la multitude,
donnait l'exemple de toutes les audaces. Il est vrai que lors du
siège d'Alexandrie il avait indisposé les habitants de cette ville en
témoignant du mépris pour leur religion et de l'indifférence pour
les querelles intarissables de leurs sectes (1). Mais, depuis qu'il
était entré chez Cléopâtre, elle pouvait dire de lui : *Venit, vidit, victus
est*. Maintenant il appelait sa maîtresse à Rome et la logeait sous
son propre toit avec le singulier époux qn'il lui avait choisi (2).
Dans le temple qu'il élevait à Vénus Génitrix au Forum, il plaçait
la statue en or de la reine à côté de celle de la déesse (3). Il pouvait bien permettre désormais que l'on mît Isis à coté de Jupiter.
Un Alexandrin réformait sur son ordre le calendrier romain
d'après le système égyptien (4). L'Egypte s'imposait à Rome (5).
Il était impossible que les grands personnages qui entouraient le
maître et qui se disputèrent sa succession ne cherchassent point à
flatter les passions religieuses du jour pour les faire servir à leurs
desseins. Le souverain pontificat était devenu électif (6); il fallait
plaire à ceux qui en disposaient.

En 43, un édile, qui venait d'être proscrit par les triumvirs,
M. Volusius, ne trouva rien de mieux, pour s'échapper de Rome
sans être reconnu, que d'emprunter le costume d'un de ses amis,

---

(1) D. Cass., **XLII**, 34. C'est bien à peu près ce que dit aussi Lucain, *Phar-
sal.*, **X**, 15 à 20.
(2) D. Cass., **XLIII**, 27, Suét., *Cæs.*, 52.
(3) Suét., *Cæs.*, 61.
(4) D. Cass., **XLIII**, 26.
(5) V. G. Lumbroso, *Influenza della civiltà Alessandrina presso i Romani*
dans : *Aneddoti di archeologia Alessandrina. Rivista di filologia classica.* Anno
terzo (1875), p. 197.
(6) Depuis l'an 63. Bouché-Leclercq, pag. 335.

qui était initié au culte d'Isis. Il se mit une tête de chien en bois, comme celle que les adorateurs d'Anubis portaient dans les processions, et se revêtit d'une longue robe de lin; il traversa ainsi les rues, tantôt demandant l'aumône, tantôt courant et se livrant à toutes les contorsions usitées dans les mystères; personne ne songea à l'arrêter; il put sortir de la ville et gagner le camp de Brutus (1). Ce qui le sauva ce fut surtout son masque; il avait choisi ce déguisement de préférence à tout autre, parce qu'il lui permettait de cacher entièrement ses traits; mais son calcul aurait été déjoué, si les Romains n'eussent été habitués à pareil spectacle, s'il leur avait inspiré une curiosité indiscrète et non du respect (2). Les soldats, les sicaires eux-mêmes s'écartèrent devant ses pas; peut-être lui firent-ils l'aumône. Il n'est pas moins curieux qu'un des principaux magistrats de la cité ait eu à cette époque des amis parmi les partisans les plus zélés d'une religion illégale. Valère Maxime s'indigne qu'un édile se soit abaissé, même pour sauver sa tête, à une pareille supercherie. Sans être aussi sévère, on aurait le droit de s'étonner qu'avant d'être en danger Volusius ait entretenu des relations aussi étroites avec un Isiaque des plus dévots (3). Ainsi en 48 on démolit les temples des dieux d'Alexandrie; en 43, leurs adorateurs vivent en bonne intelligence avec les magistrats, paraissent sur la voie publique, et le costume qu'ils portent, loin de les signaler aux poursuites de l'autorité, les protège contre toute atteinte. Quel jour cette anecdote jette sur les mœurs religieuses de l'ancienne Rome!

Parmi les représentants de l'Etat, il y en avait sans doute plus d'un qui pensait avec l'école sceptique que le domaine du polythéisme n'avait point de limites, et qui se disait, comme un personnage que Cicéron fait parler, C. Aurelius Cotta : « Si tous ceux que nous vénérons et que nous avons appris à vénérer comme des dieux le sont en effet, ne devrions-nous pas mettre Sérapis et Isis dans le nombre (4)? » Ces indifférents et ces railleurs n'auraient pas été pour les prêtres alexandrins les meilleurs disciples; mais c'était déjà beaucoup qu'ils fermassent les yeux.

---

(1) Val. Max., VII, 3, 8, ou le camp de Sex. Pompée. App., *Bell. civ.*, IV, 47.

(2) Fréret, avec beaucoup de raison, avait déjà fait cette remarque, *Acad. d. inscr. et b.-l.*, t. XVI, p. 276. Sainte-Croix, *Mystères*, t. II, p. 171.

(3) Peut-être cet isiaque était-il, non seulement un ami, mais un parent. Dans des inscriptions de la ville de Rome, qui sont, il est vrai, d'une époque postérieure, on trouve un *Volusius Cæsario sacerdos Isidis Capitolinæ* (*C. I. L.*, VI, 2248), et un *Volusianus profeta Isidis* (*Ibid.*, 846).

(4) *De natur. deor.*, III, 19.

Si des hommes du monde tenaient de sang-froid le langage que Cicéron prête à Cotta, à plus forte raison comprend-on que des politiques aiguillonnés par l'ambition ne ressentissent aucun des scrupules qui agitaient les derniers partisans des vieilles mœurs et qu'ils se montrassent disposés à admettre au Capitole les dieux d'Alexandrie. Il faut bien qu'il en fût ainsi, puisqu'en 43 les triumvirs décrétèrent des temples à Sérapis et à Isis (1), cinq ans après que le sénat avait fait démolir ceux qui étaient debout. Ils recueillaient ainsi tous les trois, par cette décision commune, la popularité que chacun d'eux aurait avec regret abandonnée à ses collègues.

Tout semblait conspirer pour le succès du nouveau culte. Nous voyons par un exemple curieux comment il se glissait dans la clientèle des grandes maisons. On se rappelle ce C. Rabirius Postumus, cet opulent chevalier, qui fut accusé d'avoir trempé dans des opérations financières assez louches, destinées à rétablir Ptolémée Aulétès sur le trône d'Egypte. On sait comment Cicéron le défendit et le fit acquitter (2). Ce personnage avait attaché sa fortune à celle du roi; il lui avait prêté des sommes considérables; il était devenu son intendant; on l'avait vu à la cour d'Alexandrie vêtu du pallium grec et portant les insignes de sa charge, condescendance déshonorante, dont Cicéron a beaucoup de peine à le laver. Ce riche fermier romain, compromis dans les intrigues alexandrines, avait autour de lui des secrétaires, des officiers, des serviteurs, qui avaient partagé son sort, qui étaient intéressés dans ses affaires commerciales et surveillaient le mouvement de ses navires entre l'Egypte et Pouzzoles (3). Tout ce monde n'avait pas seulement revêtu le pallium, à l'exemple du maître; il était revenu de ses voyages plein de dévotion pour le culte d'Isis. On a retrouvé à Rome le tombeau de famille d'un certain C. Rabirius Hermodorus, affranchi du chevalier romain, au service duquel Cicéron avait mis son éloquence. La fille d'Hermodorus fut prêtresse d'Isis (4).

Même zèle dans la société élégante. Délie, la maîtresse de Tibulle, dont le pseudonyme cachait, paraît-il, une grande dame du nom de Plania, se faisait initier aux mystères d'Isis et en sui-

---

(1) D. Cass., XLVII, 15.
(2) *Pro C. Rabirio Postumo.*
(3) *Ibid.*, 14.
(4) *C. I. L.*, VI, 2246. V. l'article de M. Lumbroso sur cette inscription, dans ses *Aneddoti di archeologia Alessandrina*, p. 14.

vait rigoureusement les pratiques (1). Peut-être même sa dévotion mystique n'a-t-elle pas été sans influence sur l'âme du poète (2). Némésis, qu'il aima après Délie, lui donna le même exemple (3). Une femme de haut rang, que Properce a immortalisée sous le nom de Cynthie, et qui s'appelait, dit-on, Hostia, obéissait aux préceptes les plus sévères de la loi isiaque, au risque d'irriter son amant par cette aveugle soumission (4). C'était une religion bien forte que celle dont les exigences passaient déjà, dans le cœur des femmes, avant celles de l'amour. Corinne, qui régnait sur le cœur d'Ovide, allait souvent s'asseoir dans les temples d'Isis. Un jour qu'elle fut malade et en danger de mort, le poète implora en sa faveur la protection de la déesse (5). Elle guérit; sa piété n'en devint sans doute que plus fervente.

§ 2.

On comprit après la bataille d'Actium quelles racines l'alexandrinisme avait jetées. Pour résister à un pareil orage il fallait qu'il tînt au sol de Rome par les liens les plus puissants. L'Egypte avait été vaincue et ses dieux avec elle. Au milieu du combat on avait vu « une foule de divinités monstrueuses avec l'aboyant Anubis lutter, les armes à la main, contre Neptune, Vénus et Minerve (6). » Elles avaient suivi Antoine et Cléopâtre contre Octave, qu'entouraient « le Sénat, le Peuple, les Pénates et les grands dieux (7). » Elles avaient été entraînées dans la déroute des troupes orientales et repoussées sur les bords du Nil.

(1) *Elég.*, I, III, 23.

(2) *Elég.*, I, VII, 27 et suiv. Comparez cette invocation à Osiris avec les *Hymnes* en l'honneur d'Isis qu'on a retrouvés en Grèce, à Andros, à Ios, à Cius. V. plus bas notre chapitre sur le *sacerdoce*. Peut-être aussi Tibulle avait-il sous les yeux un modèle alexandrin. V. encore les idées pythagoriques qu'exprime sous son nom l'auteur de l'*Elégie*, IV, I, 207.

(3) C'est ce qui ressort d'Ov., *Amours*, III, IX, 33. Dans cette élégie, composée probablement à l'occasion de la mort de Tibulle (18 av. J.-C.), Ovide, s'adressant aux deux maîtresses de son ami, leur dit :

> Quid vos sacra juvant...? Quid nunc Ægyptia prosunt
> Sistra?

(4) *Elég.*, II, XXXIII, 2.

(5) *Amours*, II, XIII, 7 à 19, et XIV.

(6) Virg., *Æn.*, VIII, 698. — Il y a tant de mépris dans ces vers qu'ils ont donné le change à Servius : il croit que le culte alexandrin ne fut introduit à Rome qu'après Auguste.

(7) Virg., *Æn.*, VIII, 679. V. Duruy, *Formation d'une religion officielle dans l'empire romain. Revue de l'hist. des relig.*, t. I, p. 161.

4.

Octave, devenu Auguste, remettait en honneur le culte national,
restaurait les temples des vieilles divinités du Latium et s'effor-
çait d'y ramener les citoyens. Virgile (1), Horace (2), Properce (3), Ovide (4) n'avaient pas assez d'invectives contre Cléopâtre, contre les mœurs et les traditions de l'Egypte. Alexandrie
avait voulu enlever à Rome l'empire du monde; car il ne s'agissait de rien moins (5). Maintenant elle tombait d'autant plus bas
qu'elle avait voulu s'élever plus haut; on l'appelait la fourbe, la
funeste Alexandrie.

Noxia Alexandrea, dolis aptissima tellus (6).

Qui aurait osé élevé la voix, au milieu du triomphe d'Auguste,
lorsque la statue de Cléopâtre traversait les rues de la capitale (7),
pour défendre la race vaincue, ses usages et ses dieux? Personne
ne fit ce plaidoyer. Mais il était inutile. Il était dit que la Grèce
conquise, renaissant dans ses héritiers d'Egypte, soumettrait
Rome une seconde fois. César avait eu tort de dédaigner les discussions qui s'agitaient autour du Musée; comme beaucoup de
ses compatriotes, il était fermé aux subtilités de la théologie; il
n'en comprenait pas l'intérêt. Aussi ne vit-il pas que cette ville,
où l'on disputait tant, était un organe essentiel dans la vie du
monde et qu'il y avait danger, même au point de vue pratique, à
la laisser devenir la métropole de tous les esprits ardents et in-
quiets, que passionnait la recherche de la vérité spéculative.
C'était de là qu'Alexandrie tirait sa force; il n'était pas habile de
le méconnaître. Lorsque Antoine songeait à y établir sa capitale,
qui sait s'il ne répondait pas aux vœux de plusieurs millions
d'hommes, pour lesquels Rome n'avait nullement le prestige
d'une ville sainte? Et qui sait de combien il s'en fallut que
l'Orient, qui contenait le germe de toutes les tempêtes religieuses,
ne l'emportât à Actium?

Le culte alexandrin ne perdit aucun de ses avantages dans
cette journée fameuse. Tandis que Properce exhalait sa fureur
contre Cléopâtre et son peuple, Délie recommandait à Isis Ti-

(1) *L. c.*
(2) *Od.*, I, 37.
(3) *Elég.*, III, xi, 29 et suiv.
(4) *Metam.*, XV, 826.
(5) Ovid., *l. c.*, 31 et suiv.
(6) *Ibid.*, 53.
(7) D. Cass., LI, 21.

bulle, qui partait pour l'Asie à la suite de Messala Corvinus, et elle adressait à la déesse des prières plus ferventes que jamais (1). Properce raillait les mystères qui arrachaient Cynthie de ses bras; il les signalait aux foudres du pouvoir lorsqu'il s'écriait dans sa colère : « (O Isis), ne te suffit-il point de l'Egypte et de ses habitants basanés? Pourquoi venir à Rome de ces contrées lointaines?..... Crains, déesse cruelle, que nous ne t'exilions de notre ville. Il n'y a aucun lien d'amitié entre le Nil et le Tibre (2). » Ailleurs (3), comparant les mœurs de ses contemporains avec celles des anciens, il disait : « Jadis, personne ne songeait à aller chercher des dieux étrangers; une pieuse terreur attachait la foule au culte national. » Mais, d'autre part, Tibulle chantait Osiris; il l'invoquait et l'adorait : « Viens parmi nous célébrer, au milieu des jeux et des danses, le génie de Messala; fais couler le vin à grands flots..... Viens en ce jour, pendant que je t'offrirai un religieux encens et des gâteaux pétris avec le miel de l'Attique (4). »

Entre Properce, qui maudissait les dieux alexandrins, et Tibulle, qui les invoquait, Auguste dut se trouver embarrassé; d'autant plus que les deux poètes représentaient bien les deux courants opposés de l'opinion publique. Mais la lutte ne pouvait durer longtemps; l'entraînement de la multitude était beaucoup plus puissant que la résistance de quelques individus; et des arguments comme celui que soutenait Properce n'entraient guère en balance avec les ardeurs invincibles des âmes tendres, qui s'étaient détournées du paganisme du premier âge. Tout ce que put faire Auguste, ce fut de reléguer le culte alexandrin au dehors de l'enceinte du Pomœrium (28 av. J.-C.) (5). L'empereur exilait de Rome les dieux, auxquels le triumvir Octave avait élevé des temples. Loin de s'étonner de cette versatilité, il faudrait s'étonner qu'elle n'ait pas été plus loin et qu'Auguste n'ait pas fait exécuter sur le sol de l'Italie tout entière cet arrêt de proscription. Si le restaurateur de la religion nationale gardait

---

(1) Prop., III, xi. Tibull., I, iii, 23. On s'accorde généralement à considérer ces deux élégies comme datant l'une et l'autre de l'an 29.

(2) II, xxxiii, surtout vers 15 et suiv. Barth place en 23 la publication du second livre. Le v. 19, en particulier, autorise à croire cette élégie antérieure même à l'année 28, où le culte alexandrin fut chassé par Auguste.

(3) IV, i, 17.

(4) I, vii, 21 et surtout vers 49. Les critiques placent en l'année 27 la date de cette élégie.

(5) D. Cass., LIII, 2.

tant de mesure dans sa sévérité, c'est que les circonstances
l'exigeaient et qu'il ne se sentait pas maître de changer les
dispositions de la foule. Eut-il même une grande confiance dans
l'efficacité de sa décision ? C'est fort douteux ; il savait bien que
la distance n'arrêterait pas les zélés, ou, pour mieux dire, que le
plaisir de voir et d'entendre des prêtres, qu'il semblait persécu-
ter, serait un attrait de plus. Mais il avait joué son rôle de grand
pontife : les apparences étaient sauves.

C'était un succès pour le culte alexandrin de n'être repoussé
qu'à moitié, le jour où les dieux de Rome semblaient reprendre
possession de la cité. Il y gagna, en outre, que sa situation
devint plus régulière. Si on ne l'admettait pas dans la ville, du
moins on ne lui contestait pas le droit d'exister et de se répandre. Il pouvait ouvrir librement les portes de ses temples sur la
voie publique. La Triade n'était point reconnue par l'Etat, en ce
sens qu'on ne lui adressait pas officiellement, par l'intermédiaire
des corps constitués, les hommages du sénat et du peuple, et
qu'elle n'avait point place au Capitole ; mais les citoyens pouvaient se réunir autour des ses autels, sans crainte d'être in-
quiétés (1). Elle en était sur le sol de Rome au point où elle
s'était trouvée au quatrième siècle sur celui d'Athènes, lorsqu'on l'avait confinée au Pirée. Seulement, la ville qu'elle avait
devant elle n'était plus une capitale déchue, mais le centre du
monde.

Ce qui se passa pendant les années qui suivirent, il est facile
de le deviner : prêtres et fidèles travaillèrent à faire franchir à
leurs dieux la barrière qu'on venait de leur opposer. De là
des émeutes. En 21, la crise devint aiguë : Auguste était
parti pour visiter la Sicile, la Grèce et les provinces de l'Orient.
On put espérer que ses ministres se tairaient ; mais Agrippa
veillait. L'empereur l'avait laissé à Rome avec le titre et les
pouvoirs de gouverneur. Il tint à honneur de montrer qu'on
avait eu tort d'escompter sa faiblesse, et il renchérit sur la sévérité de son maître. Il réprima les mouvements séditieux qui
venaient d'éclater et défendit de célébrer les rites égyptiens,
même à l'intérieur des faubourgs, sur un rayon d'un mille (2).
Par les faubourgs, il faut évidemment entendre ici la partie de

_____

(1) C'est ainsi du moins que nous interprétons le passage de D. Cass., XL,
47 : « ὅτε γε καὶ ἐξενίκησεν ὥστε καὶ δημοσίᾳ αὐτοὺς σέβεσθαι ἔξω τοῦ πωμηρίου
σφᾶς ἱδρύσαντο. »
(2) D. Cass., LIV, 6 : « ἐντὸς ὀγδόου ἡμισταδίου. »

la ville qui s'étendait au delà du Pomœrium. Il y avait donc aggravation dans la peine (1). Agrippa faisait reculer encore le culte étranger et lui enlevait tout le terrain conquis depuis Sylla. Pousserait-on l'opiniâtreté jusqu'à aller chercher si loin, au delà de l'enceinte (2), les leçons et les encouragements des prêtres?

La foi fait bien d'autres prodiges. Non seulement on se rendit aux temples d'Isis, mais encore les ministres d'Isis entrèrent et circulèrent dans Rome comme auparavant. Des Alexandrins, revêtus de leur costume sacerdotal, parcouraient la ville et s'arrêtaient devant les portes en demandant l'aumône. Ovide, du fond de son exil, se rappelant ce qui se passait chaque jour dans les rues de la capitale, écrivait : « Qui oserait repousser du seuil de sa maison l'Egyptien dont la main agite le sistre bruyant (3) ? » Des exaltés, des thaumaturges captivaient la foule par des spectacles émouvants ou terribles ; ils racontaient des miracles que leurs dieux avaient faits, et ils en montraient les preuves. « J'ai vu, » dit encore Ovide à cette époque, « j'ai vu moi-même s'asseoir devant l'autel d'Isis un homme, qui déclarait avoir outragé la déesse vêtue de lin ; un autre, privé de la vue pour un crime semblable, criait au milieu de la rue qu'il avait bien mérité son châtiment (4). » Il était manifeste que des répressions aussi modérées que celles dont le Sénat et l'empereur avaient pris l'initiative ne suffisaient pas, et que les demi-mesures n'étaient plus de saison.

Auguste cependant, malgré l'antipathie qu'il éprouvait pour tous les cultes orientaux (5), ne voulut point se faire persécuteur. Mais les scrupules qui le retenaient n'eurent point de prise sur l'âme de Tibère. En l'an 19, celui-ci trouva l'occasion de sévir dans un grand scandale, dont le temple d'Isis fut le théâtre. Le récit qu'en fait Josèphe (6) ne peut être reproduit dans tous ses détails ; mais en voici la substance : « Il y avait à Rome une dame nommée Pauline, qui n'était pas moins illustre par sa vertu

---

(1) « Μηδ' ἐν τῷ προαστείῳ. »

(2) A plus d'un kilomètre. Quoique le Pomœrium ne coïncidât pas exactement avec l'enceinte des murs, il est probable qu'il en différait peu. V. Smith, *Diction. of Greek a. R. Antiquities.*

(3) « Ecquis ita est audax, etc. » *Pont.*, I, 1, 37. On sait qu'Ovide fut exilé vers l'an 9 de notre ère.

(4) *Ibid.*, 51. On croyait qu'Isis rendait aveugles ceux qui l'offensaient. Cf. Horace, *Epîtres*, I, xvii, 61.

(5) V. Suét., *Aug.*, 93. Renan, *Apôtres*, p. 347.

(6) *Guerre de Jud.*, XVIII, 3.

et par la dignité de ses mœurs que par sa naissance ; et, bien qu'elle fût riche, belle, et dans l'âge où les femmes sont le plus portées à la coquetterie, elle menait une vie irréprochable. Elle avait épousé Saturninus, qui était en tout digne d'elle. Cette dame inspira une vive passion à un chevalier, Decius Mundus, qui occupait alors dans son ordre un rang considérable. » Comme elle repoussait son amour avec mépris, il eut recours à un stratagème : il l'attira, grâce à la complaisante entremise d'une affranchie et du grand prêtre d'Isis, dans le temple de cette déesse, où elle avait coutume de se rendre ; et là, au milieu des ténèbres de la nuit, il accomplit sur elle un odieux attentat, en lui persuadant qu'il n'était autre qu'Anubis. Mais, trois jours après, la fourbe fut découverte. « Pauline elle-même dévoila tout à son mari, en le suppliant de la venger. Saturninus raconta l'affaire à l'empereur. Tibère ordonna une enquête, fit interroger les prêtres, et, lorsqu'il connut la vérité, il les condamna au supplice de la croix, ainsi que l'affranchie qui avait mené toute cette intrigue. De plus, il fit démolir le temple d'Isis et jeter la statue de la déesse dans le Tibre. Quant à Mundus, il se contenta de l'exiler. »

Josèphe reproduit dans ce passage le récit qui courut de bouche en bouche après l'événement. Mais doit-on le croire sur parole? Sans arguer de la méfiance avec laquelle on a quelquefois accepté ses témoignages (1), il est à remarquer ici que Tacite (2), que Suétone (3), qui mentionnent l'un et l'autre la persécution dont les Alexandrins furent victimes, ne parlent point du crime, qui, suivant Josèphe, en aurait été la cause. Il est étrange surtout que Tacite, toujours si exact à rapporter les grands scandales de Rome, ne dise rien de celui-ci, où des personnages de la plus haute société furent mêlés. Et que d'invraisemblances dans la manière dont cette aventure est présentée ! Le rôle du grand prêtre est odieux et ridicule; sans prétendre qu'il n'ait pu se trouver des scélérats parmi les ministres d'Isis, on peut proposer, comme correctif aux accusations de Josèphe, le portrait d'un personnage de la même condition, qu'a tracé la main d'Apulée (4). La sottise de Pauline, qui se rend au temple

(1) V. Renan, *Antechrist*, p. 504, note 2 ; p. 509, 511, 513, 515. V. les ouvrages d'Ernesti et de Steuber sur l'autorité de Josèphe.
(2) *Annal.*, II, 85.
(3) *Tib.*, 36.
(4) *Métam.*, XI, p. 797 et suiv.

dans l'espérance, non seulement de voir Anubis en personne (ce qui s'expliquerait encore, étant données les idées du temps), mais même d'avoir commerce avec lui (1), dépasse toute imagination, et surprend surtout chez une femme d'un haut rang, d'une âme noble et d'une vertu à toute épreuve. Elle n'a d'égale que celle du mari qui, en entendant parler de cette singulière invitation, ne conçoit aucun soupçon, et permet à sa femme d'aller passer la nuit au milieu d'étrangers.

Ce qui doit achever de nous mettre en garde contre la véracité de l'historien juif, c'est que ce reproche d'immoralité adressé aux prêtres des cultes mystérieux était devenu un lieu commun dans la bouche de leurs ennemis. Les coreligionnaires de Josèphe n'y échappaient pas plus que les autres. Ovide, pour ne pas parler des écrivains postérieurs, conseille au jeune homme qui cherche une maîtresse de fréquenter les synagogues aussi bien que les temples d'Isis (2). Dirons-nous donc que les pieuses assemblées du sabbat étaient des foyers de corruption? Et si nous admettons sans examen que les juifs étaient au-dessus de pareilles calomnies, pourquoi ne ferions-nous pas bénéficier les Alexandrins de la même indulgence?

Bref nous ne prétendons pas que tout soit inventé dans le récit de Josèphe, et encore moins qu'il ait tout inventé lui-même. Il est probable, au contraire, qu'il n'a fait que rapporter ce que l'on répétait à Rome autour de lui. Mais ceux qui, les premiers, répandirent les bruits qu'il a recueillis y mirent certainement une exagération calculée. La sévérité même de la répression, l'extension qu'on lui donna avertissent qu'elle a pu être provoquée. D'après Josèphe, l'arrêt de Tibère frappa seulement les personnes qui avaient été impliquées dans le crime de l'Isium. Mais nous savons que l'affaire eut bien d'autres proportions (3). « On s'occupa, dit Tacite, de bannir les superstitions judaïques et égyp-

---

(1) « φράζει πρὸς τὸν ἄνδρα δεῖπνόν τε αὐτῇ καὶ εὐνὴν τοῦ Ἀνούβιδος εἰσηγγέλθαι. »

(2) *Art. d'aim.*, I, 77.

(3) Des critiques pensent que les Alexandrins ont pu être sous Tibère l'objet de deux persécutions au moins. Philon (*Leg. ad Caium*, p. 569. Ed. Mangey) attribue à Séjan celle qui frappa les Juifs ; et comme nous savons par les historiens qu'Alexandrins et Juifs furent enveloppés dans la même proscription, il se pourrait qu'ils aient eu à souffrir les uns et les autres de nouvelles rigueurs au temps de la plus grande faveur de Séjan, c'est-à-dire vers 27 ou 28. V. Ernesti, ad Tac., *l. c.* — Mais il paraît certain que Josèphe, Tacite et Suétone parlent de la persécution de l'an 19.

tiennes. Un sénatus-consulte ordonna de transporter en Sardaigne quatre mille affranchis en âge de porter les armes, qui étaient infectés de ces erreurs. Ils devaient y réprimer le brigandage; s'ils succombaient à l'insalubrité du climat, ce serait une petite perte. On enjoignit aux autres de quitter l'Italie, si dans un délai fixé ils n'avaient pas renoncé à leur culte profane. » Suétone ne parle pas autrement : « Tibère défendit les cérémonies étrangères, comme les rites égyptiens et judaïques, et il obligea ceux qui étaient attachés à ces superstitions à brûler les vêtements et tous les objets qui servaient à leur culte. Il répartit la jeunesse juive, sous prétexte de service militaire, dans les provinces les plus insalubres. Il chassa de Rome le reste de cette nation et tous ceux qui faisaient partie de pareilles sectes, sous peine d'un esclavage éternel s'ils y rentraient. » Suivant Josèphe (1) et Suétone, les quatre mille déportés étaient tous Juifs. Tacite nous paraît être plus dans le vrai, lorsqu'il assure que les deux cultes fournirent chacun leur contingent de victimes; Tibère n'avait aucune raison pour favoriser l'un plutôt que l'autre. La proscription se fit donc en masse et sans doute après une sorte d'inquisition. On surveilla les suspects; on les soumit à des interrogatoires. Sénèque, qui, dans sa jeunesse, avait vu exécuter le sénatus-consulte, nous apprend qu'on reconnaissait ceux qui étaient coupables de superstition, entre autres indices, à la répugnance qu'ils témoignaient pour certaines viandes (2). Les affranchis que l'on transporta en Sardaigne devaient être les plus compromis, c'est-à-dire les prêtres et les ministres de tout rang des dieux étrangers, tandis que ceux à qui on intima l'ordre d'abjurer ou de quitter l'Italie n'étaient que de simples affiliés, Orientaux ou Romains. Il semble logique de conclure des textes cités, que la persécution s'étendit à toute l'Italie; cependant les historiens ne le disent pas explicitement; peut-être espéra-t-on que l'intimidation, produite par le coup que l'on venait de frapper dans la capitale, se répandrait au delà et suffirait à arrêter partout le progrès du mal.

Mais le courage et la ténacité des adorateurs d'Isis résistèrent à cette tourmente. Les malheureux que l'on transportait dans un pays ravagé par la fièvre restèrent fidèles, en présence du danger, aux croyances qui avaient causé leur infortune. Il y a près de Cagliari, en Sardaigne, une grotte sépulcrale dont l'entrée est cou-

---

(1) *Ant. jud.*, XVIII, III, 5.
(2) *Lettres* CVIII, 22.

verte d'inscriptions grecques et latines (1). Ces textes retracent
d'une façon saisissante l'histoire d'une famille d'isiaques qui a
vécu peut-être à cette époque. Deux affranchis, Julius Plutius
Cassius et L. Atilius Felix Pomptinius, après avoir passé par de
rudes épreuves (2), vinrent de Rome s'établir en ce lieu, le premier avec son fils, Cassius Philippus, le second avec sa fille, Atilia Pomptilla ; ils étaient amis et avaient uni leurs enfants l'un à
l'autre. Atilia exerçait peut-être quelque sacerdoce du culte alexandrin ; on l'appelait d'un surnom qui paraît bien avoir son origine
dans les coutumes des religions orientales, Benedicta (3). Au bout
de quelque temps, Philippus ressentit les terribles effets du climat, et il tomba gravement malade. Aussitôt Atilia, dans un élan .
touchant de tendresse conjugale, offrit, comme Alceste, sa propre
vie aux dieux, en échange de celle de son mari. Elle fut, à son
tour, atteinte par le mal (4) et elle y succomba. Les dieux avaient
accepté le marché ; pour mieux dire, Philippus traîna un peu plus
longtemps que sa compagne ; il ne tarda pas à la suivre dans le
tombeau qu'il avait fait disposer et orner pour elle (5). Les cendres des deux époux furent réunies dans la grotte de Cagliari ;
sur la porte, leurs parents sculptèrent les serpents d'Isis et gra-
vèrent chacun un éloge funèbre, soit en latin, soit en grec. Le
monument, comme le souhaitait l'un d'eux, parle encore, à défaut de l'histoire (6). Il nous dit que parmi ces infortunés que
l'on envoyait à la mort comme un vil bétail, il y avait des cœurs
généreux, des épouses fidèles et dévouées qui, dans l'ingénue simplicité de leur foi, répondaient par le sacrifice de leur vie à la
pensée cruelle de Tibère : Petite perte !

Ce ne sont pas là les seules traces des proscrits de l'an 19 que la
Sardaigne ait conservées. Leur culte s'y établit pour de longs
siècles ; il y eut des temples que l'on se fit un honneur d'enri-

---

(1) *C. I. G.*, 5759. — Publiées de nouveau par Kaibel, *Epigr. græca* (1878),
nᵒ 547, et par Crespi, *Ephem. epigraph.*, vol. IV (1881), p. 484. Ce dernier les
attribue au second siècle de notre ère (p. 488). Ses raisons cependant ne sont
pas tellement décisives qu'elles doivent nous faire rejeter notre hypothèse, qui
est celle des premiers éditeurs.

(2) Nous conservons à dessein le vague de l'expression. — Texte C : *Urbis
alumna graves casus hucusque secuta conjugis*, etc... Cf. texte L. V. les remarques de Franz.

(3) Cf. *C. I. L.*, VI, 2279. *Claudia Januaria Benedicta.*

(4) L'expression antique est ici fort belle dans sa concision : *O seleres in
mala vota dei!*

(5) Texte L.

(6) *Tacitæ famæ vivens erit argumentum.* Texte K.

chir (1). D'ailleurs, les affranchis venus de Rome trouvèrent une population alexandrine fixée sur la côte depuis longtemps et qui ne manquait pas d'importance ; on a découvert dans l'île des restes de son industrie qui sont bien antérieurs aux premières années de l'Empire (2).

§ 3.

On ne devait pas s'attendre à ce qu'il y eût beaucoup de suite dans la politique des Césars, lorsque le pouvoir tombait entre les mains d'insensés comme les successeurs de Tibère. Caligula rapporta les édits qui avaient frappé les confréries. Il n'est pas sûr même qu'il ne leur accorda pas sa protection. Le jour où l'empereur fut assassiné, on avait préparé pour la soirée un spectacle où des Egyptiens et des Ethiopiens devaient représenter des scènes du monde souterrain (3).

Claude poussa l'inconséquence encore plus loin. Tandis que d'une part il remettait ces mêmes édits en vigueur (4), qu'il déplorait devant le Sénat « la prépondérance des superstitions étrangères (5) », et qu'il poursuivait les juifs (6), de l'autre il s'occupait avec ardeur de transporter à Rome les mystères d'Eleusis (7), soin fort inutile dans une ville où tous les cultes secrets, issus plus ou moins directement de celui de l'Attique, se partageaient la multitude depuis des années. Dans quelle catégorie pouvait-il ranger les rites alexandrins? Peut-être ne sut-il s'il devait les proscrire comme Egyptiens ou les recommander comme Grecs; dans le doute, il les toléra. Les Romains relevèrent en toute liberté les temples d'Isis et de Sérapis, vinrent y demander des oracles et y apporter le tribut de leur piété. Une inscription, datée de l'an 51, mentionne une offrande faite « à Isis invincible et à Sérapis » par un affranchi appartenant à la maison de M. Acilius Aviola, personnage important, qui fut consul peu de temps après et intendant des eaux de Rome (8). C'était en vain

(1) Orelli, 6090.

(2) V. un article de M. Vivanet, à propos d'objets égyptiens trouvés à San Sperato. *Notizie degli scavi di Antichità*, 1879, p. 161 et suiv.

(3) Suét., *Caius*, 57. M. Mommsen croit que c'est sous ce prince que le culte égyptien fut publiquement reconnu. V. *C. I. L.*, I, p. 406, col. 1.

(4) D. Cass., LX, 6.

(5) Tac., *Ann.*, XI, 15.

(6) D. Cass., *l. c.* Suét., *Claude*, 25.

(7) Suét., *l. c.*

(8) *C. I. L.*, VI, 353.

que Tibère avait fait couler le sang. Les dieux étrangers l'emportaient sur ceux de Rome, et cette fois à jamais.

Tous les cultes étaient égaux aux yeux de Néron : il les méprisait tous. Il s'était un moment passionné pour la magie; il n'avait rien épargné pour en sonder les mystères; mais il reconnut la fausseté de cet art et il y renonça (1). Puis il adressa ses hommages à la Déesse Syrienne, s'absolvant lui-même du crime de superstition étrangère, dont d'honnêtes mères de famille, en revanche, étaient accusées (2). Cependant, à la fin, comme il était mécontent de son idole, il souilla grossièrement les images qu'il avait adorées. La religion, comme tout le reste, était pour lui un jouet qu'il brisait lorsqu'il s'en était dégoûté. Au fond, malgré le scepticisme qu'il affichait, il restait aussi superstitieux que pas un de ses contemporains; il y avait certaines impressions qu'il ne pouvait effacer de son esprit. Des devins lui avaient prédit qu'il serait un jour appelé à fonder un empire oriental. Il eut de la peine à repousser cette idée. L'Egypte surtout l'attirait; une fois même il fut sur le point de se transporter à Alexandrie et d'en faire sa capitale; un scrupule le retint au moment où il montait au Capitole pour prendre congé des dieux de Rome (3). Mais, dans les derniers temps de sa vie, voyant que tout était perdu pour lui et qu'il touchait à sa ruine, il revint à son projet et songea à demander qu'on lui laissât au moins la préfecture de l'Egypte (4). Ce fut sous le principat de cet admirateur de leur patrie qu'Isis et Sérapis furent définitivement acceptés et reconnus par l'Etat (5). Leurs temples durent recevoir, à cette occasion, une sorte de consécration solennelle, et l'on en bâtit de nouveaux dans l'intérieur de la ville, qui furent ouverts au public. Le plus vaste s'éleva au champ de Mars, dans la IXᵉ région, à côté du Panthéon d'Agrippa (6). Les fêtes égyptiennes purent être célébrées publiquement, et les dates auxquelles elles devaient revenir furent insérées dans le calendrier romain (7).

Othon est le premier des empereurs qui montrèrent ouvertement leurs sympathies pour le culte alexandrin. Dans son désir

(1) Suét., *Néron*, 56. Pline l'Anc., XXX, v, 2.
(2) Tac., *Ann.*, XIII, 32.
(3) *Id., ibid.*, XV, 36. Cf. Aurel. Vict., *De Cæsaribus : Nero*, 14.
(4) Suét., *Néron*, 47.
(5) Lucain, VIII, 831; IX, 157. Sur le culte isiaque à cette époque, v. encore Sen., *De vitâ beata*, § XXVII.
(6) V. notre chapitre sur les *Temples alexandrins de Rome*.
(7) Mommsen, *C. I. L.*, I, p. 406, col. 1.

de se rendre populaire et de faire revivre Néron en sa personne, il ne se contenta pas de protéger les prêtres d'Isis; on le vit souvent célébrer lui-même en public leurs cérémonies, vêtu de la longue robe de lin qui leur était propre (1). Néron, dans ses accès de dévotion, n'en avait jamais tant fait, même pour la Déesse Syrienne.

Les Flaviens suivirent l'exemple donné par Othon. Lorsque, au milieu de la guerre civile, les troupes de Vitellius enlevèrent le Capitole, le plus jeune fils de Vespasien, âgé de dix-sept ans, qui s'y trouvait enfermé avec son oncle Sabinus, fut chassé du temple par l'incendie. Il se réfugia chez un des gardiens et y passa la nuit; le matin venu, il se laissa persuader par un affranchi d'user du stratagème qui avait si bien réussi jadis à Volusius. L'Isium du Capitole avait été rebâti et les horreurs mêmes de la lutte qui se livrait alors dans ce quartier n'avaient pu interrompre les cérémonies du culte. Le jeune homme se revêtit d'un costume de prêtre alexandrin, et, se mêlant à la troupe des ministres subalternes qui descendaient dans la ville après s'être acquittés de leurs fonctions journalières, il passa inaperçu et se réfugia au Transtévère. Il ne put oublier qu'il devait son salut à Isis, lorsqu'il devint plus tard l'empereur Domitien (2).

Cependant son père, proclamé à Alexandrie par Tibère Alexandre, attendait dans cette ville que les passions se fussent calmées et qu'on lui eût aplani les chemins qui menaient à Rome. Il resta là plusieurs mois au milieu de marins et de commerçants, qui, ne comprenant guère ses habitudes de parcimonie et révoltés par les impôts dont il les accablait, lui montrèrent d'abord les dispositions les plus hostiles; mais ils ne tardèrent pas à le porter aux nues; il avait su les prendre par leur faible, en flattant leur goût pour le merveilleux. Il se faisait présenter Apollonius de Tyane (3); il accomplissait lui-même des miracles, sans avoir cependant beaucoup de confiance dans sa puissance surnaturelle. Un aveugle et un paralytique, avertis, disaient-ils, par Sérapis, vinrent lui demander de les guérir. Après quelque hésitation, il céda aux instances de son entourage et devint thaumaturge malgré lui. Tacite est assez disposé à croire à l'authenticité du fait, qui lui avait été rapporté par des témoins dignes de foi. Dès lors, Vespasien voulut connaître et consulter ce dieu qui

(1) Suét., *Oth.*, 12.
(2) Suét., *Domit.*, I. Tacit., *Hist.*, III, 74.
(3) *Vie d'Apollon. de T.*, par Philostrate, V, 27-37.

l'avait choisi pour accomplir ses desseins ; il s'enferma dans son
temple, et il y eut, paraît-il, une sorte d'hallucination. Qu'il ait
fini lui-même par être convaincu, ou que sa dévotion ne fût
qu'un jeu habile, il dut se montrer reconnaissant envers Sérapis,
qui avait entouré son front d'une auréole (1).

Titus, vainqueur des Juifs, voulut que son retour fût célébré
par un triomphe d'une solennité extraordinaire. Ce fut dans le
temple d'Isis (au champ de Mars, sans doute), que Vespasien
et son fils passèrent la nuit qui précéda la cérémonie. Ce fut de
là que partit le cortège (2). On eût dit que les deux Césars rapportaient à la déesse l'honneur de la victoire et qu'ils l'associaient
à l'acte glorieux qui fit la fortune de leur maison (3). La littérature de cette époque montre assez que la foule partageait ce sentiment ; Martial avait beau railler (4) : les femmes se pressaient
toujours dans les assemblées mystérieuses des Alexandrins (5) ; la
mode s'introduisait, même parmi les hommes, de porter au doigt,
montée en bague, l'effigie d'Harpocrate et des autres divinités
égyptiennes (6). L'Isium du champ de Mars ayant été consumé
en 80 par le grand incendie qui dévora une partie de cette
région (7), Domitien le fit rebâtir et le consacra en 92 (8). Ce fut
un des plus beaux monuments de la ville (9).

A partir de cette date, l'histoire n'enregistre plus que des
triomphes pour le culte alexandrin. C'est à peine si la voix

(1) Tac., *Hist.*, IV, 81-84. Suét., *Vespas.*, 7. D. Cass., LXVI, 8.

(2) Josèphe, *Guerre de Jud.*, VII, v, 4.

(3) V. encore, *C. I. L.*, VI, 346, et commentaire de Mommsen, cité par
Henzen. Inscription qui mentionne une offrande faite à Isis, à la suite d'une
vision, par un certain Crescens, esclave de Titus.

(4) Nous aurons plus d'une occasion, dans le cours de ce travail, de citer les
textes du poète.

(5) Stace, *Silv.*, V. III, 244.

(6) Pline l'Anc., XXXIII, 12, 2. Cf. ici *Catalogue*, section VI, et notre étude
sur *Les monuments*.

(7) D. Cass., LXVI, 24.

(8) *Chronic. Vienn.*, 8 ; dans Jordan, *Topogr.*, t. II, p. 32. — Cf. Cassiodore,
Chronic., s. h. anno. V. notre chapitre IX sur les *Temples alexandrins de Rome.*

(9) Pline le Jeune (*Panégyrique* 49), félicite Trajan « de ne pas entourer sa
table des mystères d'une superstition étrangère », « non peregrinæ supers-
titionis mysteria mensis principis oberrant » ; voulant sans doute donner à
entendre par là, que c'était ce qu'avait fait Domitien. Quelques commentateurs
appliquent ce passage aux agapes des chrétiens (v. les notes de l'édition Lemaire
ad. h. l.). Ce que nous savons des préférences de Domitien, en matière de religion, nous autorise à croire que Pline pensait plutôt au culte des divinités
d'Alexandrie.

moqueuse de Juvénal lui lançait, en passant, quelques sarcasmes. Avec les Antonins, il arriva à son apogée. Hadrien fit placer dans le Canope de sa villa de Tibur les images des dieux de l'Egypte. Commode dépassa tout ce que la dévotion de ses prédécesseurs avait pu imaginer. On le vit, les cheveux complètement rasés, suivant l'usage, et portant dans ses bras une image d'Anubis, se mêler aux processions et donner de grands coups avec la bouche de l'idole sur la tête des prêtres, qui marchaient devant lui, sous prétexte de les aider dans la mortification de la chair. Il veilla lui-même à ce qu'ils observassent strictement la loi isiaque, et, dans la crainte qu'ils ne fussent trop enclins à une mollesse indigne de leur état et de leurs engagements, il les força à se frapper la poitrine jusqu'au sang avec des pommes de pin (1). Ses courtisans, comme de raison, suivaient son exemple : sur une mosaïque, que l'on voyait encore au temps de Dioclétien sous le portique voûté des jardins de Commode, et qui reproduisait les traits des amis du prince, l'un d'eux, celui qui fut plus tard l'empereur Pescennius Niger, était représenté tenant les attributs d'Isis à la main (2).

Caracalla éleva partout des temples magnifiques à cette déesse; il célébra aussi ses mystères avec plus de solennité qu'on ne faisait avant lui, et il ajouta à la pompe des cérémonies du culte (3). Enfin, Alexandre Sévère pourvut à la décoration des temples alexandrins de Rome; il les enrichit de statues, de vases en bronze et d'objets de dévotion de toute espèce (4).

Ce zèle n'était pas, chez les grands et chez leur maître, l'effet du caprice. Bien des traits qui nous choquent dans l'histoire des

(1) Lampride, *Commode*, IX. Spartien, *Caracalla*, IX. Cf. ici *Catalogue*, n° 12.

(2) Spartien, *Niger*, 6. — Sous Septime Sévère, il y avait à Rome un lieu appelé *Memphis*, qui paraît bien avoir été en relation avec le culte mystique de Liber, identifié sans doute avec celui d'Osiris. V. *C. I. L.*, VI, t. I, n° 461.

(3) Spartien, *Caracalla*, IX. Aurel. Victor, *De Cæsaribus, Caracalla*. Il y a ici une contradiction flagrante dans le texte de ces deux historiens. Ils disent l'un et l'autre que Caracalla transporta à Rome le culte égyptien. La suite des faits que nous venons d'exposer dans ce chapitre suffit pour prouver qu'ils se trompent. Du reste, Spartien lui-même, après avoir dit : « Sacra Isidis Romam deportavit, » fait remarquer que cela est faux, puisque Commode avait déjà porté l'Anubis dans les processions isiaques. Il ajoute : « Peut-être a-t-on voulu dire par là qu'il donna plus de pompe aux cérémonies. » — Spartien et Aurelius Victor reproduisent dans ce passage un témoignage fautif, qui vient probablement, comme le fait remarquer Casaubon, de Marius Maximus, leur modèle commun. V. les notes des commentateurs.

(4) Lampride, *Alex. Sév.*, 25.

mauvais empereurs, comme des actes de folie, devraient, au contraire, servir à nous expliquer pourquoi quelques-uns ont su se concilier la faveur de la multitude, et ont été regrettés après leur mort. Le peuple de la capitale aimait ces démonstrations ; il ne lui déplaisait pas de voir le chef de l'Etat jouer un rôle dans les solennités publiques et se passionner pour ce qui passionnait le vulgaire. De graves historiens, écrivant au fond de leur cabinet, riaient de ces extravagances. Mais, lorsque Commode passait dans la rue avec son Anubis, soyons certains qu'il ne manquait pas de gens pour se prosterner et pour admirer le pieux empereur, qui « portait dans son sein bienheureux l'effigie vénérable de la toute puissante divinité (1). » Peut-être ces jours-là Commode faisait-il preuve de politique plutôt que de folie.

(1) Apul., *Mét.*, XI, p. 777, en parlant du symbole d'Isis que porte un des prêtres de la procession isiaque de Kenchrées.

CHAPITRE IV.

LES SOURCES.

Si l'on classe dans un ordre chronologique les documents qui peuvent servir à étudier les progrès de la religion alexandrine pendant les deux premiers siècles de notre ère, on voit qu'ils forment un enchaînement presque continu. Pour la période qui s'étend du principat d'Auguste jusqu'à l'an 79, nous trouvons les renseignements les plus curieux dans les poètes latins et dans l'Isium de Pompéi, un des monuments les mieux conservés qui nous restent de l'antiquité. Puis vient le traité de Plutarque *sur Isis et Osiris*. Le onzième livre des *Métamorphoses* d'Apulée et le discours du rhéteur Aelius Aristide *pour Sérapis*, terminent la série. Avant les découvertes de Champollion, on a souvent demandé à ces documents plus qu'ils ne pouvaient donner; on a cherché à en tirer une connaissance exacte de l'Egypte des Pharaons, de ses mœurs, de sa religion, de sa langue, et même de son écriture mystérieuse. Les égyptologues s'élèvent aujourd'hui, à bon droit, contre ceux qui pourraient être restés fidèles à cette méthode surannée. Mais autant il est chimérique de prétendre découvrir le secret que nous cachent les hiéroglyphes avec le seul secours des Grecs et des Romains, autant il est légitime de prendre ceux-ci pour guides, lorsqu'on veut seulement savoir ce qu'ils pensaient eux-mêmes de l'Egypte et ce qu'ils ont emprunté de son culte pour le répandre en Occident. Ce qui nous intéresse dans leurs témoignages, ce n'est pas l'Egypte; c'est la civilisation d'où la nôtre est sortie. Si nous les interrogeons ainsi, aucun élément de la question ne nous manque. Nous avons même cette bonne fortune, que nos documents ont chacun une couleur propre, et que les opinions des écrivains que nous consultons diffèrent quelquefois entre elles.

§ 1.

Les poètes latins qui parlent du culte alexandrin sont surtout ceux qui peignent les mœurs de Rome, les satiriques et les élégiaques. En général, ils lui sont hostiles ; les satiriques, par profession ; les élégiaques, parce qu'ils le voient de mauvais œil détourner vers une dévotion exclusive toutes les passions du cœur féminin. Il faut donc accepter avec défiance leurs jugements et ne pas prendre au pied de la lettre leurs accusations, que la moquerie ou le dépit ont souvent dictées. Mais ils n'en présentent pas moins un grand intérêt ; leurs peintures sont en général très vivantes. S'ils s'occupent peu du dogme, ils nous donnent des détails très piquants sur les pratiques du culte, sur l'effet qu'elles produisaient au milieu de la société de leur temps. Et ce qui n'est pas moins digne d'attention, ce sont leurs sentiments à eux-mêmes, c'est l'étonnement que soulève dans leurs âmes de Romains et de païens cette religion qui trahit une autre origine et annonce une ère nouvelle.

Le sceptique Lucien, quoiqu'il se place à un tout autre point de vue, fait entendre les mêmes protestations. Dans un de ses dialogues, il suppose que Jupiter convoque les dieux dans l'Olympe par l'organe de Mercure, et charge son héraut de les placer suivant la valeur du métal dont ils sont faits, les dieux en or au premier rang, les dieux en argent au second, et ainsi de suite. Anubis, grâce à cette combinaison, occupe le banc de devant, avec Attis, Mithra et quelques autres. Neptune, qui n'est qu'en airain, est relégué derrière l'Égyptien. Indigné qu'on accorde la préséance à un étranger, il réclame. Mais Mercure lui répond : « C'est comme cela !... Tu n'as rien à dire ; il faut céder la place, et ne pas te fâcher de ce qu'on te préfère un dieu qui a un si riche museau (1). » Dans un autre dialogue, Momus, devenu l'accusateur public de l'Olympe, fait leur procès aux dieux étrangers ; il prend à partie Anubis, Apis et tous ces dieux « dont les Égyptiens ont inondé le ciel ; » et il s'écrie avec un beau mouvement de colère : « Je m'étonne, ô dieux ! que vous puissiez endurer qu'on leur rende des honneurs égaux aux vôtres, *s'ils ne sont pas plus grands.* » Chose étrange ! Jupiter lui-même prend la défense des nouveaux venus et impose silence à l'orateur : « Laisse là, te dis-je, le culte des Égyptiens ; nous en causerons une autre fois

_____

(1) *Assemblée des dieux.*

5.

à notre aise. Parle des autres (1). » Ce n'est pas que Lucien
éprouve plus d'embarras à les tourner en ridicule ; mais il semble
qu'il se réserve d'examiner leur cas plus à loisir, comme si leurs
récents triomphes lui faisaient un devoir de rassembler contre eux
toutes ses forces. Il s'est contenté de cette escarmouche ; mais
dans ses attaques, comme dans celles des poètes latins, ce que
nous voyons surtout, c'est la popularité immense qui s'attachait
au nouveau culte. Ce n'était ni la vieille religion romaine restaurée par Auguste et chantée avec plus ou moins de conviction par
les Properce et les Ovide, ni le scepticisme absolu de Lucien qui
pouvaient le tenir en échec. Il lui fallait d'autres adversaires.

§ 2.

Le parti des dévots n'est pas moins bien représenté. C'est à eux
que s'adresse le traité *sur Isis et Osiris*. On ne peut guère douter
que cet opuscule doive être attribué à Plutarque (2). Outre qu'il
est cité dans le catalogue de ses œuvres dressé par son fils Lamprias (3), on n'y trouve rien qu'il ne puisse avoir écrit. Plutarque
avait fait dans sa jeunesse un voyage à Alexandrie (4) ; cet esprit
curieux, appliqué avec ardeur à l'étude des doctrines philosophiques et religieuses, n'avait pu manquer de s'y instruire. Il avait
eu pour maître le philosophe Ammonios, qui, suivant la tradition, aurait été originaire d'Alexandrie (5), et sous les auspices
duquel il avait probablement entrepris son voyage (6). Aussi
est-il souvent question de l'Egypte dans ses œuvres (7). Il est vrai
que lorsqu'il en parle en passant, ce n'est pas avec ce respect et
cette admiration que respire le Traité tout entier. C'est qu'il a
voulu faire de cet ouvrage le couronnement d'un système ; ce ne
doit pas être un de ses premiers écrits ; on y sent l'effort d'une

---

(1) *Jupiter Trag.*
(2) Tel est l'avis de M. Egger, que nous avons consulté sur ce point ; et
c'était aussi, nous dit-il, celui de M. Brunet de Presles. V. l'édition du Traité
donnée par Gustave Parthey. Berlin, 1850.
(3) Fabric., *Bibl. græc.*, t. V, p. 163, n° 116 : « περὶ τοῦ κατ' Ἴσιν λόγου καὶ
Σάραπιν. » Cf. *Ibid.*, *Cod. Venet.*, p. 168 : « περὶ Ἴσιδος καὶ Σεράπιδος. »
(4) *Sympos.*, V, 5, 1. Nous disons : *dans sa jeunesse*, parce que son aïeul
Lamprias figure dans l'entretien.
(5) Ce point cependant est douteux. V. Gréard, *Morale de Plutarque*, p. 34,
note 5, et p. 35, note 1.
(6) *Ibid.*, p. 38.
(7) *Quest. rom.*, 93. *De la curiosité. De l'exil. Sympos.*, IV, 5 ; VIII, 1, 5. *De
l'Amour. De la face qui paraît sur la lune...* etc.

pensée mûrie par l'étude et par la réflexion. Il y prend un ton plus grave, comme s'il introduisait le lecteur dans le sanctuaire où il a fini par abriter ses croyances, au milieu des luttes de son siècle et des incertitudes de sa conscience. Loin d'être en désaccord avec l'ensemble de ses théories religieuses, le Traité les complète; qu'on lise surtout ses écrits *sur la cessation des oracles, sur les délais de la justice divine, sur l'inscription du temple de Delphes*, on verra qu'il y a un lien étroit entre les doctrines qu'il y expose et celles qu'il emprunte à la théologie alexandrine (1). Rejetant du paganisme toutes les fables qui portent atteinte à la moralité des dieux, croyant fermement que la divinité est éternelle et unique (2), Plutarque ne pouvait pas s'accommoder du polythéisme vulgaire. Les exagérations des philosophes ne lui souriaient pas davantage; il restait convaincu de l'immortalité de l'âme, de l'existence de Dieu et de son intervention dans les affaires humaines (3); il ne pouvait même, en véritable fils de la Grèce, se détacher des formes extérieures du culte antique, si propres à élever le cœur et à satisfaire l'imagination (4). Mais, d'autre part, certains arguments des philosophes le frappaient; la présence du mal dans le monde surtout lui semblait attester l'existence d'un pouvoir hostile à celui de Dieu (5). Comment concilier ces croyances mieux qu'en adoptant une religion qui, sans détruire le paganisme, le resserrait et le condensait, qui en respectait toutes les pratiques quoiqu'en leur donnant un sens nouveau; enfin qui, en reconnaissant un Dieu unique, principe de tout bien, admettait cependant au-dessous de lui un principe du mal, contre lequel il luttait sans cesse quoique avec succès, et une pléiade de divinités secondaires, bonnes ou mauvaises, ministres ou ennemis de l'Etre souverain? Plutarque ne pouvait-il rencontrer là l'idéal qu'il poursuivait?

Il faut avouer néanmoins qu'en cela même il pouvait être taxé d'inconséquence. Nul n'a témoigné d'un plus solide attachement pour la religion de son pays que Plutarque. Sur ses vieux jours,

(1) V. Vacherot, *Histoire critique de l'Ecole d'Alexandrie*, et Gréard, ouvrage cité.

(2) *Sur l'inscr. de Delphes*, 17 à 21. *Cessation des Oracles*, 29.

(3) *Du bonheur dans la doctrine d'Epicure*, 26, 31. *Délais de la justice divine*, 2, 3, 4, 17, etc. *Contre Colotès*, 22, 31.

(4) *Quelle part le vieillard doit prendre aux affaires de l'Etat*, 6. Gréard, p. 318-322.

(5) *Création de l'âme*, 5, 6, 7. *Du bonheur dans la doctrine d'Epicure*, 21, 30. *Contradictions des stoïc.*, 37. *Opinions des philos.*, 3, etc.

il remplit, pendant plusieurs années de suite, la charge de grand
prêtre d'Apollon auprès du plus fameux sanctuaire de la Grèce,
auprès du temple de Delphes (1). Ses livres montrent qu'il prit à
cœur ses fonctions sacerdotales, et qu'en toute sincérité il se con-
sidéra comme investi d'une mission importante, digne de tous
ses soins (2). A plusieurs reprises, il proteste contre l'invasion
des religions étrangères; il va jusqu'à les attaquer dans un traité
spécial : « Quelle vile superstition, dit-il, que... de rendre à des
dieux étrangers un culte ridicule (3)! » Il parle avec pitié de
ceux qui se soumettent aux macérations exigées par les rites de
l'Orient (4). Et, pour qu'on sache bien à qui il en a, il nomme
par leurs noms les peuples dont il blâme les pratiques. Ce sont les
Juifs, qui observent avec une fidélité étroite et obstinée le repos
du sabbat; ce sont les Syriens, que leurs sottes idées sur la ven-
geance de leur Déesse remplissent d'une folle terreur; ce sont les
Egyptiens, qui pleurent la mort d'Osiris, leur homme-Dieu,
comme s'il était un homme, et l'adorent, comme s'il était un
dieu (5). Les prêtres errants de la Grande Déesse et de Sérapis,
qui prédisent l'avenir, ne sont que des bateleurs, des charlatans,
des bouffons (6). Les femmes sensées doivent fermer leur porte
aux étrangères, qui s'introduisent dans les maisons les jours de
deuil, sous prétexte de pleurer avec les parents du défunt, en réalité pour donner l'exemple de l'exaltation la plus dangereuse (7).
Timoxène, la femme de Plutarque, sait éviter les excès auxquels
conduit la superstition (8). Elle s'en tient à la doctrine que les
ancêtres des Grecs leur ont transmise; en fait de mystères, elle
ne connaît que ceux de Dionysos, que l'on célèbre dans son pays.
Dans une circonstance solennelle, c'est elle qui fait la prière pour
sa famille, et qui offre le sacrifice sur l'autel de l'Amour. Celui-là
au moins n'est pas « un de ces dieux étrangers et introduits depuis
peu, comme les Attis et les Adonis, par la superstition barbare
d'hommes efféminés et de femmes méprisables. Il n'a pas furti-

---

(1) *Quelle part le vieillard...* etc., 17. *Sympos.*, VII; II, 2.
(2) « C'est sous les auspices d'Apollon, dit M. Gréard, et, pour ainsi dire, à
l'ombre du sanctuaire, que furent composés pour la plupart ses traités de morale religieuse. » (p. 271).
(3) *De la superstition.*
(4) *Ibid.*
(5) *Ibid.*
(6) *Pourquoi la Pythie...* etc., 25.
(7) *Consolation à sa femme sur la mort de sa fille*, 10.
(8) *De l'Amour*, 2.

vement usurpé des honneurs qu'il ne méritait point, et il n'est pas dans le cas d'être cité devant les dieux pour y justifier son admission dans l'Olympe (1). » Mais, par malheur, la superstition fait chaque jour des progrès, et l'on ne trouve que trop de gens disposés « à souiller leur langue par des mots étrangers et barbares qui offensent la majesté divine et la sainteté de la religion nationale (2). »

Un grand prêtre qui tenait ce langage ne pouvait embrasser un culte venu d'Egypte, ni le tolérer dans sa famille, ni l'approuver chez ses amis; encore moins pouvait-il le recommander.

Pourtant ce même Plutarque manifeste, dans le traité *sur Isis et Osiris*, une sympathie évidente pour le culte alexandrin : il en parle presque avec la chaleur communicative d'un néophyte. Comment expliquer cette contradiction (3)?

Elle paraîtra d'abord beaucoup moins choquante, si l'on remarque les restrictions dont il entoure sa pensée. Il est loin de tout approuver dans la religion des Egyptiens. Ce qu'il trouve ridicule surtout, c'est qu'on puisse croire, sans attacher un sens symbolique à ce point de doctrine, que les dieux naissent et meurent. Il est révolté par la crédulité de ceux qui, en célébrant les fêtes lugubres de la passion d'Osiris, s'imaginent pleurer un dieu soumis aux lois de la condition humaine, véritablement mis à mort et ressuscité. Il répète volontiers, avec Xénophane de Colophon et ses disciples, que, si Osiris est dieu, il ne doit pas être pleuré, ou que, s'il doit être pleuré, il n'est pas dieu (4). Il ne craint pas de traiter d'absurdité la fable égyptienne mal entendue. Il est aussi sévère pour ceux qui acceptent aveuglément le culte des animaux; « les Grecs au moins disent que la colombe, le serpent, le corbeau, le chien sont consacrés à Aphrodite, à Athéné, à Apollon, à Artémis. Mais les Egyptiens respectent et honorent les animaux comme des dieux, et par là ils ont rempli leur culte de cérémonies ridicules, ce qui ne serait rien encore, s'ils n'avaient contribué à répandre une opinion funeste, qui a égaré les esprits

_____

(1) Il est possible que Lucien se soit inspiré de ce passage dans son *Assemblée des dieux*; ou plutôt il devait y avoir un dicton populaire sur l'envahissement de l'Olympe, dont Plutarque reproduit ici les termes, et que Lucien aura développé.

(2) *De la superstit.* V. encore *Préceptes de mariage*, 19.

(3) V. Friedländer, *Civilisation et mœurs romaines du siècle d'Auguste*, trad. Vogel, t. IV, p. 197 et suiv.

(4) *De la superstit. Dialog. de l'Amour. Isis et Osir.* Ch. LXX, p. 379 A. C'est aussi l'opinion de Lucain, VIII, 831 : « *Quem tu plangens hominem testaris Osirim.* »

simples et faibles (1) ». Ainsi Plutarque ne se dissimule pas le vice et les dangers de cette religion. Elle renferme, comme toutes les autres, une part de superstition. Loin de passer sous silence les reproches qu'il lui adresse ailleurs, il les réitère et les développe. Mais il y a un moyen de la tirer du rang des superstitions vulgaires. Et c'est pour cela que Plutarque écrit; c'est là le but et la justification du Traité. Le remède, grâce auquel une mauvaise religion doit devenir bonne, c'est, comme on le devine, la philosophie. Cette idée n'était pas nouvelle; c'était la philosophie qui avait présidé à la fusion des mystères grecs et égyptiens; dès le jour où les Ptolémées, et avec eux une légion d'écrivains, s'étaient appliqués à l'étude des traditions sacrées de la race vaincue, ils avaient tâché d'en saisir le fil et l'esprit; de nombreux systèmes avaient été proposés. Plutarque les passe en revue et les résume; mais il voudrait aussi arriver à une synthèse, dire le dernier mot. De toutes les explications que l'on a données, c'est toujours à « la plus philosophique » qu'il s'arrête (2); mais celle-là même est quelquefois fausse. Il trouve surtout que ses prédécesseurs se sont enfermés dans une opinion étroite, et que chacun d'eux, tout en ayant raison de son côté, a eu tort de ne pas étendre sa vue plus loin (3). Il se propose à la fois de redresser et de coordonner leurs témoignages. La théorie à laquelle il croit pouvoir tout ramener, c'est celle du dualisme. Il y a dans la nature et dans le monde moral deux principes ennemis : le Bien et le Mal, Dieu et le Démon (4). La théologie des Égyptiens repose tout entière sur ce fondement, comme aussi celle des Perses et celle des Chaldéens. Enfin, et c'est là le nœud du Traité, il y a une conformité parfaite entre leur système et celui de Platon (5). Le mythe osirien représente d'une façon symbolique la lutte incessante des deux principes. Si on l'interprète ainsi, les fables les plus sottes en apparence prennent un sens profond. Il n'y a pas jusqu'au culte des animaux qui ne s'explique. Car, si on voit, avec l'école de Pythagore, une manifestation de la divinité dans les propriétés des nombres et des figures géométriques, c'est-à-dire dans de pures abstractions, à plus forte raison doit-on adorer Dieu dans celles de ses œuvres qu'il a animées de son souffle.

(1) *Is. et Os.*, ch. LXXI, p. 379 D.
(2) Ch. XXXII, XXXIII, XLIV.
(3) Ch. XLV.
(4) Ch. XLV, XLVI.
(5) Ch. XLVIII, XLIX.

Ce que l'on adore dans les animaux, c'est la vie, attribut divin, qui se trouve répartie à des degrés divers dans la création, et qui existe en Dieu au suprême degré, ou plutôt qui est Dieu lui-même, comme la mort est le Mal, le Démon.

Telle est la portée philosophique des mystères égyptiens. C'est à la condition de les bien comprendre, qu'on évitera de tomber dans la superstition, « qui n'est pas un moindre mal que l'athéisme (1). » En d'autres termes, dans la pensée de Plutarque, c'est le dogme hautement entendu qui fait passer sur les apparentes bizarreries du culte. Des pratiques qu'on serait tenté de trouver ridicules deviennent augustes et respectables si on sait voir ce qu'elles cachent. L'indulgence de Plutarque va fort loin ; il approuve les ministres d'Isis de se raser entièrement tout le corps, de porter des vêtements de lin et de s'interdire certains aliments (2). Il loue même les particuliers qui « s'exercent assidûment dans les temples à ces abstinences rigoureuses, dont la fin est la connaissance de l'Etre souverain (3). » La mortification de la chair n'est qu'un moyen d'arriver plus sûrement à la sanctification de l'esprit.

En même temps qu'il échappe au reproche de superstition, Plutarque déroute ceux qui pourraient l'accuser d'aller chercher ses dieux à l'étranger. Suivant lui, Isis et Osiris sont « des divinités communes à tous les hommes... Les attribuer en propre à l'Egypte... c'est priver de leur protection le reste du genre humain, qui n'a ni le Nil, ni Butis, ni Memphis, et qui cependant connaît Isis et les autres divinités qui l'accompagnent. Il est même des peuples qui en ont appris depuis peu les noms égyptiens ; mais ils savaient, depuis leur origine, quelle était l'influence de chacun de ces dieux, et ils leur rendaient un hommage public (4). » D'après cette curieuse théorie, Isis et Osiris auraient été de tout temps connus et adorés dans le monde entier ; nulle part ils ne sont étrangers ; leurs noms seuls sont nouveaux dans certains pays. Et encore ces noms mêmes ont une origine grecque ; Plutarque, avec une entière confiance, cherche dans sa langue l'étymologie des mots *Isis* (5), *Osiris* (6),

(1) Ch. XI et LXVIII. Ces derniers mots résument toute la théorie bien connue du traité *Sur la superstition*. Cf. *Is. et Os.*, ch. XX.
(2) Ch. III à VI.
(3) Ch. II.
(4) Ch. LXVI.
(5) Ch. II, LX.
(6) Ch. LXI.

Copto (1)... Il va jusqu'à admettre qu'il y a des noms mythologiques « qui ont été transportés anciennement de Grèce en
Egypte (2). » D'ailleurs, la Grèce à son tour a beaucoup emprunté à l'Egypte, et la facilité avec laquelle ses enfants les plus
illustres ont de tout temps pris leur bien sur les bords du Nil,
lorsqu'ils l'y ont trouvé, autorise leurs descendants à mettre de
côté tout scrupule exagéré. Plutarque rapporte sans fausse honte
une tradition qui ferait d'Homère et de Thalès les premiers disciples des Egyptiens (3). Il rappelle volontiers ce que Solon,
Platon, Eudoxe, Pythagore doivent aux prêtres de Saïs, de Memphis et d'Héliopolis; il cite avec honneur les noms des maîtres
à côté de ceux de leurs glorieux élèves (4). Ce mutuel échange
de science montre que l'origine des relations des deux pays se
perd dans la nuit des temps. Ce n'est pas un caprice de la génération présente qui a rapproché leurs traditions sacrées (5). On
trouve des traces du dualisme égyptien dans les fables des Grecs
et chez leurs philosophes, chez Héraclite, chez Empédocle, chez
les Pythagoriciens (6). En un mot, les ressemblances que l'on
remarque entre les deux religions ont toujours existé ; on ne
saurait dire qu'elles sont étrangères l'une à l'autre.

Ces théories portent bien l'empreinte du siècle et de l'école qui
les ont produites. Le Traité, malgré les restrictions de l'auteur,
est une apologie, et se rattache au grand mouvement d'idées dont
Alexandrie a été le point de départ. Si Plutarque n'a pas été
initié aux mystères grecs d'Isis et d'Osiris, il savait certainement ce qu'on y enseignait ; la discrétion avec laquelle il fait le
silence là-dessus suffirait à le prouver : il lui arrive plusieurs
fois de s'arrêter court devant des révélations qui lui paraissent
impies ; il se contente alors de faire une allusion vague « aux
secrets des mystères et des initiations, qu'on dérobe avec soin
aux regards et à la connaissance de la multitude (7). » « Laissons à part, dit-il, les preuves qu'il n'est pas permis de divul-
guer (8). » Et ailleurs : « Cette explication renferme des secrets

(1) Ch. XIV, v. Parthey, *ad h. l.*
(2) Ch. XXIX.
(3) Ch. XXXIV.
(4) Ch. X.
(5) Ch. XXXV.
(6) Ch. XLVIII.
(7) Ch. XXV.
(8) Ch. XXXV.

réservés pour les adorateurs d'Anubis (1). » La personne à laquelle
le Traité est adressé est elle-même une isiaque; c'est une dame
grecque du nom de Cléa, dont Plutarque appréciait beaucoup le
savoir; il lui a dédié un autre de ses ouvrages (2). C'était une
de ces femmes distinguées, comme la Grèce en comptait beaucoup, même depuis qu'elle avait été réduite au rang de province.
Cléa cultivait la philosophie (3), et Plutarque semble avoir rempli auprès d'elle, comme auprès de bien d'autres, l'office d'un
directeur de conscience (4). Elle exerçait comme lui de hautes
fonctions dans le sanctuaire de Delphes; elle y présidait les
thyades de Dionysos, et ne s'était pas crue obligée pour cela de
renoncer aux mystères alexandrins, auxquels ses parents l'avaient
initiée dès son enfance (5). Plutarque, bien loin d'en être cho-
qué, veut lui donner son avis sur ce qu'il regarde comme du
devoir « d'un véritable isiaque (6). » Il va puiser pour elle de
nouveaux détails dans la théologie égyptienne. C'est pour elle
qu'il consulte les écrits des philosophes et des mythographes.
Il n'a pas la prétention de l'éclairer sur ce qui s'enseigne dans
les mystères; car elle en est aussi bien instruite que lui (7).
Ce qu'il lui expose, c'est ce que l'on trouve dans les livres, plutôt que ce qui se transmet par la tradition orale. Il est certain
qu'abstraction faite des étymologies fausses, des comparaisons
forcées, et en général des erreurs que l'on peut imputer aux exigences de son système, il s'est livré à un travail approfondi et
en somme utile et fructueux. Les égyptologues attachent un
grand prix à son témoignage, et la découverte des documents
originaux n'a fait que confirmer l'autorité de certains de ses
récits (8). Le Traité est donc une œuvre de science, sortie de la
plume d'un philosophe et destinée à une femme élevée au milieu
des discussions théologiques. Ce serait s'abuser que d'y chercher le résumé fidèle des croyances répandues dans la foule par
les mystères.

Mais la lecture en est instructive. On y voit pleinement le désarroi dans lequel le paganisme est tombé. Plutarque, prêtre

(1) Ch. XLIV.
(2) *Sur les actions courageuses des femmes.*
(3) *Ibid.*
(4) Gréard, p. 79 et suiv.
(5) *Is. et Os.*, ch. XXXV. V. un exemple analogue, Orelli, 2361.
(6) Ch. III : « Ἰσιακός ἐστιν ὡς ἀληθῶς ὁ... etc. »
(7) Ch. XXXV.
(8) V. Pierret, *Le papyrus de Neb-Qed*, p. vi.

d'Apollon, en est réduit, non seulement à accepter un culte taxé
de superstition étrangère, mais encore à chercher des raisons
pour se convaincre lui-même que ce n'est ni une superstition ni
une importation étrangère. Voyant qu'on ne peut résister à l'entraînement populaire, il se demande comment on pourrait le diriger, et il trouve que la religion des Alexandrins, qui répond
bien aux aspirations de toutes les classes, même à celle des gens
éclairés, ne peut être arrêtée sur la pente de la superstition que
par la philosophie. Mais là est le point faible du système. Comment fera-t-on entendre à la foule la voix de la raison? Qui se
charge de l'instruire? Quels sont les moyens pratiques d'empêcher qu'elle s'écarte du droit chemin, et de l'y ramener lorsqu'elle en sera sortie? Qui décidera dans quelle mesure le bon
sens doit régler les élans du cœur et de l'imagination? Où est
enfin l'autorité qui doit prendre possession des âmes et les mener
toujours tout droit, entre les deux précipices de l'athéisme et de
la superstition? Autant de problèmes que Plutarque ne se pose
même pas. Il voit avec une admirable pénétration les besoins et
les dangers de l'heure présente; mais il propose un remède qui
n'est bon tout au plus que pour une élite. Il ne songe pas que
ceux qui, grâce à leur éducation, pourraient se l'appliquer, sont
précisément ceux à qui il est le moins nécessaire. Les humbles,
les petits, les faibles d'esprit, le gros de l'armée de la superstition,
ne comptent pas pour lui; et ce sont cependant ceux-là qu'il faudrait soigner. Plutarque est encore trop païen pour le comprene-
dre. Il n'écrit que pour l'aristocratie de l'intelligence. Directeur
zélé de la conscience de ses amis, il n'imagine pas que l'on puisse
songer à établir une autorité suprême qui rende à tous le service
qu'il rend à quelques-uns, un pouvoir spirituel chargé de fixer
ce que la multitude doit croire. Il se fait une trop haute idée de
l'humanité.

§ 3.

On connaît le sujet du onzième livre des *Métamorphoses* d'Apulée (1). Lucius, le héros du roman, changé en âne dans la ville
d'Hypate par les sortilèges d'une magicienne (2), arrive, après
mille aventures extraordinaires, à Corinthe, où il est conduit sur

(1) L. Apuleii *Opera omnia*... recensuit Hildebrand. Lipsiæ, 1842, pagination
d'Oudendorp.
(2) I, p. 66.

le théâtre pour donner au peuple le spectacle de ses talents (1). Mais il s'échappe, au grand galop de ses quatre pieds, et parvient à Kenchrées, au moment où l'on va célébrer une fête d'Isis. La déesse lui apparaît en songe et lui indique comment il pourra le lendemain trouver, au milieu d'une procession, les roses qu'il doit mâcher pour reprendre sa forme première. Lucius exécute les ordres de sa protectrice, et, en effet, il redevient homme aussitôt. Son histoire cependant ne s'arrête pas là. A peine débarrassé de son enveloppe, il se fait initier aux mystères de la déesse à qui il doit son salut; puis, après avoir passé quelque temps à Madaure, sa patrie (2), il part pour Rome, et là enfin il subit dans le temple des dieux alexandrins, au Champ de Mars, les épreuves qui doivent l'attacher pour toujours à leur culte. Le dernier livre est consacré tout entier à la description des cérémonies dont il fut témoin.

Il est à remarquer que Lucien, qui a raconté aussi la fable de l'Ane, et qui est complètement d'accord avec Apulée dans les principaux épisodes, termine d'une façon toute différente. Chez lui, il n'est pas question d'Isis et de ses mystères : Lucius redevient homme au milieu du théâtre de Thessalonique, après avoir trouvé de lui-même, par un heureux hasard, les roses qui doivent rompre le charme. Il est reconnu sur-le-champ par un ami de sa famille et s'embarque pour Patras, sa ville natale, où il arrive sans autre incident, et où il reste. Ainsi, l'épisode du onzième livre des *Métamorphoses* est entièrement étranger au récit de Lucien. On en a conclu qu'il est, d'un bout à l'autre, de l'invention d'Apulée.

Ce jugement est trop absolu. Pour trancher la question, il faudrait savoir d'abord d'une manière positive laquelle des deux rédactions est antérieure à l'autre, et c'est ce qu'il est bien difficile d'établir (3). Mais, si Apulée allonge, il est manifeste que Lucien abrège; Photius l'affirme dans le passage qu'il consacre à Lucius de Patras (4), et, à défaut de ce témoignage, on s'en apercevrait assez à l'allure rapide et saccadée du style. Il est donc très probable, pour ne pas dire certain, qu'Apulée a pris pour modèle, non pas l'ouvrage de Lucien, mais celui de Lucius de Patras, qui, selon toute apparence, était plus ancien que l'un et que l'autre (5).

(1) X, p. 750.
(2) XI, p. 809. Cf. p. 812.
(3) Hildebrand, t. I, p. xxvii, § 3.
(4) *Biblioth.*, Cod. CXXIX.
(5) Hildebrand, *l. c.* Pierron, *Hist. de la littérat. grecque*, p. 536-537.

Qu'y avait-il dans le conte de Lucius? Sous quelle forme l'antique Milésienne y était-elle présentée? Photius dit que l'auteur s'y livrait à une recherche exagérée du merveilleux, et que ce qui tient dans le récit de Lucien se trouvait presque littéralement dans les deux *premiers* livres de Lucius. L'histoire, chez ce dernier, ne finissait donc pas avec la représentation théâtrale où l'Ane est introduit. Le troisième livre contenait un autre épisode; nous croirions volontiers qu'Isis y jouait un rôle, et que la Milésienne était arrivée, à la fin du premier siècle de notre ère, grossie par des additions successives d'éléments étrangers, que l'influence de la mythologie alexandrine avait contribué à y faire entrer.

Il y a dans Ovide une curieuse légende où figurent les dieux égypto-grecs. C'est peut-être la seule qui nous reste dans ce genre. Un habitant de la Crète, sur le point de devenir père, avait juré que, si l'enfant qu'il attendait était une fille, il le mettrait à mort. Sa femme se demandait comment elle s'y prendrait pour l'empêcher d'exécuter son barbare dessein, lorsqu'elle vit en songe Isis entourée d'Osiris, d'Harpocrate, d'Anubis et de tout son cortège; la déesse l'engagea à ne rien craindre et lui promit sa protection. A quelque temps de là, elle accoucha d'une fille; elle la fit passer pour un garçon aux yeux de son mari et l'éleva sous le nom d'Iphis. Lorsque l'enfant fut en âge d'être mariée, elle inspira à une jeune vierge du voisinage une vive passion, qu'elle partageait elle-même, quoiqu'elle sût que tout espoir de la satisfaire lui était interdit. Cependant la noce, décidée par les parents, devait avoir lieu bientôt. La mère, remplie d'angoisses, implora le secours d'Isis, et la déesse intervint comme elle l'avait promis : elle mit fin à cette situation critique en changeant le sexe d'Iphis, qui put dès lors épouser sa fiancée (1). Cette fable, évidemment, est contemporaine des Ptolémées. Ovide l'avait prise à Nicandre (2), lequel vivait au second siècle avant Jésus-Christ. Ce qui nous intéresse surtout, c'est qu'elle présente un air de famille avec le dernier épisode de la fable de l'Ane. Chez Ovide, comme chez Apulée, Isis intervient dans une circonstance difficile, lorsque toute solution naturelle paraît impossible; c'est au milieu d'un songe qu'elle promet son appui, et c'est par une métamor-

---

(1) *Métam.*, IX, p. 665-796.
(2) D'après Antoninus Liberalis, Μεταμορφώσεων συναγωγή, chap. 17, dans les Μυθογράφοι, éd. Westermann. Nicandre avait écrit des Ἑτεροιούμενα, *Métamorphoses*.

phose qu'elle le manifeste. Dans les deux cas, elle se présente comme une divinité nouvelle; elle dit elle-même qui elle est; la mère d'Iphis ne sait pas tout d'abord lui donner le nom qui lui convient; ce n'est que plus tard qu'elle comprend que c'est Isis qu'elle a vue en songe (1). De même la déesse explique à Lucius sa nature et ses attributions. En un mot, bien que les situations soient différentes, il y a dans les dénouements une analogie qu'on ne saurait méconnaître. Il est donc possible que le rôle joué par Isis dans la fable de l'Ane soit une addition alexandrine; quelque auteur du temps de Ptolémée, peut-être Nicandre lui-même, l'aura cousu tant bien que mal à la vieille Milésienne, et la fable, ainsi allongée, aura été reproduite par Lucius de Patras, dont Apulée la reçut; à moins qu'on n'aime mieux supposer que celui-ci pratiqua pour le roman ce que Plaute et Térence avaient mis à la mode dans la comédie, et qu'il fût lui-même l'auteur de la *contaminatio*, en faisant entrer, dans l'ouvrage grec refondu par ses soins, une donnée alexandrine. C'est ce qu'il paraît indiquer en propres termes lorsqu'il dit, tout à fait au début : « Je vous présenterai ici diverses fables ajustées ensemble dans un récit du genre milésien... Ne dédaignez point, je vous prie, de parcourir ce *papyrus égyptien* sur lequel s'est promenée la pointe d'un *roseau du Nil* (2). » En tout cas, sa part d'invention doit être assez restreinte. Dans le ton général du morceau perce un certain parti pris de tout admirer, qui est plus naturel chez un écrivain né sous le règne des Ptolémées que chez un contemporain de Marc-Aurèle; cet enthousiasme pour le culte d'Isis, ces longues explications, qu'elle fournit elle-même sur ses attributions, conviennent mieux à une époque où les mystères égypto-grecs étaient tout nouveaux et où ils commençaient à se répandre; au second siècle de notre ère, les temples d'Isis et de Sérapis couvraient le monde romain, et Lucius n'aurait pas eu besoin que la déesse lui révélât son nom (3). En outre, le dernier livre n'est pas le seul endroit des *Métamorphoses* où la religion égyptienne soit présentée avec respect et admiration; le second livre contient un épisode qui ne se trouve pas dans Lucien et qui provient sans doute de la même source que celui du onzième : c'est

---

(1) *Métam.*, IX, v. 698 : *Dea sum auxiliaris*, et v. 772 et suiv. : *Cunctaque cognovi*, etc.

(2) P. 1. Ce passage a été diversement interprété. Nous ne croyons pas que personne ait jamais songé à l'explication que nous donnons ici.

(3) P. 764.

l'aventure que raconte Téléphron (1) : un habitant de Larisse, empoisonné par sa femme à l'insu de tous, va être porté au bûcher, lorsque, sur une dénonciation inattendue, la coupable est traduite devant le peuple ; un prêtre égyptien, « prophète du premier ordre (2), » ramène pour quelques instants des enfers, par ses enchantements, l'âme du mari, qui vient confondre, par son témoignage, celle qui l'a tué. Ce prêtre est introduit avec toutes sortes d'égards ; c'est un jeune homme, et cependant un des personnages du drame, un vieillard, lui baise les mains et lui embrasse les genoux ; le miracle qu'il est censé faire donne lieu à « une scène imposante (3). » Si l'on compare aux éloges, que reçoivent les ministres d'Isis dans ce passage et dans le onzième livre, le portrait ridicule que Lucien (4) et Apulée (5) tracent de ceux de la Déesse Syrienne dans ce même conte de l'*Ane*, on conviendra qu'on peut à bon droit attribuer la rédaction, que l'auteur latin a prise pour modèle, à quelque Grec d'Alexandrie, tout plein des passions religieuses qui agitaient sa ville natale, et prévenu contre les cultes orientaux qui pouvaient faire concurrence au sien (6).

Les commentateurs d'Apulée se sont quelquefois servis des *Métamorphoses* pour en tirer des renseignements sur sa vie ; l'ouvrage, ainsi interprété, n'a pas peu contribué à accréditer, dès les premiers temps du christianisme, la tradition qui représentait l'auteur comme un magicien. Oudendorp, le premier, a fait justice de cette méthode. Hildebrand (7), après lui, a montré qu'on ne pouvait utiliser pour une biographie que la moitié, tout au plus, du dernier livre. Cette remarque reçoit une confirmation nouvelle, s'il est vrai qu'Apulée n'en a pas tiré la matière de son imagination, mais que là, comme dans tout le reste, il a suivi un ou plusieurs modèles. On peut distinguer dans le onzième livre deux parties. La première s'arrête à l'endroit où Lucius reprend

---

(1) II, p. 143.

(2) « *Propheta primarius*, » p. 159.

(3) « *Venerabilis scena*, » p. 162.

(4) L'*Ane*, 35-42.

(5) XI, p. 571-613. Cf. Am. Hauvette-Besnault, dans le *Bulletin de Correspondance Hellénique* de juillet 1882, p. 471 et suiv.

(6) Les prêtres de Sérapis, présentés ici sous un jour si favorable, faisaient cependant le métier de métragyrtes, tout comme ceux de la Déesse Syrienne. V. Plutarque, *Pourquoi la Pythie...*, ch. XXV.

(7) T. 1, p. XVIII-XX.

la forme humaine (1); c'est celle dans laquelle les emprunts sont le plus sensibles ; la personnalité de l'auteur ne s'y montre pas ; rien n'autorise à lui attribuer ce qu'il y dit de son héros. La seconde a un tout autre caractère. Lucius est dépouillé de son enveloppe ; le miracle est accompli et la métamorphose terminée. C'est alors qu'Apulée se met en scène ; il saisit cette occasion d'exposer ses idées sur la religion des Alexandrins , vers laquelle ses opinions philosophiques devaient tout naturellement l'entraîner (2). Cependant il ne prend pas la parole en son nom ; c'est toujours Lucius qui raconte ses aventures ; seulement , afin de raccorder ce qui va suivre à ce qui précède, l'auteur suppose qu'Isis, en échange du secours qu'elle a prêté à Lucius, exige de lui qu'il se consacre à tout jamais à son service et qu'il s'engage « dans sa sainte milice (3). » Il faut donc qu'il subisse les épreuves nécessaires à l'initiation. Apulée part de là pour nous les décrire dans le plus grand détail. On sent bien désormais que, caché sous son personnage, il prend un vif intérêt à son sujet et qu'il veut être reconnu. Lucius a dit quelque part qu'il était de Corinthe (4); tout à coup, vers la fin de l'ouvrage, il se donne comme étant de Madaure (5), la patrie d'Apulée lui-même. On a vu là une contradiction choquante que l'on attribue à une distraction (6). Hildebrand a raison lorsqu'il montre que c'est au contraire une indication destinée à éclairer le lecteur sur le sujet véritable de la fin du livre. Ce qu'Apulée y raconte de sa vie concorde avec ce qu'il nous apprend ailleurs (7) de son voyage à Rome et des études qu'il fit dans cette ville pour prendre place au barreau ; c'est lui que nous voyons débarquer à Osties et entrer dans la capitale en voiture (8). Ce sont ses impressions qu'il décrit. Aussi ne peut-on guère douter qu'il eût été initié aux mystères, dont il peint les cérémonies avec une sympathie si évidente. Le onzième livre n'en présente que plus d'intérêt.

Cette partie de l'ouvrage d'Apulée a depuis longtemps piqué la

---

(1) P. 782. Hildebrand , *l. c.*

(2) V. le *Dieu de Socrate*, la *Doctrine de Platon*, le *Monde*.

(3) P. 766-784.

(4) P. 118.

(5) P. 812.

(6) Oudendorp , *ad* p. 1 et p. 812, *l. c.* Bétolaud, trad. franç., t. I, p. 421 et p. 495, en bas.

(7) V. les passages des *Florides* et de l'*Apologie* réunis dans Hildebrand , t. I, p. xxɪ, notes 13 et 14.

(8) P. 809.

curiosité des commentateurs. Mais ils la jugent très diversement, suivant ce qu'ils pensent de l'ensemble. Les uns attribuent aux *Métamorphoses* une portée considérable ; l'auteur y a caché un sens symbolique et mystique : il a voulu montrer comment une âme souillée de tous les crimes, enveloppée dans ses fautes comme Lucius l'est sous la forme grossière d'un âne, peut retrouver dans les purifications et dans les austères pratiques d'une religion bienfaisante la vertu et le bonheur. Dès lors, l'épisode de la fin, loin d'être un hors-d'œuvre, est la conclusion d'une thèse ; il a une valeur philosophique ; si on le suprime, on enlève au roman l'élévation morale et religieuse qui en fait la principale beauté (1). Pour d'autres, les *Métamorphoses* ne sont qu'une œuvre indigeste, où on ne trouve ni raisonnement ni critique, et l'épisode qui la termine n'est autre chose « qu'une indiscrétion calculée de l'auteur, une description de pure curiosité, un véritable programme des fêtes d'Isis, qui en fait connaître l'ordre et la marche, mais qui n'en respire en aucune façon la sainteté, qui n'en communique en aucune façon la haute influence, si sainteté et haute influence il y a (2). »

Le onzième livre ne doit être placé ni si haut ni si bas. D'une part, il est vrai qu'il n'est rattaché à ce qui précède que par un lien assez artificiel ; si Apulée avait voulu poursuivre dans tout le cours de son ouvrage le développement d'une seule et même idée, qu'il se serait réservé d'arrêter ici comme à un terme prévu, on ne s'expliquerait guère qu'il se fût attardé à raconter avec tant de complaisance mille aventures extraordinaires. Mais, d'autre part, le soin avec lequel il traite son sujet, dans le dernier épisode, le respect que lui inspire le culte alexandrin, ne sauraient être mis en doute. Le onzième livre est un hors-d'œuvre au point de vue littéraire ; mais soyons certains qu'il avait une grande importance aux yeux de l'auteur. Si Apulée l'a destiné à réveiller l'attention du lecteur, à communiquer à la postérité un peu de cette curiosité qui l'avait poussé lui-même à se faire initier, rendons lui ce témoignage qu'il a pleinement réussi.

Comparé avec l'opuscule de Plutarque, le onzième livre ne paraît que plus original. Le traité *sur Isis et Osiris* est l'œuvre d'un philosophe, qui cherche à se rendre compte des choses et qui se fait lui-même sa religion. Plutarque rejette certaines prati-

---

(1) Béroalde, Bosscha, Oudendorp, et, en général, tous les commentateurs. Leur opinion est résumée dans l'édition d'Hildebrand, t. I, p. xxviii-xxxviii.
(2) Bétolaud, trad. franç., t. I, p. xliv.

ques ; il en discute l'esprit. Apulée est un enthousiaste , un néophyte, qui accepte tout les yeux fermés, une fois qu'il a cru bon
de se livrer. Plutarque parle surtout du dogme , Apulée du culte.
L'un est resté Grec dans l'âme, quoiqu'il connaisse Rome. Il
écrit au fond de sa province, et pour des Grecs. L'autre écrit dans
la langue de l'Occident; c'est au cœur de Rome que se termine
son roman ; c'est là qu'il achève de se faire initier, qu'il reçoit la
dernière consécration qui doit lui donner le caractère d'un parfait isiaque. Avec lui nous entrons dans la cité souveraine où
s'agitent les grands problèmes. On ne peut pas soupçonner le culte
qu'il décrit d'être resté propre à des contrées éloignées, aux en-
trepôts ordinaires du commerce oriental ; c'est celui que l'on célèbre au Champ de Mars aussi bien qu'à Corinthe, aux portes de
la Gaule et dans la Gaule même, comme sur les bords de la mer
d'Ionie. Dans Plutarque, on ne distingue pas toujours s'il parle
de ce qu'il a appris, comme voyageur, de la bouche des prêtres
égyptiens, dans leur pays même , ou de ce qu'il voit autour de
lui dans les temples de la Grèce. L'équivoque n'est pas possible
avec Apulée : c'est en Europe qu'il a puisé ses renseignements ,
et non seulement il a assisté aux cérémonies des mystères, mais
encore il y a joué un rôle.

Mais il faut se tenir en garde contre son témoignage. Son enthousiasme l'aveugle quelquefois. Telle est son admiration pour
le culte nouveau, qu'il en dissimule les côtés faibles : tout y est
beau, tout y est divin; les épithètes laudatives abondent dans son
style : la religion égyptienne est « la grande religion (1); » ses
dieux sont tous grands aussi; ses prêtres sont de hauts personnages (2), tous saints, tous vertueux , tous bienheureux (3). En
outre , les rapports d'Apulée avec le christianisme n'ont pas encore été bien étudiés, et il serait cependant important que la
question eût été éclaircie, pour que l'on pût porter sur le onzième
livre un jugement définitif. Il contient en effet des détails singuliers, qui présentent des analogies curieuses avec ce que nous
savons du culte des premiers chrétiens. Ils suggèrent un rapprochement qu'il est impossible de ne pas faire et qui n'a échappé à
aucun des commentateurs d'Apulée depuis le dix-septième siècle. Le style surtout a un caractère d'onction mystique qui ne se
retrouve dans aucun autre écrivain païen , et qui rappelle d'une

(1) « *Magna religio*, » p. 773.
(2) « *Proceres illi*, » ibid.
(3) *Passim*.

6.

manière frappante celui qui distingue le style des Pères. Les discours sont un tissu de métaphores bizarrement entremêlées de
substantifs abstraits et surchargées d'épithètes. On y rencontre
souvent des alliances de mots absolument contraires au génie de
la langue latine. Ce sont des expressions comme celles-ci : « Le
port de la tranquillité, l'autel de la miséricorde, une religieuse
béatitude... (1). » Les prêtres forment « une sainte milice (2) ; »
Isis, « par sa providence, ouvre devant les initiés une nouvelle
carrière de salut (3). » Rome est « la ville sainte (4), » etc. Ces
singularités, il est vrai, tiennent et à la décadence de la langue
latine et à l'usage reçu depuis longtemps dans les mystères de
voiler sa pensée sous une forme convenue. Les apologistes de
l'Eglise ont obéi, eux aussi, à cette double influence. Cependant
on doit se demander si Apulée n'a pas connu le christianisme.
Cette question, loin d'être oiseuse, comme le prétend Hildebrand (5), nous paraît être des plus graves que l'on puisse soule-
ver ; car elle ne tend à rien moins qu'à décider laquelle, de la
religion des Alexandrins ou de celle des chrétiens, a fait, au second siècle, des emprunts à l'autre. Elle serait tranchée, si l'on
prouvait jusqu'à l'évidence qu'Apulée, dans le dernier livre des
Métamorphoses, n'a rien inventé, et qu'il n'a fait que reproduire,
avec plus ou moins de fidélité, un modèle antérieur de deux ou
trois siècles. Quelque probable que soit cette hypothèse, il faut
chercher la solution par une autre méthode. Admettons que le
dernier livre soit tout entier de la main d'Apulée. L'auteur y
a-t-il mêlé volontairement et sciemment les doctrines des deux
religions ? Ce n'est guère admissible. Apulée, sans doute, ne
pouvait pas ignorer l'existence du christianisme ; un pareil aveu-
glement serait inouï chez un homme aussi curieux de pénétrer le
mystère de tous les cultes ; il en étudia plus d'un qui ne vivaient
pas aussi près de lui et qui ne faisaient pas autant de bruit dans
le monde. Mais ses ouvrages ne témoignent pas que la religion
du Christ ait produit sur son esprit une grande impression ; à
peine trouve-t-on chez lui deux ou trois passages où l'on peut
voir, avec un peu de complaisance, des allusions aux croyances
et aux pratiques qu'elle répandait. Il serait étrange que, sans

(1) : « *Portus quietis, ara misericordiæ, religiosa beatitudo,* » p. 782.
(2) : « *Sancta militia,* » p. 784.
(3) : « *Novæ salutis curricula,* » p. 799.
(4) : « *Sacrosancta civitas,* » p. 810.
(5) T. I, p. XXIII.

l'avoir jamais ni vantée ni rabaissée, il la pillât, sans la nommer, non pour ajouter à la force d'un traité dogmatique, mais pour donner du piquant au dernier épisode d'un conte. Il vaut mieux examiner si la religion alexandrine, qu'il célèbre dans le onzième livre, n'avait pas été modifiée avant lui, et à son insu, par les doctrines des chrétiens, si elle n'avait pas éprouvé, déjà de son temps, les changements profonds que celles-ci apportèrent plus tard, par contre-coup, dans le paganisme tout entier. Que nous ayons ou non, dans le récit d'Apulée, une rédaction originale, il est intéressant de chercher si les traits singuliers qu'on y a relevés doivent être attribués à une influence chrétienne semblable à celle que subit l'école d'Alexandrie à l'époque de Plotin, de Porphyre et de Jamblique, ou si, au contraire, il ne faudrait pas y voir la trace d'un travail latent, qui aurait préparé, au sein de la religion alexandrine, certains dogmes adoptés ensuite par le christianisme. La question ainsi posée est aussi délicate qu'importante. On ne peut la résoudre qu'en comparant attentivement les faits qu'Apulée nous révèle avec ce que nous lisons dans les écrivains antérieurs qui ont traité le même sujet, dans les poètes latins et dans Plutarque. Nous devons attendre, pour nous prononcer, d'avoir étudié le culte des Alexandrins dans son esprit et dans ses pratiques, c'est-à-dire d'être arrivés à la conclusion même de ce travail.

§ 4.

Il y a, dans l'antiquité, bien peu de vies qui puissent être plus justement rapprochées de celle d'Apulée que celle d'Ælius Aristide. L'un et l'autre appartiennent à ce monde oriental, au milieu duquel s'élaborèrent, au second siècle, tant de si grandes choses. Tous deux il en virent les derniers beaux jours. Tous deux esprits distingués, écrivains délicats, voyageurs instruits, ils eurent le même amour du surnaturel et passèrent à la postérité avec le double renom de rhéteurs et de thaumaturges célèbres. La lecture de leurs œuvres initie mieux que toute autre à la connaissance de cette époque étrange, où la plus haute société, où des hommes, nourris dès leur enfance du suc des lettres grecques, se passionnent pour les sciences occultes et vivent en plein miracle. Si telle était l'élite, que devait être la foule! Apulée, déjà de son vivant, fut accusé de magie (1). Aristide, arrivé à

(1) V. l'*Apologie.*

l'âge d'homme, fut pris d'une maladie de langueur, qui le jetait périodiquement dans des accès de somnambulisme; il tombait alors dans un sommeil profond, pendant lequel Esculape lui prescrivait des remèdes, dont il donnait lui-même l'indication à haute voix devant les personnes présentes. Grâce à ce secours, il finit par guérir. Il a rapporté dans un ouvrage intitulé : *Discours sacrés* (1), l'histoire de sa maladie et les entretiens qu'il eut avec la divinité. Ce rhéteur visionnaire a laissé, en outre, divers éloges des dieux, qui sont, comme il s'efforce de le démontrer, de véritables hymnes en prose; il a célébré tour à tour Zeus, Athéné, Poseidôn, Dionysos, Héraklès... Un jour, probablement à la requête des Alexandrins, et à l'occasion d'une grande fête (2), il composa un discours en l'honneur de Sérapis. Bien qu'il n'eût pas une dévotion particulière pour ce dieu, le morceau oratoire qu'il lui a consacré résume pour nous des documents aujourd'hui perdus dont il s'était inspiré. Du reste, il ne négligeait pas de recourir aux oracles d'Isis et de Sérapis (3), et il reconnaissait qu'il était en partie redevable de sa guérison à la grande divinité des Alexandrins (4). C'est à la suite d'un vœu qu'il s'était chargé de célébrer son sauveur (5). Ce qu'il a voulu faire, il le dit lui-même : ce n'est pas un traité sur la nature et les attributions de Sérapis; il abandonne aux prêtres et aux théologiens la tâche à laquelle il se soustrait. Pour lui, c'est un panégyrique qu'il veut écrire. Mais, par là même, il contribue à mieux faire connaître le dieu égyptien; car on ne peut montrer sa puissance et sa bonté sans dire en même temps quel il est (6). Aussi, quelque curieux que nous soyons de pénétrer plus avant dans les mystères des livres sacrés qu'Aristide avait mis à profit (7), les renseignements dont son discours abonde ont encore le plus grand prix.

(1) Ἱεροὶ λόγοι. — *Opera omnia* ex. rec. Guil. Dindorfii. Lipsiæ 1829.

(2) P. 100 : « ὦ τὴν καλλίστην ὧν ἐφορᾷς κατέχων πόλιν, ἤ σοι τὴν δι'ἔτους πανή-γυριν πληροῖ. » V. Fabricius, *Bibl. græc.*, lib. IV, c. 30, p. 378. Cf. Masson, *Collectanea historica ad Aristidis vitam*, § VI, 17.

(3) : Ἱεροὶ λόγοι, III, p. 565.

(4) *Ibid.*, II, p. 519.

(5) P. 90, « ἄλλως τε καὶ εὐχὴν ἀποπληροῦντας, ἐπειδήπερ ἐσώθημεν. » Cependant Aristide semble plutôt faire allusion dans ce passage à un danger de naufrage, auquel il avait échappé récemment, grâce à la protection de Sérapis. V. la fin du *Discours*, p. 100-101.

(6) P. 91.

(7) : « Ἱεραὶ θῆκαι βίβλων ἱερῶν, » p. 98.

§ 5.

Avec le troisième siècle s'ouvre une ère nouvelle pour la religion alexandrine. Elle subit l'influence de l'école de Plotin et entre en lutte avec le christianisme. Il faut rejeter parmi les sources qui peuvent servir à l'histoire de cette seconde période le dialogue d'Hermès Trismégiste qui porte le titre d'*Asklépios*, et dont on possède une traduction latine attribuée à Apulée. L'auteur de cet ouvrage a été inspiré par la théologie égyptienne et a écrit sous l'empire des idées dont nous suivons le développement; par là il doit attirer notre attention. Mais les attaques qu'il dirige contre le christianisme et les emprunts qu'il lui fait montrent qu'il doit être rangé parmi les contemporains des philosophes néo-platoniciens. Aussi nous excluerons du nombre de nos sources le dialogue grec, dont la rédaction latine n'est qu'une fidèle reproduction, quoique le meilleur éditeur d'Apulée (1) nous autorise à l'y comprendre.

(1) Hildebrand, t. I, p. XLIX-LIV.

CHAPITRE V.

LA DOCTRINE.

La société de l'empire, au milieu de laquelle les cultes orientaux ont fait une fortune si rapide, cédait, en les embrassant avec tant d'ardeur, à deux tendances qui paraissent se contrarier, et qui, en réalité, ont la même cause et le même but : elle éprouvait un immense désir de s'élever vers Dieu, de s'absorber, de se perdre en lui, et en même temps elle aspirait à fixer ses croyances, à les asseoir pour toujours sur une base inébranlable : mysticisme et besoin d'une autorité spirituelle, tels étaient les deux mobiles auxquels toutes les âmes obéissaient plus ou moins. Elles cherchaient une doctrine bien arrêtée qui les rapprochât de l'objet de leur contemplation, et qui leur évitât les vagues inquiétudes que la philosophie était impuissante à dissiper. En un mot, il leur fallait un dogme. La religion alexandrine, comme celle de Mithra, comme toutes celles qui se répandirent à la même époque, essaya de répondre à ces exigences nouvelle. Ses prêtres s'efforcèrent de faire connaître Dieu.

§ 1.

On ne rompt pas en un jour avec des traditions dont l'humanité s'est contentée pendant des siècles. L'alexandrinisme conserva jusqu'au bout un fonds de croyances naturalistes qu'il avait reçu des deux sources auxquelles il avait puisé. C'est par là qu'il est resté païen. Il ne vint pas à l'esprit de ses fondateurs que Dieu, même conçu comme un être unique, pût exister en dehors du monde. La nature n'était à leurs yeux qu'un de ses aspects, une de ses formes ; la physique et la cosmologie faisaient partie intégrante de la religion ; le prêtre, loin de repousser la science, l'appelait et la cultivait. De tout temps, en Egypte, les ministres de la divinité avaient été considérés comme des philosophes ; par conséquent, l'étude des phénomènes sensibles, suivant l'usage antique, rentrait dans leurs attributions. Il en fut ainsi jusqu'à la fin. On peut voir, dans les vies de Philostrate, par exemple, de saints personnages, qui furent à la fois des ascètes et des savants. Ceux qui fréquentaient le Sérapéum d'Alexandrie se livraient à des recherches dont la Nature était l'objet aussi bien que Dieu. Il y avait là des salles de conférences, à côté du sanctuaire ; on y discutait sur les lois de l'univers, avant d'aller sacrifier à Sérapis ou à Isis. Aucune ville ne se passionna comme Alexandrie pour ces spéculations. Mais le naturalisme, tel qu'elle l'entendit, n'eut plus ce caractère naïf que lui avaient donné les anciens cultes de la Grèce et de l'Italie. Il devint un système embrassant dans des explications ambitieuses l'ensemble de la création tout entière. Ce n'était plus la poésie populaire, l'instinct de la multitude, qui animait, par de gracieuses images, l'air, la terre et les eaux, répandant partout une légion de divinités, attachées chacune à un petit coin de bois, de lac ou de montagne. C'étaient les sages qui personnifiaient les éléments dans quelques graves figures mythologiques peu vivantes, peu agissantes. Et plus on va, plus ce caractère devient sensible : le naturalisme tend à se simplifier ; on s'efforce de le ramener à l'unité, sans que jamais on songe à en écarter le principe. Chez Plutarque, Sérapis ou Osiris n'est plus seulement le Nil (1); c'est en général le principe de toute humidité, la source de toute production, la substance de tous les germes (2). Isis, que quelques auteurs représentaient comme étant la terre d'Egypte (3), prend un rôle d'une bien autre importance : elle est dans la nature comme la substance femelle, comme l'épouse qui reçoit tous les germes productifs (4). Plutarque luimême, qui cherche à se faire une opinion au milieu de toutes celles qu'il rapporte, ne rejette nullement l'interprétation qui applique le mythe osirien aux lois et aux combinaisons de la matière ; seulement il considère les choses de très haut et tâche d'atteindre le dernier degré de la synthèse. Il croit qu'Osiris et Isis, « dirigés par une seule et même raison, gouvernent l'empire du bien et sont les auteurs de tout ce qu'il y a de beau et de parfait dans la nature. Osiris en donne les principes actifs, Isis

(1) Ch. XXXII.
(2) Ch. XXXIII-XXXVI.
(3) Ch. XXXVIII.
(4) Ch. LIII.

les reçoit de lui et les distribue à tous les êtres (1). » Dans Apulée, Isis n'est pas seulement la Lune, la dispensatrice des fruits
et des moissons (2), mais encore la Nature, mère des choses, maîtresse de tous les éléments (3). Les monuments représentent les
dieux alexandrins avec des costumes et des attributs empruntés,
pour la plupart, aux anciennes divinités qui régnaient sur le
monde et qui en personnifiaient les forces. Leur culte ne repose
donc point sur un autre principe que le paganisme primitif ; il en
respecte la tradition ; seulement il diminue le nombre des êtres
mystérieux qui présidaient à la vie de la nature, ou plutôt il les
fait descendre au rang d'agents inférieurs placés sous la dépen-
dance de deux ou trois personnes divines.

Ce naturalisme se réduit même jusqu'à devenir monothéiste.
La croyance à un seul Dieu, qui, plus ou moins enveloppée,
plus ou moins corrompue par les superstitions vulgaires, s'était
perpétuée en Egypte, se propagea rapidement avec la religion
des Alexandrins, au souffle de la philosophie. Au commencement
du deuxième siècle, l'empereur Hadrien écrivait au consul Ser-
vianus qu'à Alexandrie on ne reconnaissait qu'un seul Dieu,
Sérapis, et que tous, païens, chrétiens et juifs s'accordaient pour
lui rendre hommage (4). Ælius Aristide n'est pas moins affirmatif : « Les habitants de la grande cité égyptienne, dit-il, pro-
clament *Sérapis seul Zeus* et n'invoquent que lui (5). » Les termes
mêmes dont il se sert dans ce passage sont reproduits par un
assez grand nombre d'inscriptions gravées sur des gemmes ; c'est
toujours la formule : « Sérapis seul est Zeus (6). » Ce dieu, que
l'on compare ainsi à l'antique souverain de l'Olympe grec, lui
est du reste bien supérieur ; car le Zeus d'Homère a dû partager
le monde avec Poseidôn et Pluton. Sérapis est maître partout :
l'air, la terre, la mer et les enfers lui appartiennent. Il est le
coryphée de tous les êtres surnaturels qui peuplent l'univers.
Il est le seul que tous les hommes adorent à l'égal de leurs divinités nationales ; quelques-uns même lui rendent un culte exclu-
sif de tout autre (7). Les dieux égyptiens qu'on lui associe, à
Alexandrie même, n'usurpent point le rang qui lui est réservé ;

(1) Ch. LXIV.
(2) P. 757-759.
(3) P. 761.
(4) *Hist. Aug.* Vopisc., *Vita Suturn.*, 8.
(5) : « Ἕνα Σάραπιν ἀνακαλοῦσι Δία, » p. 53.
(6) : « Εἷς Ζεὺς Σέραπις. » V. notre *Catalogue*, nᵒˢ 138, 139, 143, 213, 214.
(7) Aristide, *l. c.*

ils restent dans la Triade à l'état de personnes secondaires, dont l'essence n'est pas distincte de celle de leur souverain (1). On connaît une gemme sur laquelle sont représentés Horos et Anubis; Sérapis ne figure pas auprès d'eux; mais la légende ordinaire : « Sérapis seul est Zeus, » gravée autour du sujet, montre que les honneurs attribués aux deux autres personnes ne portent pas atteinte à la puissance de l'Etre unique (2).

Cependant il dut y avoir entre les théologiens, à cette époque de remaniements et de transformations profondes, des divergences d'opinions sur l'unité de Dieu et sur les rapports des trois personnes (3). C'est ainsi que la divinité femelle paraît avoir pris de bonne heure, dans certains systèmes, la place principale; chez Apulée, Sérapis, quoiqu'il soit question de lui incidemment (4), disparaît devant Isis. Non seulement celle-ci joue le premier rôle dans l'épisode, mais encore l'auteur lui donne toutes les attributions qui, suivant Aristide, reviennent à Sérapis : « Je suis, dit-elle, la Nature mère des choses, maîtresse de tous les éléments, origine et principe des siècles, *divinité suprême* (5), reine des Mânes, première entre les habitants du ciel, type uniforme des dieux et des déesses. C'est moi dont la volonté gouverne les voûtes lumineuses du ciel, les souffles salutaires de l'Océan, le silence lugubre des enfers. *Puissance unique*, je suis par l'univers entier adorée sous plusieurs formes, avec des cérémonies diverses, avec mille noms différents..... (6) » Un monument fameux, souvent cité, qui a été trouvé à Capoue, est dédié à la déesse Isis « qui, à elle seule, est tout (7). » Juvénal, se moquant des gens dont la piété est mesquine et mal entendue, remarque qu'Isis seule leur inspire quelque crainte, quoiqu'ils ne se fassent pas faute de braver sa colère à l'occasion. Elle est pour lui la divinité par excellence, celle en qui l'on croit lorsqu'on croit en Dieu (8).

---

(1) V. comment Apulée parle du culte d'Osiris dans ses rapports avec ceux d'Isis: « Connexa, immovero *inunita* ratio numinis religionisque. » *Metam.*, XI, p. 810-811.

(2) Montfaucon, *Palæogr. gr.*, p. 178. Matter., *Histoire du Gnosticisme*, pl. III, nº 4.

(3) C'est ce qui explique comment Sainte-Croix refuse d'admettre qu'Apulée reconnaisse le principe de l'unité de Dieu. *Mystères*, t. II, p. 166.

(4) P. 772, 814, 816.

(5) « *Summa numinum.* »

(6) P. 761.

(7) *C. I. N.*, 3580, « *una quæ es omnia.* »

(8) XIII, 91 et suiv. « *Hic putat esse deos...* » etc.

Mais cette foi nouvelle devait forcément, dans une religion qui restait naturaliste, incliner vers le panthéisme : un seul Dieu, qui résume en lui toutes les forces de la Nature, ne se distingue pas du monde. Sur ce point, le langage de nos auteurs n'est pas très explicite ; on dirait parfois qu'ils cherchent à échapper à cette conclusion. Tantôt Sérapis est le grand réceptacle commun, d'où tout sort et où tout rentre, où tout va se perdre et s'absorber après la mort (1) ; tantôt il est le créateur de l'univers, aux lois duquel il préside (2). Tantôt Isis est identifiée avec la Nature ; tantôt elle en règle les mouvements (3). Les métaphores qui se pressent dans le style de cette époque ne permettent pas toujours de décider si l'écrivain attribue à la divinité une vie propre. Il est probable que cette conception, vague au début, devint plus précise à mesure que l'on s'éloigna des traditions du paganisme. A l'origine, Sérapis n'est autre qu'Eros-Phanès, le dieu du panthéisme orphique, lequel embrassait dans son unité les diverses parties du monde comme les membres d'un même corps. On rapporte que Nicocréon, qui régnait en Chypre vers le temps d'Alexandre, avait demandé à Sérapis qui il était (sans doute lorsque Ptolémée organisa et répandit le culte de sa capitale naissante), et il avait obtenu cette réponse : « Je vais t'apprendre moi-même quel dieu je suis. Le monde céleste est ma tête ; la mer, mon ventre ; j'ai dans la terre mes pieds, dans l'air, mes oreilles, dans le soleil resplendissant, mes yeux (4). » De même encore, dans la théorie à laquelle Plutarque s'arrête, Isis et Osiris sont confondus avec la matière. Chez Aristide, la personnalité de Sérapis se dégage beaucoup plus nettement ; il est présenté comme le maître et comme le roi de la création, qu'il gouverne suivant les vues de sa profonde sagesse (5). L'alexandrinisme a donc suivi, au commencement de notre ère, le mouvement général de la philosophie. Ce fut surtout lorsqu'on imagina Dieu comme une Providence, qu'il fallut bien lui reconnaître une existence à part ; et c'est en effet ce point de vue qui domine chez Apulée et chez Aristide. Non seulement le Dieu des

---

(1) Aristide, p. 54 : « πανταχῇ πάντας περιέχων. »

(2) *Ibid.*, p. 51, 55 : « ἔργα Σαράπιδος. »

(3) Macrob. *Saturn.*, I, 20, et peut-être Apulée, p. 761, mais ici Hildebrand lit, au lieu de *rerum Natura parens*, que donnent la plupart des éditeurs, *naturæ*, ce qui, d'ailleurs, est plus conforme à la théorie d'Apulée.

(4) Macrob., *Saturn.*, I, 20, Cf. Mullach, *Fragm. Philos. Græc.*, Coll. Didot, *Orphica*, I. v. 18, II, v. 30, VI, v. 11, 35 et suiv.

(5) « ἀρχὴ Σαράπιδος, » p. 51.

Alexandrins règne sur le monde, mais encore il peut, si bon lui semble, en changer les lois. Lorsque Isis rend Lucius à sa forme première, elle accomplit un miracle qui doit témoigner à jamais de sa puissance devant les hommes, et son protégé ne croit pas pouvoir moins faire, pour reconnaître une pareille faveur, que de lui consacrer le reste de sa vie (1). Sérapis donne à des matelots de l'eau potable en pleine mer, il ressuscite les morts (2) : « Les livres sacrés, dit Aristide, sont pleins de récits de prodiges semblables; sur les places publiques, dans les ports et dans les villes, on ne s'entretient pas d'autre chose (3). » Sérapis rend la santé à des malades que les médecins désespéraient de sauver. Il délègue même ses pouvoirs surnaturels à quelques mortels privilégiés. Lorsque Vespasien guérit, devant le peuple d'Alexandrie, un aveugle et un paralytique, c'est le dieu qui lui communique tout à coup sa bienfaisante influence. Ce jour-là, l'empereur représente sur la terre le maître de l'univers.

§ 2

L'idée que l'on se fait des rapports de Dieu avec l'homme est nouvelle aussi et se ressent plus encore que tout le reste des progrès de la philosophie. Que l'on accorde la souveraineté à Sérapis ou à Isis, on ne se figure l'Etre Suprême que comme une Providence, dont la bonté infinie dirige les créatures. Si le héros d'Apulée voit enfin, après tant d'épreuves, « luire à ses yeux le jour du salut, » c'est à la providence d'Isis qu'il en est redevable (4). Comme le Sérapis d'Aristide, elle est partout présente et éternellement agissante (5). Aurait-on mille bouches, toutes les bouches de l'humanité, on ne pourrait célébrer dignement les bienfaits dont elle nous comble; car ils se succèdent jour et nuit sans interruption. On ne peut pas plus les compter qu'on ne peut mesurer la portion de l'éternité qui précède notre existence, ou celle qui doit la suivre. Vouloir les rappeler et en fixer le souvenir par la parole, c'est chercher à saisir le flot qui

---

(1) P. 781.
(2) Aristide, p. 55.
(3) *Ibid.*
(4) « *Jam tibi providentia mea illucescit dies salutaris*, » p. 764. V. encore p. 798-799, « *humani generis sospitatrix perpetua* »... p. 806.
(5) Apul., p. 807 à 809, Aristide, p. 51, 52, 55 : « τὴν παρὰ τούτου πρόνοιαν. »

s'enfuit (1). » La divinité est à la fois très bonne pour les hommes et très redoutable; mais cependant elle incline plutôt vers la miséricorde (2) : grande et belle pensée, qui nous porte à mille lieues du paganisme! On se confie à la garde de Sérapis, en lui disant : « Protège-nous (3)! » Isis a pour les malheureux la douce affection d'une mère (4); elle personnifie dans un type idéal le sentiment le plus tendre et le plus fort qu'il nous soit donné de connaître. Les hommes sont désormais unis à Dieu par les liens d'une gratitude et d'une confiance sans limites.

Ils ont envers lui plus de devoirs qu'autrefois. Son intervention étant plus continue et plus sensible, on compte davantage avec lui dans la vie de chaque jour. La morale n'avait jamais été absente du paganisme. Mais au premier siècle elle fait avec la religion une alliance plus étroite. Le premier de nos devoirs envers Dieu, c'est, suivant une admirable pensée de Plutarque, de chercher à le connaître; c'est par là que nous méritons de partager son bonheur : « Isis communique sa doctrine sacrée à ceux qui, par leur persévérance dans une vie sobre, tempérante, éloignée des plaisirs des sens, des voluptés et des passions, aspirent à la participation de la nature divine, qui s'exercent assidûment dans les temples à ces pratiques sévères, à ces abstinences rigoureuses, dont la fin est la connaissance du premier et du souverain être, que l'esprit seul peut comprendre et que la déesse nous invite à chercher en elle-même comme dans le sanctuaire où il réside (5). » On ne sépare plus guère la vertu de l'ascétisme. En même temps, c'est la religion qui fixe les devoirs par lesquels les hommes sont liés les uns aux autres. Cette idée si nouvelle pour l'Occident, et surtout pour Rome, n'avait été nulle part plus répandue qu'en Egypte. Le besoin de corriger par la bienfaisance privée ce que les lois civiles ont de trop dur avait donné naissance dans ce pays, depuis de longs siècles, à des institutions charitables que les temples abritaient et sanctifiaient. Le collège de reclus et de recluses que renfermait le Sérapéum de Memphis vivait sans doute de legs et d'aumônes (6). La pitié

---

(1) Apul. p. 808, Arist. p. 55. Remarquez que le latin de l'un et le grec de l'autre semblent calqués sur un même texte.

(2) Arist. p. 54: « φιλανθρωπότατος καὶ φοβερώτατος αὐτός... πρὸς δὲ τὸν ἔλεον μᾶλλον τέτραπται. »

(3) Φύλασσε, *Catalogue*, nᵒˢ 209, 210.

(4) « *Dulcem matris affectionem miserorum casibus tribuis.* » Apulée, p. 806.

(5) *De Is. et Os.*, ch. II.

(6) V. Renan; *Les Apôtres*, p. 79 et 325.

pour l'infortune, le désir de se rendre utile à ses semblables et de soulager leur misère, tous ces sentiments ardents et doux qui procurent à l'âme ses plus nobles jouissances, la religion égyptienne les entretenait avec soin. Dans le *Livre des morts*, le défunt, arrivé devant ses juges, ne dit pas seulement : « J'ai pratiqué la justice sur la terre, je n'ai pas tourmenté les malheureux, je n'ai pas attiré de mauvais traitements sur l'esclave, je n'ai pas fait pleurer, je n'ai pas tué... » mais encore : « J'ai donné du pain à celui qui avait faim, de l'eau à celui qui avait soif... (1). » Ces idées transportées au milieu de la société romaine, où les droits du puissant, du riche sont si terribles, doivent opérer une révolution dans les rapports qui unissent les citoyens entre eux. La religion et la morale n'ont plus qu'une seule et même sanction. Sérapis inspire une crainte qui est salutaire, car il défend aux hommes de se nuire et il maintient la concorde ici-bas (2).

Mais la raison principale du succès du culte alexandrin, ce sont les idées qu'il propage sur la vie future. Comme les mystères grecs, il entretient la croyance aux divinités chthoniennes. Sérapis et les dieux qui partagent ses honneurs remplissent un double rôle, comme Dionysos, Déméter et Korè : ils président à la vie et à la mort; ils reçoivent, pour l'animer de nouveau, la matière désorganisée; ils représentent à la fois la force productrice de la nature dans toute son intensité et les tristesses du royaume des ombres. Sérapis conduit les âmes, après qu'elles se sont séparées de leur fragile enveloppe; elles lui doivent un compte exact de leur vie passée; il leur fait subir un jugement et leur assigne, suivant leurs œuvres, une place bonne ou mauvaise dans son empire (3). Isis dit à Lucius : « Lorsque, ayant accompli le temps de ta destinée, tu seras descendu aux sombres demeures, là encore, dans cet hémisphère souterrain, tu me retrouveras brillante au milieu des ténèbres de l'Achéron, souveraine des demeures du Styx; et toi-même, hôte des champs Elyséens, tu continueras d'offrir tes hommages assidus à ta protectrice. » Les Alexandrins enseignent donc que l'âme est immortelle et que, dans sa seconde existence, elle répondra de l'usage qu'elle a fait de la première. C'est la tradition constante de l'hellénisme. Mais cette foi si vivace chez les Grecs est devenue plus ardente encore au contact de la religion égyptienne, pour laquelle

(1) *Papyrus de Neb-Qed*. Ed. Devéria, pl. VI, col. 11 à 21, pl. VII, col. 26-32.
(2) Aristide, p. 54.
(3) *Ibid.*

la vie d'outre-tombe est la grande préoccupation et le but suprême. Tous les peuples anciens avaient sur la mort un fonds
d'idées commun (1), et c'est ce qui rendit la tâche facile à ceux
qui entreprirent de les rapprocher par des liens plus étroits. Mais
chacun d'eux, suivant son tempérament, se faisait une image
particulière du sort qui attend les hommes au delà du terme fatal. Chacun d'eux surtout acccordait à ce grave souci une part
plus ou moins large dans sa pensée de tous les jours, suivant
son génie et ses mœurs. Les Grecs et les Romains, tout entiers à
leur tâche, jouaient un rôle trop considérable dans ce monde
pour tourner souvent leur esprit vers les mystères de l'autre. La
multitude (car, bien entendu, il ne s'agit pas ici des philosophes)
n'avait point ces habitudes contemplatives que l'on est surpris
de trouver, dans d'autres climats, chez les gens les plus humbles
et les plus simples. Elle sentait tout le prix de l'action et ne s'attachait pas à l'examen des problèmes inquiétants avec cette fixité
qui est le propre des races orientales. Elle croyait fermement que
nous sommes ici-bas comme dans une hôtellerie ; mais à force
de s'y faire sa place aussi commode que possible, elle arrivait à
oublier qu'il lui fallait en sortir. Qui donc n'est pas coupable de
cette inconséquence dans les pays où les corps et les esprits tra-
vaillent sans relâche ? Et même n'est-il pas nécessaire, pour un
peuple qui prétend régner sur les autres, d'oublier parfois que
la gloire n'est que chimère et qu'il y a un terme inéluctable aux
ambitions les plus généreuses ? Les plus nobles choses ne sont-
elles pas à ce prix ? Mais autres temps, autres mœurs. Tandis que
les Césars introduisent en Occident ce régime despotique et cette
sage administration, dont les Pharaons et les Ptolémées leur
avaient donné l'exemple, les âmes, plus souvent et plus longtemps seules avec elles-mêmes, se troublent et songent à la demeure éternelle qui les attend. C'est alors que se répandent les
doctrines de l'Egypte, parce qu'elles exaltent plus que toute autre
ce sentiment de malaise. Elles lui offrent un aliment toujours
prêt, l'entretiennent et le réchauffent. Des Egyptiens viennent
jusque dans Rome offrir aux yeux le spectacle de ce que cache
le monde souterrain (2). Tous les genres d'enseignement se réunissent pour surexciter les imaginations.

    Mais il y a plus. Les Alexandrins donnent un cours nouveau à

---

(1) V. G. Perrot, dans la *Revue des deux mondes* du 1ᵉʳ février 1881, p. 577
et suiv.

    (2) V. plus haut, p 58, n. 3.

de vieilles idées; ils y ajoutent un élément : l'espérance de la résurrection. C'est à peine si l'état qui suit immédiatement la mort peut être appelé une vie, lorsqu'on se le représente tel que les poètes grecs le dépeignent. On sait, et il est inutile de rappeler, ce qu'Homère pense de l'existence des ombres, même les plus heureuses (1). L'orphisme ne tarda pas à changer ce point de vue. Dans ce système, ce fut la vie à venir qui devint la véritable et l'unique fin de l'humanité; celle que nous menons ici-bas ne fut plus considérée que comme un temps d'exil, imposé à nos âmes en punition de crimes antérieurs, qu'elles doivent expier, afin de renaître un jour plus pures et plus libres. Il n'est guère douteux que ce fut l'Egypte qui inspira aux Orphiques, dès l'origine de la secte, la doctrine de la palingénésie. La foi en une seconde vie, meilleure que la première, s'éveilla tout d'abord dans ce pays. Ce fut là qu'elle se retrempa aux époques postérieures, quand elle eut fait son chemin à travers le monde. La purification orphique, qui devait assurer à l'homme le bonheur éternel, devint un des rites essentiels du culte alexandrin. Les élus, sur lesquels Isis a jeté les yeux, doivent d'abord être plongés dans le bain mystique, qui les lave de leurs souillures et leur fait trouver grâce devant la divinité (2); lorsqu'ils ont subi toutes les épreuves de l'initiation, ils sont marqués d'un caractère ineffaçable. Arrivés aux portes du trépas, ils reviennent en quelque sorte à la vie, grâce à la providence de la déesse (3). Cette béatitude n'est pas le privilège de quelques-uns; tout le monde peut l'acheter par une conduite austère et pieuse et, comme bien l'on pense, les prêtres ne refusent personne. Chaque culte, dans les premiers siècles de notre ère, avait une formule qui résumait les croyances de ses adeptes et qui leur servait de mot d'ordre, de signe de ralliement. Celle que les Alexandrins écrivaient sur les tombes était : « Ayez confiance (4) ! » c'est-à-dire attendez sans crainte le jour où les bons

(1) V. Girard, *Le sentiment religieux en Grèce*, p. 303 et suiv.

(2) V. plus bas, chapitre VI, § 1.

(3) Apul., XI, p. 799. « *Sua providentia quodam modo renatos..* » etc. C'est dans le même sens qu'il faut entendre un autre passage, p. 766 : « *Scies ultra statuta fato tuo spatia...* » etc. V. encore p. 806 : « *Natalem sacrorum...* »

(4) Εὐψύχει, *C. I. G.*, 2204, 4467, 4468, 4825 add., 4975b add., 4976, b. e. 5832 add., 5854 c. add., 6223b., 6301, 6324b., 6350, 6364, 6371, 6404, 6425, 6427, 6438, 6455, 6470, 6488, etc., etc. V. la même acclamation sur des tablettes suspendues au cou de momies de l'époque alexandrine, *Gazette archéologique*, 1877, p. 133. Edm. Le Blant, *Tablai égyptiennes à inscriptions grecques*. *Revue archéolog.* 1874, p. 244 et autres articles. *Ibid.*, V. les tables, et *ibid.*, 1875, *passim*. Cette acclamation paraît bien avoir été propre aux païens d'A-

trouvent leur récompense dans une existence meilleure. Mais personne n'atteint dès le lendemain de la mort le terme promis à la vertu. Sur ce point, l'alexandrinisme ne pouvait penser autrement que les sectes dont il avait recueilli l'héritage. Depuis les disciples directs de Pythagore jusqu'aux Orphiques, tous étaient d'avis que l'âme, au sortir de sa prison, doit passer successivement dans plusieurs corps, avant de jouir de la félicité, à laquelle elle aspire. Elle devait s'élever petit à petit, après avoir joué dans ce monde des rôles divers sous des formes multiples. La purification qui l'avait anoblie une première fois n'était donc pas une garantie suffisante pour qu'elle pût se flatter d'obtenir sur-le-champ une place au séjour des bienheureux. Nul ne pouvait quitter la terre avec la certitude d'être trouvé sans péché. L'épreuve qu'on allait subir était toujours redoutable, même pour les plus justes. Aussi n'était-ce pas sans trembler que l'on voyait venir le moment de paraître devant Sérapis, si bon et si miséricordieux qu'on se le figurât. Des Romains disent à leurs parents qu'ils ont perdus : « Qu'Osiris accorde à ton âme altérée l'eau rafraîchissante (1) ! » Cette idée que l'homme a soif des jouissances spirituelles et que c'est pour lui un châtiment que d'en être privé dans l'autre monde n'avait pu se répandre que grâce à l'influence des écoles philosophiques. Rien ne prouve mieux avec quelle faveur leurs spéculations étaient accueillies que ces souhaits formés par les vivants pour le bonheur des morts. Le salut est désormais la grande affaire, et, pour ceux qui l'ont gagné, la récompense suprême consiste à satisfaire auprès de Sérapis cet ardent besoin de savoir et de comprendre, qui serait ici-bas le pire des supplices, si nous n'avions l'espérance qu'il sera un jour la source des plus ineffables voluptés (2).

La foi en la résurrection se traduit par un symbole, dont l'image est reproduite à profusion sur les monuments du culte : c'est la fleur du lotus. De même que son calice s'épanouit chaque matin

---

lexandrie, quoiqu'on la trouve aussi quelquefois sur des monuments chrétiens V. *C. I. G.*, 9690, 9797 (?), 9803, 9829.

(1) « Δοίη σοι ὁ Ὄσιρις τὸ ψυχρὸν ὕδωρ. » *C. I. G.*, 6562. Ailleurs : « ψυχῇ διψώσῃ ψυχρὸν ὕδωρ μετάδος, » 6267. V. encore 6256 et 6717, inscriptions de Rome.

(2) Sur le sens du rafraîchissement mystique, v. Martigny, *Dictionn. des antiq. chrét.* : *Refrigerium*. Cf. Creuzer-Guignaut, *Relig. de l'Antiq.*, liv. III, ch. II, § II, et note 5 ; *ibid.* planche CCLXII, 959. Dans ce dernier passage, Creuzer exprime cette opinion, que la croyance au *refrigerium* est d'origine égyptienne, qu'elle a été transplantée en Grèce et « communiquée au christianisme par l'intermédiaire des néo-platoniciens. »

à la surface des eaux, de même le soleil reparaît à l'entrée de la carrière qu'il a parcourue la veille; de même encore l'homme, après être arrivé au terme que lui ont fixé les destins, commencera une existence nouvelle (1). Le lotus est placé sur la tête ou dans la main des dieux; il pare le front de leurs ministres; il est figuré comme un ornement sur les objets du culte. Il s'offre partout aux yeux des initiés, afin que l'idée qu'il rappelle soit sans cesse présente à leur esprit. Quelquefois on propose à leur adoration Harpocrate, le dieu ressuscité, sous la forme d'un jeune enfant, qui paraît sortir du sein de la fleur mystique. Il représente pour eux et la nature divine et celle de l'homme dans ce qu'elle a de divin et d'impérissable (2).

On aimerait à savoir si les Romains subirent l'influence de la doctrine égyptienne, au point de s'inquiéter de la destinée des corps que la mort avait frappés, comme ils se préoccupaient de celle de l'âme. Quoique les textes ne jettent pas beaucoup de jour sur cette question, il est probable que partout où le culte alexandrin fut adopté il fit pénétrer l'idée que la partie matérielle de l'être humain peut elle-même échapper à la destruction, ou qu'il inspira tout au moins comme un vague espoir de l'y soustraire. Il semble que ce sentiment dut être tout à fait inconnu à un peuple qui brûlait ses morts. Aux yeux de la raison, il n'est pas plus difficile de promettre une renaissance future au corps que l'on réduit en cendres qu'à celui qui tombe de lui-même en poussière; mais la vue d'une personne qui descend au tombeau, telle en apparence qu'elle était la veille, ne produit pas sur l'âme une impression aussi profonde que la vue d'un cadavre dont on hâte soi-même l'anéantissement. Le système de l'incinération inflige un démenti brutal à une illusion que l'autre laisse subsister un instant. Cependant les Romains n'étaient pas aussi éloignés qu'on pourrait le croire de la doctrine égyptienne. Il y avait toujours eu une contradiction manifeste entre leurs usages et leurs principes (3). Il est vrai qu'ils brûlaient leurs morts; mais ils n'abandonnaient pas les cendres de ceux qui leur étaient chers; ils les recueillaient pieusement et les enfermaient dans une urne sur laquelle ils inscrivaient le nom du défunt. Ces restes, tels quels, représentaient encore pour eux une partie de la personne qu'ils pleuraient. S'ils s'imaginaient, comme les Grecs, que le bonheur

(1) V. Pierret, Dictionn. d'archéol. ég.; Lotus.
(2) V. notre Catalogue, passim.
(3) Perrot, Revue des Deux-Mondes 1881, p. 577 et les notes, p. 578 et suiv.

de l'âme, dans son existence souterraine, dépendait du soin avec lequel on honorait sur cette terre le corps qu'elle avait animé, c'est que l'union de ces deux éléments ne leur paraissait pas rompue d'une façon définitive. Le progrès des doctrines spiritua- listes aurait dû détruire cette idée : plus on se persuadait que la matière et l'esprit étaient distincts, moins on aurait dû se soucier de la dépouille inerte. Ce fut le contraire qui arriva. On continua à porter les cadavres au bûcher ; mais de quels soins les urnes cinéraires ne furent-elles pas entourées! Sous l'Empire, au moment où la philosophie pénètre dans toutes les classes, on redouble de zèle pour conserver à tout jamais le peu qu'on laisse subsister de l'être humain. Des confréries se fondent pour assu- rer aux plus pauvres une place dans un colombaire. Il n'est personne qui ne veuille acheter au moins une urne dans une niche, sur laquelle on inscrira son nom. Le corps, même réduit en cendres, est encore quelque chose de sacré; il n'est point anéanti ; il n'a fait que changer de forme. Par conséquent les Alexandrins, tout en répandant les doctrines égyptiennes sur la résurrection, n'avaient pas besoin de recommander les pratiques de l'embaumement et de supprimer les usages établis. Ils jugeaient sans doute qu'il n'était pas plus impossible pour Dieu de ranimer la cendre des uns que la momie des autres. Les inscriptions funéraires des Romains et des Grecs affiliés à leur culte (et nous en possédons un grand nombre) ne se distinguent pas de celles du reste des païens (1). Que le mort ait été brûlé ou enseveli, on respecte toujours « ses mânes » et ses restes. Le monument qu'on lui élève est placé sous là protection spéciale d'Isis ; il est défendu d'y toucher et d'en disperser le contenu (2).

Au milieu de ces épitaphes banales, il y en a une qui éveille l'attention. Il y est question d'un personnage nommé L. Cæcilius Isio, qui s'est fait faire un cercueil en bois, dans lequel il a voulu que son corps fût enfermé (3). Pourquoi ce désir spécifié avec tant de soin ? On suppose que le défunt, partisan zélé du culte alexandrin, en a suivi religieusement toutes les traditions jusqu'à se faire embaumer suivant le rite égyptien. Peut-être à ses der- niers moments adressa-t-il lui aussi cette prière aux dieux : « Puisse la terre ne pas me mordre, le sol ne pas manger mes

---

(1) Orelli, 2308, *C. I. L.*, I, 1034, ou VI, 2247, et VI, 2244 à 2249, etc., etc.
(2) Orelli, 1879 ; Henzen, p. 164.
(3) *Arca hederacia*, Orelli, 7359.

chairs (1) ! » Et vraiment on ne voit pas pourquoi il ne se serait pas trouvé chez les Romains des esprits assez dociles pour embrasser la doctrine égyptienne dans toute son étendue, lorsqu'elle avait eu dans les Grecs d'Alexandrie des disciples enthousiastes, décidés à la mettre en pratique jusqu'au bout. On connaît des momies dont l'enveloppe est chargée de légendes grecques, et qui certainement sont celles de personnes de race hellénique (2). Quoiqu'on n'en ait point trouvé hors de l'Egypte, il n'est pas impossible qu'à Rome, parmi les adorateurs d'Isis et de Sérapis, il y ait eu des dévots, qui aient demandé à ce que leur corps fût mis à l'abri de la corruption. Combien de cultes repandirent dans la capitale des usages plus étranges !

§ 3.

La doctrine des Alexandrins présente un singulier contraste de grandeur et de faiblesses, d'idées élevées et de superstitions vulgaires. Par cela seul qu'elle substitue un système à la poésie de la religion grecque, aux conceptions enfantines des premiers Romains, elle marque un progrès; c'est là ce qui fait sa force. Mais les éléments divers qu'elle a rassemblés ne forment pas un tout parfaitement homogène. Si les savants modernes s'accordent à reconnaître les tendances monothéistes de la religion égyptienne, ils sont encore fort embarrassés pour concilier les témoignages où elles s'accusent avec les traces non moins certaines de polythéisme qu'ils découvrent à chaque pas (3). Cette difficulté ne vient pas de notre ignorance, elle devait arrêter aussi les philosophes grecs ou romains qui se livraient à la même étude que nous, car elle tient au fond même des choses. « En Egypte, le neuf ne remplaçait pas le vieux, mais subsistait à côté (4). » A l'époque des Ptolémées, et, à plus forte raison, sous les empereurs, on pouvait trouver dans la doctrine religieuse de ce pays les croyances les plus opposées. Le système des Alexandrins se ressent de son origine. Le principe monothéiste en est la base, on n'en peut douter; le travail de la philo-

(1) Mariette, *Fouilles d'Abydos.*
(2) V. Le Blant, *l. c.*, et *Gazette archéologique*, 1877, p. 131; Franz dans le *C. I. G.*, III, p. 306, col. 2.
(3) V. Tiele, *Manuel de l'hist. des relig.*, trad. Vernes, p. 46, § 31, et Perrot, *Revue de l'histoire des religions*, 1881, p. 147 en bas.
(4) Tiele, *l. c.*

sophie, en dehors même de toute influence étrangère, devait fatalement conduire à élaguer peu à peu le polythéisme, avant qu'il se trouvât une main plus hardie pour l'abattre. Et cependant, malgré ce caractère très frappant, la théologie des Alexandrins reste indécise et flottante. Elle a peut-être encore plus de peine à se fixer que celle des temps pharaoniques, car elle est plus hospitalière et plus ouverte aux éléments venus du dehors. Non seulement elle n'exclut rien et ne fait pas table rase de ce qui l'a précédé, mais encore elle va se compliquant sans cesse. Personne, jusqu'à l'apparition de l'école néo-platonicienne, ne prend soin d'en atténuer les disparates. Pendant cinq siècles, après l'arrivée des Grecs sur les bords du Nil, tout vient se fondre dans la grande cité où fermente la pensée grecque: mystères de Delphes et d'Eleusis, spéculations des philosophes, traditions sacrées des Juifs, cosmogonies persanes, assyriennes et hindoues... Jamais l'esprit humain ne se prépara à un plus laborieux enfantement. Mais cinq siècles n'étaient pas de trop pour que des doctrines ainsi rapprochées il sortît enfin un système net et un, qui eût réponse à tout sans se contredire. Il suffit de lire Plutarque pour voir qu'entre les diverses interprétations qu'admet la religion égyptienne il hésite autant que pourrait le faire un savant de nos jours. C'est qu'alors le paganisme alexandrin cherche encore sa voie. Au milieu de tant de doctrines, il n'a pas eu le temps de se faire un dogme. Le Dieu unique qu'il entrevoit diffère-t-il beaucoup du Dieu impersonnel des stoïciens? On n'oserait l'affirmer. La résurrection qu'il promet à l'homme, quand, à quel prix doit-elle avoir lieu? Il ne le dit pas clairement. Il en résulte qu'il laisse une trop large part aux fantaisies d'imagination de ses adeptes et que l'alliance qu'il tente d'établir entre la philosophie et la religion est encore peu solide. Le contraste que l'on remarque, dans les anciennes croyances de l'Egypte, entre le polythéisme de la foule et le monothéisme des sages (1) se reflète fidèlement dans le traité sur *Isis et Osiris*. Plutarque, malgré son estime pour le culte auquel appartient Cléa, méprise beaucoup plus la multitude ignorante, qui l'embrasse aveuglément sans le comprendre, que les esprits étroits qui ne veulent rien connaître au delà des traditions nationales. Ces éclectiques, qui n'ont que de la pitié pour la foule qui les suit, ne sont pas des apôtres bien fervents ni bien dangereux. Mais aussi, en restant dans la spéculation pure, ils ne servent que médiocre-

(1) Tiele, Perrot, *l. c.*

ment la cause du progrès. C'est à eux qu'il faut s'en prendre si l'alexandrinisme traîne encore après lui, comme un héritage fatal, toutes les superstitions du vieux monde.

Il y a d'abord celles qui lui sont communes avec les religions des peuples classiques, celles qu'il n'a point apportées spécialement de l'Egypte, mais qu'il contribue à répandre et qu'il exalte. On ne peut lui faire un crime de n'avoir point supprimé la divination et les prétendues sciences qui s'y rattachent, lorsqu'on voit que de grands philosophes, des esprits d'élite sont divisés sur la question de savoir si elle doit être abolie, lorsqu'un Pythagore, un Platon, un Panétius la déclarent légitime et utile (1). Mais une doctrine qui se piquait de sagesse aurait pu tout au moins arrêter ce mouvement funeste qui faisait intervenir Dieu à tout propos dans les affaires humaines, jusque dans les circonstances les plus insignifiantes de la vie. Loin de là, le culte alexandrin développe ce qu'il y a de plus faux et de plus ridicule dans la divination, la magie. Non seulement il cherche à connaître la pensée de Dieu, mais encore et surtout il veut le forcer à la révéler; il accroît sans mesure le nombre des pratiques qui ont pour but d'étendre par des moyens surnaturels la puissance de l'activité humaine. Plus qu'aucun autre culte, il recommande l'astrologie, la méthode divinatoire la plus insensée de toutes. Manéthon en avait fait connaître les principes à la Grèce, en même temps que Ptolémée envoyait aux Athéniens le nouveau dieu Sérapis. Depuis, l'étude des astres dans leurs rapports avec la destinée de l'homme resta étroitement liée au culte alexandrin. L'apotélesmatique, c'est-à-dire la science des influences sidérales, trouva dans les Grecs des disciples zélés; mais à Rome des protestations s'élevèrent dès le premier jour. Les esprits éclairés se moquèrent de ces prêtres d'Isis que l'on voyait aux alentours du Cirque donner des consultations d'astrologie et de chiromancie mêlées, et dire à tous venants la bonne aventure (2). Cependant, sous l'Empire, de grandes et nobles familles eurent leurs devins à gages : Othon ne voyageait pas sans le sien, un certain Ptolémée, dont le nom indique assez l'origine (3). Les femmes introduisaient dans leurs ménages des traités d'apotélesmatique ou de magie, que l'on colportait sous les noms de fameux devins

(1) V. Bouché-Leclercq, *Hist. de la divination*, t. I, p. 29-91.
(2) *Isiaci conjectores*. Texte attribué à Ennius, cité par Cicéron. V. plus haut, p. 40, n. 3, et p. 42, n. 2.
(3) Tac., *Hist.*, I, 23.

égyptiens, Typhon, Nectanébo, Bérénice (1). Telle de ces dévotes
personnes, que Juvénal met en scène, se serait cru perdue, si,
en cas de maladie, elle n'avait parcouru son *Pétosiris*, pour s'y
renseigner sur les heures où les astres lui permettaient de prendre
de la nourriture (2). Les monuments, plus encore que les textes, nous montrent combien le culte alexandrin encourageait ces
folies. Les figures des astres, les signes du zodiaque y sont souvent mêlés aux images des dieux, aux symboles de leur culte.
Les dieux eux-mêmes sont identifiés avec les astres. C'est surtout
en cela que la religion égyptienne favorise la superstition : culte
sidérique et astrologie sont tout un. Comme le mythe osirien n'a
pas seulement un sens métaphysique, mais qu'il représente en
outre par des symboles l'ensemble des lois qui régissent le
monde matériel, l'étude des phénomènes célestes rentre dans le
domaine de la religion, et avec elle s'y glissent toutes les fantaisies, toutes les rêveries qu'elle amène à sa suite. Isis identifiée
avec la Lune joue le rôle mystérieux que les Grecs avaient as-
signé à la Triple Hécate, déesse favorite des sorciers de toute
espèce. Plutarque, dans son *Traité*, accorde la plus grande importance à l'interprétation astronomique, ou soi-disant telle, de
la légende d'Isis et d'Osiris; il explique comment les prêtres,
dans le récit qu'ils font de la Passion de leur dieu, expriment par
des images les révolutions du Soleil et la concordance du cours
des astres avec les divisions du temps (3). Mais il serait aussi fastidieux de le suivre dans l'examen de ces théories, qu'il serait
injuste de méconnaître la place qu'elles ont eue dans le système
religieux des Alexandrins.

L'oniromancie, c'est-à-dire l'interprétation des songes, y joue
aussi un rôle. Ce fut une idée répandue dans l'antiquité, surtout
sous l'empire romain, que les hommes, pendant leur sommeil,
peuvent entrer en communication avec la divinité. Les inscriptions témoignent qu'Isis et Sérapis se rendirent souvent à l'appel
de leurs adorateurs. Il n'est pas rare que des particuliers leur élèvent des monuments, ou embellissent leurs sanctuaires, pour y
avoir été invités expressément dans un songe. Ils ont soin de
mentionner que c'est « après avoir vu (4) » la divinité, ou « sur

(1) Tertullien, *De anima*, § 35.
(2) Juvén., VI, 553.
(3) V. surtout §§ 41 et 52.
(4) « *Ex visu.* » Orelli, 1882, *C. I. L.*, VI, 346, 353, 572.

son ordre (1), » ou « d'après son avis (2) » qu'ils se sont mis en frais. Le onzième livre d'Apulée s'ouvre par le récit d'une apparition de ce genre. Lucius revoit plusieurs fois encore sa protectrice : c'est toujours pendant la nuit qu'elle lui dicte ses volontés; elle le guide ainsi pas à pas dans la voie du salut. D'ordinaire les dieux alexandrins se montrent volontiers à ceux qui vont leur demander une recette. L'incubation iatromantique est en grand honneur, surtout dans le culte de Sérapis, que l'on identifie désormais avec Asklépios (3). Les malades vont passer la nuit dans le temple, où des salles réservées sont sans doute aménagées pour les recevoir; et là le dieu leur donne sur les remèdes dont ils doivent faire usage des indications qui sont ensuite interprétées par des devins spécialement chargés de ce ministère (4). Aristide raconte qu'il eut recours aussi à Isis et à Sérapis, et qu'il en obtint des renseignements précieux; une nuit même, Sérapis et Asklépios lui apparurent ensemble (5). Quoique, dans certains cas, le dieu égyptien et ses acolytes ne se montrent pas aussi secourables que le grec, ils semblent lui avoir enlevé peu à peu le prestige que de nombreuses guérisons miraculeuses lui avaient valu; et sans doute ce ne fut pas une des moindres raisons de l'extension inouïe de leur culte (6). Il arrive encore que, même à l'état de veille, et sans remèdes, des malades soient subitement guéris par l'attouchement d'un mortel, à qui Sérapis a confié ses pouvoirs. D'autres fois, le dieu fait connaître sa volonté par des signes fortuits, par des visions qui s'offrent, même en plein jour, aux yeux de ceux qui le consultent. C'est ainsi que Vespasien, dans cette journée fameuse où il guérit un aveugle et un paralytique, étant entré dans le Sérapéum d'Alexandrie, eut une hallucination : il crut voir derrière lui un certain Basilidès, qui en ce moment se trouvait fort loin de la ville. Les prêtres déclarèrent que c'était là un présage qui désignait Vespasien pour occuper le souverain pouvoir, attendu que Basilidès signifiait *fils de roi* (7).

Enfin les Alexandrins pratiquent la nécromancie autant que pas un des païens les plus superstitieux. Dans le roman qu'Apu-

---

(1) Κατὰ πρόσταγμα, *C. I. G.*, 2304 et 2305. « *Ex imperio*, » *C. I. N.*, 5352. « *Imperio*, » Orelli, 1886, *C. I. L.*, V, 10. « *Jussu*, » *C. I. L.*, II, 3386.

(2) « *Ex monitu.* » *C. I. L.*, V, 484.

(3) Bouché-Leclercq, ouvrage cité, t. I, p. 321 et suiv. ; t. III, p. 391.

(4) V. *C. I. G.*, 3163.

(5) *Disc. sacrés*, II, p. 519 ; III, p. 565.

(6) Diod., I, 25. Bouché-Leclercq, t. III, p. 391-394.

(7) Tac., *Hist.*, IV, 82.

lée a traduit figure un prêtre égyptien, qui, moyennant une somme très considérable, consent à tirer pour quelques instants une âme des enfers et à ranimer un cadavre. Il applique à trois reprises une certaine herbe sur la bouche du mort et lui en met une autre sur la poitrine. Puis, tourné vers l'Orient, il adresse tout bas une prière au Soleil. Et le mort ressuscite (1). Sérapis peut, quand il le veut, produire ce miracle, et rappeler à la vie qui il lui plaît, non pour un moment, mais pour des années (2).

La science moderne se demande avec étonnement comment les Egyptiens ont pu rendre un culte à des animaux, et elle cherche encore sans succès les raisons qui les ont poussés à une pareille folie. Les uns admettent *a priori* que nous manquons des connaissances nécessaires pour trancher la question (3). Les autres, désespérant d'arriver à une solution qui sauve l'honneur de la religion égyptienne, n'hésitent pas à qualifier ce culte de fétichisme (4). De quelque façon qu'on le considère, il est certain qu'il n'inspira jamais aux Grecs et aux Romains que du mépris et de l'horreur. A peine les Athéniens en eurent-ils entendu parler, que les poètes comiques se mirent à le poursuivre de leurs sarcasmes (5). Les Latins sont unanimes pour le condamner. Cicéron est confondu, comme nous le sommes aujourd'hui, du contraste qu'il y a entre une superstition si grossière et la sagesse légendaire de la nation chez qui elle florissait (6). Orateurs, historiens, philosophes, satiriques, tous témoignent la même surprise. Aussi Plutarque a-t-il fort à faire lorsqu'il lutte contre ce sentiment, ou du moins lorsqu'il cherche si la croyance populaire n'est pas fondée sur une idée raisonnable qui puisse trouver grâce devant la philosophie (7). Entre toutes les explications qu'il passe en revue, il y en a une qui lui paraît plus plausible : c'est que l'Egypte rend un culte aux animaux qui lui sont utiles, qui la délivrent des corps malsains et des êtres nuisibles. Déjà Cicéron avait dit, en se moquant des théories d'Epicure : « On rit des Egyptiens... Mais chez eux les animaux n'ont été divinisés que par suite de leur utilité, tandis que vos dieux, non seulement ne font rien d'utile, mais même ne

(1) II, p. 160 et suiv.
(2) Arist., *In Serap.*, 55.
(3) Pierret, *Dict. d'arch. ég.*
(4) Tiele, *l. c.*, § 30. Perrot, *Revue de l'hist. des relig.*, *l. c.*, p. 155.
(5) V. plus haut, chapitre II, p. 32.
(6) *Repub.*, III, 6. *Nat. Deor.*, III, 15. *Tuscul.*, V, 27.
(7) *De Is. et Os.*, ch. LXXI à LXXVIII.

font rien du tout (1). » Plutarque soutient que les hommages de
la multitude s'adressent, non point aux animaux eux-mêmes,
mais à l'ordre admirable de la Providence dont ils sont les instruments, et qui les place à côté de l'homme, dans un climat brûlant,
comme des auxiliaires d'un prix inestimable (2). La puissance
divine se reflète en eux « comme le soleil se peint dans des gout-
tes d'eau. » D'ailleurs est-il plus absurde d'adorer dans les animaux une des manifestations de la vie, laquelle émane de Dieu,
que d'attribuer, avec l'école de Pythagore, des propriétés divines
aux nombres et aux figures géométriques ? Si les philosophes les
plus illustres n'ont pas craint de voir dans les substances inani-
mées des traits de ressemblance avec la divinité, « à plus forte
raison ne doit-on pas négliger ceux que l'on rencontre dans les
êtres animés et sensibles, capables de passions et d'affections mo-
rales (3). » Plutarque ne cache donc pas la répugnance qu'il
éprouve à se prosterner devant des créatures manifestement infé-
rieures à l'homme. Mais, au fond, il pense que moins ils sont
capables de raison et plus il est naturel de voir dans leur instinct
merveilleux l'indice d'une action directe et incessante de la divinité. C'était l'opinion de l'antiquité tout entière ; et, à vrai dire,
loin d'être surpris que Plutarque excuse les Egyptiens sur ce
point, on devrait l'être bien davantage qu'il ne remarque pas
combien leurs doctrines, en pareille matière, étaient voisines de
celles des Grecs. Il y avait en Grèce une méthode divinatoire qui
reposait sur ce principe, que les animaux servent d'intermédiai-
res entre Dieu et l'homme (4). Celse écrivait : « Si les oiseaux
nous indiquent par des signes tout ce que Dieu leur a révélé, il
suit de là qu'*ils sont dans une intimité plus étroite que nous avec la
divinité... et sont plus chers à Dieu que nous* (5). » De là à leur
rendre un culte y a-t-il un abîme ? Il est vrai qu'au temps de
Celse la religion hellénique absorbe dans son sein les doctrines
de l'Orient. Mais les héros d'Homère (6) n'eussent point consulté
le vol de l'autour, du faucon et d'autres oiseaux, s'ils n'avaient
été inspirés par la même idée. Asklépios, dans certains temples,

---

(1) *De Nat. Deor.*, I, 36.
(2) C'est en somme la théorie que soutient aussi M. Perrot, *l. c.* V. *ibid.*, le
brillant développement que Michelet a donné à la même idée.
(3) *Is. et Os.*, ch. LXXI à LXXIV.
(4) Bouché-Leclercq, ouvrage cité. t. I, p. 124 et suiv.
(5) Dans Origène, *Contre Cels.*, IV, 88.
(6) *Odyss.*, XIII, 87 ; XV, 526. *Il.*, X, 274, cités par Bouché-Leclercq, *l. c.*,
p. 134.

était adoré sous la figure d'un serpent (1). Les génies topiques de
certaines villes étaient représentés par des reptiles vivants qui
avaient des ministres chargés de leur entretien. En somme, le
culte des animaux ne fut jamais étranger à la religion grecque,
et si ce furent des influences orientales qui l'y introduisirent,
comme on le suppose (2), il faut admettre qu'elles se firent sentir
de très bonne heure. Le bon sens populaire, le génie des artistes
qui surent tailler pour la multitude des dieux plus beaux que
tout ce que la nature pouvait lui fournir, retinrent seuls peut-
être la religion hellénique sur la pente du fétichisme. Encore s'y
abandonna-t-elle librement, lorsqu'elle eut été transplantée à
Alexandrie. Il est impossible de déterminer si elle le répandit en
Occident. Nous ne savons pas si les auteurs anciens, si les Latins
en particulier, lorsqu'ils traitent de cette superstition, font allusion à ce qu'ils voient sous leurs yeux, ou à ce qu'ils ont entendu
rapporter par autrui des pays étrangers. Les monuments ne nous
instruisent pas davantage. Les inscriptions ne parlent jamais des
animaux. Dans les représentations figurées revient souvent Anubis à tête de chien ; c'est le seul dieu auquel on conserve la forme
monstrueuse qu'on lui avait donnée en Egypte. A Rome, on portait sa statue dans les processions (3). Mais, quoique ce fût sous
l'influence d'un reste de fétichisme qu'on eût inventé cette idole,
on ne peut lui donner le nom de fétiche, puisque c'était une
image sans aucune réalité, à laquelle on attachait un sens symbolique, et non pas un être vivant renfermé dans un temple pour
y être adoré. Des fresques d'Herculanum nous montrent, au milieu d'une enceinte sacrée remplie de prêtres et de fidèles, des
ibis qui errent en liberté auprès de l'autel (4). A Pompéi, on
voyait, peints sur les murs de l'Isium, un singe, un serpent, un
bélier, un chacal, un rat, un vautour, un ichneumon et deux
taureaux (5). Ce ne sont pas là des preuves péremptoires pour
admettre que des animaux reçurent un culte, en pays latins, dans
les temples d'Isis et de Sérapis. Remarquons du reste qu'Apulée,
qui décrit tout avec tant de détails, est muet sur ce sujet. Il est
assez probable que l'alexandrinisme n'imposa point à ses adeptes
une règle invariable et uniforme, qu'il ne fut point sur les bords

(1) Maury, *Relig. de la Grèce*, t. I, p. 450 et suiv.
(2) *Ibid.*, t. II, 58.
(3) V. ici chapitre III, p. 62, n. 1.
(4) V. notre *Catalogue*, n° 222, 223.
(5) V. notre chapitre VIII,

du Rhin ce qu'il était dans l'Italie méridionale, ni dans les petites villes ce qu'il était dans les grandes. Il dut s'accommoder aux
mœurs, aux tempéraments très divers des peuples qui l'accueil-
laient, et se dégager d'autant plus de la superstition qu'il avait
affaire à des esprits plus froids et plus raisonneurs. Peut-être le
culte des animaux florissant dans les régions voisines de l'Egypte
ne put-il s'acclimater sous d'autres cieux.

§ 4.

En somme, l'impression qui se dégage de l'examen de cette
doctrine, considérée dans son ensemble, c'est qu'elle appartient à
une époque de transition. Elle est née sous l'influence d'une
grande exaltation répandue dans toutes les classes, chez les plus
sages et chez les plus simples. En voyant les conceptions hautes
et pures qu'elle mêle à des superstitions ridicules, on se dit tout
d'abord qu'elle n'était point faite pour réaliser l'alliance tant
atttendue entre la philosophie et la religion ; elle rapproche les
deux éléments sans les fondre, et l'on se demande comment elle
peut espérer combler l'abîme signalé par Plutarque, satisfaire à
la fois les docteurs et la foule. Mais, si l'on y regarde de plus
près, on s'aperçoit que les vices qui la déparent son la conséquence même de la révolution dont elle est sortie. Si les uns
admettent qne l'homme est sans cesse sous l'œil et dans la main
de Dieu, il est naturel que les autres cherchent partout autour
d'eux des signes sensibles de cette surveillance et tentent d'entrer
en communication avec cette puissance invisible qui les enserre
de toutes parts. Jusqu'à la fin du second siècle, les deux catégories
de fidèles que la religion alexandrine entraîne dans un même
courant restent éloignées l'une de l'autre ; mais, quand paraîtra
Plotin, la philosophie unira sa cause à celle de la magie et des
autres sciences surnaturelles (1) ; il n'y aura plus des penseurs
d'une part et des esprits faibles de l'autre : il n'y aura que des
mystiques.

(1) V. Alf. Maury, *La magie et l'astrologie dans l'antiquité*, première partie,
chap. V, *La magie dans l'Ecole néo-platonicienne.*

CHAPITRE VI.

LE CULTE.

Les rites propres au culte alexandrin sont décrits dans Apulée avec tant de soin, qu'on n'aurait, pour en donner une idée exacte, qu'à reproduire ses témoignages sans y rien changer. Le tableau qu'il trace dans le onzième livre frappe tout d'abord par une séduisante apparence d'originalité ; la première impression qu'il produit est saisissante : il semble qu'on assiste à une révélation. Aucun autre écrivain ne nous fait pénétrer aussi avant dans ces fameux mystères, où nous espérons toujours trouver le dernier mot des religions païennes. Mais on songe bientôt que si ce passage d'Apulée (1) a tant de prix pour nous, c'est surtout parce que les ouvrages qui traitaient de la même matière sont aujourd'hui perdus ; pour peu que l'on compare les renseignements qu'il nous livre tout d'une haleine à ceux qui sont épars dans les auteurs anciens (2), on arrive aisément à déterminer en quoi le culte mystérieux des divinités d'Alexandrie se distinguait de celui des divinités helléniques.

§ 1.

En rendant à Lucius la forme humaine, Isis a voulu donner aux hommes une marque éclatante de sa puissance ; elle l'a choisi entre tous ; elle l'a véritablement touché de sa grâce pour le faire servir à ses desseins. Naissance, mérite, instruction, rien n'avait mis son protégé à l'abri des coups du sort. Mais il était vertueux : elle l'a sauvé. Cette faveur insigne impose à Lucius un devoir : celui de consacrer désormais sa vie à sa bienfaitrice. Isis lui en

---

(1) V. J.-J. Jægle, *De L. Apuleio Ægyptiorum mysteriis ter initiato*, Argentorati, 1786, in-4°.

(2) Cléanthe, Icésius, Démétrius de Scepsis, Sotadès d'Athènes, etc. V. Maury, *Relig. de la Gr.*, t. II, p. 338.

a donné l'ordre. Quand le grand prêtre a tiré la leçon d'un si grand exemple, en s'écriant : « Que les impies voient, qu'ils voient et qu'ils reconnaissent leur erreur ! » il rappelle au jeune homme qu'il a maintenant une dette à payer, et qu'il doit s'engager pour toujours dans « la sainte milice. » Lucius obéit ; il loue une chambre dans l'enceinte du temple et se prépare aux cérémonies de l'initiation par une longue retraite, vivant dans la société des prêtres et dans l'exercice assidu de toutes les pratiques de la religion. Cependant il éprouve encore des scrupules, car il est homme d'honneur ; et, comme il connaît la gravité des engagements qu'on exige de lui, il se demande avec inquiétude s'il aura assez de force d'âme pour les bien remplir. Puis, avec le temps, la ferveur de sa piété l'emporte ; c'est lui à son tour qui supplie qu'on l'instruise et qu'on le marque du caractère sacré des élus. Le grand prêtre calme ses désirs immodérés : « Il faut que la déesse elle-même fixe la date de la cérémonie et désigne celui de ses ministres qui doit la célébrer ; ce serait s'exposer aux plus grands dangers que de pécher par excès de zèle et de devancer les ordres divins (1). »

Ce tableau d'une vocation, cette analyse si fine des sentiments d'un néophyte, nous montrent le paganisme sous des couleurs toutes nouvelles. Et cependant, dès le temps de Pindare et de Sophocle, les jeunes Athéniens auxquels on présentait l'initiation comme l'unique moyen de conquérir les vérités éternelles (2), ne pouvaient penser autrement que Lucius : « Les initiés, suivant Sophocle, sont qualifiés de *trois fois heureux*, alors qu'ils pénètrent dans l'Hadès ; à eux seuls est donnée la vie éternelle ; quant aux autres, il n'y a pour eux que des souffrances (3). « La foule s'écrie, sur le passage du héros d'Apulée : « Mortel fortuné, mortel *trois fois heureux*, qui, par l'innocence et la pureté de sa vie présente, a mérité du ciel un patronage aussi éclatant (4) ! »

Lorsque Lucius, par l'abstinence de certains mets (5), par une fréquentation continue des cérémonies sacrées, est parvenu à un état de pureté parfaite, Isis lui donne, pendant son sommeil, les instructions nécessaires, et il voit luire enfin le jour tant attendu.

---

(1) P. 782-785, 766, 792-801.
(2) V. les textes de Pindare et de Sophocle, cités par Maury, t. II, p. 342-343.
(3) Soph., *Fragm.*, 750, ap. Plutarch., *De aud. poet.*, § 4, p. 81, éd. Wittenbach.
(4) P. 784.
(5) P. 799, cf. Maury, *l. c.*, p. 357.

Il assiste au sacrifice du matin. Puis le grand prêtre, consultant les hiéroglyphes des saintes écritures (1), lui indique quels sont les frais qu'il doit faire pour les apprêts de l'initiation (2). Depuis de longues années, les choses ne se passaient pas autrement à Eleusis.

De toutes les épreuves expiatoires qui doivent délivrer l'âme de ses péchés, la première est la purification par l'eau (3). Lucius, suivi d'un cortège de fidèles, est conduit par le grand prêtre à des bains qui se trouvent dans le voisinage du temple, et là il se plonge dans un bassin affecté spécialement à cet usage (4). Son guide, après avoir adressé une prière aux dieux, répand de l'eau sur tout son corps (5). Ensuite on le ramène au temple, où il se prosterne devant l'image d'Isis. On lui communique les mots ineffables (6), et il reçoit l'ordre de s'interdire pendant dix jours toute recherche dans sa nourriture, de ne rien manger qui ait eu vie, et de ne pas boire de vin. A l'expiration du délai fixé, vers la fin du dixième jour, les fidèles sont introduits en foule dans le temple, et chacun, suivant la coutume (7), offre des présents au néophyte. Quand tous les profanes se sont retirés commence pour lui la partie principale de l'initiation, la plus terrible et la plus solennelle : la grande veillée (8). On sait en quoi elle consistait. Le myste assistait, dans la partie la plus retirée du sanctuaire, à une sorte de drame qui faisait passer sous ses yeux toute l'histoire légendaire de la divinité à laquelle il se consacrait; puis il était soumis lui-même, au milieu des ténèbres, à une série d'épreuves redoutables, jusqu'à ce qu'on l'amenât dans un lieu de délices tout resplendissant de lumière, où des apparitions soudaines, où d'harmonieux accords venaient frapper es sens par un contraste imprévu (9). Lucius a été témoin de scènes semblables dans le temple d'Isis; mais il ne peut en révéler le moindre détail sans sacrilège. Aussi se contente-t-il de dire à

(1) P. 801, cf. Maury, *l. c.*, p. 337, note 6, et p. 338, n° 9.

(2) Cf. Sainte-Croix, t. I, p. 278, notes 2 et 3.

(3) « Κάθαρσις. » Maury, *l. c.*, p. 336. C'est ce que M. Maury (p. 142 et 351), compare au baptême.

(4) « Λοῦτρον. » (Platon). Maury, *l. c.*, p. 142.

(5) « Περίρρανσις. » *Id., ibid.*

(6) « Μύησις. » Maury, *l. c.*, p. 336.

(7) Térence, *Phorm.*, v. 13-15, cité par Maury, p. 352, note 6.

(8) « Παννυχίς. » Maury, p. 330. C'est ce qu'Apulée appelle *noctis sacratæ arcana*, p. 797.

(9) Maury, p. 333.

mots couverts : « J'approchai des limites du trépas ; je foulai du pied le seuil de Proserpine, et j'en revins en passant par tous les éléments ; au milieu de la nuit je vis le soleil briller de son éblouissant éclat ; je m'approchai des dieux de l'enfer, des dieux du ciel ; je les contemplai face à face ; je les adorai de près. » En un mot, Lucius a vu (1).

Dès que le jour paraît, la cérémonie redevient publique. La foule envahit le temple. Un rideau placé au devant du sanctuaire s'écarte, et sur une estrade on aperçoit Lucius portant sur la tête une couronne de palmier et dans la main droite une torche enflammée (2). Il est vêtu de douze robes sacrées que recouvrent un vêtement enrichi de fleurs peintes et une chlamyde, sur laquelle sont brodées des figures d'animaux fantastiques ; les prêtres donnaient à ce costume le nom d'Olympiaque (3). Après avoir assouvi les regards des fidèles, Lucius célèbre sa réception par un banquet religieux et par des fêtes qui durent trois jours. Enfin il se décide à quitter ce temple de Kenchrées, où il a reçu un caractère ineffaçable ; mais ce n'est pas sans témoigner sa reconnaissance à la déesse par des prières émues, et à ses prêtres par une bonne offrande en espèces sonnantes (4).

Certes, voilà plus d'épreuves que les sociétés secrètes n'en ont jamais inventé. Cependant, arrivé à Rome, Lucius reçoit de la déesse, pendant son sommeil, un nouvel avertissement. Il apprend à sa grande surprise, qu'il n'est pas complètement instruit des mystères de sa religion ; il faut qu'il se fasse admettre au nombre des adorateurs d'Osiris ; « car, malgré les liens étroits, l'unité même des deux divinités et des deux cultes, il y a une différence essentielle entre chacune de ces initiations (5). » Lucius fait d'abord la sourde oreille, car ses ressources sont épuisées, et il prévoit qu'il va lui en coûter gros. Mais la divinité insiste ; elle le gourmande de telle façon qu'il se décide à vendre ses hardes, et grâce à l'argent qu'il en retire il obtient d'être initié, non seulement aux mystères d'Osiris, mais encore aux orgies nocturnes de Sérapis, qui n'est, comme on sait, qu'une seconde forme du même dieu.

Ce n'est pas encore tout. A quelque temps de là, nouvelle vi-

(1) Il est ἐπόπτης. Maury, p. 332.
(2) Cf. Maury, p. 313 et 336-337.
(3) V. comment Sainte-Croix l'explique, t. 1, p. 163-164.
(4) « Licet non plene..., » etc. p. 806.
(5) P. 811.

sion, nouvelles instances. Cette fois, Lucius s'inquiète. Il a peur que les prêtres n'aient oublié, en le consacrant, quelque formalité indispensable. Mais Osiris le rassure, l'exhorte à ne rien négliger pour son salut et à subir une troisième initiation, qui doit être la dernière. Il obéit, et désormais il est en mesure de prendre place dans l'assemblée des fidèles, où il ne tarde pas à être porté aux plus grands honneurs.

Ce récit, outre qu'il est d'une rare précision dans le détail, a de plus l'avantage d'avoir été écrit par un homme plein de respect pour son sujet, de telle sorte qu'il nous permet de juger, non seulement de toutes les péripéties d'une initiation, mais encore des sentiments qu'elle éveillait dans l'âme du néophyte. On est bien un peu tenté de sourire des appels fréquents que les prêtres adressent à la bourse de Lucius, et des hésitations qu'il éprouve chaque fois qu'il lui faut en délier les cordons; mais le ton de l'écrivain est si grave, si convaincu, que l'on ferme volontiers les yeux sur la crédulité de son héros et sur la cupidité de ceux qui l'exploitent. Il y a même quelque chose de touchant dans la manière dont Lucius entend ses devoirs envers la déesse qui l'a sauvé et envers les prêtres qui assurent son bonheur éternel. Isis a pour les malheureux l'affection d'une mère; elle ne cesse pas un instant de leur tendre une main secourable. Se faire initier à ses mystères, c'est donc se placer à tout jamais sous sa protection; c'est se vouer tout entier à son service. Ce que Lucius ressent pour sa bienfaitrice, ce n'est pas seulement de la reconnaissance; il y a dans son âme un sentiment beaucoup plus complexe, plus artificiel, si l'on peut ainsi parler, et qu'Apulée peint à merveille. Ces abstinences, jointes à l'état de contemplation dans lequel le néophyte a vécu au fond du temple, privé du commerce des hommes et confiné en quelque sorte dans le domaine des choses saintes, l'ont amené à une certaine exaltation douce, qui change en amour le respect que lui inspirait la divinité; Isis est pour lui une compagne dont la vue suffit pour le ravir en extase. Même après avoir subi l'initiation, il reste plusieurs jours dans le temple, « tout entier au plaisir ineffable de contempler son image. » Quand il la quitte, c'est avec un déchirement de cœur (1). Ses larmes coulent en abondance, et la dernière prière qu'il lui adresse est entrecoupée par les sanglots.

L'initiation établit aussi un lien étroit entre le néophyte et le

_____

(1) P. 806, « *Abruptis ardentissimi desiderii retinaculis.* »

prêtre qui l'a consacré, entre le myste et le mystagogue (1). C'est Isis qui les rapproche; elle avertit chacun d'eux qu'il doit rechercher l'autre. Une fois les épreuves terminées, ils sont unis par une sorte de parenté spirituelle qui doit durer autant que leur caractère sacré d'isiaques, c'est-à-dire jusqu'à la mort. En prenant congé du grand prêtre de Kenchrées, « qui est désormais son père (2), » Lucius se suspend à son cou, il le couvre de baisers et lui demande pardon de ne pouvoir le récompenser dignement de ses immenses bienfaits.

L'initiation a donc pour résultat d'enlever l'homme à la société, de le faire entrer en communion directe avec le dieu qu'il adore et de lui créer une seconde famille. C'est bien pour lui, comme le dit souvent Apulée, le commencement d'une autre vie.

§ 2.

En même temps que l'initié ouvre son âme à des sentiments nouveaux, il prend l'engagement de les entretenir en lui par la fréquentation assidue des mystères. Dans les temples alexandrins, le service des prêtres auprès de la divinité ne souffre jamais d'interruption; il est de leur devoir de célébrer chaque jour les cérémonies sacrées, comme il est du devoir des fidèles d'y assister (3).

Ceux qui fondèrent le culte isiaque établirent que la journée religieuse serait divisée en deux parties, ou, pour employer le vrai mot, qu'elle comprendrait deux offices (4). Le premier avait lieu de grand matin, avant le lever du soleil; il commençait par l'*Ouverture des portes*, cérémonie qui s'accomplissait avec pompe et suivant un rite déterminé (5). On peut à merveille se figurer comment les choses se passaient, si l'on jette les yeux sur un plan de l'Isium de Pompéi (6). On se représente aisément les prêtres debout sur le seuil du temple, introduisant les fidèles qui se

(1) Maury, *l. c.*, p. 351.

(2) « *Meum jam parentem,* » p. 808.

(3) « *Sedulum quot dies obibam culturæ sacrorum ministerium.* » Apul., p. 800.

(4) M. Bétolaud ne craint pas d'employer ce mot dans sa traduction (Apul., p. 797), et, en effet, il s'impose. Georgii (dans Pauly, *Isis,* p. 294) appelle ces deux offices *zwei Messen.* V. Tibulle, I, III, 31, 32. « *Bisque die...,* » etc.

(5) *Apertio templi,* Apulée, p. 795 et 801. Josèphe, *Ant. jud.,* XVIII, III; 5.

(6) V. tous les ouvrages à planches où sont décrits les monuments de Pompéi, Roux, Breton, Nissen, etc., et, de préférence, Nicolini, *Le case ed i monumenti di Pompei.*

8.

pressaient devant la lourde porte du péribole. Puis tous se rangeaient devant la *cella*, tandis qu'un prêtre y entrait par un petit escalier ménagé sur le côté ; il tirait à droite et à gauche les rideaux blancs qui pendaient devant le sanctuaire (1), et la statue de la déesse apparaissait tout à coup aux yeux des assistants : c'était le moment fixé pour l'adoration (2). Le sacrifice qui venait ensuite était la partie importante de la cérémonie ; il avait ceci de particulier qu'il ne se célébrait pas devant la *cella* ; il y avait dans la cour du temple plusieurs autels, comme on le voit encore à Pompéi ; le prêtre en faisait le tour en récitant les prières d'usage (3) ; il répandait une libation avec une eau « prise à une fontaine secrète (4), » c'est-à-dire sans doute apportée du Nil (5). Enfin on annonçait la première heure du jour par des cris et par des chants qui devaient ressembler beaucoup à ceux que les muezzins arabes font entendre du haut de leurs minarets (6). Là se terminait l'office du matin (7).

A la huitième heure (deux heures après midi) les oisifs de Rome qui passaient près du temple d'Isis et de Sérapis, au Champ de Mars, entendaient éclater au-dedans de l'enceinte les chants des prêtres (8) qui annonçaient le commencement de l'office du soir (9). On ne saurait dire exactement par quelles cérémonies il était rempli. Cependant il est possible qu'on le consacrât à la contemplation des objets sacrés et à ces représentations dramatiques qui, dans tous les cultes mystérieux, avaient une si grande importance (10). Deux fresques d'Herculanum (11) nous montrent, en effet, que ces parties essentielles de l'initiation se célébraient aussi en présence de tous les fidèles assemblés, pour

---

(1) « *Velis candentibus reductis in diversum.* » Apul., p. 795.

(2) « *Deæ venerabilem conspectum apprecamur.* » Apul., *ibid.* C'est ce qu'il appelle ailleurs (p. 811) : « *deæ matutinæ salutationes.* »

(3) *Id., ibid* : « *Per dispositas aras circumiens sacerdos rem divinam procura supplicamentis solemnibus.* » Ailleurs (p. 801) : « *matutinum sacrificium.* »

(4) « *E penetrali fontem petitum libat.* » (Le texte est corrompu.)

(5) Comme l'explique Böttiger, *Sabina*, I, p. 245, note 19, en rapprochant ce passage de Juvén., VI, 527, et Aristid., t. II, p. 362. L'eau du Nil s'exportait et se conservait comme une liqueur précieuse. Il pouvait y en avoir un réservoir dans les temples alexandrins.

(6) Apul., p. 795.

(7) C'est ce que Böttiger compare à matines.

(8) Martial, X, XLVIII, 1.

(9) C'est ce que Böttiger appelle les *Vêpres d'Isis*.

(10) Maury, t. II, p. 341.

(11) V. notre *Catalogue*, n°ˢ 222, 223.

tenir sans cesse leur piété en éveil, et non pas seulement dans un cas spécial, pour conférer à un néophyte le caractère dont il demandait à être marqué. L'une de ces fresques représente l'*Adoration de l'eau sacrée*. Le personnage principal de cette scène, celui qui attire tous les regards, c'est un prêtre qui se tient debout devant la *cella* d'un temple, portant dans ses deux mains, élevées à la hauteur de sa poitrine et enveloppées dans les plis de son vêtement, un vase qu'il semble offrir à la vénération des assistants (1). Apulée a pris soin de nous expliquer que cet objet n'était autre que l'image même de la divinité (2) : il renfermait l'eau que les Égyptiens, suivant Plutarque, considéraient comme un écoulement d'Osiris, comme le principe fécondant de la nature (3). L'artiste a choisi le moment le plus important de la cérémonie, celui où la divinité se manifeste aux yeux de ses adorateurs (4). En même temps le sacrifice fume sur l'autel; les initiés, partagés en deux troupes que dirigent les ministres subalternes du temple, semblent chanter les louanges des dieux; quelques-uns agitent le sistre, tandis qu'un joueur de flûte, assis dans un coin, les accompagne en soufflant dans son instrument.

La seconde fresque (5) reproduit une scène des représentations sacrées. Au fond d'une enceinte qu'entourent de verts bosquets s'élève un théâtre, auquel cinq marches donnent accès; là on voit un personnage barbu, complètement noir, dont la chevelure est ceinte de feuillage et surmontée d'une fleur de lotus. Une main sur la hanche, l'autre élevée en l'air, il exécute un pas de danse. C'est sans doute un de ces Alexandrins basanés que l'on recherchait en Italie comme danseurs, à cause de la grâce et de la légéreté de leurs mouvements; à moins qu'on n'ait donné à sa peau cette couleur sombre afin de rappeler l'Osiris noir, le dieu infernal de l'Égypte. Ce qui paraît certain, c'est qu'il joue là une de ces pantomimes que l'on offrait en spectacle aux initiés et qui, en général, représentaient les péripéties de la Passion de la divinité principale (6). A en juger par le maintien des spectateurs,

---

(1) « Προφανὲς τὸ ὑδρεῖον ἐγκεκολπισμένος. » Clém. Alexandr., *Strom.*, VI, 634.

(2) Apul., p. 177. Sainte-Croix a tort de croire qu'il s'agit du phallus dans ce passage. Le texte d'Apulée est très concluant, surtout si on en rapproche ceux de Plutarque et de Vitruve que cite Hildebrand *ad h. l.* D'ailleurs, v. notre *Catalogue*, n° 118.

(3) *De Is. et Os.*, ch. XXXVI.

(4) C'est ce que Böttiger et Georgii appellent l'*élévation* de l'hydria.

(5) V. notre *Catalogue*, n° 222.

(6) Sainte-Croix, t. I, p. 322, et p. 384-385 note de Sylvestre de Sacy. Maury, t. II, p. 333.

cette danse exprime des sentiments gais. Elle est accompagnée et réglée par les sons du tympanon, de la flûte et des sistres, que tiennent plusieurs des fidèles et des prêtres épars autour de l'acteur. Devant la scène, la flamme brille sur l'autel du sacrifice. Il est évident, en outre, que l'artiste a voulu, comme pour l'autre fresque, reproduire une des scènes caractéristiques du culte, une de celles qui revenaient le plus souvent sous les yeux des adorateurs d'Isis. En effet, cette même figure de l'acteur sacré se retrouve, devant deux joueurs de flûte, sur un bas-relief qui a été mal expliqué jusqu'ici (1). Il est assez probable que le mystère que célèbrent les personnages de ce curieux tableau n'est autre que la Passion d'Osiris, et que le moment choisi par l'artiste est celui où le dieu vient d'être enfin retrouvé et où on accueille sa résurrection par des chants d'allégresse.

Ainsi la première fresque nous montrerait Osiris se manifestant en substance ; la seconde, Osiris représenté par une image sensible et sous une forme humaine. Toutes deux nous feraient assister à l'acte solennel qui terminait et couronnait l'office.

On ne peut étudier les mystères grecs sans se demander s'ils comportaient un enseignement (2). La même question se présente ici. Sans parler des leçons que les initiés pouvaient tirer des spectacles auxquels ils assistaient dans les temples d'Isis, recevaient-ils de la bouche d'un prêtre des instructions sur des sujets de morale et de philosophie religieuse? On a trouvé dans l'Isium de Pompéi, appliquée contre un pilier qui se dresse auprès du sanctuaire, une petite stèle sur laquelle sont gravés des hiéroglyphes (3). Il est naturel de penser que cette inscription, placée ainsi en évidence, était lue et commentée devant l'assemblée, et par conséquent qu'elle contient le résumé de la doctrine qui s'enseignait dans le temple ; on songe aussitôt à en rapprocher les tables dites de Pignori et de Ficoroni (4), qui pendant si longtemps, jusqu'aux découvertes de Champollion, ont exercé la sagacité des égyptologues. Il semble bien que ces monuments, découverts en Italie, proviennent tous trois de temples alexandrins, et qu'ils offraient aux yeux des fidèles le texte inaltérable de la loi sur laquelle reposaient leurs croyances. Mais les égyptologues modernes nous arrêtent ; ils nous traduisent ces docu-

_____

(1) V. notre *Catalogue*, n° 108.
(2) Maury, t. II, p. 339 et suiv.
(3) V. ici chapitre VIII.
(4) V. notre *Catalogue*, nᵒˢ 230, 231.

ments, sur lesquels les savants ont entassé des dissertations nécessairement erronées. Les hiéroglyphes de la table de Pignori
sont d'invention romaine et n'ont aucun sens; la table de Ficoroni
n'est qu'un fragment détaché de quelque sarcophage; M. Maspéro (1) estime qu'il y avait à Rome des marchands d'antiquités
égyptiennes, qui débitaient et vendaient au détail des inscriptions et des bas-reliefs dont on se servait comme d'amulettes, et
telle aurait été la destinée de nos fameuses tables, qui ont coûté
tant de veilles à des savants estimables. La stèle de Pompéi elle-
même est une inscription funéraire sous forme de proscynème à
Osiris; elle ne se distingue en rien des monuments du même
genre qui abondent en Egypte, et, suivant M. Révillout, elle ne
présente d'intérêt qu'à cause du lieu où elle a été trouvée. Que
conclure de là? Faut-il admettre que cette inscription banale
n'était déchiffrable pour personne, pas même pour les prêtres qui
l'avaient exposée en public, et qu'on la vénérait d'autant plus
qu'on la comprenait moins? Ce serait peut-être trancher trop vite
la question. Pour ce qui est des tables de Pignori et de Ficoroni,
on en ignore la provenance exacte; il n'est pas certain que la
première, dépourvue de sens, mais d'un travail artistique très
soigné, ne fût pas tout simplement une pièce décorative, et que
la seconde n'ait pas servi d'amulette, comme le veut M. Maspéro.
Mais la stèle de Pompéi a été trouvée dans un temple, où elle occupait une place d'honneur; il est peu probable qu'elle eût été
choisie au hasard par des imposteurs incapables de déchiffrer
l'inscription et de l'expliquer aux autres. Parmi les prêtres alexandrins, il y en avait qui savaient lire les hiéroglyphes. Le jour où
il fut décidé que Lucius serait initié, le grand prêtre « tira du

---

(1) V., dans notre *Catalogue*, n° 231, la description qu'il a bien voulu nous
donner. Il ajoutait dans la même lettre : « La présence de ce monument à
Rome n'a rien qui m'étonne. Il devait s'y trouver comme talisman. Les Romains et les Grecs avaient confiance aux magiciens de l'Egypte, et Nectanèbe
était aussi célèbre comme nécromant que Néchepso ou Pétosiris : le curieux
récit du faux Callisthènes, au début du roman d'Alexandre, en est la meilleure
preuve. Un morceau de pierre portant son nom, couvert de figures bizarres et
de formules, devait faire un excellent talisman. Je crois, quant à moi, — et c'est
une opinion que personne encore n'a défendue, à ma connaissance, — que toutes
les tables, Table isiaque, Table de Ficoroni, et tous les objets égyptiens plus ou
moins complets qu'on trouve en Italie, sont de vraies amulettes, comme aujourd'hui encore pour certaines gens les pierres et les plaques gnostiques, et
que plus d'un sorcier égyptien a dû se faire une clientèle à Rome en débitant
au détail des sarcophages d'époque saïte, chargés de figures et d'hiéroglyphes. »
V. encore notre étude sur *Les monuments*, § 2.

fond du sanctuaire certains livres écrits en caractères inconnus;
ici c'étaient des figures d'animaux de toutes sortes, qui renfermaient dans un petit nombre de signes l'expression de la pensée;
là des dessins enchevêtrés en forme de nœuds, arrondis comme
des roues, contournés comme les vrilles de la vigne, écriture
étrange qui a pour but de dérober à la curiosité des profanes les
secrets de la religion. Le grand prêtre lut à Lucius dans ces livres quels étaient les objets qu'il devait se procurer pour sa consécration. » Il est donc possible que la stèle de Pompéi, qui,
comme tous les monuments funéraires des Egyptiens, résumait
leurs idées sur la vie d'outre-tombe, ait servi de texte aux commentaires des prêtres, dont un au moins, celui qu'on appelait le
scribe, était en état de lire et d'interpréter l'inscription (1).

Malgré l'abondance et la précision des renseignements que
nous donnent les auteurs, malgré la fidélité avec laquelle les monuments reproduisent les scènes du culte, il s'en faut que nous
connaissions exactement tout ce qui se passait chaque jour dans
les temples alexandrins. Les égyptologues nous l'apprendraient
sans doute, si nous n'étions décidé à nous en tenir aux documents de l'antiquité classique. Il y a un mot qui revient souvent
chez les Latins lorsqu'ils parlent des mystères d'Isis, et qui peint
bien leur sentiment : c'est qu'on y est *assis* (2). Tous les personnages représentés sur les fresques d'Herculanum sont debout;
mais les textes sont si formels qu'on ne peut douter de la vérité
du fait dont ils témoignent. Les poètes rapportent qu'il y avait
des sièges (3) disposés au devant de l'autel (4), au pied du sanctuaire (5). Les fidèles, après avoir pénétré dans l'intérieur du
péribole, pouvaient s'asseoir en face de l'image sacrée et passer
commodément plusieurs de ces heures d'extase qui semblaient si
douces au cœur de Lucius. On a retrouvé dans l'Isium de Pompéi, à la place même qu'indiquaient les textes, un banc qui a dû

---

(1) Assurément, il n'était pas plus extraordinaire de trouver à Pompéi des
prêtres alexandrins capables de déchiffrer des hiéroglyphes que des soldats arabes capables de graver leurs noms avec les caractères propres à l'écriture de
leur pays. V. *Journal des Savants*, juin 1881, pag. 337-338.

(2) Tibulle, I, III, 30. Ovide, *Amours*, II, XIII, 17; *Art. d'Aim.*, III, 635;
Trist., II, 297; *Pont.*, I, I, 52. Martial, II, XIV.

(3) « *Cathedræ.* » Martial, *l. c.*

(4) « *Ante focos.* » Ovide, *Pont., l. c.*

(5) C'est ainsi sans doute qu'il faut entendre *ante fores* (Tibulle, *l. c.*) pour
concilier ce témoignage avec celui d'Ovide, *Pont., l. c.*

servir à cet usage (1). Un rhéteur latin, qui a vécu à l'époque de Trajan et d'Hadrien, P. Annius Florus, caractérise d'un seul trait ces habitudes contemplatives qui étaient propres aux Egyptiens et que plus d'un étranger, comme lui, constataient avec surprise. Il raconte que, dans sa jeunesse, il fit un voyage en Egypte : « Je voulais voir, dit-il, les bouches du Nil et ce peuple *toujours oisif dans les temples*, qui passe son temps à agiter les sistres consacrés à sa Déesse (2). » Ne cherchons donc pas plus longtemps comment les prêtres pouvaient occuper les âmes pieuses qui venaient leur demander les émotions que le culte romain était désormais impuissant à éveiller. Quand les cérémonies de l'office quotidien, quand l'adoration des objets sacrés, quand la représentation des mystères ne suffisaient plus, le dévot pouvait encore rester là, muet et impassible, les yeux errant dans le vide, l'esprit abîmé dans de calmes et graves rêveries Pour lui faire perdre le sentiment de la réalité extérieure, pour l'arracher à la vie du monde, on avait trouvé un moyen sûr : l'inviter à s'asseoir devant l'idole.

§ 3.

Les grandes fêtes qui rappelaient les principales péripéties du drame osirien et qui se célébraient annuellement, à date fixe, dans les temples de l'Egypte, furent adoptées par les Grecs d'Alexandrie et passèrent avec eux en Italie (3). Nul doute que les anniversaires de la Naissance, de la Passion et de la Résurrection du dieu ne fussent à Rome et dans tout l'Empire l'occasion d'un mouvement insolite parmi ses adorateurs. Ces jours marqués par la religion pour être consacrés aux manifestations de la douleur ou de la joie publique sont appelés par Juvénal *sacri observandique dies* (4). On s'y préparait par un certain nombre de pratiques dont les règles étaient contenues dans les livres saints. En général les fidèles devaient se soumettre, pendant dix jours avant la solennité, à des abstinences de tout genre, parmi les-

---

(1) V. le plan de Nicolini et notre chapitre VIII.

(2) Juli Flori *Epitomæ*. Recensuit Otto Jahn, 8°. *Lipsiæ*, Weidmann, 1852, p. XLII, l. 17 : « *Ut ora Nili viderem et populum semper in templis otiosum peregrinæ deæ sistra pulsantem.* »

(3) V. les textes latins réunis dans Georgii, p. 293, surtout Minut. Félix, *Octavius*, c. 21.

(4) VI, 536.

quelles le jeûne ne paraissait pas la plus dure à des hommes de
plaisir comme Ovide, Properce et Tibulle (1). Il y avait de dévotes
personnes qui, pour être plus sûres de ne pas rompre la suite des
austérités qu'elles s'imposaient, allaient s'enfermer dans le temple et y restaient même la nuit (2). Properce ne cache pas l'hu-
meur que lui causent ces exagérations; il commence une de ses
élégies par cette exclamation : « Voici encore que reviennent les
tristes solennités d'Isis, et Cynthie a déjà passé dix nuits près de
l'autel! » Tibulle, gémissant sur la maladie qui le consume, n'est
pas fâché de faire sentir à Délie qu'il n'a rien gagné à la ferveur
avec laquelle son amie a toujours rempli ses devoirs d'isiaque.
Soyons certains que Délie lui ferma la bouche et retourna au
temple.

Les différents calendriers romains qui sont parvenus jusqu'à
nous mentionnent d'une façon très exacte les fêtes du culte d'Isis.
Il y en a une à laquelle les populations des bords de la Méditerranée semblent avoir donné, à l'époque impériale, une grande
importance : c'est celle que l'on célébrait au printemps, afin de
placer sous les auspices de la déesse la saison qui allait s'ouvrir
pour les navigateurs. Elle s'appelait la fête du *Vaisseau d'Isis* (3)
et avait lieu le 5 mars (4). Dans toutes les villes habitées par des
marins, c'était une date attendue avec impatience; car elle marquait le moment où l'on pouvait se remettre en mer sans crainte
des tempêtes. Apulée nous a laissé une description minutieuse du
cérémonial que l'on observait dans cette circonstance à Kenchrées.
Ce qui faisait l'intérêt principal de la journée, c'est que l'on consacrait à Isis un vaisseau neuf, que l'on abandonnait ensuite à
la mer (5). La fête commençait avec le lever du soleil; il va sans
dire que le temps devait toujours être beau et que la nature ne
pouvait manquer de favoriser l'allégresse générale (6). A la première heure, une procession partait du temple d'Isis et de Sérapis

---

(1) Pour le jeûne, v. Apul., XI, *passim.* Ce sont les *puri Isidis dies*, v. Ovid.,
Amours, I, VIII, 74; III, IX, 33. Properce, II, XXXIII, 1, 2 ; IV, V, 34. Tibulle, I,
III, 26. Juvén., *l. c.*

(2) Properce, II, XXXIII, 2

(3) « Isidis Navigium. » *Menologium rusticum Colotianum, C. I. L.*, I. p. 358.
pisces, ligne 15; *Menolog. rust. Vallense, ibid.*, lignes 17, 18; *Fasti Philocali,
C. I. L.*, I, p. 338; *mensis Martius*, ligne 5. V. le commentaire de Mommsen,
ibid., p. 387, col. 2. — En grec Πλοιαφέσια. Lygd., *De Mensibus*, IV, 32. V.
Mommsen, *l. c.*

(4) 9 de Phamenoth de l'année alexandrine.

(5) Apul., XI, p. 764; « *Diem, qui dies...*, » etc.

(6) V. la charmante description d'Apulée, p. 767-768.

et se dirigeait vers le rivage. Mais laissons parler Apulée. Il vaut mieux ne rien retrancher du tableau si vivant que sa main a tracé (1). Nous nous bornerons à indiquer en note les commentaires que nous suggère l'étude des inscriptions et des monuments figurés.

« Peu à peu la tête de cette longue procession se mit en marche. On vit tout d'abord une troupe de personnes qui s'étaient travesties par suite de vœux (2), et dont les costumes variés, choisis par chacun suivant son goût, offraient le plus agréable coup d'œil (3). L'un, ceint d'un baudrier, représentait un soldat; l'autre, avec sa chlamyde retroussée, son coutelas et ses épieux, figurait un chasseur. Celui-ci avait des brodequins dorés, une robe de soie et des atours précieux; à ses cheveux attachés sur le haut de sa tête, à sa démarche traînante, on aurait dit une femme. Celui-là, chaussé de bottines, armé d'un bouclier, d'un casque et d'une épée, semblait sortir d'une école de gladiateurs. Un autre, précédé de faisceaux et vêtu de pourpre, jouait le magistrat. Un autre avait le manteau, le bâton, les sandales et la barbe de bouc d'un philosophe. Ici c'était un oiseleur avec ses gluaux; là un pêcheur avec sa ligne et ses hameçons. Je vis aussi une ourse apprivoisée qu'on portait dans une chaise, en costume de matrone; un singe, coiffé d'un bonnet d'étoffe, couvert d'une robe phrygienne couleur de safran et tenant une coupe d'or, représentait le berger Ganymède. Enfin venait un âne, sur le dos duquel on avait collé des plumes et qu'accompagnait un vieillard tout cassé : c'étaient Pégase et Bellérophon que parodiait ce couple risible.

» Au milieu de ces mascarades qui couraient de côté et d'autre pour le plus grand amusement du peuple, s'avançait, dans un ordre solennel, la procession proprement dite de la déesse protectrice. Des femmes vêtues de blanc, le front ceint de couronnes printanières, et portant d'un air joyeux divers attributs, prenaient des fleurs dans un pan de leur robe et en jonchaient le chemin par où devait passer le cortège sacré. D'autres portaient sur leur

---

(1) Nous avons tâché, dans cette traduction, de combiner celles de Bétolaud et de la collection Nisard, en les contrôlant l'une et l'autre à l'aide de l'édition d'Hildebrand.

(2) P. 769. Bétolaud et Hildebrand entendent *votivis* dans le sens de *charmants*.

(3) Cf. la fête des Innocents et celle de l'Ane au moyen âge. Ces sortes de réjouissances ont encore lieu en Amérique. V. Maury, *Relig. de la Grèce*, t. III, p. 158.

dos des miroirs retournés, afin que la déesse pût y voir l'empressement de la multitude qui suivait. D'autres, tenant des peignes d'ivoire, feignaient, par les mouvements de leurs bras et par les inflexions de leurs doigts, de peigner et d'orner les cheveux d'Isis leur reine. D'autres enfin répandaient goutte à goutte un baume précieux et divers parfums, et en arrosaient les places. On voyait en outre une foule de personnes des deux sexes, munies de lanternes, de torches, de bougies et autres luminaires [qui devaient attirer sur elles les bénédictions de la Mère des astres] (1). Puis venaient de délicieuses symphonies, des chalumeaux et des flûtes qui remplissaient l'air de leurs doux accords; et derrière, un chœur charmant, formé de jeunes gens d'élite, tous vêtus d'une robe blanche complètement fermée (2); ils chantaient, en strophes alternées, un bel hymne qu'un poète habile inspiré par les Muses avait composé; [il était entrecoupé de temps en temps par d'autres chants, prélude de vœux plus solennels] (3). A la suite marchaient des musiciens consacrés au grand Sérapis, qui, sur leur flûte traversière tournée vers l'oreille droite, jouaient les airs propres au culte de ce dieu; ils étaient accompagnés d'une troupe d'officiers chargés d'ouvrir la voie au cortège sacré. Alors arrivait à flots pressés la foule des initiés aux divins mystères, des hommes et des femmes de tout rang et de tout âge, vêtus d'une robe de lin d'une éclatante blancheur; les femmes portaient sur leurs cheveux parfumés un voile transparent; les hommes avaient la tête complètement rasée et montraient à nu leur crâne luisant : c'étaient les astres terrestres de la grande religion; de leurs sistres d'airain, d'argent ou même d'or ils tiraient un tintement aigu.

» Ensuite paraissaient les ministres du culte. Ces grands personnages, couverts d'une longue robe blanche qui leur serrait la poitrine et leur tombait jusqu'aux pieds en moulant exactement le corps (4), portaient les attributs augustes des dieux tout-puissants. Dans les mains du premier on voyait une lampe qui répandait la clarté la plus vive; mais elle ne ressemblait en rien à celles qui éclairent nos repas du soir; c'était une nacelle en or

---

(1) C'est le sens le plus raisonnable que l'on peut tirer de ce passage, qui est corrompu. V. Hildebrand, *ad. h. l.*

(2) *Cataclista.* On n'est pas d'accord sur le sens de ce mot.

(3) Le texte est corrompu.

(4) V., par exemple, notre *Catalogue*, n° 117.

jetant de sa partie la plus large une grande flamme (1). Le second portait dans ses mains deux autels que l'on appelait des *secours*, en raison de la providence secourable de la puissante déesse (2). Le troisième s'avançait, élevant une palme en or d'un travail délicat et le caducée de Mercure (3). Le quatrième montrait à tous les yeux le symbole de la justice; c'était une main gauche ouverte; la gauche, en effet, étant naturellement lente à agir, peu souple et peu adroite, on avait trouvé qu'elle était mieux faite que l'autre pour représenter la justice (4). Le même personnage avait aussi un petit vase d'or arrondi en forme de mamelle, avec lequel il faisait des libations de lait. Le cinquième portait un van d'or chargé de petits rameaux de la même matière (5); et un dernier, une amphore (6).

» Immédiatement après s'avançaient les dieux, daignant se laisser porter par des hommes. D'abord venait le messager monstrueux du ciel et de l'enfer, à la face tantôt sombre et tantôt brillante; il élevait au milieu de la foule sa tête de chien et tenait dans la gauche un caducée, tandis que de la droite il agitait une palme verdoyante (7). Il était suivi par une génisse dressée sur ses pieds de derrière, symbole de fécondité représentant la déesse mère de toutes choses; elle était portée sur les épaules d'un des membres du bienheureux collège, qui marchait d'un pas majestueux. Un autre tenait la ciste, contenant les objets mystérieux, qui cachait à tous les regards les secrets de la sublime religion (8). Un autre serrait sur son sein fortuné l'image vénérable de la toute-puissante déesse; elle ne ressemblait ni à un animal domestique, ni à un oiseau, ni à une bête sauvage, ni même à un homme; mais on avait su la rendre vénérable par l'étrangeté même de la forme qu'on lui avait donnée; et ce symbole ineffable représentait bien cette profonde religion dont les mystères doivent être enveloppés du secret le plus absolu; c'était une petite urne d'un or éclatant et d'un travail exquis, dont le fond était parfaitement

---

(1) V. notre *Catalogue*, n° 132.

(2) On a trouvé un autel de ce genre à Modène. V. *Bullettino dell' Instituto di Corrispondenza archeologica di Roma*, 1846, p. 28.

(3) Ce sont les attributs d'Anubis. V. notre *Catalogue*, Anubis, *passim*.

(4) C'est l'attribut d'Isis-Justice : Ἴσις Δικαιοσύνη. Plut., *De Is. et Os.*, ch. III, *C. I. G.*, 2295, 3544.

(5) Λικνόφορος. V., plus bas, p. 142, n. 10.

(6) Λουτρόφορος. *Id.*, n. 11.

(7) V. notre *Catalogue*, Anubis, *passim*.

(8) Κιστόφορος. V. plus bas, p. 142.

arrondi et dont la panse était ornée extérieurement de figures égyptiennes (1). L'orifice, peu élevé, s'allongeait d'un côté de manière à former un long bec ou une sorte de rigole ; sur l'autre bord, qui s'élargissait sensiblement en arrière, venait se rattacher une anse que surmontait un aspic aux replis tortueux, levant sa tête pleine d'écailles et gonflant son cou traversé de mille raies (2). »

L'ordre que suit Apulée dans cette description n'est pas indifférent. Il est évident que ce qui attire surtout le regard, dans ce long défilé, que l'objet principal auprès duquel tout le reste n'est qu'un cortège, c'est cette urne qui contient l'eau sacrée, émanation d'Osiris. Ces musiciens, ces initiés, ces prêtres, rangés suivant leur importance et leur degré de sainteté, ne font que précéder et annoncer le vase où est enfermée la substance divine ; c'est là ce que l'on montre à la fin de la procession comme à la fin de l'office, c'est l'objet du grand mystère sur lequel est fondé le culte tout entier. Le miracle qu'Isis accomplit sur la personne de Lucius n'a lieu que lorsque l'urne sainte est passée devant lui, comme si le moment où il s'en approche était celui que les destins ont marqué pour sa délivrance. Sa métamorphose et la leçon édifiante qu'en tire le grand prêtre arrivent fort à propos pour compléter l'effet produit par le spectacle précédent. La multitude a sous les yeux une preuve palpable de la puissance de ces dieux dont elle vient de contempler les images. Une fête qui s'annonce par un miracle et par une conversion doit laisser dans les âmes une impression profonde.

« Cependant la procession s'avançait peu à peu au milieu d'un concert de prières et d'acclamations joyeuses et déjà elle approchait du rivage de la mer... Arrivés là, on plaça les images comme le voulait le rituel, et le grand prêtre se dirigea vers un navire artistement construit, dont les flancs étaient tout bariolés de merveilleuses peintures égyptiennes ; il le purifia dans toutes les règles avec une torche allumée, avec un œuf et du soufre, tandis que sa bouche sainte récitait des prières solennelles. Il le dédia à Isis dont il lui donna le nom (3). La blanche voile de cet heureux navire portait une inscription (4), qui signifiait que c'était un

(1) V. notre *Catalogue*, nᵒˢ 81, 89, 118, 223.
(2) V. notre *Catalogue*, nᵒˢ 3, 228.
(3) En général, on n'a pas bien traduit *deæ nuncupavit*. V. *I. R. N.*, 2807, 2810, un vaisseau de la flotte de Misène qui porte le nom d'*Isis*. De même un bateau marchand du port d'Osties, *Annali dell' Inst. di Corr. arch. di R.*, 1865, p. 323 ; un autre en Crète, *C. I. L.*, III, 3.
(4) Ici quelques mots tout à fait corrompus.

vœu pour la prospérité du commerce auquel la mer s'ouvrait de nouveau. Alors on dressa le mât ; c'était un pin élevé, aux contours luisants, et dont la hune surtout attirait tous les yeux ; la poupe [au col recourbé, était revêtue de lames dorées] (1) et la coque entière était en bois de citronnier, dont la surface polie flattait les regards. Bientôt, tous les assistants, initiés et profanes, apportèrent à l'envi des vans chargés d'aromates et d'offrandes diverses ; en outre, ils firent des libations dans les flots avec une sorte de soupe au lait ; jusqu'à ce que le navire rempli de riches présents et de pieux objets de dévotion eût été dégagé des câbles qui le retenaient à l'ancre et que, poussé par un vent doux qu'envoyait la déesse (2), il eût été abandonné à la mer. Quand il fut assez éloigné de la côte pour qu'on pût à peine le distinguer, les porteurs des objets sacrés, ayant repris leurs fardeaux qu'ils avaient déposés, s'en retournèrent vers le temple [dans l'ordre où ils étaient venus] (3).

» Dès qu'on y fut arrivé, le grand prêtre, ceux qui portaient les saintes images et ceux qui avaient été initiés depuis longtemps aux mystères vénérables entrèrent dans le sanctuaire de la déesse et y déposèrent suivant les rites ces statues que l'on aurait dites vivantes. Alors l'un d'eux, que tous appelaient le Scribe, se tenant sur le seuil de la porte, convoqua comme pour une assemblée la troupe des pastophores (c'est le nom que l'on donne à ce collège sacré), puis il monta sur une estrade (4) élevée et récita, en lisant dans un livre, des prières pour le grand empereur, pour le Sénat, pour les chevaliers et pour le peuple romain tout entier, pour les matelots, pour la marine, pour tout ce qui compose notre empire. Et il termina par cette formule grecque : « Les vaisseaux peuvent prendre la mer (5). » Cette parole signifiait que la déesse était favorable au vœu général, comme le témoigna l'acclamation qui suivit. La population, transportée de joie, apporta des rameaux verts, des branches de verveine, des guirlandes ; et s'approchant

---

(1) Passage sur lequel on n'est pas d'accord. V. Hildebrand, ad. h. l.

(2) C'est ainsi que nous expliquons *peculiaris* d'après Hildebrand.

(3) Texte corrompu.

(4) *Suggestus*, et non une *chaire*. V. plus bas, Seconde partie, chapitre Iᵉʳ.

(5) « Πλοιαφέσια. » C'est ainsi que Mommsen (C. I. L., I, l. c.), corrige la formule « Λαοῖς ἄφεσις » que donnent la plupart des éditions , que les commentateurs ne manquent pas de comparer à l'*Ite, missa est* de l'office chrétien, et qui pourrait rappeler aussi le Κόγξ ὄμπαξ des mystères (Maury, t. II, p. 336, note 3). Cette correction est d'autant plus juste, qu'il ne s'agit pas ici d'un office ; Böttiger et les autres ont eu tort de le croire.

d'une statue en argent de la déesse, placée dans un sanctuaire auquel conduisaient des gradins, elle lui baisa les pieds, après quoi chacun regagna ses pénates (1). »

Il est singulier que cette fête, dont l'importance était considérable pour toutes les populations des bords de la Méditerranée (2), ne soit pas décrite par Plutarque. Peut-être l'usage de la célébrer ne devint-il général qu'à partir du second siècle. Mais on ne peut douter qu'elle fût d'institution alexandrine et qu'elle correspondît à une des péripéties du mythe osirien ; on peut même admettre que c'est celle que Plutarque appelle « l'Entrée d'Osiris dans la lune, » c'est-à-dire celle qui rappelait l'union du dieu avec Isis (3).

Les calendriers romains mentionnent dans le courant d'avril une fête d'Isis Pharia (4) et pour le 25 du même mois (30 Pharmuthi de l'année alexandrine) une fête de Sérapis (5). On ne sait quel est l'événement mythologique dont elles perpétuaient le souvenir (6). Peut-être étaient-ce les Couches d'Isis ; on en célébrait l'anniversaire, nous dit Plutarque, après l'équinoxe du printemps (7).

Mais la plus grande fête du culte isiaque dans le monde romain était assurément celle qui avait lieu dans le courant de novembre, à l'occasion de la Mort et de la Résurrection d'Osiris. Le 12 de ce mois (17 d'Athyr) commençaient les cérémonies lugubres qui représentaient par des pantomimes accompagnées de chants la Passion du dieu (8). Elles n'avaient pas seulement un caractère

---

(1) Tout ceci s'anime d'une façon extraordinaire si l'on jette les yeux sur un plan de l'Isium de Pompéi.

(2) V. encore Lyd., *De Mens.*, IV, 32. Lactance, I, xi, 21. Auson., *De Fer.*, 24, qui l'appelle « *Natalem ratis Isiacæ*, » *C. I. L.*, I, p. 412, col. 1. Cette fête se célèbre encore aujourd'hui, paraît-il, dans le Levant. V. une curieuse note de Silvestre de Sacy, à la page 168 de Sainte-Croix, t. II.

(3) « Ἔμβασις Ὀσίριδος εἰς τὴν Σελήνην. » *De Is. et Os.*, ch. XLIII. Elle avait lieu « à la nouvelle lune du mois de Phamenoth. » (Plutarque).

(4) « Sacrum Phariæ. » *Menol. Rust. Col. Aries*, lignes 15 et 16. *Vallense, ibid.*, lignes 14 et 15.

(5) *Rust. Col., ibid.*, lignes 17 et 18. *Vallense*, lignes 16 et 17. *Philocal.*, mensis aprilis, ligne 25.

(6) Mommsen, *Commentar. Diurn.*, ad h. l.

(7) « Λοχεῖαι ἡμέραι. » *De Is. et Os.*, ch. LXV.

(8) *Isia*, v. notre *Catalogue*, n° 13. Il faut remarquer qu'il y a ici une divergence sensible entre le texte de Plutarque et les *Menologia Rustica*, d'une part, et les *Fasti Philocali* de l'autre. Tandis que les premiers placent le jour de la Résurrection au 14 novembre (19 d'Athyr), et, par suite, celui de la Passion au 12 (17), les seconds placent la Résurrection au 1er novembre et la Passion au 28 octobre. M. Mommsen explique cette difficulté en disant qu'on commit sans

commémoratif et symbolique; lorsqu'à cette date les prêtres alexandrins se mettaient, avec tous les signes d'une profonde tristesse et avec tout l'appareil du deuil, à la recherche du corps divin, dont les membres avaient été déchirés et dispersés par Typhon, ils étaient convaincus que cet événement se reproduisait chaque année à époque fixe; ils avaient la prétention, non pas de rappeler une scène dont le souvenir se rattachait aux traditions vagues d'une antique mythologie, mais bien de prendre part à un drame qui s'accomplissait périodiquement en un certain lieu du monde, toujours avec la même réalité poignante. C'est là ce que les auteurs latins, à l'exemple de Xénophane (1), ne veulent pas admettre. Ovide appelle Osiris le dieu « qu'on n'a jamais fini de chercher (2), » et Lucain (3) se moque de ses adorateurs « dont les lamentations mêmes attestent qu'il ne fut qu'un homme. » Ces railleries, que les chrétiens ont reproduites (4), n'empêchaient pas les fidèles d'accourir dans les temples d'Isis; ils se frappaient la poitrine en poussant de grands cris et « ils imitaient les gestes d'une mère accablée par le malheur (5); » car Isis avait le premier rôle dans ces scènes de désolation; c'était elle qui était censée diriger les recherches et régler les explosions de la douleur publique (6).

Le troisième jour, 14 novembre (19 d'Athyr) (7), avait lieu la résurrection, ou, pour parler plus exactement, l'invention d'Osiris (8). Alors le peuple poussait des acclamations de joie; Juvénal, qui les avait entendues, assure qu'il n'est pas possible de crier

doute une erreur lorsqu'on transporta les fêtes égyptiennes dans le calendrier romain (au temps de Caligula, suivant lui; sous Néron, suivant nous), et que, par respect pour la lettre du texte, on la laissa subsister, mais que dans l'usage on célébra ces fêtes aux dates indiquées par Plutarque et les *Rustica*. Il y a là quelque chose qui n'est pas clair.

(1) V. plus haut, p. 69, n. 4.
(2) « *Nunquam satis quæsitus Osiris.* » *Métam.*, IX, 692.
(3) VIII, 831.
(4) Minut. Fel., *Octav.*, 21. Firmic. Matern., *De error.*, 2. Lactance, I, 21, 20.
(5) Minut. Fel., *l. c.*
(6) V. encore Stace, *Silv.*, V. III, 241, et Juvén., VI, 534.
(7) Plutarque, *l. c.*
(8) (Osiri) RX SE *nato*, 1er nov. *Philocal.* Mommsen, p. 378, col. 2, et p. 405, col. 1. Εὕρεσις, *Menol. Rust. Scorpio*, dernière ligne, HEVRESIS. Mommsen. *Commentar. diurn.*, ad h. l. Cf. *I. R. N.*, 3549. Georgii (p. 291), ne comprend pas comment la plus grande fête d'un culte naturaliste, qui symbolisait le réveil de la nature au printemps, pouvait se célébrer en automne, et il suppose qu'il y a une erreur dans Plutarque; mais il a tort : les calendriers romains confirment pleinement le témoignage de l'auteur grec.

plus fort que ne le faisaient les isiaques en cette circonstance (1);
on en était d'autant plus assourdi, qu'ils paraissaient jusque sur
la voie publique pour annoncer à tous l'heureuse nouvelle (2).
C'était le signal de grandes réjouissances (3). A l'intérieur du
temple, outre les offices prescrits par les livres saints, il y avait
un banquet auquel assistaient les initiés (4). Au quatrième siècle,
on donna même des jeux dans le cirque (5) ; il est probable, du
reste, que cette coutume s'établit aussitôt que le culte égyptien
fut officiellement reconnu par l'Etat ; car, à cette époque déjà, il
y avait longtemps que les fêtes de Sérapis se célébraient en pays
grecs et qu'elles donnaient lieu à des banquets et à des jeux publics.
Ainsi, nous avons conservé les actes d'un collège de sarapiastes
de l'île de Naxos, que l'on croit pouvoir dater à peu près de l'an
40 avant Jésus-Christ. Ils mentionnent les noms de plusieurs
personnages qui avaient « présidé les fêtes de Sérapis, fait des
sacrifices de bœufs, distribué du vin à toutes les personnes présentes, supporté toutes les dépenses et affranchi de toute
redevance » les étrangers venus pour le marché (6).

Pausanias (7) mentionne deux fêtes qui avaient lieu annuellement, l'une au printemps, l'autre en automne, dans le temple
d'Isis, près de Tithorée, en Phocide (8). Cet édifice était, au
second siècle, le plus vénéré de ceux que les Grecs avaient élevés
à la déesse alexandrine. Il était éloigné de toute habitation et on
ne pouvait franchir l'enceinte qui l'entourait que si on y avait
été invité expressément par un songe. Trois jours avant la fête,
les initiés s'y enfermaient, et, après les purifications d'usage, ils
portaient en un lieu consacré les restes des victimes immolées
dans la fête précédente. Là, ils les enterraient. Les jours suivants,
on tenait une grande foire sous des baraques construites pour la
circonstance. L'après-midi, on s'occupait des sacrifices ; les gens

---

(1) VIII, 29.

(2) Serv., *Ad Æn.*; IV, 609.

(3) HILARIA. *Philocal. Comm. diurn.*, p. 406, col. 2.

(4) « *Cœna Serapiaca*, » Tertull., I, 474.

(5) C(ircenses) M(issus) XXIV, *Philocal.*, *l. c.*

(6) *C. I. G.*, 2416 b. Les inscriptions mentionnent encore des Χαρμόσυνα Ἰσι-
δος, à Cius, en Bithynie (Foucart, *Associations religieuses*, p. 118, inscript. 66,
ligne 12), et une procession accompagnée d'une quête, ἀγερμός, à Samos (*Bulletin de correspondance hellénique*, 1881, p. 484).

(7) X, XXXII, 13.

(8) Sur ce temple, v. Le Bas et Waddington, III° partie, inscript., n° 822 à
826, et ici, pag. 37, n. 1.

riches offraient des bœufs et des cerfs (1), les autres des oies (2)
et des pintades; mais les prêtres ne voulaient ni porcs, ni mou-
tons, ni chèvres. On brûlait les victimes dans le sanctuaire, après
les avoir enveloppées dans des bandelettes de lin ou de byssus,
suivant la coutume égyptienne. On portait en procession tout ce
qu'on avait sacrifié, et tandis que les uns jetaient les victimes
dans le sanctuaire, les autres mettaient le feu aux baraques qui
étaient devant et se retiraient en toute hâte.

En somme, comme on le voit par le récit de Pausanias aussi
bien que par le témoignage des calendriers (3), le culte alexandrin avait, dans tout l'empire, deux grandes fêtes, qui coïnci-
daient avec les changements de saisons. Mais ce n'étaient sans
doute pas les seules occasions où les isiaques se montraient à la
multitude. A Rome, ils sortaient quelquefois en procession; car
ils avaient élevé sur le chemin qu'ils devaient parcourir de petites
chapelles où ils faisaient des stations (4). Il en était de même à
Arles (5). C'était un prétexte de plus pour donner au peuple le
spectacle toujours bienvenu d'une pompe religieuse.

§ 4.

Le culte alexandrin, libre et vénéré dans ses temples, respecté
sur la voie publique, réussit à se glisser dans la famille. Ses
dieux sont identifiés avec les Lares. Comme tels, ils prennent en
Occident le titre d'Augustes, qui depuis le premier des empereurs
désigne les divinités du foyer (6). A Pompéi (7), à Rome (8), leurs
images se voient sous des niches, dans des édicules qui ont servi
de laraires. Ils y recevaient les hommages qui s'adressaient d'ordinaire aux protecteurs de la vie domestique. Sur une peinture
d'Herculanum, à côté d'une figure d'Harpocrate, on lit cette
inscription : « Le génie de ces lieux (9). » Le grand nombre

---

(1) V. Preller, *Berichte der k. Sächs. Ges. d. W. z. Leipzig*, 1854, p. 197, taf.
IX et X.

(2) V. notre *Catal.*, n° 13.

(3) V. encore, *C. I. Att.*, t. III, n° 77, ligne 4.

(4) « *Pausæ.* » *C. I. L.*, VI, 348, et *Add.*, 3692. V. ici, chap. VIII.

(5) Orelli, 5835.

(6) V. les index du *Corpus*, l'*Ephemeris epigraphica*, vol. IV, n° 486; la *Revue épigraphique du midi de la France*, 1880, n° 167.

(7) V. notre *Catalogue*, n° 216, 217, 220.

(8) *Ibid.*, n° 229.

(9) *Ibid.*, n° 224.

d'amulettes (1) qui nous sont parvenues est encore une preuve que les dieux alexandrins accompagnent partout ceux qui ont foi en leur puissance.

Bref, au second siècle, il n'est rien qui échappe à leur empire. Il est à peine nécessaire de faire remarquer combien leur culte, tel que nous venons de le dépeindre, ressemble peu à celui que les Romains rendaient à leurs divinités nationales. Nous avons tâché que les faits parlassent d'eux-mêmes, grâce à l'ordre dans lequel nous les avons classés et présentés. On peut caractériser le culte alexandrin d'un seul mot, en disant qu'il fait de l'adoration de la divinité la principale ou plutôt la seule occupation de l'homme. Quoiqu'il procède directement des mystères grecs, il exalte beaucoup plus encore le sentiment religieux; il multiplie les occasions où l'imagination, excitée par de pieux spectacles, se transporte d'un bond dans des régions inconnues; il établit entre ce bas monde et les sphères surnaturelles une communication continue, incessante. Il soumet ses adeptes à une telle discipline, que, pour eux, la grande affaire de chaque jour, dans la vie présente, est de se préparer à la vie future.

(1) *Ibid.*, section VIII.

CHAPITRE VII.

LE SACERDOCE.

Montesquieu dit dans une admirable dissertation : « Il est vrai que la religion égyptienne fut toujours proscrite à Rome ; c'est qu'elle était intolérante, qu'elle voulait dominer seule et s'établir sur les débris des autres, de manière que l'esprit de douceur et de paix qui régnait chez les Romains fut la véritable cause de la guerre qu'ils lui firent sans relâche..... Chez les Egyptiens, les prêtres faisaient un corps à part, qui était entretenu aux dépens du public : de là naissaient plusieurs inconvénients (1). » Ce jugement résume l'impression que Montesquieu avait retirée de la lecture d'Hérodote et de Diodore ; il traduit l'opinion que le philosophe s'était formée en comparant les institutions religieuses de l'Egypte, telles que ces historiens les dépeignent, avec celles de la république romaine. Mais la légitimité de cette méthode pourrait être contestée. Est-il certain que le culte des dieux d'Alexandrie, fondé par des princes macédoniens, répandu par des marchands et des marins de race hellénique, eût emprunté à l'Egypte cette puissante hiérarchie sacerdotale qui avait eu dans le royaume des Pharaons une influence si redoutable ? Les Grecs, qui n'avaient jamais souffert chez eux qu'un corps de prêtres pût vivre à part, au milieu de l'Etat, se seraient-ils faits les apôtres d'un système contraire, et auraient-ils institué en Italie et dans le monde entier un clergé indépendant ? Cette question ne peut être résolue qu'à l'aide des inscriptions et des documents qui montrent ce que fut, depuis l'avènement des Ptolémées, le sacerdoce égyptien hors de l'Egypte (2).

---

(1) *Sur la politique des Romains dans la religion.*

(2) Sur le sacerdoce alexandrin en Egypte, v. l'Introduction de Franz au recueil des inscriptions grecques de l'Egypte, dans le *C. I. G.*, t. III, pag. 305.

§ 1.

Parmi le nombreux personnel des temples alexandrins, la première catégorie se compose de tous ceux auxquels s'applique le nom générique de *prêtres* (1). Ils ont un chef, d'ordinaire un homme âgé, qui porte quelquefois ce même titre, sans autre désignation spéciale, et qui d'autres fois s'appelle le *grand prêtre* (2). Aussi n'est-il pas toujours facile de distinguer dans les inscriptions s'il s'agit du membre le plus élevé du sacerdoce, ou seulement d'un de ses subordonnés. Il est probable néanmoins que lorsqu'un seul prêtre est mentionné comme ayant présidé à la dédicace d'un monument, c'est du plus haut dignitaire du temple qu'il est question. Dans Apulée, ce personnage est un homme déjà vieux (3), recommandable entre tous (4) par sa gravité (5), célèbre même par l'austérité de ses mœurs (6). C'est lui qui appelle et qui guide les initiés dans la voie du salut; il se fait leur directeur de conscience; excitant et modérant tour à tour avec une pieuse adresse leurs aspirations mystiques, il apporte dans ce rôle délicat la douceur et la bonté d'un père. C'est lui qui répand sur leur tête l'eau sacrée, le jour où il les admet au nombre des isiaques. La bienveillance qu'il témoigne aux néophytes se mêle à une petite pointe de vanité sacerdotale qui perce à l'occasion, par exemple lorsqu'il parle des prêtres soumis à son autorité : il les appelle *ses* prêtres (7). Il semble craindre que Lucius, découragé par les délais qu'on lui oppose, ne s'adresse à un autre des ministres du temple; il ne serait pas loin de voir là une atteinte portée à ses droits. Ce caractère de vieux pontife à la fois bénin et despotique, n'est pas ce qu'il y a de moins curieux dans le onzième livre (8).

(1) « ἱερεῖς. » *Sacerdotes.*
(2) « ἀρχιερεύς. » Rome, *C. I. G.*, 6006. « *Sacerdos maximus.* » Apul., XI, p. 788. « *Summus sacerdos.* » Ibid., p. 785, 794. « *Primarius sacerdos.* » *Ibid.*, p. 797. « *Sacerdos præcipuus.* » Ibid., p. 800. Ce même personnage est appelé ailleurs *sacerdos* tout court, p. 802, 803, 808.
(3) P. 801.
(4) « *Egregius.* » P. 784.
(5) « *Vir gravis.* » P. 797.
(6) « *Sobriæ religionis observatione famosus.* » P. 798.
(7) « *Suus numerus.* » P. 798.
(8) Sur le grand prêtre, cf. Letronne, *Inscriptions grecques de l'Égypte*, t. I; *Inscr. de Rosette*, p. 266, note 17.

Le grand prêtre, étant l'intermédiaire de la divinité auprès des hommes, porte aussi le titre de *prophète*, et il commande à tous ceux qui ont le même pouvoir (1). Ce nom, usité dans les mystères d'Eleusis, désigne le prêtre lui-même en tant qu'il est chargé de faire connaître les volontés d'en haut et de révéler aux initiés les formules sacrées (2). Nous voyons dans Apulée en quoi consistent ces fonctions. Le vieillard de Kenchrées transmet à Lucius les ordres d'Isis ; il lui dicte jour par jour ce qu'il doit faire ; c'est la déesse même qui fixe la date de la cérémonie d'initiation, qui désigne le consécrateur, qui détermine la somme que le néophyte doit payer. Le grand prêtre ne fait que rapporter aux intéressés les avis qu'il a reçus de la Maîtresse (3). En un mot, il est dans le temple le premier organe des dieux qu'il sert. C'est encore lui qui consacre chaque année le navire d'Isis et qui récite les prières dans cette circonstance solennelle (4).

Après lui viennent les prêtres. Parmi ceux-ci combien y en avait-il dans chaque temple qui eussent, comme leur chef, le droit de conférer le caractère sacré, d'offrir le sacrifice et de parler au nom de la divinité ? Nous ne le savons pas ; leur nombre variait sans doute suivant l'importance de la ville et du sanctuaire. Mais assurément dans les grands centres du culte alexandrin il y en avait plusieurs. Ainsi nous voyons, dans Apulée, qu'Isis peut choisir, pour présider à l'initiation, tantôt l'un, tantôt l'autre de ses ministres (5). Lorsque Lucius arrive à Rome et qu'il lui faut subir de nouvelles épreuves pour être un parfait isiaque, ce n'est plus cette fois le grand prêtre qui l'instruit et qui le consacre ; c'est un certain Asinius Marcellus, dont le néophyte a vu l'image en rêve (6). Par conséquent, les simples prêtres peuvent aussi faire office de prophètes ; des inscriptions de Rome présentent plusieurs exemples de ce nom appliqué à des personnages qui ne sont sans doute pas les premiers de leur ordre (7). Au temple alexandrin de Délos était attaché un interprète des songes, un *onirocrite* distinct du prêtre principal (8). On pense que le titre

(1) « *Propheta primarius.* » Apul., *Met.*, II, p. 159.
(2) Maury, t. II, p. 397.
(3) « *Jubente domina.* » Apul., XI, p. 798.
(4) P. 785. Sur les prophètes, cf. Letronne, *l. c.*, où ils sont à la vérité distingués du grand prêtre.
(5) P. 798, 801.
(6) P. 812.
(7) *C. I. L.*, VI, 846 ; *C. I. G.*, 5898, 6007.
(8) Am. Hauvette-Besnault, dans le *Bull. de corresp. hellén.*, mai-juin 1882.

d'*hiérophone*, que l'on rencontre quelquefois (1), est synonyme
de celui de prophète; il y avait dans le Sérapéum de Porto, à
l'embouchure du Tibre, deux hiérophones (2). S'il en était ainsi
dans une petite ville, quel personnel ne devaient pas compter
les grands temples de Rome! A Athènes, le prêtre qui assiste à
une consécration et qui la dirige s'appelle quelquefois le *Iaccha-
gogue* (3), du nom que l'on donnait, dans les mystères d'Eleusis,
à celui qui conduisait la procession en l'honneur d'Iacchus (4).
Ce sacerdoce paraît d'ailleurs être resté propre à l'Attique, même
dans le culte alexandrin (5). Enfin, les ministres d'Isis et de Sérapis sont désignés aussi par le titre d'*hiérophantes* (6) que portait chez les Grecs le pontife de Déméter et de Korè (7).

C'est à cette classe des prêtres proprement dits qu'appartient
celui que l'on voit sur les monuments offrir l'eau sacrée à l'adoration des fidèles (8). Il règle les cérémonies de l'office et remplit
toutes les fonctions du dignitaire le plus élevé.

La classe qui suit immédiatement comprend d'abord les *stolistes* (9), c'est-à-dire ceux qui sont chargés d'habiller les statues
des dieux et de conserver leurs vêtements. Des personnages qui
ont occupé cet emploi sont mentionnés dans des inscriptions
d'Athènes (10) avec le prêtre consécrateur; ils semblent avoir
tenu auprès de lui un rang honorable. Les initiés attachaient
une valeur symbolique à la couleur, à la forme des étoffes et des
bijoux dont on parait les saintes images; on les changeait suivant le caractère de la cérémonie du jour (11), et ce ne devait pas
être une sinécure, si l'on en juge par les inscriptions suivantes.

Fouilles de Délos, inscript., n°ˢ 16, 17, 18, 43. Dans une inscription (n° 43), il
porte aussi le titre d'ἀρεταλόγος (Cf. n° 21), qui doit être à peu près synonyme de celui d'*onirocrite*, quoique jusqu'ici cet emploi du mot ne fût connu
par aucun exemple (V. Hauvette-Besnault sur l'inscr. 21).

(1) Franz, *C. I. G.*, t. III, p. 305, col. 1, d'après Letronne, t. I, p. 453.
(2) *C. I. G.*, 6000.
(3) *C. I. Att.*, III, 162 et 163.
(4) Maury, t. II, p. 402.
(5) Hermann, *Lehrbuch der griech. Ant.* Zweiter Theil, § 55, 27.
(6) Tertull. Ed. Migne, II, 260 c.
(7) Maury, t. II, p. 396, 397. On rencontre aussi un *hiérocéryx*, *C. I. Att.*,
III, 905. Cf. Maury, t. II, p. 399-400.
(8) V. plus haut, pag. 115.
(9) « Στολισταί, ἱεροστολισταί, ἱεροστόλοι. » Plut., *De Is. et Os.*, ch. III,
et XXXIX. Athènes : *C. I. Att.*, III, 140, Franz, *l. c.*
(10) *C. I. Att.*, III, 162, 163.
(11) Plutarque, *l. c.*

La première (1) contient l'inventaire des objets qu'un particulier avait donnés à deux temples contigus d'Isis et de Bubastis, situés à Némi, près de Rome :

OBJETS LIVRÉS AUX DEUX TEMPLES.

TEMPLE D'ISIS.

17 statues ;
Une tête du Soleil ;
4 bustes en argent;
Un disque avec bas-relief;
2 autels en bronze ;
Un trépied en bronze ;
Un vase à libations en argent et une patère ;
Un diadème orné de pierres précieuses ;
Un sistre en argent doré ;
Un vase à libations doré ;
Une patère ornée d'épis de blé ;
Un collier d'aigues-marines;
Une paire de bracelets ornés de pierres précieuses ;
Un second collier orné de sept pierres ;
Une paire de boucles d'oreilles ornées de dix pierres ;
Deux *nauplia* (?);
Une couronne mobile, sans ciselures, ornée de vingt et une topazes et de quatre-vingt-quatre escarboucles ;
Une grille avec huit petits Hermès en dedans et en dehors;
Un vêtement de lin, composé d'une tunique, d'un manteau, d'une ceinture avec des lames en argent, et d'une robe ;
Un second vêtement de lin, sans lames, composé d'une tunique, d'un manteau, d'une robe et d'une ceinture.

TEMPLE DE BUBASTIS.

Un vêtement en soie rouge et bleue ;
Un petit bassin en marbre supporté par une colonnette ;
Une hydrie *hypsiana* (?) ;
Un vêtement de lin, rouge avec des bandes d'or et une ceinture d'or ; deux tuniques, l'une avec ceinture, l'autre sans ceinture, et un petit manteau ;

(1) *Bullettino dell' Institut. di corr. arch. di R.*, 1871, p. 56. C'est avec l'aide du commentaire de M. Henzen que nous traduisons le texte latin.

Un second vêtement, blanc, composé d'une tunique, d'une robe, d'une ceinture et d'un manteau.

Au milieu des objets qui composaient le mobilier du temple, et dont nous avons reproduit la liste, afin de donner une idée de la richesse des édifices consacrés au culte alexandrin, sont mentionnées, comme on le voit, des parures et des toilettes destinées aux statues des dieux. Voici l'inventaire d'un trésor encore plus précieux (1); c'est celui des bijoux offerts à l'Isium d'Acci (Guadix) par une habitante de cette ville, en l'honneur de sa petite-fille, qui avait sans doute exercé les fonctions de prêtresse auprès de l'autel de la déesse :

> A Isis, patrone des jeunes filles,
> par ordre du dieu du Nil (2),
> Fabia Fabiana, fille de Lucius,
> en l'honneur d'Avita, sa tendre petite-fille,

> a donné :

Un poids d'argent de 112 livres et demie, 2 onces et demie et 5 scrupules (36912^{gr},030);

> Plus les parures suivantes :

Sur le diadème de la déesse, 6 perles de deux espèces différentes (*unio* et *margarita*); 2 émeraudes; 7 cylindres; une escarboucle; une hyacinthe et deux céraunies (3).

Aux oreilles : 2 émeraudes et 2 perles;

Au cou : un assemblage de 36 perles; 18 émeraudes, plus 2 autres au fermoir;

Aux jambes : deux émeraudes et 11 cylindres:

Aux bracelets : 8 émeraudes et 8 perles;

Au petit doigt, 2 bagues en diamant;

Au doigt annulaire : une bague chargée de plusieurs émeraudes et d'une perle;

---

(1) *C. I. L.*, II, 3386. V. le commentaire dans le *Bulletin de la Société des antiquaires de France*, 1859 (t. XXVI), p. 101, et l'*Hermès*, 1866, p. 346.

(2) Au lieu de la restitution *Ne(tonis)* que donne le *Corpus*, nous lisons *Ni(lotici)*. Cf. *C. I. G.*, 6202. Ce dieu du Nil peut être soit le Nil lui-même, soit Sérapis.

(3) Les Romains appelaient ainsi des pointes de lances en silex de l'époque préhistorique, dont ils faisaient des amulettes. V. F. Lenormant, art. *Baetylia*, dans Daremberg et Saglio, *Dict. des Ant.*, p. 646, col. 1-2.

Au doigt du milieu : une bague avec une émeraude ;

Aux sandales : 8 cylindres (1).

Peu de madones en Espagne ont été traitées comme l'Isis d'Acci ; les soldats wisigoths ont eu là une belle proie, si ce trésor a pu arriver jusqu'à eux ! On comprend quelle responsabilité avaient les stolistes, et quelle preuve de confiance on leur donnait en les choisissant. Leur dignité avait, en outre, au point de vue religieux, cet avantage, qu'elle leur permettait de pénétrer dans l'intérieur du sanctuaire, faveur réservée seulement à quelques personnes qui en tiraient, aux yeux des fidèles, un grand prestige (2).

Les *scribes* ou *hiérogrammates* avaient été regardés de tout temps en Egypte comme les principaux dépositaires de la sagesse de la nation. Les Alexandrins leur conservèrent une place dans la hiérarchie sacerdotale (3). Dans Apulée, c'est le scribe qui appelle les fidèles à l'assemblée et qui, debout sur une estrade, récite les prières pour l'empereur et pour l'empire (4). C'est donc un personnage important ; il a qualité, au même titre que les autres prêtres, pour servir d'intermédiaire entre les hommes et les dieux. Nous voyons par un bas-relief du Vatican (5), quel était son costume dans les cérémonies : toute la partie supérieure de son corps, depuis la ceinture, est nue ainsi que ses pieds et le bas de ses jambes. Sa tête, entièrement rasée, est ornée de deux plumes qui se dressent verticalement de chaque côté des tempes (6). Il tient à deux mains, devant lui, un livre dans lequel il semble lire.

A tous les temples d'Isis et de Sérapis étaient attachés des *chanteurs* (7), qui formaient un ordre véritable. Une inscription, provenant de l'Isium du Champ de Mars de Rome, et qui date de l'an 146 de notre ère (8), mentionne « l'ordre sacré des Péanistes de Sérapis. » Ils avaient pour *Père*, c'est-à-dire pour chef, un des prophètes, ce qui semble indiquer qu'ils étaient prêtres eux-

---

(1) V. des inventaires semblables à Nîmes : Gruter, LXXXIV, 1. à Virunum (Norique), *C. I. L.*, III, 4806.

(2) Franz, *l. c.* Sur les stolistes, cf. Letronne. ouvr. cité, *Inscript. de Rosette*, lignes 6, 7 et 40, notes 17 et 80.

(3) Franz, *l. c.*, p. 305, col. 1 et 2.

(4) Apul., *Met.*, XI, p. 789.

(5) V. notre *Catalogue*, n° 118.

(6) Cf, Franz, *l. c.* Sur les scribes, v. Letronne, *l. c.*

(7) Les chanteurs ne sont pas mentionnés par leur nom dans l'*Inscription de Rosette*. Mais Clém. d'Alexandr. (*Strom.*, I, p. 303) les range parmi les prêtres et les appelle Ὠδοί.

(8) *C. I. G.*, 5898.

mêmes. Ils se réunissaient dans un corps de bâtiment spécialement affecté à leur usage, mais qui communiquait sans doute avec le sanctuaire, ou qui en était très voisin (1). Les oisifs qui se promenaient dans ce quartier entendaient souvent les voix éclatantes des Péanistes au-dedans de l'enceinte; Martial, parlant d'une bavarde dont le langage fatiguait toutes les oreilles, et voulant donner une haute idée de la puissance fâcheuse de son organe, dit, dans une hyperbole plaisante, qu'elle l'emportait « sur la troupe qui adore Sérapis (2). » Les chanteurs figurent dans la procession de Kenchrées; mais ce ne sont pas des prêtres attachés spécialement au dieu qu'ils célèbrent, du moins l'expression d'Apulée semble le dire, ce sont « des jeunes gens choisis. » Ils s'avancent, vêtus d'une robe blanche, en répétant une cantate composée par un poète habile (3). Il est probable qu'outre ces poèmes de circonstance il y avait des hymnes en l'honneur d'Isis et de Sérapis, que l'on pouvait entendre journellement dans leurs temples. Un passage d'Apulée offre même un exemple d'une litanie rimée absolument semblable à celles que l'on a composées depuis en l'honneur de la Vierge (4). C'est ainsi que les adeptes du culte syro-phénicien d'Adonis célébraient Astarté son épouse dans des chants où la déesse était invoquée sous trois cents noms différents (5). De là encore l'épithète de *Myrionyme* appliquée à Isis; les inscriptions nous font connaître un grand nombre des noms mystiques de la déesse alexandrine. Les hymnes où ils

(1) V. plus bas, chapitre IX.
(2) IX, xxx, 6.
(3) P. 771.
(4) On pourrait disposer ce passage par strophes, comme il suit. Les deux premiers vers seuls ne riment pas; mais il serait bien facile d'y remédier.

I
Te superi colunt,
Observant inferi.

II
Tu rotas orbem,
Luminas solem,
Regis mundum,
Calcas Tartarum.

III
Tibi respondent sidera;
Redeunt tempora,
Gaudent numina,
Serviunt elementa.

IV
Tuo nutu spirant flamina,
Nutriunt nubila,
Germinant semina,
Crescunt germina.

V
Tuam majestatem perhorrescunt aves cœlo meantes,
Feræ montibus errantes,
Serpentes solo labentes,
Belluæ ponto natantes.

(5) Maury, t. III, p, 223, note 2.

étaient énumérés avaient été calqués sur ceux de l'antique Egypte (1). Cependant les prêtres avaient dans leur répertoire des pièces d'un genre plus relevé et où l'on sentait, sous une forme plus littéraire, un véritable souffle poétique. Tibulle (2) a écrit, sur un fonds d'idées commun aux compositions de ce genre, quelques vers en l'honneur d'Osiris, qui, assurément, n'étaient pas destinés à un temple, mais qui ont presque l'allure d'un hymne. Ce morceau rappelle beaucoup trois inscriptions grecques trouvées à Cius de Bithynie (3) et dans les îles d'Ios (4) et d'Andros (5), et qui ne sont autres que des poèmes sacrés, choisis peut-être à la suite d'un concours, pour être chantés dans les solennités du culte isiaque.

Les voix étaient accompagnées par les accords des instruments. Sérapis avait des musiciens qui lui étaient spécialement consacrés (6) ; les uns jouaient de la flûte droite, les autres de la flûte traversière, d'autres de la double flûte (7). Le tympanon et les cymbales, chers aux prêtres de Cybèle (8), résonnaient aussi dans les temples alexandrins (9) ; quelquefois s'y joignait la harpe (10), à laquelle les Egyptiens avaient de tout temps donné une place dans leurs symphonies religieuses (11). Il y avait, pour tous ces instruments, des morceaux d'un genre particulier qu'exécutaient seuls les musiciens ordinaires de Sérapis (12).

Presque toutes les fonctions que nous venons d'énumérer pouvaient être, à l'occasion, exercées par des femmes. Des prêtresses d'Isis sont nommées dans les inscriptions, tant en Orient qu'en

(1) V. la série des noms mystiques d'Amon-Ra dans le *Rituel funéraire*. Lepsius, *Todtenbuch*, LXXVII-LXVIII, c. 163, 164. Cf. Miller, *Hymnes orphiques*, dans : *Mélanges de littérature grecque*, p. 438. L'auteur de la lettre *sur le Monde*, attribuée à Aristote, reproduit aussi une litanie du Zeus des Orphiques.

(2) I, vii, 21.

(3) Frœhner, *Inscriptions grecques du Louvre*, n° 1.

(4) *Archæologische Zeitung*, 1878, p. 131.

(5) Publiée dans un très grand nombre de recueils ; en dernier lieu par Kaibel, *Epigrammata græca*, p. 437, n° 1028.

(6) Apul., p. 771, 772.

(7) V. notre *Catalogue*, n°s 108, 222, 223.

(8) Maury, t. III, p. 84.

(9) V. notre *Catalogue*, numéros cités et 117.

(10) *Ibid.*, n° 117. Le joueur de harpe s'appelait ἱεροψάλτης. V. Hildebrand, *ad Apul.*, *l. c.*, note de la page 1015, col. 2.

(11) V. Wilkinson, *Customs and manners of the ancient Egyptians*, éd. de Birch, t. I. p. 436, 442.

(12) Apul., *l. c.*

Occident ; les unes sont désignées par le terme le plus général (1) ;
les autres portent un titre plus précis : c'est ainsi que nous trouvons à Athènes une *onirocrite* (2), c'est-à-dire une interprète des
songes ; elle remplissait auprès de l'autel de la déesse le rôle qui
était dévolu le plus souvent au prophète ; le prêtre qui est mentionné dans le même document devait être réduit, en ce cas, aux
fonctions de sacrificateur. Ailleurs, une femme tient le tambourin
dont les sons accompagnent la pantomime sacrée de la Résurrection d'Osiris (3). Les bas-reliefs funéraires, les statues nous offrent fréquemment l'image des nobles dames qui desservaient les
temples d'Isis (4). Elles portent d'ordinaire le costume de la déesse
elle-même : un pallium à franges jeté sur une longue robe et
noué au milieu de la poitrine, et quelquefois aussi une étole richement ornée, qui est suspendue à l'épaule (5). De longues
boucles de cheveux tombent de chaque côté du cou ; la main
gauche tient un petit seau, et la droite le sistre.

Au-dessous des prêtres proprement dits, il faut ranger les ministres d'un ordre secondaire qui portent le nom de *zacores* ou de
néocores ; car les deux termes paraissent avoir été synonymes (6).
Ils devaient se confondre à peu près avec l'ordre des *diacres*, qui
figure dans une inscription (7). Là où le personnel était nombreux, ils obéissaient à un supérieur nommé *archizacore* (8) ; ils
étaient chargés de veiller à la garde et à l'entretien des temples,
et sans doute aussi ils prenaient part, dans une certaine mesure,
à la célébration des cérémonies. Les zacores de Sérapis ne se
rencontrent que dans le monde grec, et surtout dans les sanctuaires très considérables comme ceux de Délos et d'Athènes.
Dans les inscriptions de Délos, le zacore est mentionné à part,
comme un personnage d'une certaine importance, peut-être parce
que c'était lui qui recevait et qui faisait mettre en place les œuvres d'art offertes par les particuliers, dont nous avons conservé

---

(1) « Ἱέρεια. » Sinope, *C. I. G.*, 4157 ; « Ἱερατεύσατα. » Thespies, *C. I. G.*,
1633 ; « *Sacerdos Isidis.* » Æclanum, *I. R. N.*, 1090, Rome, *C. I. L.*, VI, 512,
2246.

(2) « Ὀνειροκρίτις. » *C. I. Att.*, III, 162 (127 ou 129 ap. J.-C.).

(3) V. notre *Catalogue*, n° 222.

(4) *Ibid.*, n°⁵ 85 à 89, 113 à 115.

(5) *Ibid.*, n°⁵ 88, 115.

(6) Maury, t. II, p. 403.

(7) « Τὸ κοινὸν τῶν διακόνων. » Ambracie (Épire). *C. I. G.*, 800. Cf. Maury,
t. II, p. 407.

(8) « Ἀρχιζάκορος τοῦ μεγάλου Σαράπιδος. » Laodicée, *C. I. G.*, 4470.

les dédicaces (1). On gravait son nom après celui du prêtre, en guise de date (2). On ne trouve que des néocores dans les inscriptions grecques de l'Italie, et si leur nom y paraît, ce n'est pas pour dater le monument (3).

Dans la catégorie des diacres il faut encore faire rentrer quelques dignitaires qui, à la vérité, apparaissent plus rarement; comme les précédents, ils appartiennent à la classe intermédiaire entre les prêtres et les serviteurs les plus humbles. Tel est, par exemple, l'*hiérocome*, dont il est difficile de déterminer exactement les attributions (4). Tel est le *clidouque* ou gardien des clés; M. Maury, qui a rencontré ce personnage dans tous les cultes grecs, a tort de le reléguer au dernier rang de la hiérarchie, quoiqu'il exprime lui-même quelques doutes à ce sujet (5). Quand un édifice renfermait des trésors, — et la plupart des temples antiques étaient dans ce cas, — celui à qui on en confiait les clés devait jouir d'une grande considération. D'ailleurs, le seul fait de mettre sous sa garde le séjour de la divinité était déjà un honneur. A Délos (6), à Athènes (7), on date les inscriptions, non seulement par les noms du prêtre et du zacore, mais aussi par celui du clidouque. D'autres documents athéniens mentionnent des *liturges* d'Isis (8). Keil doute que ce titre puisse être accepté et il suppose qu'on a mal lu le texte où il figure. En effet, à la bonne époque il n'a jamais pu désigner que des fonctionnaires publics; mais il est arrivé peu à peu à s'appliquer par dérivation à certains ministres du culte, jusqu'au moment où il a perdu complètement, dans la langue de l'Eglise, son sens primitif pour devenir synonyme de diacre (9). Les inscriptions que nous venons de citer ont été gravées dans une période de transition où, la vie religieuse remplaçant la vie publique, le sens de certains mots com-

---

(1) *C. I. G.* 2298. *Monuments publiés par l'Assoc. pour l'encouragement des études grecques*, 1879, p. 39 et p. 41. Am. Hauvette-Besnault, inscript. n° 20, 22, 23, 35, et p. 477.

(2) *C. I. Att.*, III, 162, 203. *Rhein. Mus.*, 1864, p. 255. Hauvette-Besnault, *l. c.*

(3) Taormine. Kaibel, *Epigr. gr.*, n° 824. Porto, *C. I. G.*, 6000, 6001. Rome, *C. I. G.*, 5912, 5913, 5914, 5973 (202 ap. J.-C.), 5995, 5996.

(4) « Ἱερόκομος. » Rome, Via Appia, *C. I. G.*, 6656 b.

(5) T. II, p. 407-408.

(6) *Monuments... pour l'encouragement. des é. g.*, 1879, p. 41. V. encore un clidouque de Sérapis à Délos, *ibid.*, p. 39. Hauvette-Besnault, *l. c.* inscript. n° 20, 23, 52 et p. 478.

(7) *Rheinisches Museum*, 1864, p. 255.

(8) *Ibid.*, p. 268, 269.

(9) *Thesaurus Ling. Græc.*, d'Henri Estienne, éd. Didot, s. V. Λειτουργός.

mençait à changer. D'ailleurs, déjà au troisième siècle avant notre ère, les recluses du Sérapéum de Memphis se disaient *liturges* des grands dieux Isis et Sérapis (1).

Apulée, énumérant les différentes catégories de fidèles qui avaient pris part à la procession de Kenchrées, cite immédiatement après le grand prêtre *ceux qui portaient les saintes images* (2). Il comprend par conséquent sous cette qualification générale les ministres que nous avons déjà passés en revue, par exemple le scribe (3); il est évident que lorsque tous les membres du sacerdoce sortaient du temple pour paraître sur la voie publique, chacun d'eux se chargeait de porter un des attributs du culte. Il en était ainsi quelquefois, même à l'intérieur : un zacore d'Athènes ajoute à son titre celui d'*hagiophore* (4). Mais, en outre, il y avait un certain nombre de prêtres dont c'était l'unique fonction. Plutarque les appelle les *hiérophores* (5). Quelques-uns de ceux qu'introduit Apulée sont connus par d'autres textes (6). Ainsi, le porteur de la lampe sacrée; ce rôle appartient, dans un document athénien, à une femme, qui se dit *lychnaptria*, et que nous avons déjà présentée comme étant en même temps *onirocrite* (7). Puis c'est un homme qui tient dans ses mains deux petits autels; il s'appelle dans d'autres cultes l'*épibomios* (8). A un autre est confié un vase d'or avec lequel il fait des libations : c'est le *spondophoros* (9). Nous reconnaissons le *licnophoros* dans celui qui est chargé du van mystique (10). L'amphore du suivant est l'insigne du *loutrophoros* (11). Après les instruments du culte paraissent les images mêmes des dieux ; des marbres d'Italie (12) montrent, en effet, une file de prêtres portant des crosses sur lesquelles on voit Harpocrate sortant de la fleur du lotus, ou la vache d'Isis; ceux-là sont sans doute les hiérophores proprement dits. Derrière eux s'avance le *cistophore* avec la ciste qui contient les symboles mys-

---

(1) Franz, *C. I. G.*, t. III, p. 306, col. 1. V. encore Plutarq., *De defectu Oracul.*, p. 417 A.

(2) P. 788 : « qui *divinas effigies*... etc. »

(3) P. 789 : « *Tum ex his unus*... etc. »

(4) « Ζαχορεύων ἁγιάφορος. » *C. I. Att.*, III, 162.

(5) « Ἱερόφοροι. » *De Is. et Os.*, ch. III, Cf. Apul., *Sacrorum geruli*, p. 788.

(6) P. 774. V. ici, pag. 122-123.

(7) « λυχνάπτρια. » *C. I. Att.*, III, 162.

(8) « Ἐπιβώμιος. » Maury, t. II, p, 399.

(9) Maury, t. II, p. 406. Hermann, *Lehrbuch*. V. l'Index.

(10) Maury, t. II, p. 402. Hermann, § 36, 14.

(11) Maury, t. II, p. 406. Hermann, § 35, 2.

(12) V. notre *Catalogue*, nᵒˢ 116, 117.

térieux. Quant à celui qui ferme la marche, élevant au milieu de sa poitrine l'hydrie où est enfermée l'eau, émanation d'Osiris, ce ne peut être un ministre du second rang.

A cette liste il faut ajouter les *canéphores* ou porteurs de corbeilles sacrées ; dans tous les cultes cette fonction était remplie le plus souvent par des femmes (1). Sérapis avait aussi ses canéphores, comme on le voit par des inscriptions de Délos (2) et d'Athènes (3), et les dames grecques qui étaient revêtues de cette dignité occupaient une place distinguée dans la hiérarchie ; car leur nom sert quelquefois de date comme ceux du zacore et du clidouque. Certains sanctuaires alexandrins, par exemple le Sérapéum de Porto, renfermaient des *hiérodules* (4) ; on sait que ce titre désignait chez les Grecs des personnes des deux sexes vouées exclusivement au service de la divinité (5) ; elles étaient souvent de condition libre et avaient embrassé d'elles-mêmes, par un engagement volontaire, ce genre de vie. Elles formaient une espèce de clergé régulier et n'étaient pas toujours employées aux fonctions les plus basses. On attribue l'établissement de leur ordre à l'influence des institutions orientales (6). Il est donc naturel de les retrouver, à l'époque de Marc-Aurèle, dans le culte de Sérapis et dans une ville qui regorgeait d'Orientaux. Au même temple étaient attachés des ministres qui jusqu'ici ne sont connus que par un seul et unique document : c'est d'abord un officier sacré qui porte le nom assez vague de *chef des serviteurs* (7) ; on le considère, soit comme le questeur, c'est-à-dire l'administrateur des biens du temple (8), soit comme une sorte d'appariteur (9). Ce serait plutôt un archidiacre. Il prend, en outre, le titre de *fournier* (10), que portent également deux hiérophones, ses compagnons. Ces personnages étaient-ils chargés d'entretenir le feu

---

(1) *Dictionnaire des antiq.*, de Daremberg et Saglio. *Canephoræ*.

(2) *C. I. G.*, 2298. *Monuments pour l'encouragement des é. gr.*, 1879, p. 39, 41. Hauvette-Besnault, *l. c.*, nos 41 et 52 et p. 478.

(3) *C. I. Att.*, III, 923.

(4) *C. I. G.*, 6000.

(5) Maury, t. II, p. 408. Hermann, § 20, 13 à 16.

(6) Telle était la condition des deux jumelles qui vivaient comme recluses dans le Sérapéum de Memphis. Elles sont appelées quelque part ἱερόδουλοι. V. Franz, *l. c.*

(7) Ἀρχιυπηρέτης.

(8) Franz, *ad. h. l.*

(9) *Thes. Græc. Ling.*, H. Estienne, Ed. Didot, *s. h. v. Viator*. La traduction *Supremus deorum minister* nous semble tout à fait impropre.

(10) Καμεινεύτης.

des sacrifices, ou bien de veiller à la préparation de l'eau chaude nécessaire aux bains qui avoisinaient le temple (1)? C'est là un point douteux ; mais on ne peut guère admettre que des interprètes de la divinité fissent une besogne servile.

Qu'étaient-ce encore que les *navigateurs* qui paraissent dans une inscription d'Ephèse (2), au milieu d'une consécration en l'honneur d'Isis et de Sérapis? Peut-être tout simplement des marins en voyage sur lesquels un ami cherche à attirer les bénédictions de ces deux divinités. Mais Bœckh pense qu'il s'agit de certains ministres propres au Sérapéum d'Ephèse. En ce cas, on pourrait supposer que le culte du navire d'Isis, florissant parmi les habitants de cette ville comme chez toutes les populations des côtes, était desservi par des prêtres spéciaux qui montaient l'embarcation sacrée ou qui en tout cas devaient en prendre soin.

Enfin, au dernier rang, il faut placer, et assez loin des prêtres énumérés jusqu'ici, des serviteurs auxquels on laissait les gros travaux et les besognes rebutantes. Ainsi, le *gardien du temple* (3) était le plus souvent un homme de condition libre ; mais ce pouvait être aussi un esclave (4). Il est probable que son importance était d'autant plus grande que l'édifice était plus petit ; dans les sanctuaires qui comprenaient un personnel nombreux, comme ceux de Délos, d'Athènes, de Porto ou de Rome, il devait être réduit à l'office de portier. A Syracuse, l'Isium avait jusqu'à un balayeur spécial (5).

§ 2.

Nous arrivons ensuite aux membres des collèges qui ne faisaient pas partie du sacerdoce.

Les plus anciennes associations alexandrines qui nous soient

(1) Zoega et Reuvens, d'après Franz, *ad h. l.* Cf. Apul., XI, p. 802 : « *me deducit ad balneas...* »

(2) *C. I. G.*, 2955 : « ναυϐατοῦντες » V. Foucart, *Assoc. relig.*, inscr. nº 66, ligne 3, et *Revue archéologique*, mai 1879, p. 259. Cf. dans le *Bullet. de corresp. hellén.*, 1877, p. 410, une inscription grecque encore inexpliquée qui mentionne des cérémonies d'un caractère tout maritime célébrées dans le Nilæum de Gallipoli.

(3) « *Æditimus.* » Rome, *C. I. L.*, VI, 345 *et add.*, 3692. Riez. — Desjardins, *Table Peutinger*, p. 64, col. 1.

(4) Saglio, *Diction. des ant.*, s. v. *Æditimus.*

(5) « *Isidis scoparius.* » *Bullettino dell' Instituto di Corr. Arch. di R.*, 1849, p. 142.

connues, c'est-à-dire celles qui se formèrent dans le courant du troisième siècle avant Jésus-Christ à Cius (1), dans l'île de Céos (2), au Pirée (3), ne diffèrent en rien de celles qui naquirent des autres cultes orientaux du même temps. Ce sont des *thiases* ou des *éranes*, dont les membres prennent le nom de *sarapiastes*. Ils se réunissent sous la présidence d'une femme (4) et confient le soin de leurs affaires à un trésorier (5), aidé d'un secrétaire (6) et de plusieurs commissaires (7); des sacrificateurs (8) sont chargés de la partie matérielle du culte. C'est encore à peu près ainsi que sont organisés les collèges d'Occident jusqu'à la fin de l'empire romain. Les fidèles qui les composent se donnent le nom d'*isiaques* (9) ou de *membres du collège d'Isis* (10). D'autres se vouent plus particulièrement au culte d'Anubis : ce sont les *anubiaques* (11). Les titres d'initiés (12), d'*adorateurs d'Isis* (13) et de *confrères de la corporation isiaque* (14) désignent également leur association. On les appelle quelquefois d'un mot grec, comme les adeptes des mystères dionysiaques, des *orgiastes* (15). Souvent, cédant à cette fatuité commune à toutes les sectes, qui fait qu'on ne compte pour rien les dieux des autres, ils se disent simplement *de la Religion* (16). Le collège est présidé, tantôt par un homme,

---

(1) Foucart, *Assoc. relig.*, inscr. 66.

(2) *Ibid.*, 42.

(3) *Ibid.*, 24, *C. I. Att.*, II, 617. V. ici, p. 33, n° 3. et 34, n° 1.

(4) Προερανίστρια.

(5) Ταμίας.

(6) Γραμματεύς. Il est à peine nécessaire de faire remarquer qu'il n'a rien de commun avec le prêtre nommé scribe.

(7) Ἐπιμεληταί.

(8) Ἱεροποιοί.

(9) *Isiaci*. Rome, Orelli, 6029, 2361. Pompéi, *C. I. L.*, IV, 787. Porto, *Bull. Inst. Corr. arch. di R.*, 1868, p. 228.

(10) *Collegium Isidis*. Potaïssa (Dacie), *C. I. L.*, III, 882. On trouve encore : « *Sodalicium vernarum colentes* (sic) *Isidem.* » Valence (Espagne), *C. I. L.*, II, 3730.

(11) *Anubiaci*. Rome, Orelli, 6029. Nîmes, Orelli, 2307.

(12) *Initiati*. Apul., XI, p. 773, 789. *Telestini*. Forum Popilii Orelli, 2309.

(13) *Cultores*. Apul., XI, p. 799, 810.

(14) *Corporati*. Rome, *C. I. L.*, VI, 349.

(15) Ὀργιαστής. App., *Bell. civ.*, IV, 47. Cf. Apul., XI, p. 813.

(16) D'abord *Sacrorum Isidis*. Forum Popilii, Orelli, 2309. Rome, *C. I. L.*, VI, 2244, 2245. Puis *sacrorum cultor*. Bene, près Fossano (haute Italie), *C. I. L.*, V, 7682. Puis *Sacrorum*. Reggio. *I. R. N.*, 1. Rome, *C. I. L.*, VI, 2279, 2280, 2282. Orelli, 49. Fréjus. Orelli, 2312. Un isiaque de Tusculum a soin d'indiquer qu'il appartient à la confrérie de Rome : « *Sacrorum ab Roma.* » Orelli, 2315.

10.

tantôt par une femme; il en sont le *Père* (1) et la *Mère* (2). Au-dessous vient, comme dans les éranes grecs, un *trésorier* (3). Les associations qui comptent un grand nombre de membres sont divisées par *décuries* (4), à la tête desquelles est un *décurion*, nommé, en certains endroits, pour cinq ans (5). Elles se recrutent par voie d'élection, en déléguant à un des leurs le pouvoir de faire les choix qu'il jugera bons (6).

Parmi ces collèges, il y en a qui ont des attributions particulières. Tel est celui qui porte en procession les images du culte, en faisant des stations dans de petites chapelles disposées le long de la route (7). Les *pastophores* se retrouvent aussi dans plusieurs villes : les Grecs d'Égypte désignaient de ce nom des prêtres qui, dans les solennités publiques, chargeaient sur leurs épaules et offraient à la vénération des fidèles des édicules portatives, contenant les statues des dieux (8). Les premiers isiaques qui formèrent un collège à Rome au temps de Sylla se firent appeler ainsi (9). Il y eut des pastophores en Orient et en Occident, à Kenchrées (10), à Florence (11), à Padoue (12), à Industria (Chivasso, Haute Italie) (13). Mais leurs fonctions paraissent s'être étendues au point que leur nom finit par perdre son sens précis et devint synonyme du terme général d'isiaque.

Des inscriptions de Cyzique (14) et de Délos (15) montrent que le culte d'Isis et de Sérapis avait, comme beaucoup d'autres, ses *thérapeutes*, c'est-à-dire des serviteurs volontaires réunis en asso-

---

(1) *Pater sacrorum.* Rome, *C. I. L.*, VI, 2277, 2278. *Pater.* Rome, *Bull. Inst. Corr. arch. di R.*, 1869, p. 78. Potaïssa (Dacie), *C. I. L.*, III, 882.

(2) *Mater sacrorum.* Besançon, Orelli, 2313. Il n'est pas sûr cependant qu'il soit ici question du culte d'Isis.

(3) *Quæstor.* Potaïssa, *C. I. L.*, III, 882.

(4) « *Prima decuria.* » Rome, Orelli, 6029.

(5) « *Decurio quinquennalis.* » Apul., XI, p. 817.

(6) Ce délégué s'appelle « *adlector collegii.* » Rome, *C. I. L.*, VI, 355. Cf. Saglio, *Dict. des ant.*, *s. v. Adlector.*

(7) « *Pausarii Isidis.* » Rome, *C. I. L.*, VI, 348 *et Add.*, 3692. Arles, Orelli, 5835. V. ici pag. 129, n. 4 et 5, et pag. 162, n. 7.

(8) Letronne, *Inscrip. gr. de l'Eg.*, t. I, p. 306.

(9) V. ici, pag. 44, n. 2.

(10) Apul., *Met.*, XI, pag. 789.

(11) *C. I. G.*, 6202 : « Παστόφορος Εἰσίδος. »

(12) *C. I. L.*, V. 2806.

(13) *C. I. L.*, V. 7468.

(14) *Revue archéolog.*, 1879, pag. 258.

(15) *C. I. G.*, 2593, 2295. *Monuments pour l'encouragement des E. Gr.*, 1879, p. 39-41. Hauvette-Besnault, *l. c.*, nᵒˢ 3, 12, 28, et p. 479.

ciation, qui étaient censés donner à la divinité les soins matériels qu'un valet de chambre donne à son maître : ils lui faisaient sa toilette, la peignaient, lui présentaient le miroir, lui préparaient et lui servaient ses repas (1). Peut-être aussi menaient-ils en commun une vie ascétique et contemplative, comme les thérapeutes égyptiens dont il est question dans Philon (2).

Dans le Sérapéum de Délos se réunissait un collège dont il n'existe de traces en aucun autre lieu du monde romain : c'est celui des *mélanéphores* (3). Il a été, au dix-septième siècle, l'objet d'une pesante dissertation où l'auteur a étalé à plaisir une érudition fastidieuse (4). Il y a dans Eunape un texte décisif qui rend bien inutiles les efforts que l'on a faits pour expliquer l'origine et le sens du mot *mélanéphore*. Cet historien, partisan convaincu du paganisme, raconte qu'après que les chrétiens eurent saccagé le Serapéum d'Alexandrie ils installèrent dans ce qui restait de l'édifice une troupe de moines, gens d'une saleté repoussante, dit-il, « car en ce temps-là on pouvait tout se permettre pourvu que l'on *portât une robe noire* et que l'on s'affranchît en public de toutes les bienséances (5). » Le *synode des mélanéphores* de Délos était une confrérie de moines isiaques qui portaient des vêtements noirs comme il convenait aux représentants d'un culte fondé sur un drame lugubre. Seulement on ne voit pas bien s'ils résidaient toute l'année dans le temple du Cynthe. L'un d'eux est de l'île de Chios (6); un autre est d'Antioche (7); il est probable qu'ils venaient à Délos à l'époque des grandes fêtes, qu'ils y endossaient alors la robe noire et qu'ils se livraient à toutes les austérités que commandait la religion jusqu'à ce que leurs affaires les obligeassent à se rembarquer.

---

(1) V. Mordtmann, dans la *Rev. archéol.*, *l. c.*, p. 258. Apul., XI, p. 770, 771.

(2) V. le *De Vita Contemplativâ*.

(3) *C. I. G.*, 2293, 2294, 2285, 2297. *Monuments pour l'encouragement des Et. Gr.* 1879, p. 39-41. 'Αθήναιον, 1873, t. II, p. 134. Hauvette-Besnault, nᵒˢ 3, 4, et p. 479.

(4) Stephani Le Moyne *ad Gisb. Cuperum epistola*, dans : Cuperi *Harpocrates*. Trajecti ad Rhenum, 1689.

(5) *Vie d'Ædesius. In fine* : « Τυραννικὴν γὰρ εἶχεν ἐξουσίαν τότε πᾶς ἄνθρωπος μέλαιναν φορῶν ἐσθῆτα καὶ δημοσίᾳ βουλόμενος ἀσχημονεῖν. » Ce qui prouve aussi, entre parenthèses, contrairement à l'assertion de l'abbé Martigny, que dès le quatrième siècle, les confréries chrétiennes se distinguaient par un costume particulier. V. *Dictionn. des ant. chrét.*, p. 781, col. 2.

(6) *C. I. G.*, 2294.

(7) *Ibid.*, 2297.

§ 3.

Nous venons de doscendre les degrés de la hiérarchie. Nous
avons vu comment se divisait la multitude qui se pressait dans
les temples alexandrins. Mais nous ne sommes pas encore arrivés
à la solution de la question que nous avons posée. En somme, le
sacerdoce dont nous avons passé tous les membres en revue ne diffère point de celui que la Grèce avait établi chez elle pour desser-
vir le culte de ses dieux nationaux. Des prêtres d'un rang supérieur obéissant à un chef, placé à leur tête comme le premier
parmi ses pairs ; des ministres subalternes remplissant les fonctions de diacres ; des serviteurs d'une humble condition chargés
des besognes les plus grossières ; puis des collèges ouverts à la
masse des fidèles sous la surveillance et la direction des prêtres :
tels sont les divers éléments dont se composait le sacerdoce grec.
Cette organisation était plus nouvelle chez les Romains ; le principe des associations religieuses surtout inquiétait leurs hommes
d'Etat. Mais quand le culte alexandrin, à son tour, demanda à
entrer dans la cité, les confréries s'y étaient déjà fait leur place
au soleil ; et on ne peut croire qu'une institution qui lui était
commune avec tous ses rivaux détermina la persécution dont il
eut seul à souffrir. Il avait probablement en lui-même un vice
qui lui était propre. Il présentait un danger que les politiques ne
voyaient pas dans les autres cultes païens venus de l'Orient. Il
faut donc examiner si les prêtres d'Isis et de Sérapis, malgré
l'apparence toute grecque de leur organisation, n'auraient pas
menacé la belle ordonnance de la constitution romaine.

On ne peut songer qu'ils aient jamais réussi à la ruiner. Il est
inutile de chercher des textes pour prouver qu'ils ont formé un
corps à part au sein de l'Empire ; on ne les trouverait pas. Le
christianisme seul a pu conquérir cette situation pour ses ministres après plusieurs siècles, et au prix de quels efforts ! Mais on
est en droit de se demander s'ils n'ont pas tenté l'entreprise, et si
le sacerdoce alexandrin, conçu à l'exemple de celui des Grecs,
n'a pas apporté au milieu de la société romaine cet esprit de domination qui régnait dans les temples de l'Orient.

La première condition pour que le clergé se maintienne dans
un état d'indépendance à l'égard du pouvoir civil, c'est que ses
membres se donnent tout entiers à leur ministère et que, leur vie
durant, ils n'en exercent pas d'autre. Tel n'était pas le cas des
prêtres grecs ou romains ; et c'était là une des nombreuses diffé-

rences qui les distinguaient de ceux de l'Egypte. Des deux systèmes opposés, quel fut celui que les Alexandrins accréditèrent?
Avant de consulter sur ce point les documents qui nous ont
fourni des éléments pour un tableau du sacerdoce, il faut remarquer qu'ils se répartissent sur un espace de huit siècles, et que
dans cette longue période, où les idées les plus dissemblables fer-
mentent dans les esprits, où les institutions les plus difficiles à
ébranler chancellent et s'écroulent, il n'est rien qui ait échappé
au mouvement général ; les cultes nouveaux eux-mêmes ont subi
le contre-coup des changements qu'ils provoquaient dans les anciens. Entre les partisans du passé et ceux de l'avenir, il y a eu
action et réaction jusqu'à ce que l'équilibre se soit établi. Ainsi,
depuis les thiases alexandrins, fondés à Athènes après la mort
d'Alexandre, jusqu'aux confréries contemporaines de Julien,
l'envahissement du pouvoir civil par le pouvoir religieux a fait
des progrès continus ; mais ce n'a pas été sans que le vaincu lut-
tât et forçât quelquefois le vainqueur à l'obéissance.

Tant que les associations isiaques ont dû se soumettre chez les
Grecs à la surveillance jalouse des magistrats, les prêtres n'ont
été que de simples particuliers élus pour un an ; et cet état de
choses a subsisté en plusieurs endroits, même aux époques postérieures (1). Certains d'entre eux n'étaient nommés que pour un
mois, ou bien ils n'étaient appelés au temple que pour un service
qui revenait tous les mois (2). A Thespies, nous voyons même
une femme récompensée par le Sénat et par le Peuple, alors que
le culte alexandrin était admis et reconnu, pour avoir exercé les
fonctions toutes temporaires de prêtresse d'Isis et d'Anubis, au
nom de la cité, dans une fête de Dionysos (3). A Samos, le prêtre
d'Isis est obligé, pour pouvoir organiser une procession, de demander au Sénat une autorisation préalable, et de la faire renou-
veler chaque fois que la même circonstance se représente (4). Tous
ces personnages restent donc en charge pendant peu de temps, et,
dans ce court intervalle, l'œil vigilant des autorités ne les perd pas
de vue. Nous connaissons par leurs noms une soixantaine de mi-

---

(1) Aussi dit-on dans ce cas-là : « ἱερεύων, ζαχορεύων, χανηφοροῦσα, χλειδουχῶν,
στολίζων... » Au nom des prêtres d'Isis est jointe d'ordinaire l'indication de
l'année pendant laquelle ils ont exercé leurs fonctions.

(2) « Ἐπιμηνιεύσας. » Cius de Bithynie, Le Bas et Waddington, Inscr. d'Asie
Mineure, n° 1143, lignes 9, 10 et note du n° 1140. Foucart, Assoc. relig., p. 240,
inscr. 66.

(3) C. I. G., 1683.

(4) Bullet. de corr. hellén., 1881, p. 484.

nistres qui ont desservi le culte alexandrin à Délos et à Athènes.
Il n'y en a que quelques-uns qui n'appartiennent pas à un des
dèmes de l'Attique, et tous sont Grecs. Dans ces conditions, il n'y
a pas, à proprement parler, un corps sacerdotal, mais simplement
des collèges d'initiés se réunissant à date fixe sous la présidence
de quelques-uns de leurs concitoyens, élus pour leur servir d'in-
termédiaires auprès de la divinité. Rien ne ressemble moins au
clergé de l'Egypte.

Mais il n'en fut pas de même partout et toujours. A Termesse,
en Pisidie, apparaît, à l'époque romaine, un prêtre de Sérapis
nommé à vie (1). Plusieurs cultes, en Grèce, admettaient un sacerdoce perpétuel, même à la grande époque (2). Les habitants de
Termesse ne donnèrent donc pas l'exemple. Mais la pente sur laquelle ils s'engagèrent à leur tour était glissante. Si un prêtre à
vie était toujours un particulier, si les charges de son ministère
ne l'enlevaient pas à sa famille et à la cité, il était fatalement
poussé, par la force de l'habitude, à se faire dans le temple une
famille et une cité nouvelles; mille liens secrets l'y attachaient
chaque jour davantage, et, l'amour-propre aidant, il arrivait à se
considérer comme un être supérieur, seul inspiré par la divinité,
seul capable de lui transmettre les vœux des mortels, seul nécessaire au bonheur de tous. Cet inconvénient, auquel les législa-
teurs antiques avaient voulu parer en confiant le sacerdoce à des
citoyens choisis chaque année par le suffrage, devenait plus
grave encore si le prêtre était, non pas un enfant du pays, mais
un étranger, indifférent aux intérêts temporels de ceux qui l'entouraient, uniquement passionné pour le dieu égyptien ou syrien,
son compatriote, dont il desservait les autels. Tel était précisément le cas qui se présentait quelquefois (3).

Il devint ordinaire dans certains temples, sous la domination
romaine. Ainsi, à Kenchrées, à Rome, c'est-à-dire dans les villes cosmopolites, dans les principaux centres de la vie commer-
ciale du monde antique, nous découvrons un ordre de choses
absolument différent de celui que nous avons rencontré jusqu'ici.
Le grand prêtre du Sérapéum de Kenchrées s'appelle Mithra (4).
C'est assez dire qu'il est originaire de l'Orient, ou du moins, s'il
a quitté volontairement son nom grec, il a renoncé à ce que les

(1) *C. I. G.*, 4365.
(2) Maury, t. II, p. 395.
(3) V., par exemple, une prêtresse alexandrine en Italie. *C. I. G.*, 6202.
(4) Apul., *Mét.*, p. 800.

anciens considéraient comme l'indice le plus sûr de la condition
d'un homme ; il a renié sa patrie et rejeté son titre de citoyen,
pour entrer dans un autre monde. Chaque jour, matin et soir, il
faut que les cérémonies sacrées soient célébrées à heure fixe à
l'intérieur du temple. Par conséquent, la présence des prêtres y
est nécessaire à tout instant ; leurs fonctions les occupent tout
entiers d'un bout de l'année à l'autre. Comment un avocat, un
négociant, un magistrat pourraient-ils s'en acquitter ? Il y a
plus : les ministres du dieu logent auprès de l'autel ; le sanctuaire est entouré d'un vaste corps de bâtiments où chacun d'eux
a sa chambre et où il passe la nuit : c'est le *Pastophorion* (1).
D'après Josèphe, il en était déjà ainsi du temps de Tibère : c'est
dans une des cellules où avaient lieu les incubations qu'il place
la scène scandaleuse que l'on sait.

Et qu'on ne dise pas que ce tableau de la vie sacerdotale est
une œuvre de pure fantaisie. Tibulle, Properce, Ovide, Suétone,
Tacite, Martial, Juvénal, tous les auteurs latins sont d'accord
pour représenter le prêtre alexandrin qu'ils rencontrent dans les
rues de la capitale comme un être à part, dont l'aspect seul suffit pour exciter la curiosité. Les ministres d'Isis et de Sérapis
doivent se raser complètement les cheveux et la barbe ; Juvénal
les appelle « le troupeau chauve (2). » De plus, ils ont un vêtement religieux (3), un habit isiaque (4), dont la forme varie suivant les fonctions qu'ils remplissent, mais qui est toujours en
toile (5). Quelquefois ils portent des chaussures en feuilles de
palmier (6). Les principes d'abstinence, auxquels les initiés
doivent obéir lorsqu'ils se préparent à certaines fêtes, s'imposent
aux prêtres en tout temps. Ils ne boivent pas de vin, et ne man-

---

(1) Apul., *Met.*, p. 792, 800. V. *C. I. G.*, 2297, et Hauvette-Besnault, n° 12.
Auprès des églises des premiers chrétiens, il y a eu aussi des *pastophoria*. V.
Martigny, *Dictionn. des Ant. Chrét., s. h. v.*

(2) « *Grex calvus*, » VI, 526. Cf. Apul., *Mét.*, II, p. 159, XI, p. 773 ; Martial,
XII, xxix, 19 ; Plut., *De Isid. et Os.*, ch. III et IV ; Minut. Fel., *Octav.*, XXI,
etc.

(3) « *Religiosa vestis.* » Suét., *Tib.*, 36.

(4) « *Habitus Isiacus.* » Suét., *Domit.*, 1. Val. Max., VII, 3, 8.

(5) Tibull., I, iii, 30. Ovid., *Amours*, II, ii, 25. *Art d'aim.*, I, 77. Lucain,
IX, 157. Martial., XII, xxix, 19. Tac., *Hist.*, II, 74. Juvén., VI, 526. Val.
Max., VII, 3, 8. Suét., *Othon*, 12 ; *Tib.*, 36 ; *Dom.*, 1. Plut., *De Is. et Os.*, ch. III
et IV. Apul., *Mét.*, II, p. 159 ; XI, p. 773. App., *Guerre Civ.*, IV, 47. Lampride,
Commode, IX. Spartien, *Niger*, 6, etc., etc.

(6) « *Palmeæ baxeæ.* » Apul., *Mét.*, II, p. 159.

gent ni porc ni poisson; certains légumes même, comme les
oignons, leur sont défendus (1). Ils observent la chasteté la plus
absolue; leurs mœurs sont si pures, que Tertullien les propose
comme des modèles devant lesquels bien des chrétiens pourraient
avoir à rougir (2). Bref, ce sont en général des hommes que leur
manière de vivre non moins que leur extérieur signalent à l'attention du vulgaire; ils sont soumis à une loi qui établit un lien
entre eux et qui les sépare des profanes à tout jamais. Les monuments figurés confirment pleinement les témoignages des classiques. Sur les fresques d'Herculanum, les prêtres se distinguent
fort bien de la foule des initiés. Ceux-ci ont les cheveux longs;
ils portent des vêtements coupés et drapés suivant la mode romaine. Ceux-là sont nus au-dessus de la ceinture; une robe collante leur couvre la partie inférieure du corps; ils ont la tête entièrement rasée. Il est évident que les uns sont des bourgeois,
on pourrait presque dire des laïques; les autres, des prêtres de
profession.

Cependant ces prescriptions bizarres, qui faisaient que les
membres du sacerdoce passaient pour de véritables monstres aux
yeux des sceptiques comme Juvénal, s'imposaient aussi aux simples initiés lorsqu'ils prétendaient aux fonctions les plus élevées
de leur collège. Le Lucius d'Apulée, après avoir subi trois épreuves successives, était encore confondu au milieu de la multitude
des adorateurs d'Isis; il ne se distinguait pas du *troupeau*. Mais
Osiris l'admit dans la confrérie des Pastophores; et même il lui
confia les fonctions de décurion quinquennal. A partir de ce
jour, Lucius se fit raser les cheveux, et, « loin de dissimuler son
crâne dégarni, il se présentait à tous les regards avec une sorte
d'allégresse. » Il y avait, en effet, à cela un certain courage; car
il était en même temps avocat (3). Se figure-t-on les quolibets
qui devaient pleuvoir sur ces têtes tondues lorsqu'elles paraissaient au barreau! Et tout ceci est de la dernière exactitude. On
a trouvé dans l'Isium de Pompéi un buste en bronze, qui représente un homme complètement rasé; l'inscription placée au-dessous nous apprend que ce personnage est C. Norbanus Sorex,

(1) Plut., *De Is. et Os.*, ch. IV à VIII et XXXII. De là, sans doute, cette idée
s'est répandue chez les Romains, que tous les Egyptiens rendaient un culte
aux oignons. V. Juvén., XV, 9 et suiv. Minut. Fel., *Octav.*, XXIX. Pline,
XIX, 6. Cf. Wilkinson, *The manners and customs...* Ed. Birch (1878), t. III,
p. 350.

(2) Tertull., Ed. Migne, II, 928 c et 953 a.

(3) P. 817.

sans doute un des bienfaiteurs du temple. Voilà donc un Romain, peut-être un avocat, ou un marchand, en tout cas un bon bourgeois de Pompéi, qui s'est soumis scrupuleusement, comme Lucius, aux exigences de la loi isiaque, et qui a vécu ainsi accommodé au milieu de sa famille, de ses amis, de ses concitoyens. Il n'est pas jusqu'à cet air de satisfaction, dont parle le héros d'Apulée, qui n'épanouisse aussi les traits de Norbanus.

En un mot, la société romaine du premier siècle cède à un mouvement qui rappelle de tous points celui que détermina plus tard un chrétien d'Alexandrie, saint Athanase (1). Des gens du monde, des femmes élégantes, de belles pécheresses, des personnages graves, engagés dans des professions libérales, embrassent avec ardeur un genre de vie qui leur permet de pratiquer toutes les austérités monastiques, sans perdre leur indépendance et sans renoncer à leurs occupations de chaque jour (2). Les pastophores d'Isis ne s'enferment pas tous dans un cloître ; il en est parmi eux qui ont une situation brillante à laquelle ils n'entendent pas renoncer. La providence des dieux leur envoie des affaires lucratives (3) ; ils ne peuvent pas s'y soustraire. C'est pour cette catégorie de fidèles que sont institués les collèges. L'association leur donne la force de persévérer dans leurs pieux desseins et de lasser, par une fermeté inébranlable, les railleries des mondains, pour lesquels leurs austérités ne sont que des excentricités ridicules.

Ainsi, le sacerdoce n'est plus, comme autrefois, une occupation secondaire ; il prend chaque jour une importance plus grande, et on sent qu'il devient une puissance. Mais il n'est pas encore incompatible avec l'exercice d'une autre profession. Il ne remplit donc pas la première condition qui nous a paru nécessaire pour qu'un clergé constitue un corps dans l'État.

La seconde est que des relations régulières et suivies s'établissent entre les collèges de prêtres des différentes villes, et qu'ils soient tous subordonnés à une autorité supérieure. Rien de semblable dans le culte d'Isis et de Sérapis. Seulement, ses adeptes ont, pour Alexandrie et pour Rome, la vénération que doivent inspirer les deux centres principaux de la religion. Ce sont des

---

(1) V. *Les moines d'Occident*, par M. de Montalembert, t. I, pag. 41, 45, 139, 142.

(2) Cf., *ibid.*, p. 146.

(3) Apul., XI, p. 817.

villes saintes (1). Vers elles se portent les regards de tous ceux qu'intéressent les progrès de la secte. Rome surtout, qui compte à elle seule sept temples alexandrins, est l'objet de tous les hommages.

D'ailleurs, si les prêtres ne se connaissent pas d'une ville à l'autre, ils savent bien s'entendre et se concerter, dans le même sanctuaire, lorsqu'il s'agit de conquérir quelque avantage pour leur ordre. Parmi les inscriptions tracées au pinceau, dont on a couvert les murs de Pompéi à l'occasion des élections, il y en a deux qui sont ainsi conçues : « Tous les isiaques demandent Cn. Helvius Sabinus pour édile (2). » « Cuspius Pansa est l'édile que proposent Popidius Natalis, son client, et les isiaques (3). » Nous connaissons la famille de ce Popidius. Un de ses parents avait fait restaurer complètement l'Isium, renversé par un tremblement de terre, en 63 ap. J.-C. (4). Un autre y avait placé à ses frais une statue (5). Une femme de la même maison avait payé la mosaïque qui décorait une des salles du temple (6). Les isiaques, à l'instigation de ces zélés partisans du culte alexandrin, interviennent dans les élections pour patroner une candidature. C'est là un fait très grave. Nous voyons clairement, par cet exemple, pourquoi le pouvoir se montra toujours si soupçonneux à l'égard des confréries. Celle-ci est censée, comme toutes les autres, n'avoir que la religion pour but, et voilà que le jour où il s'agit de nommer un magistrat d'un ordre purement civil, elle affiche ses préférences sur la voie publique ; elle propose ses candidats, en tant que corps constitué, et il est facile de deviner ce qu'elle attend d'eux. Cet Helvius, ce Cuspius ont promis sans doute d'apporter des tempéraments aux rigueurs de la police, d'exercer sur le temple une surveillance discrète, ou d'en embellir les abords. Il est vrai que ceci se passe probablement sous Néron, à une époque où les magistratures électives ont perdu toute leur importance. Mais on peut juger par là de quoi les corporations religieuses étaient capables sous la République, et on ne comprend que trop l'indignation qui transportait le sénat, lorsqu'il voyait apparaître sur les murs de Rome des affiches semblables à celles des isiaques de Pompéi.

(1) Apul., XI, p. 810.
(2) C. I. L., IV, 787.
(3) Ibid., 1011.
(4) I. R. N., 2243.
(5) Ibid., 2244.
(6) Ibid., 2245.

§ 4.

En résumé, Montesquieu a raison de supposer que la religion égyptienne voulait dominer. On ne peut pas dire précisément qu'elle fût intolérante ; car l'esprit n'en était pas contraire à celui du paganisme gréco-romain ; elle ne voulait rien renverser ; c'est pourquoi, après avoir lutté à Rome pendant un siècle environ, elle finit par s'y faire tout doucement sa place. Mais elle était envahissante. Le sacerdoce qui la soutenait n'affectait point de briser le moule de l'ancienne hiérarchie des Grecs. Mais, outre que cette hiérarchie même menaçait l'antique simplicité du culte romain, les prêtres qui la firent accepter apportèrent dans l'exercice de leur ministère des tendances qui devaient nécessairement mettre en danger les institutions religieuses des Etats républicains. Sans doute ils n'interdirent point à ceux qu'ils enrôlaient de vivre dans le siècle ; mais ils les marquèrent d'un caractère particulier qui les y suivait et qui les obligeait à en sortir souvent pour remplir de nombreux et sévères devoirs. Un isiaque, occupât-il le premier rang dans le temple, pouvait toujours être un citoyen ; mais ce n'était pas un bon citoyen. Aussi, tant que Rome conserva sa liberté, le sénat fut inflexible à l'égard du culte des divinités d'Alexandrie. Quand elle l'eut perdue, les empereurs ne résistèrent plus que pour la forme. Le second des successeurs d'Auguste commença à céder. Il ne s'agissait que de savoir si de pieux dévots seraient des sujets fidèles. Ce fut, en effet, ce qui arriva. Le sacerdoce alexandrin devint « une sainte milice » aussi soumise aux Césars que « le peuple saint (1) » des temples de l'Egypte l'avait été aux Ptolémées.

---

(1) « Τὰ ἱερὰ ἔθνη. » *Inscription de Rosette,* ligne 17.

CHAPITRE VIII.

LES DIEUX ALEXANDRINS AU MILIEU DE LA SOCIÉTÉ DE ROME ET DANS LE MONDE OCCIDENTAL.

Il n'y a pas longtemps que l'influence d'Alexandrie sur la civilisation romaine a commencé à être comprise et étudiée par la science moderne. Mais enfin la grande métropole de l'Egypte grecque a trouvé ses dévots, et ce n'est que justice. Les succès de l'éclectisme contemporain ont d'abord tourné vers elle l'attention des philosophes (1). Puis on s'est occupé de ses poètes (2), de ses critiques (3) ; on a cherché ce que l'Italie devait à ses artistes (4). Partout on a reconnu qu'elle avait apporté une large contribution à l'héritage précieux que Rome nous a transmis. Jusqu'au troisième siècle de notre ère, Alexandrie est, après la capitale des Césars, la première ville du monde (5). A plusieurs reprises, peu s'en est fallu qu'elle ne fît déplacer en sa faveur le siège de l'Empire et qu'elle ne reléguât sa rivale au second rang (6). Tant de grandeur et d'ambition nous explique comment ses dieux ont conquis le monde occidental sous les successeurs d'Auguste, après avoir, sous les Ptolémées, envahi les rivages de l'Orient.

Les Alexandrins ont laissé des traces à Pompéi. Non seulement on y retrouve des preuves indirectes de leur influence, par exemple dans le choix des sujets de certaines peintures et dans la présence d'un temple d'Isis au milieu de la ville gréco-romaine,

----

(1) Travaux de MM. Matter, Simon et Vacherot sur l'Ecole d'Alexandrie.
(2) Couat, thèse sur Catulle, *La Poésie alexandrine sous les trois premiers Ptolémées*.
(3) Pierron. Edition d'Homère.
(4) Helbig, *Untersuchungen über die campanische Wand Malerei*. Boissier, *Promenades archéologiques*, p. 318 et suiv.
(5) Lumbroso, *L'Egitto al tempo dei Greci e dei Romani*, capo XII, p. 86, 87.
(6) *Ibid.*, p. 86, note 1.

mais encore ils y étaient représentés par une petite colonie (1).
On a découvert, près de la porte de Nole, le long de la partie extérieure du rempart, des inscriptions qui témoignent de ce fait ;
il y avait là des tombeaux où avaient été déposés les restes de
plusieurs personnes d'origine alexandrine. C'étaient de pauvres
gens, peut-être des émigrés, que la misère avait chassés de leur
opulente patrie, et qui étaient venus chercher fortune dans l'Italie méridionale. Leurs tombeaux comptent parmi les plus humbles qui aient été découverts ; ils étaient situés dans une sorte de
terrain vague (2), à l'écart de la grande route. Un des défunts,
une femme sans doute, portait le nom, moitié égyptien, moitié
grec, de *Nufe*. A ses cendres et à celles de ses compagnons étaient
mêlées des monnaies romaines qui datent d'une période comprise
entre le temps de Sextus Pompée et celui de Tibère. On aurait
tort d'en conclure, comme on l'a fait (3), que l'introduction du
culte d'Isis à Pompéi doit être fixée à cette époque : car nous
avons vu par des témoignages irrécusables qu'elle eut lieu beaucoup plus tôt. Mais ceci nous montre comment le zèle des Pom-
péiens pour leurs dieux d'adoption était entretenu et réchauffé à
l'occasion par des Alexandrins qui avaient élu domicile au milieu
d'eux, tandis que d'autres, plus hardis, s'attaquaient à la capitale même.

Ces étrangers établis à Rome, qui formèrent comme un foyer
permanent d'où rayonna la religion isiaque, appartenaient aux
classes et aux professions les plus diverses. Les uns étaient des
marchands qui faisaient venir par Pouzzoles et vendaient ensuite au détail du papier, de la toile, des verreries (4). Les autres
étaient des artistes, comme ce peintre chez qui logea Ptolémée
Philométor (5). Il y avait aussi des rhéteurs, des philosophes, des
lettrés et des savants de toute espèce. Plusieurs Grecs d'Egypte
remplirent successivement, dans la maison impériale, des fonctions de la plus haute importance. Le premier fut Chérémon de
Naucratis, qui, après avoir été directeur de la Bibliothèque
d'Alexandrie, fut appelé à Rome, vers l'an 40, comme précepteur
de Néron ; il écrivit plusieurs ouvrages sur l'Egypte, entre autres une étude théologique sur Isis et Osiris, qui eut un certain

---

(1) Minervini, *Bullettino di archeologia napolitana*, Nov. 1854.
(2) « *Afistiu locu.* » V. l'explication de M. Minervini.
(3) *Ibid.*
(4) Cic., *Pro Rabir. Post.*, 14.
(5) V. plus haut, page 43.

succès; Porphyre en fit plus tard une analyse, dont Eusèbe a conservé quelques fragments (1). Denys d'Alexandrie, élève de Chérémon, hérita de ses charges; de Néron à Trajan, il fut directeur des bibliothèques, préposé à la correspondance, aux ambassades et aux rescrits (2). Il faut citer encore ce Crispinus, cet ancien marchand de papier, qui devint un des favoris de Domitien. Juvénal (3) le traite de « vil enfant du peuple égyptien, esclave de Canope. » Il se moque de sa toilette recherchée, de ses parfums « qui suffiraient pour deux pompes funèbres, » de son goût pour la bonne chère; il flétrit ses passions coupables (4). Mais ce parvenu avait de vastes domaines et une belle demeure près du Forum, et il disposait si bien de l'oreille du maître, que Martial se courbe jusqu'à terre devant lui, lorsqu'il le prie de patroner ses vers (5). Sous Hadrien résidait à Rome un personnage considérable, qui exerçait à la fois les plus hautes fonctions sacerdotales de l'Egypte et la première charge que l'on pût confier à un membre du corps savant de ce pays. C'était un certain L. Julius Vestinus, auquel une inscription donne les titres de souverain pontife d'Alexandrie et de l'Egypte tout entière, directeur du Musée, préfet des bibliothèques grecques et latines de la ville de Rome, précepteur et secrétaire de l'empereur (6). Ce haut dignitaire, comme l'indique son nom, était un Romain, qui n'avait que la présidence nominale des prêtres des bords du Nil, où peut-être il n'avait jamais paru. Mais personne ne pouvait mieux que lui protéger les ministres d'Isis et de Sérapis établis au milieu de ses concitoyens, et patroner les Alexandrins auprès de son puissant élève. Les marins et les officiers de la flotte qui apportait à date fixe les blés de l'Egypte formaient un élément important de la population mixte qui allait et venait entre Rome et Alexandrie. On retrouve leurs traces dans la capitale (7) et à Porto (8); leur chef est, sous Septime Sévère, un

(1) *Bullet. de corr. hellén.*, 1877, p. 123 à 127.
(2) Egger, *Mémoires d'hist. anc.*, p. 237.
(3) I, 26.
(4) IV, 1 à 33, 108, 109, et Schol., *ad h. l.*
(5) VII, xcix. V. encore VIII, xlviii.
(6) *C. I. G.*, 5900. Inscript. de la Via Ostiense. V. Letronne, *Inscr. gr. de l'Egypte*, t. I, p. 278, 279 et 359. Une incription grecque de la collection de M. Péretié, à Beyrouth, mentionne encore un personnage dont le nom est inconnu et qui a exercé des fonctions semblables à celles de Vestinus. V. *Bull. de corr. hellén.*, 1879, p. 257 à 239.
(7) *C. I. G.*, 5889 (Commode).
(8) *Ibid.*, 5973 (202 ap. J.-C.).

Romain nommé C. Vàlerius Serenus, qui s'intitule « néocore de Sérapis. » Alexandrie fut aussi, sous l'Empire, le point de départ d'associations d'athlètes, instituées sur le modèle de celles de la Grèce, qui se transportaient de ville en ville. L'une d'elles a laissé un souvenir de son passage à Naples dans une inscription (1) où elle déclare être « toute dévouée à l'empereur et aux Romains. » Elle était dirigée par T. Flavius Archibius, athlète que des victoires extraordinaires avaient illustré, Alexandrin comme ses compagnons, et grand prêtre à vie du xyste tout entier. Sous les Antonins, un collège du même genre s'établit à Rome, auprès des Thermes de Titus (2). C'étaient encore deux Alexandrins, M. Aurélius Démétrius et son fils Asclépiadès, qui en avaient la présidence ; tous deux furent, l'un après l'autre, grands prêtres à vie du gymnase ; le fils portait, en outre, le titre de « néocore du grand Sérapis (3). » Ainsi une communication incessante s'établissait entre les deux cités, grâce au mouvement qui poussait hors de leur patrie tous ces gens avides d'argent, d'honneurs et de réputation. Lorsqu'ils débarquaient sur la terre du Latium, ils apportaient avec eux le culte de ces dieux puissants dont les images les avaient suivis jusque sur le vaisseau qui les amenait (4).

Ce ne furent pas tout d'abord les plus hautes classes de la société romaine qui adoptèrent les divinités nouvelles ; les inscriptions et les textes classiques (5) nous montrent que les prêtres alexandrins trouvèrent leurs premiers adeptes parmi les affranchis et dans ce monde élégant, mais léger, où les Délie, les Cynthie, les Némésis et les Corinne donnaient le ton. Tandis que les citoyens, par amour-propre national, et les matrones par obéissance pour leurs maris, fermaient leurs maisons aux importations étrangères, le peuple et les femmes indépendantes ouvraient les leurs sans scrupule. Les affranchis étaient souvent en contact avec leurs anciens compagnons d'esclavage, dont beaucoup venaient de pays éloignés ; de plus, ils représentaient le petit commerce, et, comme tels, ils avaient des rapports fréquents avec les marchands d'outre-mer. Si les belles maîtresses des poè-

---

(1) *C. I. G.*, 5804 (103-116 ap. J.-C.). V. encore 5807.
(2) *Ibid.*, 5906 à 5913 (134-143 ap. J.-C.). Cf. 1427.
(3) *Ibid.*, 5914.
(4) V. *Annali dell' Instit. di corr. arch. di R.*, 1865, p. 323. Cf. *C. I. L.*, III, 3 (104-114 ap. J.-C.).
(5) V. chapitre III.

tes à la mode accouraient vers les temples d'Isis, ce n'était pas parce qu'elles étaient plus superstitieuses et plus ignorantes que les graves épouses des Romains de vieille souche. Au contraire, c'était précisément parce qu'elles appartenaient à un monde de lettrés et de délicats, qui cherchaient en tout le nouveau et le raffiné. Elles poursuivaient l'originalité en matière de religion comme leurs amants en matière de poésie. Lorsqu'elles allaient s'enfermer pendant dix jours et dix nuits auprès des autels d'Isis, elles cédaient au même entraînement qui poussait Tibulle et Properce à imiter Callimaque et Philétas. Au plaisir intime de se sentir remuées par un culte qui frappait plus fortement les sens, se joignait pour elles la satisfaction d'entrer les premières dans une nouvelle voie de salut et de montrer le chemin aux âmes pieuses. Délie et Tibulle étaient deux disciples d'Alexandrie dont chacun innovait à sa manière.

Bientôt les grandes dames elles-mêmes se laissèrent gagner et suivirent l'exemple qu'on leur donnait avec cet empressement que d'honnêtes femmes mettent quelquefois à imiter celles dont la vertu est d'un aloi plus douteux. Les poètes galants nous assurent qu'elles couraient de grands risques en obéissant à cette impulsion, et qu'elles pouvaient par là prêter à des comparaisons fâcheuses. Mais ce sont propos de débauchés, auxquels les pratiques religieuses paraissaient toujours une affectation, une arme de plus offerte à la coquetterie. Ces plaisanteries traditionnelles sur les belles initiées qui fréquentaient les temples des divinités mystérieuses remontaient au temps d'Aristophane; aucune n'échappait au soupçon; car les anciens éprouvaient toujours quelque inquiétude lorsqu'ils voyaient les femmes dérober au soin du ménage de longues heures, qu'elles passaient loin de toute surveillance, à contempler des scènes mythologiques, qui, ainsi que le remarque Ovide, n'avaient rien d'édifiant. De là un sentiment de défiance contre les prêtres qui les attiraient. Il était si général que les adeptes des différents cultes l'inspiraient tous également et l'éprouvaient à l'égard les uns des autres. Le christianisme même subissait la loi commune; c'est ce que prouve de reste l'insistance avec laquelle Tertullien recommande aux premières filles de l'Église d'observer dans leur toilette et dans leur tenue une modestie qui enlève tout prétexte à la calomnie. Il ne faut donc pas prendre au pied de la lettre les accusations des écrivains classiques. Elles n'étaient souvent que des représailles d'amoureux, que les exigences de la loi isiaque avaient privés pendant quelques jours de leurs compagnes. Cette rancune ne les empêchait pas d'ailleurs de ressentir eux-mêmes une certaine crainte superstitieuse pour ces divinités qui tenaient une si grande place dans le cœur des femmes. Tibulle ne croit pas beaucoup à l'efficacité des pratiques auxquelles se livre Délie. Un jour qu'il se trouve arrêté à Corcyre par la maladie (1), il dit dédaigneusement, en s'adressant à elle : *ton* Isis. Mais ensuite, quand il réfléchit qu'il est seul et près de s'éteindre loin des siens, il se prend à invoquer Isis à son tour, et il lui promet que, si elle le tire de ce danger, Délie ira s'asseoir deux fois par jour dans son temple. Le sceptique s'est ravisé en présence de la mort, et c'est lui cette fois qui se porte garant de la ferveur de sa maîtresse, quoique, en homme qui se connaît, il ne s'engage pas à l'imiter.

Grâce à cette connivence tacite de beaucoup d'amants et d'époux, le culte alexandrin put se procurer non seulement l'appui moral, mais encore les ressources matérielles qui lui étaient nécessaires pour vivre. On vit ses prêtres en habits religieux, et le sistre à la à la main, parcourir les rues de Rome en s'arrêtant de porte en porte pour demander l'aumône ; personne, nous dit Ovide, n'osait les repousser (2). Les isiaques les plus dévots déposaient entre leurs mains des dons volontaires, dont la valeur, comme l'attestent les inscriptions, était quelquefois considérable. Puis il y avait des droits d'initiation, qui leur rapportaient des sommes assez rondes ; aussi avaient-ils bien soin de presser les néophytes qui auraient été tentés de s'en tenir à une première épreuve, et de les engager à échanger contre un peu d'or un degré supérieur de sainteté. Lorsque Lucius arrive dans l'Isium du Champ de Mars, il apprend avec surprise qu'un des prêtres a reçu d'Osiris, pendant son sommeil, l'ordre de présider à l'initiation du jeune étranger et l'assurance d'être grassement récompensé de ses services. Cette nouvelle ne laisse pas que d'être assez désagréable à Lucius ; mais il fait bonne contenance et vend ses hardes. Il arrivait aussi quelquefois que l'initié, comme témoignage de reconnaissance, laissait, en partant, une certaine somme au temple et aux prêtres qui l'avaient consacré (3). C'étaient là des sources de revenus assez fécondes pour que le culte alexandrin pût subsister au milieu de Rome, tant qu'il ne fut pas reconnu par les empereurs. Enfin, il vint un jour où ceux-ci lui firent con-

(1) I, III, 26.
(2) Ovid., *Pont.*, I, 1, 37. Val. Max., VII, 3, 8.
(3) V. Apul., *Métam.*, XI, passim.

11.

struire des édifices magnifiques, et où Isis et Sérapis n'eurent
plus rien à envier aux dieux du Latium.

Ce fut sans doute alors, après avoir emporté la capitale, qu'ils
continuèrent leur marche vers l'Occident. Ils se glissèrent au
milieu des armées et pénétrèrent vers le Septentrion jusqu'aux
extrêmes limites du monde ancien. Au commencement du troisième
siècle, un officier supérieur, qui commandait à Rome le camp des
Pérégrins, adressa un hommage public à Isis Reine (1). Il n'est
guère de province de l'Empire, où les légionnaires n'aient suivi
l'exemple que leurs chefs leur donnaient. Laissons de côté celles
qui étaient, comme la Numidie et l'Espagne (2), plus voisines des
pays grecs, et, partant, d'une conquête plus facile. Isis, Sérapis,
Harpocrate, Anubis, portés par les vaisseaux marchands et par
les troupes romaines, abordent sur les côtes de Provence et fran-
chissent les Alpes. On leur élève des autels à Fréjus (3), à Nîmes (4), à Manduel (Gard) (5), à Boulogne (Haute-Garonne) (6),
à Arles (7), à Riez (Basses-Alpes) (8), à La Bâtie Mont-Saléon (Hau-
tes-Alpes) (9), à Parizet (Isère) (10), à Lyon (11), à Besançon (12), à
Langres (13), à Soissons (14). Le sistre, insigne de leur culte,
figure sur des autels funéraires de la Lorraine (15). Des statuettes
d'importation égyptienne, qui appartenaient sans doute à des
Gallo-Romains, adorateurs de ces mêmes divinités, ont été trouvées à Clermont-Ferrand (16), à Nuits (Côte-d'Or) (17), et jusqu'en

(1) *C. I. L.*, VI, 354 et 3692.
(2) Pour l'Afrique, v. les index du *C. I. L.*, VIII, *Mém. de la Soc. des ant.
de Fr.*, III⁰ sér., t. VI (p. 40 du *Bullet.* de 1860), et : 4ᵉ trim. de 1881, Héron de
Villefosse, *Inscriptions d'Afrique en l'honneur de Sarapis.* Pour l'Espagne, v.
C. I. L., II. Index.
(3) Orelli, 2312.
(4) Orelli, 2307. Gruter, LXXXIV, 1.
(5) Gruter, XLII, 1. Allmer, *Revue épigraph. du midi de la France*, 1880,
n° 9, inscr. n° 167.
(6) Orelli, 5856. *Mém. de la Soc. des antiq. de Fr.*, t. II (1820), pag. 76.
(7) Orelli, 5835. *Bullet. monumental*, 1875, p. 741 ; 1876, pag. 750.
(8) Inscr. citée en dernier lieu par Desjardins, *Table de Peutinger*, p. 64, col. 1.
(9) *Bullet. épigr. de la Gaule*, 1882, p. 148, et pl. xi.
(10) Orelli, 1775. Allmer, *Inscript. de Vienne*, t. III, p. 466.
(11) Reines., CCLXXXIX.
(12) Orelli, 2313.
(13) Gruter, LXXXIV, 5.
(14) Orelli, 1877. *Bullet. de la Soc. des antiq. de Fr.*, 1870, p. 147 (t. XXXII,
4ᵉ sér., t. II). Charles Robert, *Epigraphie gallo-romaine de la Moselle*, p. 29.
(15) Montfaucon, *Ant. Expl. Suppl.*, t. V, pl. xxxv, 1, et xli, 6.
(16) *Mélanges d'arch. égypt. et assyr.*, t. III, p. 65.
(17) *Rev. archéol.*, 1865, p. 72.

Alsace (1). Au musée Guinet, à Lyon, on en a réuni dans une même vitrine un grand nombre qui ont été exhumées sur divers points de notre sol; Arles notamment en a fourni beaucoup à cette collection et à d'autres que nous avons visitées. Des images des dieux égypto-grecs, d'un style plus libre, ont été découvertes au mont d'Uzore (Loire) (2). D'autres monuments, dont on rattache l'origine à l'extension du culte alexandrin, sont d'une attribution fausse ou douteuse. C'est ainsi qu'on a quelquefois vu une Isis dans une des statues qui décorent l'édifice octogone de Montmorillon (Vienne); il est reconnu aujourd'hui qu'elle date du moyen âge (3). Les antiquaires parlent aussi d'une statue colossale d'Isis qui se trouve dans l'île de Groix (Morbihan) (4). Suivant d'autres, cette déesse aurait été adorée à Melun (5). Enfin, on prétend qu'il y avait à Paris, dans l'église de l'abbaye de Saint-Germain-des-Prés, une statue d'Isis, qui y resta jusqu'en 1514; à cette époque, le cardinal Briçonnet donna ordre de la détruire, parce que le vulgaire lui rendait encore un culte (6). Les moyens nous manquent pour contrôler la vérité de ces assertions. Mais ce qui paraît certain, c'est que le nom d'Isis n'est pour rien dans l'étymologie de ceux de Paris et d'Issy, et que ce n'est pas le vaisseau de la déesse alexandrine qui figure dans les armes de notre capitale. Ceci soit dit pour qu'on ne nous soupçonne pas de faire cause commune avec l'auteur d'un livre imprimé en 1879 (7), qui, fort de ces vestiges laissés par les divinités égyptiennes dans notre pays, propose aux Parisiens de rétablir le culte d'Isis; il est vrai que la religion *néo-isienne*, dont cet ouvrage contient les commandements, serait débarrassée des éléments impurs qui se sont introduits à une époque de décadence dans l'isiacisme primitif. Nous nous permettrons de contester la valeur des titres antiques qu'elle s'arroge, tout en

(1) Schœpflin, *Alsatia illustrata*, t. I, tab x; II, p. 496. Cf., p. 498, § cxii.
(2) Adolphe Joanne, *Itinéraire général de la France. Auvergne, Morvan, Velay, Cévennes* (1882), p. 207, col. 2.
(3) Millin, *Mon. antiq. inéd.*, t. II, p. 329.
(4) *Mém. de la Soc. des antiq. de Fr.*, t. II (1820), p. 33.
(5) *Ibid.*, p. 78.
(6) Du Breul, *Antiquités de Paris*, pag. 2. André Duchesne, *Antiquités et recherches des villes de France*, pag. 10. Moreau de Mautour, *Mém. Acad. Inscr. et B.-L.*, t. III, p. 297. Banier, *Mytholog.*, t. V, p. 490. *Mém. de la Soc. des antiq. de Fr.*, t. II (1820), p. 78. D. Ricard, trad. de Plutarque, *De Is. et Os.*, note A¹². Dulaure, *Histoire de Paris*, 6ᵉ édit. (1837), t. I, p. 54 et suiv.
(7) *Le Renouveau d'Isis*, traduction libre de l'allemand, par Esslic. — Paris, Jouaust, librairie des Bibliophiles, 1879.

avouant que Lutèce a pu, aussi bien que le reste de la Gaule, connaître les dieux égypto-grecs. Les marchands d'Alexandrie venaient certainement jusque-là. N'a-t-on pas trouvé l'épitaphe d'un Alexandrin à Clermont, dans l'Oise (1)?

La Grande-Bretagne a reçu au moins Sérapis, comme l'attestent des inscriptions d'York (*Eburacum*) (2), de Brougham-Castle (*Brovonaca*) (3). Il a pénétré avec Isis dans la Dacie (Hongrie et Valachie actuelles) (4), dans la Pannonie (5) et le Norique (6) (Autriche), dans la Dalmatie (7) et dans l'Helvétie (8).

Enfin ils ont l'un et l'autre trouvé des adorateurs parmi les Germains (9). « Une partie des Suèves, dit Tacite, sacrifie à Isis. D'où vient ce culte étranger? Je l'ignore. Peut-être le vaisseau, qui en est le symbole distinctif, indique-t-il que cette religion fut importée chez eux (10). » Ce passage exerce, depuis de longues années, la sagacité des érudits d'outre-Rhin (11). Il peut donner lieu à deux hypothèses : ou bien il y avait dans la mythologie nationale des Germains une de ces divinités vagues et mal définies qui, chez presque tous les peuples, représentaient la Nature, et Tacite, ne sachant comment la nommer, l'identifie par comparaison avec l'Isis égypto-grecque; ou bien cette Isis, adorée en Germanie, était bien réellement celle dont les Alexandrins avaient porté le culte sur tous les rivages du monde romain. La première hypothèse est justifiée par des données positives : les populations du Nord avaient, en effet, une déesse cosmique, Niœrdr ou Nerthus, qu'elles considéraient comme la source de toute fécondité et de toute joie; à une certaine époque de l'année, on la promenait dans un char voilé traîné par des génisses. Deux autres divinités,

_____

(1) *Bullet. de la Soc. des antiqu. de Fr.*, 1861 (t. XXVI), p. 86.

(2) *C. I. L.*, VII, 240.

(3) *Ibid.*, 298.

(4) V. *C. I. L.*, III. Index et *C. I. G.*, 6814.

(5) *C. I. L.*, *l. c.* et *Ephemeris epigraphica*. Vol. IV, n°s 486 et 528.

(6) *C. I. L.*, *l. c.*

(7) *C. I. L.*, III, 2903.

(8) Orelli, 457.

(9) Brambach, *Inscr. Rhen.*, 285ᵃ, 330, 1541, 1617. Nous ne mentionnons que pour mémoire une inscription soi-disant trouvée en Hollande (Brambach, p. 359. Orelli, 1894) et qui a été reconnue comme fausse.

(10) *Germanie*, IX.

(11) V. les sources indiquées par M. Geffroy, dans son volume intitulé : *Rome et les Barbares* (1874), pag. 128 et suiv. Ajoutez-y Zehetmayer, *Nerthus, Isis, Nehalennia. Blätter für die Bayer. Gymnasialschulwes.*, XVII, 4 h., p. 170, 172 (1881).

proches parentes de celle-là et présentant le même caractère, Freya et Iord, étaient adorées dans une île de l'Océan, que l'on croit pouvoir identifier avec la danoise Séeland; le navire figurait parmi les attributs de Iord. D'autre part, les inscriptions (1) attestent que l'Isis alexandrine fut connue en Germanie aussi bien que Sérapis. Mais il ne semble pas qu'il y ait là une difficulté insoluble et qu'on doive désespérer de concilier les deux opinions. La divinité que les soldats et les marchands introduisirent dans les établissements fondés après la conquête, comme Cologne, par exemple, fut confondue de parti pris avec l'antique idole de la population vaincue. C'est ainsi que, dans le Norique, Isis Auguste ou Myrionyme a été mise en rapport avec une divinité locale, à laquelle les Romains donnaient le nom de Noreia, tiré de celui du pays lui-même (2). Elle représentait donc, à l'époque impériale, dans certaines provinces, quatre panthéons greffés successivement les uns sur les autres. On conçoit que, lorsque l'histoire des religions n'avait pas encore porté la lumière dans des questions aussi embrouillées, les savants aient eu de la peine à démêler l'origine de cette déesse égyptienne, adoptée par les Grecs et introduite par les Romains dans la mythologie germaine.

Si nous jetons maintenant un coup d'œil sur le chemin que nous venons de parcourir, nous voyons que les dieux alexandrins ont pénétré aussi loin que les empereurs ont étendu leur domination. Déjà, sous Néron, Lucain (3) constatait en gémissant que toutes les nations leur rendaient un culte. Plutarque assure qu'ils sont communs à tous les hommes et que leurs noms seuls sont nouveaux (4). D'après Lucien, peu s'en faut qu'il ne reçoivent plus d'honneurs que tous les autres dieux (5). Enfin le curieux dialogue de l'*Octavius*, que Minutius Félix a composé pour la défense du christianisme, montre mieux que tout le reste quelle place ils occupaient, à la fin du second siècle, dans la religion romaine. C'est, en effet, à l'occasion de l'un d'entre eux que s'élève le débat entre l'avocat du paganisme et l'apologiste chrétien. Le premier, en se promenant dans Osties, a fait un geste d'adoration devant une statue de Sérapis. Son compagnon s'est récrié aussitôt et la discussion s'est engagée. Ce qu'il y a de piquant dans la

---

(1) V. encore notre *Catalogue*, nº 104. Mais ce monument pourrait bien provenir d'Italie.
(2) V. *C. I. L.*, III, 4806 à 4810.
(3) IX, 157.
(4) V. plus haut, chap. IV.
(5) *Ibid.*

thèse du païen, c'est qu'il soutient la tradition nationale; il prétend qu'on ne doit point chercher d'autres dieux que ceux que l'on a appris à vénérer dès l'enfance. Lui qui vient de s'incliner devant une idole étrangère, il prend le parti de l'antique religion du peuple romain. Mais, à ses yeux, il n'y a pas là de contradiction; car Rome doit avoir pour dieux ceux du monde entier. Son adversaire, au contraire, s'attache à faire ressortir la diversité d'origine de tous ces cultes dont on voudrait atténuer les disparates en les poussant pêle-mêle dans le giron de la puissance romaine. L'un s'efforce autant de les identifier que l'autre de les distinguer. Le chrétien, après avoir montré ce qui lui paraît absurde dans la mythologie alexandrine et dans les pratiques qui en rappellent les principaux épisodes, s'écrie : « Voilà pourtant un culte qui était égyptien autrefois et qui est aujourd'hui romain ! » Il se plaît à rappeler qu'il y eut un temps où Isis et Sérapis étaient inconnus du peuple-roi.

Le païen l'avait oublié.

CONCLUSION.

Ce triomphe complet et définitif tient à des causes générales que nous avons énumérées chemin faisant en étudiant l'état dans lequel se trouvaient les esprits au commencement de notre ère. Il s'explique aussi par la supériorité des institutions religieuses de l'Egypte sur celles du paganisme gréco-romain. On a remarqué que ce pays n'a adopté qu'assez tard le christianisme, qu' « il ne joue aucun rôle dans l'histoire apostolique, et qu'à partir du troisième siècle seulement il devient le théâtre d'événements importants dans l'histoire de la religion. » On pense que s'il est resté ainsi en dehors du mouvement qui entraînait le monde entier, c'est qu'il avait Philon et les Thérapeutes : « C'était là son christianisme, lequel le dispensait et le détournait d'accorder à l'autre une oreille attentive. Quant à l'Egypte païenne, elle possédait des institutions religieuses bien plus résistantes que celles du paganisme gréco-romain (1). »

Cette double force, qui lui permit de résister à l'invasion, lui permit aussi de devenir envahissante. La religion mixte que les Grecs d'Alexandrie répandirent sur les côtes de la Méditerranée l'emportait à bien des égards sur celles qu'ils y trouvaient établies. Si la meilleure, en effet, au point de vue de la théocratie, est celle dont le dogme est plus mystique, le culte plus absorbant, le sacerdoce plus occupé, le temple plus large, la religion alexandrine laissait bien loin derrière elle ses devancières. Nous l'avons vu dans le détail ; mais la victoire qu'elle a remportée indiquait assez, avant tout examen, qu'elle répondait à un idéal nouveau. Dans l'histoire des peuples le succès a toujours sa raison d'être, et celle-ci ne doit être cherchée dans les faiblesses de l'humanité qu'en désespoir de cause, lorsqu'on s'est convaincu qu'elle n'est pas plus profonde et plus morale. Ne nous hâtons pas de jeter la

_____
(1) E. Renan, *Les Apôtres*, p. 283.

religion alexandrine dans la catégorie des superstitions sans circonstances atténuantes. Si, la jugeant à la lumière de la raison, nous lui donnons ce nom flétrissant, songeons que de grands esprits de l'antiquité l'ont appliqué aussi à d'autres que l'on vénère et que l'on admire encore aujourd'hui. Cette considération nous rendra indulgents. Ce que l'on peut reprocher aux adeptes d'Isis et de Sérapis, c'est de n'avoir pas su se débarrasser complètement du paganisme. Mais, en revanche, nous trouvons parmi eux un grand désir de se rapprocher, de former des sociétés, d'entrer en communion les uns avec les autres en se perdant tous en Dieu. Que leurs moyens aient été grossiers, ridicules même, nous y consentons. Mais leur but paraîtra noble à ceux qui croient que l'homme doit tendre vers Dieu, et excusable à ceux qui doutent que notre pauvre nature puisse jamais arriver jusqu'à lui.

Par le caractère tout nouveau qu'il présente, le culte alexandrin se rapproche du christianisme des premiers âges. On peut même se demander s'il n'en a pas subi l'influence avant la fondation de l'Ecole d'Alexandrie. Ces aspirations monothéistes, ce goût de la contemplation, ces habitudes d'ascétisme et d'adoration perpétuelle qu'il a répandues dans la société romaine dès le premier siècle, ne les tenait-il pas lui-même des disciples du Christ? Nous n'hésitons pas à répondre qu'il n'en est rien. Les précurseurs des néo-platoniciens, Philon, Plutarque, Apulée n'ont pas plus emprunté à saint Paul et à l'Eglise primitive que Sénèque le Philosophe. Ils ont suivi le courant général qui portait les esprits à se détacher des choses de ce monde pour se préoccuper exclusivement de celles de l'autre, et qui renversait de fond en comble les principes de la société antique. La vie nouvelle qu'embrassent les partisans de la secte isiaque est exactement celle que l'on menait dans le Sérapéum de Memphis au second siècle avant Jésus-Christ. Aussitôt que la monarchie impériale s'est substituée au régime démocratique, un souffle puissant a courbé toutes les âmes devant des divinités plus exigeantes, qui imposaient au citoyen, privé de droits politiques, des devoirs religieux toujours plus nombreux et plus sévères. Le culte isiaque, entre tant d'autres, s'est fait jour à ce moment. Il s'est trouvé en contact avec le christianisme beaucoup plus tard, lorsque la philosophie s'est efforcée d'arrêter l'œuvre des apôtres. Il l'a alors combattu et imité. Ce choc a déterminé entre les deux religions un échange d'influences. L'isiacisme a contribué à faire naître, au sein de l'Eglise naissante, des hérésies redoutables. Il a réussi à introduire même dans les dogmes de l'orthodoxie quelques-unes des théories qui lui étaient chères (1). En retour, il a reçu du christianisme, sous Julien surtout, des habitudes de discipline et de moralité, grâce auxquelles il a pu lui faire quelque temps une concurrence inquiétante. L'histoire de cette lutte formerait le complément naturel de l'étude que nous avons entreprise. Elle permettrait de juger de quelle hauteur le christianisme l'emportait sur la secte rivale qu'il a vaincue.

Mais jusqu'à la fin du second siècle les deux religions restent étrangères l'une à l'autre. On a appliqué aux sciences historiques ce principe célèbre que la nature ne procède point par bonds et l'on a montré que l'enchaînement continu que l'on peut observer dans ses productions se trouve aussi dans les œuvres de l'humanité (2). Il y a un autre principe qui découle directement de celui-là : c'est que dans la série des efforts que fait l'espèce humaine pour se rapprocher de la perfection, elle façonne des ébauches qu'elle rejette ensuite quand elle a trouvé mieux. Plus tard, dans la suite des siècles, lorsque le succès a consacré l'œuvre définitive, si les yeux se portent par hasard sur ces ébauches oubliées, elles paraissent des monstres.

C'est ce qui est arrivé pour le culte alexandrin. Né dans une époque de transformations, puis adopté avec enthousiasme, il a fini par être mis au rebut. Nous croirons n'avoir pas fait une œuvre inutile, si nous avons réussi à montrer qu'il n'est pas absolument indigne de l'attention que l'homme doit à tout ce qui sort de l'esprit de l'homme, et si l'on nous accorde qu'il a servi, suivant le mot d'un critique (3) « à préparer et à faciliter » l'avènement du christianisme.

(1) V. Tiele, *Manuel de l'hist. des relig.*, trad. Vernes, p. 60.
(2) Havet, *Origines du christianisme*, préface.
(3) Bœttiger, *Isis Vesper*.

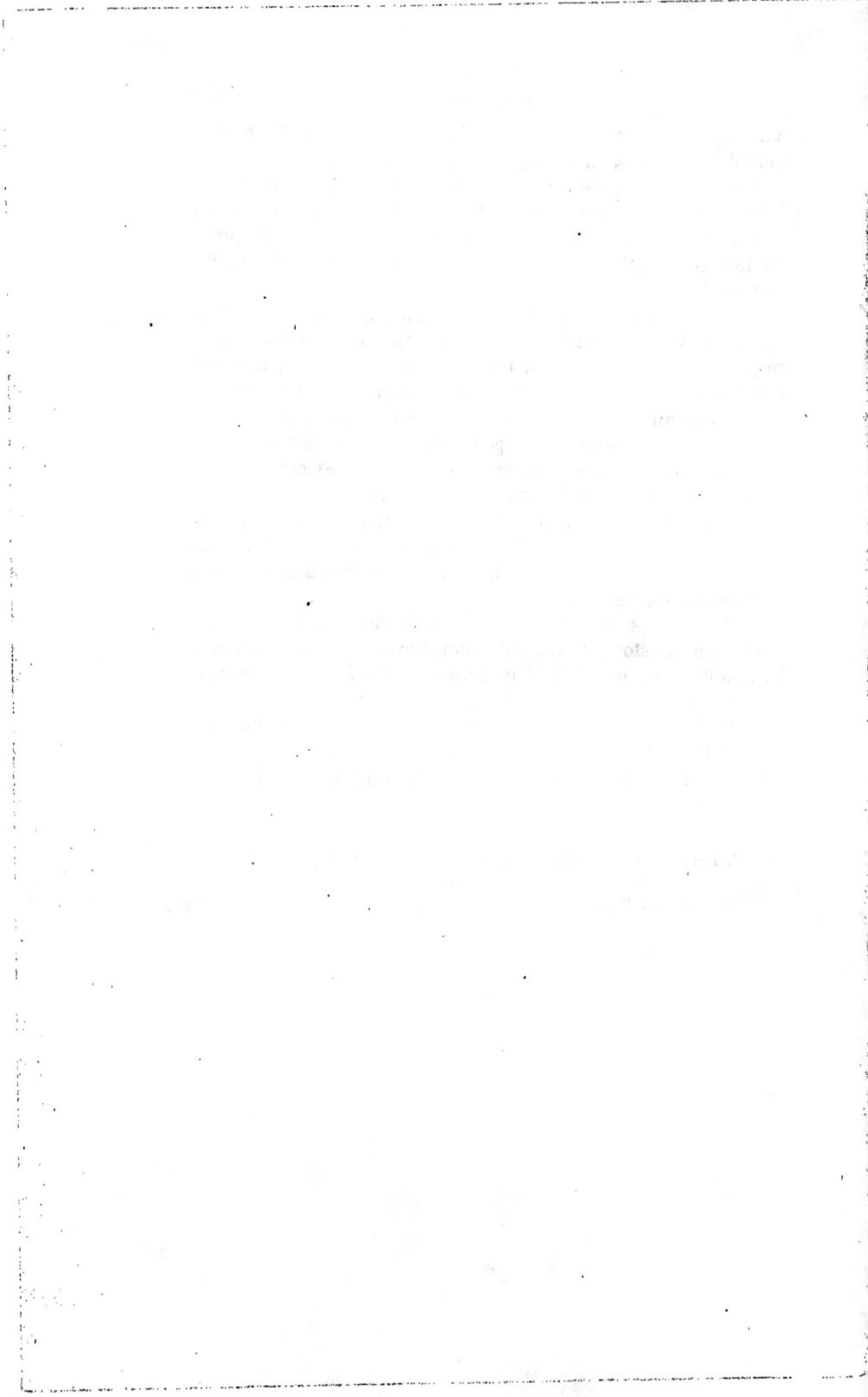

SECONDE PARTIE

LES MONUMENTS

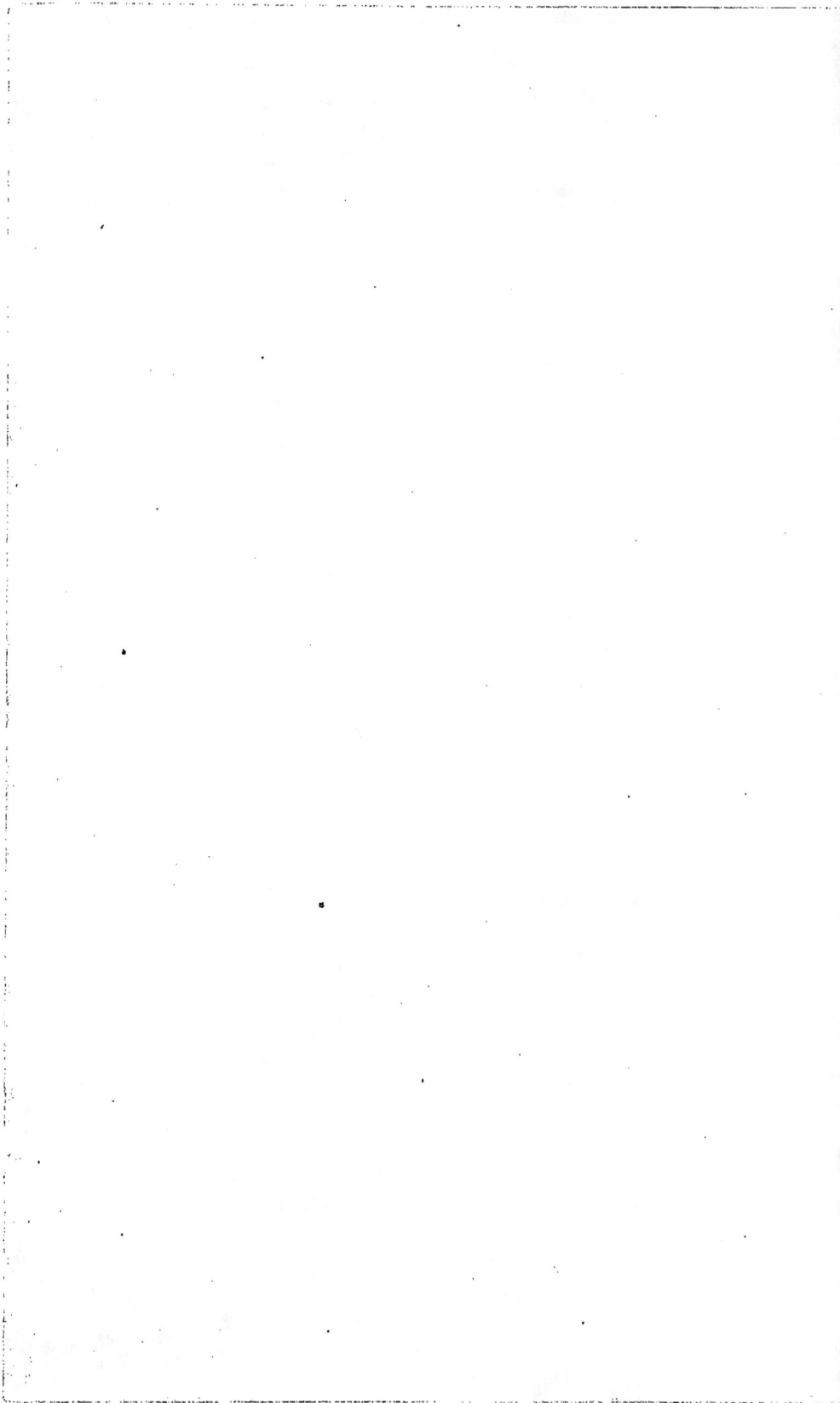

CHAPITRE PREMIER.

L'ISIUM DE POMPÉI (1).

Les cultes orientaux qui prirent pied en Italie apportaient avec eux des nécessités d'installation attachées à leurs pratiques mêmes ; aussi les prêtres durent-ils se conformer, dans la construction des temples, au type reçu dans leur pays d'origine : les synagogues des juifs de Rome furent sans doute de petites copies de celles de Jérusalem. Les Egyptiens venaient d'un pays où s'étaient perpétués deux arts bien différents l'un de l'autre ; dans l'intérieur, l'architecture religieuse de l'époque pharaonique continuait à se développer librement, et les vainqueurs eux-mêmes en respectaient les antiques traditions. Sous Antonin, en l'an 147 ap. J.-C., on sculptait encore, dans un temple de Latopolis (Esneh), des bas-reliefs si semblables à ceux de l'ancien empire, que les savants de l'expédition française n'avaient trouvé aucune difficulté à regarder le monument tout entier comme datant de l'an 3000 avant notre ère (2). Cette immobilité de l'art hiératique n'est qu'apparente ; en réalité, les principes de la construction avaient beaucoup changé (3). Le plan des édifices tendait de plus en plus à se resserrer ; la sculpture se montrait plus soucieuse de

----

(1) En 1845, J.-J. Ampère, de passage à Pompéi, écrivait au ministre de l'Instruction publique : « Vous savez, Monsieur le ministre, qu'un temple consacré à Isis existe encore à Pompéi, et que les peintures retrouvées dans cette ville montrent des prêtres égyptiens célébrant les rites étrangers. Il serait curieux de savoir ce qu'étaient devenus l'art et l'écriture de l'Egypte, transportés dans une ville romaine, et jusqu'à quel point l'un et l'autre s'étaient altérés dans cette importation, à une époque où le paganisme, las du passé et impatient d'un avenir inconnu, ouvrait son sein vieilli à toutes les religions de l'Orient » (*Moniteur* du 23 mars 1845). C'est à ce programme de notre savant compatriote que nous avons essayé de répondre dans ce chapitre.

(2) Letronne, *Inscr. de l'Eg.*, t. I, p. 199 et suiv.

(3) V. Breton, *Essai sur les principales formes des temples* (1843).

donner à ses œuvres la vie et le mouvement. Mais on observait
avec tant de scrupule ce qui restait des règles antiques, que ce qui
n'était plus qu'apparence était encore beaucoup, et l'on comprend
que des yeux à qui manquait l'expérience aient pu s'y tromper
au premier abord.

Sur le rivage de la Méditerranée, l'art grec s'était fait sa part
dans les temples, où l'on avait tenté une alliance entre le culte
des indigènes et celui des conquérants. Dès les premières années
de l'occupation, Ptolémée Sôter avait élevé un Sérapéum à Alexandrie, dans le quartier de Rhacotis, sur l'emplacement d'une chapelle consacrée à Isis et à Sérapis par les habitants de la vieille
ville (1). Voici la description que nous a laissée de ce monument
Rufin (2), qui le vit dans les dernières années du quatrième
siècle, peu de temps après qu'il eut été privé de ses prêtres et en
partie saccagé par les chrétiens : « Tout le monde a entendu parler du Sérapéum d'Alexandrie et beaucoup de personnes le connaissent pour l'avoir vu. L'élévation sur laquelle il est bâti a été
formée, non point par la nature, mais par la main de l'homme.
Il se dresse au milieu des airs au-dessus d'une masse de constructions, et l'on y monte par plus de cent degrés. Il s'étend de
tous côtés en carré sur de grandes dimensions. Toute la partie
inférieure, jusqu'au niveau du pavé de l'édifice, est voûtée (3).
Ce soubassement, qui reçoit la lumière d'en haut par de vastes
ouvertures, est divisé en vestibules secrets, séparés entre eux, qui
servaient à diverses fonctions mystérieuses. A l'étage supérieur,
les extrémités de tout le contour de la plate-forme sont occupées
par des salles de conférences, des cellules pour les pastophores et
des corps de logis extrêmement élevés qu'habitaient ordinairement
les gardiens du temple et les prêtres qui avaient fait vœu de chasteté. Derrière ces bâtiments, en dedans, des portiques régnaient
en carré tout autour du plan. Au centre de la surface s'élevait le
temple, orné de colonnes de matière précieuse et construit en
marbres magnifiques qu'on y avait employés à profusion. Il contenait une statue de Sérapis de proportions telles qu'elle effleurait
un mur de la main droite et l'autre de la gauche ; des métaux et
des bois de toute espèce entraient, à ce que l'on assure, dans la

---

(1) Tac., *Hist.*, IV, 84.
(2) *Hist. Eccl.*, II. 23. — Dans notre traduction, nous avons respecté avec
soin les changements de temps : l'auteur emploie le présent ou l'imparfait,
suivant que ce qu'il décrit subsiste ou non.
(3) Les voûtes ont été retrouvées. *Descr. de l'Eg.*, t. V, p. 367.

composition de ce colosse. Les murs du sanctuaire passaient pour être revêtus à l'intérieur de lames d'or que recouvraient des lames d'argent, et par-dessus il y avait une troisième couche en bronze destinée à protéger les deux autres..., etc. » Dans cet édifice, il faut distinguer deux éléments différents. La religion des Alexandrins comprenait un certain nombre de croyances et de pratiques que les Grecs, en s'établissant sur les bords du Nil, fondirent tant bien que mal avec les leurs, soit par politique, soit par suite de leur goût inné pour la nouveauté, ou plutôt par ces deux raisons à la fois. Ils prirent en particulier ces habitudes de vie monacale, qui en Egypte rassemblaient autour de l'autel un entourage innombrable de prêtres, de reclus et de ministres de tout rang. L'art religieux dut se conformer à ce nouveau besoin. De là viennent, dans le Sérapéum d'Alexandrie, ces cellules pour les pastophores, ces immenses corps de logis habités par les gardiens et par les prêtres qui avaient fait vœu de chasteté ; en un mot, pour tous ceux qui, à un titre quelconque, consacraient leur existence au service ou à la contemplation de la divinité. Mais, du reste, l'art grec règne en maître dans le Sérapéum. Ces terrasses, cet immense escalier de cent marches, ces voûtes, cette décoration intérieure de la *cella*, tout cela ressemble fort peu au temple que, sous Antonin, on décorait de bas-reliefs hiératiques à Latopolis. Encore la description de Rufin est-elle incomplète ; il ne parle pas de la magnifique bibliothèque qui était jointe au Sérapéum (1) et qui devint une des plus belles du monde entier, lorsque celle du Musée eut été incendiée par les troupes de César. Il ne parle pas des statues animées (2) qui peuplaient cette énorme construction. « Après le Capitole, éternel orgueil de l'auguste cité de Rome, dit Ammien Marcellin, on ne peut rien voir de plus magnifique dans tout l'univers. » C'était là que l'on conservait le nilomètre, et par suite que l'on faisait les principales observations sur les crues du fleuve ; c'est là qu'à partir du principat d'Auguste l'Ecole d'Alexandrie, tout en conservant son nom de Musée, transporta probablement son siège (3). D'après ce que nous lisons dans les auteurs, il est facile de recomposer par la pensée un édifice qui était non seulement un temple, mais encore un couvent et un institut scientifique ; enfin, ce n'est pas user de métaphore que de dire que ce fut une des citadelles du paga-

---

(1) Amm. Marcell., XXII, 17.
(2) « *Spirantia signorum figmenta.* »
(3) Rufin, II, 20. *Descr. de l'Eg.*, V, p. 367.

nisme ; car les derniers défenseurs des dieux proscrits y soutinrent un véritable siège contre le patriarche Théophile, en 397. Ils furent vaincus, la statue de Sérapis fut brûlée en place publique et le Sérapéum abandonné (1).

Le Sérapéum que les Alexandrins élevèrent dans Memphis auprès du temple égyptien d'Osor-Api (2), se composait, outre l'édifice principal, d'un vaste pastophorion contenant les cellules des cénobites (καταλύματα) (3), d'un hémicycle où figuraient des statues de philosophes grecs (4) et de plusieurs chapelles accessoires consacrées à Esculape, à Anubis et à Astarté (5). On y déposait des candélabres et autres offrandes et des inscriptions grecques gravées sur des tables en pierre rappelaient les noms des bienfaiteurs. On y tenait un marché à l'intérieur même, et peut-être y logeait-on les étrangers qui venaient, des pays voisins, y faire leurs dévotions ou chercher une guérison (6). Ces différents traits donnent l'idée d'un vaste établissement religieux qui participait à la fois du couvent, du temple, de l'académie, du caravansérail et du bazar.

Si à Memphis, dans cette antique résidence des Pharaons, les temples des divinités alexandrines ont été construits porte à porte auprès de ceux des cultes indigènes sans rien perdre de leur caractère hellénique, à plus forte raison dans ceux que l'on a élevés hors de l'Egypte a-t-on dû respecter les principes de l'art grec. Il faudrait donc, en définitive, en chercher le type dans ce Sérapéum d'Alexandrie qui, tel que nous l'avons dépeint, a été le centre de la propagande la plus active ; c'est de là qu'Isis et Sérapis ont « pris leur essor pour aller, en quelque sorte, s'abattre sur toutes les parties du monde connu (7). » Sous les Lagides, ils passent la Méditerranée et font leur première apparition dans le monde romain.

Il semble presque oiseux, après ce que nous venons de dire, de se demander s'ils ont été reçus en Grèce et en Italie dans des

(1) Ruf., l. c. V. le récit de cette destruction, fait par par un païen fervent dans Eunape, *Vie d'Ædesius*, p. 77.

(2) V. ici, p. 17.

(3) Brunet de Presles, *Mém. sur le Sérap. de Memphis*, dans *Mém. présentés par div. sav. à l'Acad. des Insc. et B.-L.*, 1852, p. 552.

(4) Egger, *Mém. d'hist. anc.*, p. 400. *Observation sur une inscription grecque du Sérap. de Memphis.*

(5) Brun. de Pr., l. c., p. 574, 575.

(6) Brunet de Pr. et Egger, *Papyrus du Louvre*, pap. 34, note.

(7) Mariette, *Le Sérapéum de Memphis*, p. 6.

monuments imités de ceux où les vieilles dynasties avaient apporté leurs hommages à Isis et à Osor-Api. La question ne mériterait même pas d'être posée, si les vicissitudes de l'art en Egypte s'étaient arrêtées là.

Mais aux Ptolémées succédèrent les Césars. Les nouveaux maîtres du pays n'avaient pas dans les arts cette originalité puissante qui faisait que les Grecs, loin d'emprunter à autrui, prêtaient à ceux mêmes qui ne leur demandaient rien. Les Romains se montrèrent plus accueillants ; ils s'abandonnèrent volontiers à ce sentiment de curiosité qu'il est impossible de ne pas ressentir en Egypte ; il y avait dans la mystérieuse grandeur de ses monuments quelque chose qui allait à leur génie. Après les avoir admirés, ils ne se firent pas faute d'y prendre ce qui leur plaisait et ils transportèrent au delà de la mer une quantité de statues et d'obélisques destinés à orner, non seulement les édifices publics, mais encore les maisons des particuliers. Il y eut même un moment où ce goût devint de la manie ; nous verrons ailleurs (1) comment se fit alors l'exportation et quelles en furent les conséquences. Jusqu'où alla cet engouement des Romains? S'ils dépouillaient les temples à leur profit, ne furent-ils pas tentés de les copier? Si, non contents d'adorer Isis et Sérapis sous la forme que leur avait donnée les Alexandrins, ils allèrent chercher au delà du Delta des images de ces dieux sculptées dans le granit, pourquoi n'auraient-ils pas essayé aussi de se rapprocher du vieux type des temples de Thèbes et de Memphis plus que ne l'avaient fait les Lagides en élevant le Sérapéum d'Alexandrie? On voit en quoi consiste la question et ce qui la rend légitime. Un archéologue (2), parlant de l'Isium de la IXᵉ région de Rome, se demande s'il n'était pas précédé de trois pylones, d'une allée de sphinx ou *dromos*, d'obélisques et de colonnes suivant les règles de l'architecture égyptienne que Strabon nous a transmises (3). C'est ce point délicat de l'histoire de l'art que nous voulons examiner. Si nous ne pouvons pas arriver à une solution certaine, peut-être, après avoir classé dans un ordre méthodique et décrit avec soin ce qu'il y a de plus important parmi les monuments d'art égyptien subsistant en Italie, pourrons-nous, tout au moins, proposer une opinion vraisemblable.

Parler des temples alexandrins de l'Italie et prétendre en don-

(1) V. notre chapitre sur *les Images*.
(2) C.-L. Visconti, *Bullet. arch. communale di Roma*, 1876, p. 100.
(3) XVII, 1, 28.

12.

ner une idée peut paraître, au premier abord, un peu hasardé.
Il n'y en a guère qu'un, en effet, celui de Pompéi, que l'on
connaisse dans tous ses détails, et il semble que c'est trop peu
pour que l'on puisse s'élever du particulier au général. En y
regardant de plus près cependant, on trouve, pour cette étude, un
plus grand nombre de matériaux qu'on ne l'aurait cru. Le temple
de Pompéi lui-même, tel qu'il a été enseveli sous Titus, et
découvert en 1765, n'est pas le plus ancien dont on puisse examiner les restes. En l'an 63, un tremblement de terre, avant-cou-
reur de l'éruption de 79, renversa un sanctuaire d'Isis sur l'emplacement duquel avait été déjà rebâti, lorsque arriva la catastrophe
finale, celui dont les murs sont encore debout. Or, il subsiste du
temple primitif, détruit en 63, des traces et des fragments à l'aide
desquels une investigation patiente a pu recomposer un plan, presque une construction. Les renseignements que l'on peut tirer de
cette double source sont complétés par deux peintures importantes découvertes à Herculanum (1); elles représentent des édifices du culte alexandrin non seulement avec toute leur décoration ; mais encore avec leurs prêtres et leurs fidèles. Il n'est pas
sans intérêt de les comparer, pour l'architecture, aux ruines de
Pompéi. On peut donc enfermer dans une même catégorie tout
ce que les villes enfouies sous la lave du Vésuve nous offrent pour
notre sujet et établir ainsi une première période dans laquelle deux
subdivisions chronologiques peuvent même être observées. L'Isium
de Pompéi a été souvent décrit ; nous n'hésitons pas cependant à
reprendre la tâche plusieurs fois accomplie. Les œuvres d'art
exhumées au pied du Vésuve ont été tellement dispersées, depuis
un siècle et demi, qu'il n'est pas inutile, pour se faire une idée
juste d'un monument, d'y remettre en place, par l'imagination,
tout ce qui en a été enlevé. Nous n'avons pas cependant la prétention de nous distinguer par la minutie du détail ; l'*Histoire
des antiquités de Pompéi* (2), à la date de 1765 et 1766, fournira à
ceux qui voudraient de plus amples renseignements un inventaire
plus complet et plus sûr. Nous désirons surtout chercher quel
caractère l'Isium présente à l'archéologue et à l'artiste et résoudre
la question que nous nous sommes posée.

Après avoir vu ce qu'était le temple alexandrin en province au
premier siècle, il serait bon de savoir ce qu'il était alors dans la
capitale. Par malheur, rien ne prouve que les morceaux de sculp-

(1) V. notre *Catalogue* n°ˢ 222-223.
(2) *Pompeianarum antiquitatum historia.*

ture et d'architecture exhumés du sol de Rome soient de beaucoup antérieurs à l'époque où ils ont été enfouis, c'est-à-dire à
peu près à la fin du quatrième siècle et au commencement du
cinquième; il est même probable que les plus anciens datent
pour la plupart du siècle des Antonins, puisque c'est sous ces
princes que les cultes venus d'Egypte, déjà accueillis depuis
longtemps par la faveur publique, ont obtenu celle de la cour.
Dans le doute, nous les avons tous classés dans une même catégorie, et nous les considérons comme appartenant à une seconde
période de cet art que nous étudions. Nous en avons dressé un
catalogue exact, nous en tenant scrupuleusement à ceux qui peu·
vent avoir eu place dans des temples, et dans des temples importants connus par les textes. Ce serait une liste longue à faire que
celle des objets égyptiens que le sol de Rome a rendus à la lumière, et, comme presque tous ont un rapport plus ou moins
étroit avec la religion, il s'ensuivrait que dans cette énumération on
n'en devrait rejeter qu'un petit nombre, d'autant plus que beaucoup proviennent certainement de sanctuaires de second rang ou
de chapelles privées dont le nom ne nous est pas parvenu. Mais
un catalogue trop compréhensif ne répondrait pas à notre objet.

Il est question, dans plusieurs inscriptions, de temples dédiés
à Isis, à Sérapis et aux dieux qui partageaient leurs honneurs;
certains termes spéciaux qui y sont employés ont besoin d'être
expliqués.

Enfin, le onzième livre des *Métamorphoses* d'Apulée contient
plusieurs passages qu'il importe de commenter. Mais les renseignements qui en ressortent sont si singuliers que nous les avons
réunis à part; rien dans les monuments ne les confirme. Doivent-
ils pour cela être mis en suspicion, ou ne faut-il accuser que le
hasard qui n'a pas permis qu'un temple alexandrin de l'époque
d'Apulée nous fût conservé presque intact comme l'Isium de
Pompéi? C'est ce que nous aurons à décider (1).

§ 1.

L'Isium primitif de Pompéi, détruit en l'année 63, appartenait,
comme le montrent les matériaux dont il était construit et les
mesures sur lesquelles le plan en est dressé, au même temps que

(1) Nous n'avons pas mentionné l'édifice de Pouzzoles, que l'on a appelé
Sérapéum; on a montré, avec beaucoup de raison, que cette dénomination était
erronée. V. Beloch, *Campanien.*

le monument appelé Palestre, ou Portique de Vinicius (1), c'est-à-dire au second siècle avant Jésus-Christ (2). Il se composait simplement d'une *area* rectangulaire, pavée de larges dalles de tuf; tout autour régnait un portique soutenu par des colonnes doriques de même matière; il y en avait huit sur le petit côté et dix sur le grand (en comptant deux fois celles des coins); on en voit encore les pieds (*scamilli*), que l'on a laissés subsister sur le pavé lorsque les fûts ont été rasés (3). Le mur qui donnait sur la rue était la continuation directe de celui de la Palestre voisine; on peut suivre encore à fleur de terre la trace du fondement en lave. Au milieu de l'*area* s'élevait le *naos*, orné de colonnes corinthiennes en tuf, dont il reste quelques chapiteaux (4). Dans un coin était une édicule qu'entouraient des pilastres couronnés de chapiteaux semblables. L'aspect général de ce temple ne différait en rien de celui des monuments de Pompéi que l'on attribue à la période osque; dès le jour où il fut découvert, on compara les chapiteaux à ceux de la Fortune de Préneste ou de la Vesta de Tibur (5). Ainsi, bien avant la fin de la République, dès l'époque des Gracques peut-être, Pompéi avait eu un Isium construit suivant les principes de l'art grec, où le dorique et le corinthien corrigeaient par leur élégance l'effet de la couleur sombre du tuf italique (6).

Après le tremblement de terre (63), il fut le premier que l'on releva; il est le seul que l'on eût complètement restauré en 79 (7). Ce fait a son éloquence. Plusieurs particuliers contribuèrent à le réparer ou à l'embellir, entre autres L. Cæcilius Phœbus (8), et surtout la famille des Popidii (9); elle supporta la dépense principale et voulut que l'honneur en revînt à un des siens, un jeune enfant de six ans, N. Popidius Celsinus, que les décurions, pour cette

(1) Fiorelli, *Descriz. di Pomp.* Reg. VIII; Isol. VIII, 29.

(2) Nissen, *Pompeianische Studien.*

(3) *Pomp. ant. hist.*, 20 juillet 1765.

(4) V. Mazois, t. IV.

(5) *P. a. h., l. c.*

(6) A l'édifice primitif appartenait peut-être une inscription que l'on trouva engagée à l'envers dans la maçonnerie de la construction postérieure. *P. a. h.*, 16 nov. 1765, *I. R. N.*, 2210. Mais elle peut provenir aussi de la Palestre. Cf. *ibid.*, 2248.

(7) Nissen, p. 170 et 175. Il faut excepter cependant une portion de la mosaïque du portique, celle qui se trouvait derrière le naos. *P. a. h.*, 28 juin 1765 et Mazois, t. IV.

(8) *I. R. N.*, 2246.

(9) *Ibid.*, 2244, 2245 et 2243.

raison, admirent au sein de leur ordre. Une inscription placée au-dessus de l'entrée principale perpétua le souvenir du bienfait et de la récompense. Remarquons que l'édifice n'y est pas appelé *templum*, mais *ædes*; bien que la distinction que la langue latine établissait entre ces deux mots n'ait pas toujours été rigoureusement observée (1), peut-être celui qui est ici employé a-t-il été choisi à dessein pour indiquer que l'on n'avait pas accompli les cérémonies de l'*inauguratio*, et que le culte d'Isis, toléré et même vu d'un bon œil par l'autorité municipale, ne pouvait pas être officiellement reconnu.

Dans les travaux de restauration, non seulement on redressa ce qui avait été jeté à terre, mais encore on fit quelques changements dans le plan et dans la décoration. Le temple est entouré d'un péribole élevé qui ne communique immédiatement avec la rue que par une seule ouverture; l'accès en était défendu par une solide porte en bois de châtaignier, à trois battants, munie d'une serrure en fer (2). Elle n'est pas placée dans l'axe du sanctuaire, mais latéralement. L'*area* est rectangulaire; le plus grand côté suit la direction du S.-O. au N.-E. Un portique dont le toit est appuyé contre le mur d'enceinte en fait le tour. En le restaurant, on n'en changea point la largeur, mais on diminua le nombre des colonnes, et par conséquent on espaça davantage celles qu'on laissa subsister; il y en a huit sur le grand côté, sept sur un des petits et six sur l'autre; cette différence vient de ce qu'on a voulu agrandir d'une façon exceptionnelle l'entre-colonnement qui fait face au sanctuaire; les colonnes à cet endroit sont engagées dans deux piliers carrés. Le *naos* occupe le milieu de l'*area*; il est prostyle tétrastyle; on y monte par un escalier de sept marches. Le sol en a été exhaussé, après 63, de telle sorte que les bases des colonnes ont été enterrées sous la mosaïque du pavé. Une porte, que l'on pouvait fermer, donne accès du *pronaos* dans le *naos*; elle est flanquée, de chaque côté, au delà des autres, d'une niche destinée à recevoir une statue et faisant saillie sur le rectangle du plan. Au fond du *naos* s'étend sur toute la largeur un banc en maçonnerie d'une médiocre hauteur, dont l'intérieur est creux et communique avec le dehors par deux ouvertures; on enfermait

---

(1) Dictionnaire de Saglio, *Ædes*. Le temple de la Fortune, le seul de Pompéi, avec celui d'Isis, dont la dénomination soit certaine, est appelé aussi *ædes* par une inscription. *I. R. N.*, 2219.

(2) *P. a. h.*, 7 sept. 1765. Dessin dans Nicolini, *Tempio d'Iside*, tav. V et p. 12.

les objets du culte dans cette sorte d'armoire qui servait en même temps de piédestal à la statue de la déesse ; dans le mur de gauche est percée une petite porte à laquelle aboutit un escalier de cinq marches ; cette disposition tout à fait singulière permettait aux prêtres de monter au *naos* par une entrée réservée et d'ouvrir du dedans la porte principale devant les fidèles assemblés.

L'autel principal n'est pas placé vis à vis de la *cella*, mais un peu sur la gauche. La raison de cette particularité n'est pas manifeste ; on ne s'est pas proposé de laisser plus d'espace libre dans l'*area* (1) ; car, au contraire, le passage de cette façon est plutôt obstrué ; il paraît même, par une pierre élevée un peu au-dessus du sol auprès de l'autel, et qui indique l'endroit où se tenait le sacrificateur, que celui-ci ne faisait point face à la divinité pendant ses opérations. C'est là un fait bien singulier. Au pied de la niche de gauche, dans laquelle on a trouvé une statue d'Harpocrate, il y avait un second autel ; six autres, de grandeurs diverses, sont épars sous la colonnade du portique ; ils servaient aux cérémonies que le prêtre, après l'ouverture des portes, accomplissait chaque matin en s'arrêtant successivement auprès de chacun d'eux (2).

Dans un coin de l'*area* est une margelle carrée dont deux côtés, opposés l'un à l'autre, s'élevaient, il y a peu de temps encore, en forme de pignons (3) et supportaient, à l'époque de la découverte, un toit à deux pentes (4). En réalité, on n'a pas encore expliqué d'une manière satisfaisante l'usage de cette singulière bâtisse. Aujourd'hui, si l'on se penche sur le bord, on voit courir tout au fond l'eau du Sarno que le canal de Fontana amène de ce côté. Mais primitivement le trou que limite cette margelle ne pénétrait pas aussi avant dans le sol et ne communiquait avec aucune cavité plus large. On y a trouvé, au milieu d'un monceau de cendres, des figues, des pignons, des châtaignes, des noix et des noisettes ; ce n'était donc pas un regard des souterrains du temple (*favissæ*) (5). On a émis aussi l'opinion qu'on s'en servait comme de réceptacle pour les cendres et les offrandes consumées dans les sacrifices, que l'on ne voulait pas jeter au vent ou sur un terrain profane (6). Mais alors comment expliquer qu'on y ait

(1) Overbeck, *Pompéi*, p. 103.
(2) « *Per dispositas aras circumiens.* » Apul., *Met.*, XI, 795.
(3) V. une photographie reproduite dans une gravure d'Overbeck, p. 73.
(4) *Pomp. ant. hist.*, 14 décembre 1765. Nicolini, p. 13.
(5) Fiorelli, *Descr. di Pomp.*, 1875, p. 360-1.
(6) Overbeck, p. 103.

trouvé des statuettes de marbre, des médailles de bronze, des lampes de terre cuite et des flacons de verre (1)? Et comment supposer qu'un déversoir soit situé dans l'*area*, à droite du *naos*, presque à une place d'honneur? Peut-être avait-on là une *arca* (2), s'ouvrant par une petite porte pratiquée dans le toit et destinée à contenir toute espèce d'objets nécessaires au culte. Cette armoire occuperait ainsi à peu près la même place et remplirait le même office que le coffre-fort dans l'*atrium* de la maison; il ne faut pas s'en étonner, si primitivement le temple, comme on l'a établi, tenait tout entier dans l'*area*; un endroit réservé, où l'on pût enfermer les offrandes, n'était pas de trop.

De l'autre côté s'élève une édicule; dans l'intérieur, un escalier conduit à un étroit souterrain où l'on a trouvé deux bancs en maçonnerie, dont l'un, plus petit, paraît avoir servi de siège (3). Quelques auteurs veulent qu'il y ait eu là un bassin; ils en concluent que l'édicule a été un lieu de purification pour les initiés, et ils lui donnent le nom de *Purgatorium*. En effet, on distingue, sur le sol de l'*area*, une dalle qui correspond à cette chambre souterraine et qui ressemble fort à la bouche d'un réservoir. Mais cette hypothèse ne nous satisfait guère. Le caveau est bien mal aménagé pour un bassin: pourquoi s'y trouverait-il le long du mur, outré le banc, une construction que M. Fiorelli appelle un *podium* et qu'un autre auteur (4) compare à un lit? Quant au mot *purgatorium*, il n'est pas latin dans le sens qu'on veut lui donner (5).

Il y avait en Grèce, dans les temples de Cérès et de Proserpine, et dans celui d'Apollon Delphien, des cryptes où l'on célébrait les mystères : elles portaient le nom de μέγαρα (6). De même, en certains endroits de l'Egypte, Isis et Sérapis étaient adorés dans des grottes que les inscriptions dont elles sont couvertes appellent σπέα (7). Avec le culte égypto-grec la même coutume s'introduisit en Italie. A l'Isium de Porto était joint un μέγαρον; dans l'inscription qui témoigne du fait, le mot est même latinisé sous la forme *megarum*. M. Lanciani en a déterminé le

---

(1) *Pomp. a. h.*, 8 juin 1765, 21 juin et 5 juillet 1766.
(2) V. *Dictionn.* de Saglio : *Arca.*
(3) Fiorelli, *Descriz.*, p. 361.
(4) De Jorio, *Guida.*
(5) V. de Vit, *Lexicon*, *s. h. v.*
(6) V. dans le *Bullet. Inst. arch. R.*, 1868, p. 228 et suiv., un article de M. Lanciani avec ses références.
(7) Letronne, *Inscr. de l'Eg.*, t. I, p. 453 et suiv.

sens avec beaucoup de précision ; il a montré (1) que ce souterrain était celui dans lequel allaient dormir les initiés qui voulaient recevoir, pendant leur sommeil, les conseils de la divinité. Comment n'a-t-on pas été frappé de la ressemblance que
l'édicule de Pompéi présente avec un *megarum* ? Ce lit que de
Jorio y remarque n'est-il pas là tout à point pour recevoir ceux
qui viennent attendre qu'Isis leur apparaisse en songe ? C'est
sans doute dans une chambre semblable que le Lucius d'Apulée (2) reposait, lorsqu'il crut voir la figure d'un pastophore s'asseoir sur le siège placé près de lui : « occupato sedili meo. » Ces
caveaux étaient quelquefois naturels ; quelquefois aussi on adap-
tait à un usage religieux des excavations qui devaient leur origine à un besoin profane ; ainsi, on en voit une à Senskis, en
Egypte, qui a pu être creusée d'abord pour l'extraction des émeraudes, comme les mines dont elle est proche (3). Enfin, dans
l'intérieur des villes, où le sol est nivelé et où les accidents de
terrain sont rares, il fallait bien établir des *megara* artificiels et
faire des caves comme celle de Pompéi. L'inscription de Porto
nous éclaire donc d'une façon certaine sur la destination de
l'édicule ; elle-même, elle s'explique mieux par le rapprochement
que nous venons de faire ; lorsqu'elle atteste que les Isiaci de
Porto ont restauré le *megarum* « megarum restituerunt, » il semble que *restituere* se dirait mal en parlant d'un souterrain ; c'est
que le mot *megarum*, après avoir désigné la partie essentielle, a
fini par s'appliquer aussi à l'édicule qui marque l'entrée du
caveau.

M. Nissen suppose que l'Isium primitif ne comprenait rien de
plus que ce que nous venons de décrire ; après 63, on aurait enlevé à la Palestre un espace que l'on en aurait séparé par un mur
et qu'on aurait au contraire mis en communication avec l'*area* ;
on aurait aussi abaissé au niveau du sol du temple une portion
de terrain qui se trouvait beaucoup plus haute et mis à jour les
piliers du théâtre. En un mot, tout ce qui touche à l'*area* à l'Ouest
et au Sud aurait été annexé à la suite des travaux de restauration,
et le sanctuaire se serait ainsi agrandi à cette époque aux dépens
des bâtiments voisins.

Les auteurs de descriptions (4) appellent *salle des mystères* ou

---

(1) *Bullet. Inst.*, *l. c.*, p. 230.
(2) *Métam.*, XI, p. 810.
(3) Letronne, *l. c.*
(4) Bonucci, Fiorelli..., etc.

des initiations celle qui se trouve derrière le *naos* et qui communique avec l'*area* par cinq larges arcades. Il faut bien reconnaître que cette disposition n'est guère favorable au mystère. Il est vrai que la pièce donne sur le temple ; mais l'initiation demande un peu plus d'ombre, et si le τελεστήριον se trouve quelque part, c'est plutôt dans le *megarum*. Cette salle n'est pas de médiocre importance dans l'ensemble du monument. Elle est large et régulière ; des particuliers avaient fait les frais de la décoration, et ils n'ont pas oublié de le dire (1). Ces détails nous indiquent que nous sommes dans la partie du temple la plus importante après l'*area*, dans un lieu ouvert à un grand nombre de personnes, où l'on est bien aise de laisser de sa générosité des témoignages qui soient fréquemment sous les yeux d'autrui. La corporation des Isiaci était nombreuse à Pompéi ; elle intervenait en masse dans les élections et par conséquent devait prendre des décisions préalables et mettre des candidatures en avant. Où sera sa salle du conseil, sinon ici ? Il y avait dans ce coin de rue une *schola*, c'est-à-dire un lieu de réunion pour un collège (2). Il est probable que c'était celui des Isiaci. Les *scholæ* se distinguent d'ordinaire par deux parties caractéristiques, à savoir l'autel placé au milieu et le banc qui règne tout autour (3). Ici est appuyé contre le mur un piédestal qui supportait deux statues en granit (4) et devant lequel on pouvait faire les libations d'usage. Le banc manque ; mais la disposition, que l'on dit être celle des *scholæ*, a-t-elle toujours été respectée rigoureusement ? Ne pouvait-on remplacer le banc en maçonnerie par des sièges mobiles ? Au reste, notre opinion est celle d'Overbeck (5). Ce qui le justifie, ce sont les cinq larges arcades qui donnent accès dans cette salle et qui n'ont pu être faites que pour livrer passage à un grand nombre de personnes.

Nous dirons même que la *schola*, qui a existé certainement, n'a pu être ailleurs ; car nous ne parlons que pour mémoire de l'*area* voisine, que l'on a appelée *Curia Isiaca* ; ce nom lui a été donné parce qu'on y a trouvé une inscription osque (6) dans laquelle on lit les mots *triibum* et *isidum*, que l'on traduisait à tort, l'un par *curiam* et l'autre par *Isidis* ou *Isidem*. L'édifice qui s'élevait

---

(1) *I. R. N.*, 2245.
(2) *Ibid.*, 2247.
(3) *Annal. Inst. arch. R.*, 1868, p. 387.
(4) Overbeck, p. 104.
(5) *Id.*
(6) Ariod. Fabretti, *Corpus inscr. ital.*, 2791.

sur cette *area* communique indirectement avec notre temple. Cependant il n'a guère pu servir aux délibérations d'un collège, et presque tous les savants sont d'accord pour dire qu'il n'avait aucun rapport avec le culte d'Isis, quoiqu'on ne sache encore quel est le nom qui lui convient (1). Les Isiaques avaient aussi une *schola* à Porto, dans laquelle ils adoraient à la fois Isis, Sérapis et Cybèle (2). Ils l'avaient élevée à frais communs, et deux des leurs avaient été chargés de présider à la construction. M. Foucart (3) pense avec raison que c'est dans cette salle de l'Isium, que nous appelons *schola*, qu'avaient lieu les banquets du collège; en effet, on y a trouvé auprès d'une table les restes d'un repas et un squelette (4). Cette hypothèse très vraisemblable ne détruit pas la nôtre. C'était là sans doute que se tenaient toutes les réunions des associés, quel qu'en fût l'objet, qu'ils eussent à préparer l'élection d'un magistrat ou à célébrer une agape fraternelle. Et même c'est précisément parce que cette pièce servait à plusieurs fins qu'on ne lui avait pas donné la conformation ordinaire aux *scholæ*, qui en certains cas aurait pu devenir gênante.

Après l'*area*, la *schola* est la partie la plus importante du temple; on lui a donné toute l'étendue nécessaire, on en a tracé le plan à angles droits et on l'a logée la première dans l'espace dont on pouvait disposer. Pour y faire entrer tous les autres, on s'est accommodé tant bien que mal de la conformation du terrain qui restait libre entre le mur du portique et celui du théâtre voisin. La première salle qui vient au Sud-Est, après la *schola*, paraît à Overbeck (5) avoir été destinée à contenir les objets du culte; en effet, on en a retrouvé un certain nombre en ce lieu. Nous aurions donc là le *sacrarium* ou le *donarium* (6) du temple, c'est-à-dire, à la fois, la sacristie et le trésor. Il fallait bien une pièce spéciale pour conserver les présents offerts à la déesse qui, à en juger par les inscriptions, étaient riches et nombreux. Dans un coin est une fontaine dont la conque est élevée sur trois marches; elle fournissait l'eau pour les ablutions, les libations, et en général pour tous les besoins des cérémonies sacrées.

Le logement des prêtres se compose, au rez-de-chaussée, de cinq pièces dont une seule a pu servir de chambre à coucher; les

(1) Fiorelli, *Descr. Reg.* VIII; Ile VIII, 29.
(2) *Bullet. Inst. arch. R.*, 1870, p. 20.
(3) *Assoc. relig. chez les Grecs*, p. 45.
(4) *Pomp. ant. hist.* 10 mai 1766.
(5) *Pompéi*, p. 105.
(6) V. ces mots dans de Vit, *Lexicon*.

autres sont : une salle à manger (*triclinium*), une cuisine, une cage d'escalier et un petit réduit qui n'a peut-être jamais contenu que l'évier pour l'écoulement des eaux sales (1). En tenant compte du premier étage, nous estimons que cinq ou six personnes environ ont pu être logées dans cette demeure.

En restaurant le temple, on respecta les larges dalles de tuf qui formaient le pavé de l'*area* ; celui du portique se composait d'une mosaïque de couleur qui, derrière le *naos*, était encore inachevée en 59 (2) ; et celui de la *schola*, de briques battues (un *lastrico di mattoni battuto*) ; on lisait au milieu sur deux lignes, incrustée en petites pierres blanches (3), l'inscription suivante qui rappelait les noms des donateurs :

N · POPIDI · AMPLIATI
N . POPIDI · CELSINI
CORELIA · CELSA (4)

La mosaïque a été employée ailleurs en plusieurs endroits, notamment dans le sanctuaire. Les colonnes du portique, telles qu'elles ont été arrangées après le tremblement de terre de 63, sont d'ordre dorique ; elles se composent d'un noyau en briques revêtu de stuc, et sont coloriées en rouge jusqu'à la moitié de la hauteur. Celles du *naos* sont d'ordre corinthien ; elles sont bâties par le même procédé que les autres, si ce n'est qu'on y a fait entrer les chapiteaux en tuf du *naos* primitif, corinthiens aussi, en les enduisant d'une couche de stuc afin d'en augmenter le diamètre (5). Plusieurs de ces chapiteaux ainsi modifiés sont épars sous le portique ; mais la provenance n'en est pas douteuse, puisqu'on en voit un encore en place surmontant un des fûts du *pronaos*. Il faut faire la même observation pour les pilastres du *megarum* (6).

Nous ne pouvons pas donner ici une étude complète et détaillée de toutes les peintures qui recouvraient les murs. Elles présentent le plus haut intérêt. Déjà en 1833 l'Académie d'Herculanum avait

(1) Overb., *l. c.*
(2) Nicolini, *Tempio d'Iside*, tav. II, C.
(3) *Pomp. ant. hist.*, 2 et 10 mai 1766.
(4) *I. R. N.*, 2245.
(5) Nissen, *Pomp. Stud.*, p. 173-74. Dessin dans Overb., fig. 272 D.
(6) Un *Catalogue du musée de Naples* (Domenico Monaco, p. 18) parle de deux belles colonnes en brèche d'Egypte, trouvées dans l'Isium, et que l'on conserve encore aujourd'hui dans la salle égyptienne du musée. Nous ne savons d'où vient ce renseignement.

décidé d'en publier un recueil spécial; ce projet n'a jamais été exécuté entièrement, et peut-être vaudrait-il la peine d'être repris (1). Mais notre but étant surtout de faire ressortir le caractère général des œuvres d'art inspirées par l'alexandrinisme, nous tâcherons de nous borner le plus possible. Dans une niche du portique était peinte une statue d'Harpocrate dressée sur une base, auprès de laquelle un prêtre isiaque tenant en main deux candélabres (2). D'autres fresques divisées en compartiments représentaient un Anubis à tête de chien (3) et divers ministres du culte portant l'un un vase (4), l'autre un goupillon (5), un troisième un sistre (6). Il faut mettre dans un groupe à part toute une série de marines, destinées évidemment à rappeler les attributions d'Isis Pelasgia (7). On y voit des navires à rames, armés en guerre, qui ici se poursuivent et là sont aux prises; les édifices d'un port forment d'ordinaire le fond de la composition.

L'histoire d'Io a inspiré deux grands tableaux qui décoraient la *schola*. Dans l'un (8), Hermès vient arracher Io à la surveillance d'Argos; dans l'autre (9), l'héroïne, portée par le Nil, prend pied sur la terre d'Egypte, où elle est reçue par Isis. Nul doute que la salle, dont ces fresques ornaient les parois, n'eût une grande importance dans l'édifice (10); car l'artiste avait mis là sous les yeux des initiés deux des scènes principales de la mythologie alexandrine; non seulement elles retraçaient une aventure fabuleuse, mais encore elles rappelaient, sous la forme d'un vivant symbole, la fusion des cultes de la Grèce avec ceux de l'Egypte. Tout autour étaient disposés cinq paysages (11), auxquels des édicules ornées de sphinx et de statues, entourées d'arbres et d'animaux, servaient de fabriques.

Dans la chambre que nous avons appelée *sacrarium*, les sujets choisis par le peintre ont un caractère plus mystérieux; quelques-

(1) Helbig, *Wandgemälde Camp.*, p. 2 et 453. *Topographischer Index* XXXII.
(2) Helb., 1.
(3) *Id.*, 1096.
(4) *Id.*, 1097.
(5) *Id.*, 1099.
(6) *Id.*, 1103.
(7) *Id.*, 1576-1577.
(8) *Id.*, 135.
(9) *Id.*, 138.
(10) Le même sujet se retrouve encore une fois ailleurs à Pompéi. V. Helbig, *Index*.
(11) Helbig, 1571.

uns même sont restés inexpliqués. On voyait là (1), au milieu des serpents agathodémons, Isis assise sur un trône, et à côté d'elle Osiris barbu, vêtu d'une longue robe, le nimbe et le lotus sur la tête, le sceptre dans la main, ayant entre ses pieds (ce détail est peut-être unique dans les représentations symboliques de l'alexandrinisme) une tête humaine; puis Typhon (2), un dieu dont les philosophes, Plutarque entre autres, parlent beaucoup, mais qui figure peu sur les monuments religieux; il est nu et assis, dans une attitude hiératique, les mains posées sur les genoux. Venait ensuite une grande composition (3), dont l'ordre est difficile à saisir; dans la partie principale, entre deux bustes énormes, une Egyptienne, montée sur l'arrière d'un bateau, en remorque un autre, dans lequel est une cage qui contient un oiseau. Enfin une paroi était couverte de figures d'animaux (4), singe, bélier, chacal, fouine, taureau, vautour, etc.

De toutes les fresques qui tapissaient les chambres du sud, il n'y en a pas une qui ait trait à la mythologie et à la religion des Alexandrins; elles représentent Bacchus (5), Narcisse (6), Chiron instruisant Achille (7), Pâris (8), et une divinité fluviale, dans laquelle on croit reconnaître le Sarno (9).

Une statue d'Isis en marbre tient le premier rang parmi celles qui ont été trouvées dans le temple de Pompéi. La déesse, debout et les jambes réunies, porte dans sa main gauche abaissée le nilomètre et dans la droite le sistre. Elle est vêtue d'une robe unique à manches courtes, collante et serrée sous les seins par une ceinture. Un collier orne son cou. Ses cheveux, entourés d'une guirlande de fleurs, retombent en boucles sur ses épaules. Des traces de peinture apparaissent encore çà et là : la robe était peinte en rouge, les cheveux étaient dorés (10). Sur la plinthe, le donateur Cæcilius Phœbus a fait graver son nom (11).

On arrive à recomposer cinq ou six autres statues environ à

(1) Helbig, 2.
(2) *Id.*, 3.
(3) *Id.*, 4.
(4) *Id.*, 5.
(5) *Id.*, 391 b.
(6) *Id.*, 962.
(7) *Id.*, 1293.
(8) *Id.*, 1271.
(9) *Id.*, 1103.
(10) Au musée de Naples. *Pomp. ant. hist.*, 4 mars 1766. Clarac, pl. 990, n. 2580. Dessin colorié dans Nicolini. *Temp. d'Is.*, tav. VI.
(11) *I. R. N.*, 2246.

l'aide d'un certain nombre de fragments en marbre, têtes, mains et pieds. En les examinant et en tenant compte des distances qui les séparaient et de l'ordre dans lequel ils étaient groupés, on a été conduit à supposer qu'ils avaient été adaptés à des corps en bois, consumés depuis par l'incendie; des tenons en métal et des morceaux de charbons qui y étaient mêlés ne laissent aucun doute à cet égard. On a donc là un exemple de ces images que l'on habillait d'étoffes véritables et que l'on parait de bijoux dans les circonstances solennelles. La plus complète, celle que l'on adorait probablement dans le sanctuaire (1), était un peu moins grande que nature; à ses oreilles étaient attachés des pendants en or; dans la main droite, elle tenait un sistre en bronze.

La niche qui s'ouvre dans le mur de derrière du *naos*, à l'extérieur, était occupée par une statue de Bacchus en marbre, donnée, comme l'atteste une inscription gravée sur la plinthe, par N. Popidius Ampliatus (2). Le dieu est debout, près d'un tronc d'arbre, couronné de lierre, vêtu d'une pardalide et chaussé de cothurnes. Sa main droite, élevée en l'air, devait tenir une grappe de raisins; sa gauche, abaissée, une coupe. Une petite panthère est à ses pieds. Ce groupe, restauré dans l'antiquité, a été, comme l'Isis, peint et doré.

Il faut signaler encore:

Du côté méridional du portique, une Vénus sortant du bain et se tordant les cheveux; la draperie qui lui couvre les jambes était peinte en bleu; ses cheveux étaient jaunes et son collier doré (3).

Dans le *sacrarium*, un dieu à la barbe longue et frisée, que les auteurs donnent comme un Priape (4).

Au même endroit, dans une niche, une divinité égyptienne en porcelaine verdâtre, assise, la tête coiffée du klaft, la barbe descendant du menton sur la poitrine en forme de cylindre. Elle est toute couverte d'hiéroglyphes (5).

Au même endroit, près de l'escalier qui conduit à la porte, un sphinx de même matière, portant la fleur du lotus (6).

(1) *Pomp. ant. hist.*, 16 novembre 1765, 19 juillet 1766 et 4 mars 1766.
(2) Musée de Naples. *Pomp. ant. hist.*, 8 février 1766. Clarac, pl. 694 B, n. 1596 A. — *I. R. N.*, 2244.
(3) Musée de Naples. *Pomp. ant. hist.*, 16 fév. 1765. Clarac, pl. 600, n. 1323. Dessin colorié dans Nicolini. *Temp. d'Is.*, tav. VIII.
(4) *Pomp. ant. hist.*, 19 juillet 1766.
(5) *Ibid.*, 16 novembre 1765.
(6) *Ibid.*, 19 juillet 1766.

Dans la *schola*, sur un piédestal, deux statues de granit (1).

Dans ce que nous avons appelé l'*arca*, deux figurines égyptiennes en marbre fragmentées; des hiéroglyphes sont gravés à la surface (2).

Sous le portique, près de la Vénus, un hermès en marbre cipollin, dont la tête en bronze représente un homme âgé entièrement rasé; d'après une inscription gravée sur la poitrine, c'est l'image de C. Norbanus Sorex; un hermès identique à celui-ci fut trouvé plus tard dans le Chalcidicum (3).

D'élégants bas-reliefs en stuc recouvrent à l'extérieur les murs du *megarum* (4). Au-dessous du toit à deux pentes règne une frise où sont représentés des génies, des dauphins et une file de personnages dans diverses attitudes d'adoration. De chaque côté de la porte, entre deux piliers, où les attributs du culte isiaque se mêlent à des entrelacs de feuillages, on voit une Isis dans son costume alexandrin. Sur le mur de droite, Mars et Vénus se tiennent enlacés entre deux Amours qui portent, l'un l'épée et le bouclier, l'autre un candélabre. Sur le mur de gauche (5), Mercure et une femme qui, suivant quelques-uns, serait Proserpine, suivant d'autres la nymphe Lara, semblent prendre la fuite; deux Amours entourent ce groupe: l'un portant une cassette, l'autre faisant de sa main abaissée un geste de commandement.

La *cella* était ornée de reliefs semblables. Non seulement le stuc recouvre, comme nous l'avons dit, les colonnes du *pronaos*, mais encore il dessine des frontons, des pilastres corinthiens, des arabesques et des refends autour des niches de la façade. Deux oreilles exécutées par le même procédé sortent du mur, de chaque côté de la niche de derrière, pour indiquer, par un symbole, que la divinité écoute les prières des mortels (6).

Nous avons indiqué en leur lieu les inscriptions de l'Isium. Mais il n'est pas douteux qu'il dut contenir un grand nombre de ces ex-voto qui abondaient dans le temple des divinités alexandrines; et en effet trente-sept fragments d'inscriptions

(1) Overbeck, p. 104. La *Pomp. ant. hist.* ne signale rien de semblable.

(2) *Pomp. ant. hist.*, 8 juin 1765.

(3) Musée de Naples. *Pomp. ant. hist.*, 16 fév. 1765. Piranesi, *Antich. di Pomp.*, t. 1, pl. LXXII. *I. R. N.*, 2209.

(4) *Pomp. ant. hist.*, 8 juin 1765. Mazois, t. IV, pl. X et XI.

(5) *Pomp. ant. hist.*, *l. c.* Mazois, t. IV, *ad l. c.*, d'après Ovide, *Fastes*, II, 599.

(6) Breton, *Pompéi*, p. 50-51. V. Pierret, *Diction. d'archéol. égypt.* : *Oreilles*.

en ont été exhumés. On n'a pas pu les recomposer d'une manière satisfaisante (1).

Les objets les plus importants qui composaient le mobilier du temple étaient les suivants :

Près de l'entrée, un cippe en marbre « destiné peut-être à supporter la caisse où l'on déposait l'argent offert à la déesse (2), » et deux vasques pour l'eau lustrale, données par le duumvir Longinus (3).

Sous la niche qui, dans le portique, fait face au sanctuaire, un banc en bois, qui servait peut-être à s'agenouiller (4).

Sur trois faces d'un petit pilier voisin du *megarum*, trois tables hiéroglyphiques en pierre calcaire, dont la principale subsiste aujourd'hui au Musée de Naples (5). Elle est divisée en trois registres superposés. Les hiéroglyphes portent des traces de couleur noire, verte et rouge. « Le premier registre représente Osiris, seigneur de *To* (*Ser*) (c'est-à-dire de la région funéraire). Devant lui sont quatre personnes lui offrant leurs adorations. Au-dessus de la première on lit : « action d'adoration à Osiris qui nourrit les deux mondes, Oun no frè (être bon), par le prêtre de An (ou On) Ra aa Keperka Zeub. » Derrière lui est « son fils bien-aimé le scribe Hui, » puis « son fils, le scribe des divines paroles (hiérogrammate) Hat, » puis « son frère, le scribe des divines paroles Mer-An » (mot à mot : qui aime An). An ou On est un nom de ville ; il y a An du Nord ou Héliopolis (ville appelée ainsi dans la Bible, etc.) et An du Sud, An-Kema ou An-Chouth = Hermonthis.

Dans le deuxième registre, un homme nommé « son fils, le scribe des divines paroles Hat, » présente de l'encens et des libations, derrière une table chargée d'offrandes, à quatre personnages assis. La légende dit : « Il fait des libations à la personne d'eux. Toute chose bonne et pure au scribe Hui, à sa femme, la

---

(1) *Pomp. ant. hist.*, 10 mai 1766.

(2) *Pomp. ant. hist.*, ibid., Fiorelli, *Discr. d. P.*, p. 360.

(3) *Pomp. ant. hist.*, ibid. *Museo Borbonico*, t. VII, frontispice ; c'est à tort que M. Mommsen, *I. R. N.*, 2239, les place dans le grand théâtre. V. Fiorelli, l. c., et Nissen, p. 348, note.

(4) « *Inginocchiatoio* » (Nicolini, *Temp. d'Is.*, p. 13).

(5) *Pomp. ant. hist.*, 22 juin 1765. Ampère, *Voyage en Egypte et en Nubie*, p. 565, 566. Reproduite tout entière dans *Mus. Borbon.*, XI, tav. XIX. Lenormant, *Chefs-d'œuvres de l'art antique*, t. III, 2ᵉ série, pl. 126 bis. Cf. *ibid.*, p. 81 et suiv. Nous donnons ici, sans y rien changer, les explications que nous devons à l'obligeance de M. E. Revillout.

A Rue
B Impasse
C Théâtre
D Curia (?)
1 . Péribole

2 Porte d'entrée
3 Portique
4 Area
5 Pronaos
6 Naos

D

16

15

17

C

A

10

10

10

8

6

10

10

5

10

10

13

14

9

4

18

12

11

19

22

10

21

20

2

B

1

3

100 Palmes.

0

50

0

100

200 Mètres

7 Niches
8 Banc
9 Grand Autel
10 Autels

11 Area
12 Edicule
13 Caveau
14 Soupirail

15 Schola
16 Sacrarium
17 Fontaine
18 Chambre

19 Triclinium
20 Cuisine
21 Cage d'escalier
22 Réduit

PLAN DE L'ISIUM DE POMPÉI
(d'après Nicolini)

Ernest Thorin, Edit.^r Paris.

J. Sulpis sc

dame de maison Menit, à son père, le prêtre de An Ra aa keper-
kareub, à sa femme bien-aimée Usert-Kan. »

Dans le troisième registre, deux autres personnages sont assis
et deux filles accroupies derrière eux. Le premier se nomme « le
scribe des divines paroles Hat, » déjà plusieurs fois nommé. Puis
vient « son frère, le scribe des divines paroles Mer-An. » Enfin
les deux filles accroupies sont « sa sœur bien-aimée Set-Hui » et
« sa sœur Roka. » Le proscynème placé devant ces personnages
est ainsi conçu : « Proscynème (*Suten-ta-Hotep*) à Osiris. Il donne
les offrandes funéraires (*perkru*), des bœufs, des oies, des étoffes,
de l'encens, des libations à leurs personnes pures : « leur fils, qui
fait revivre leur nom, le scribe des divines paroles Hat, fils du
scribe Hui. »

« Rien de plus vulgaire que ce proscynème et généralement
toute cette inscription, qui a pour unique intérêt le lieu où elle a
été trouvée. » (Revillout.)

Il faut ajouter à cette liste :

Un petit autel portatif en bronze, de forme carrée (1).

Un trépied de bronze, soutenu par des sphinx (2).

Dans le sanctuaire, deux candélabres en bronze (3), deux coffres en bois contenant divers objets, dont une petite tasse en or et
deux chandeliers en bronze (4).

Un croissant en argent (5).

Dans la *schola*, une table en marbre et son pied (6).

Un sistre de bronze à tête de chat (7).

Enfin une quantité de lampes, de monnaies, de carafes en
verre, de vases en verre et en poterie de toutes formes.

§ 2.

L'une des deux fresques d'Herculanum (8) représente une *cella*
rectangulaire ou carrée, élevée sur cinq marches, ouverte dans
toute sa largeur, sans traces de portes, et flanquée de deux piliers
toscans. Elle n'est pas située au milieu de l'*area*, mais elle en

(1) *Pomp. ant. hist.*, 9 août 1765. *Atti dell' Accadem. Ercolan.*, 1833, p. 27.
(2) *Pomp. ant. hist.*, 20 septembre 1765.
(3) *Ibid.*, 6 juillet 1765.
(4) *Ibid.*, 28 juin 1765.
(5) *Ibid.*, 30 nov. 1765.
(6) *Ibid.*, 10 mai 1766.
(7) *Ibid.*, 4 janvier 1766.
(8) *Pitture d'Ercolano*, tav. 30.

occupe le fond, et ressemble plus à une de nos scènes de théâtre qu'à un temple ; elle ne renferme pas de statues, et la scène mystique qui s'y passe indique qu'en effet elle est plutôt affectée à une sorte de représentation sacrée qu'au culte proprement dit, bien que l'autel soit à sa place ordinaire, au bas de l'escalier. Derrière le mur d'enceinte apparaît un bosquet ; un palmier dresse sa tête au-dessus des autres arbres. Des guirlandes, des palmes et une couronne sont attachées à la façade.

Sur l'autre fresque (1), on voit un véritable *naos* qui présente beaucoup d'analogies avec celui de Pompéi. Il est élevé sur neuf ou onze degrés ; il n'a ni piliers, ni colonnes. Au sommet de l'escalier, de chaque côté, se faisant face, sont deux sphynx. Par la porte ouverte on aperçoit une balustrade arrivant à peu près jusqu'aux genoux d'un homme ; mais il est difficile de dire si elle barre l'entrée même ou si elle se trouve un peu au delà, en travers du *naos* : dans le premier cas, elle doit tourner sur des gonds pour livrer passage aux prêtres ; dans le second, elle joue le rôle de celle qui, dans nos églises, sépare le chœur de la nef. Quatre lucarnes étroites pratiquées dans la façade, deux de chaque côté de la porte, éclairent l'intérieur. L'autel est au bas de l'escalier ; deux autres, dépassant la taille d'un homme, garnissent les côtés ; ils rappellent beaucoup, par leur forme et leurs dimensions, celui contre lequel Isis est assise dans une des grandes peintures de la *schola* de Pompéi (2). Ce genre d'autel à cornes (κεραοῦχος) (3) très élevé y figure au milieu d'attributs du culte isiaque, et il doit en être un lui-même, quoiqu'on n'ait rien trouvé à Pompéi qui y ressemble. Notre *naos* est entouré d'un bosquet dont la végétation touffue forme un encadrement gracieux à la construction tout entière. Deux palmiers inclinent vers le centre du tableau leurs longues branches et leur tronc élancé. Il n'y a pas de péribole ; les arbres touchent l'escalier et les murs latéraux, il semble seulement que dans un coin, tout à fait à droite, commence une sorte de palissade en planches.

(1) *Pitture d'Ercolano*, tav. 31.
(2) Helbig, 138.
(3) V. Saglio, *Dictionn. des antiq.* : *Ara*, p. 350, col. 2 et n. 65.

Essayons de résumer ce qui, dans les monuments que nous venons de décrire, nous paraît le plus digne de remarque.

Au point de vue de l'art, il ne s'y trouve que peu de chose qui ne vienne pas des Grecs. Le plan, dans ses traits principaux, peut très bien s'expliquer par ce que nous savons de leur architecture. Sans sortir de Pompéi, il suffit de le comparer à celui de l'édifice connu sous le nom de temple de Vénus. Ici comme là, le *naos* est entouré d'un portique adossé à un péribole élevé, et sur un côté de l'*area* s'ouvrent quelques chambres de prêtres. C'est une construction régulière et une, ayant un centre où tout converge ; de quelque côté que l'on entre, on est conduit, pour ainsi dire, par les lignes que doit suivre le regard vers l'image sacrée. Rien qui rappelle les longues enfilades de l'architecture égyptienne, où la divinité semble se dérober au fond d'une retraite mystérieuse. Mais encore faut-il distinguer. L'architecture religieuse de la Grèce présente, dans le plan surtout, une telle variété qu'il est bon de ne pas s'en tenir à cette constatation facile. Les mœurs, les coutumes, les traditions locales, la nature du culte que l'on rendait à la divinité, l'étendue et la conformation du terrain dont le temple était propriétaire apportaient autant de modifications dans l'arrangement des diverses parties dont se composait le lieu sacré. Tantôt les portiques étaient divisés en appartements où on logeait les suppliants et les prêtres, tantôt ils étaient à jour, tantôt il n'y en avait pas du tout. Ici le péribole s'étendaient sur plusieurs lieues de circonférence, là il serrait de près les murs de la *cella*. Dans telle ville riche en légendes, il enfermait les tombeaux des héros ; dans telle autre, des bibliothèques et des gymnases. A Pompéi, ces différences sautent aux yeux ; l'autel est, d'ordinaire, au milieu de l'enceinte, loin des profanes ; en un endroit, il est à deux pas de la voie publique, protégé par une simple grille. Les deux temples mêmes d'Isis et de Vénus, que nous avons comparés, ne sont pas tout à fait pareils ; non seulement celui d'Isis n'est pas distribué absolument de la même manière que celui de Vénus, mais encore il contient plus de choses. Cependant, cette diversité ne doit pas empêcher d'établir des genres parmi les monuments religieux des Grecs ; il est évident que ceux qui étaient consacrés à Esculape, par exemple, avaient tous entre eux quelque ressemblance, qu'ils étaient tous entourés d'annexes, où les malades qui venaient demander au dieu leur guérison pouvaient, au besoin, séjourner. Dans ceux où l'on adorait les divinités chthoniennes et où l'on célébrait des mystères, on avait adapté au culte ou creusé des souterrains, dis-

posé des salles d'initiation. Et ainsi les Grecs qui fondèrent
Alexandrie durent choisir dans une certaine catégorie de temples le type d'après lequel ils en bâtirent de nouveaux à leurs
dieux d'adoption. On n'en peut douter lorsqu'on a étudié l'Isium
de Pompéi ; les détails tout à fait singuliers que nous y avons
observés ont leur origine et leur raison d'être dans une tradition
venue d'ailleurs.

A la vérité, on est plutôt tenté d'exagérer que de restreindre le
nombre et l'importance de ces particularités. Quand une fois on a
découvert du mystère quelque part, on en voit partout, et c'est ce
qu'ont fait bien des auteurs qui ont décrit notre temple. Ainsi on
a prétendu que si le piédestal qui supportait la statue au fond du
naos était creux, c'était afin que les *prophètes* pussent s'y cacher et
y débiter leurs oracles. On pourrait dire aussi que la porte latérale
facilitait leurs supercheries. Ces accusations sont sans fondement ;
le piédestal ne saurait servir de cachette à un homme, et l'escalier, bien que la niche de gauche en dérobe la vue à celui qui regarde le temple en face, ne peut être dissimulé à celui qui fait le
tour du portique. Mais, grâce à cette entrée réservée, les prêtres
pouvaient faire à la statue de la déesse sa toilette compliquée sans
être aperçus du public ; puis, leur besogne terminée, ouvrir la
porte principale et se retirer. L'image d'Isis apparaissait alors dans
toute sa splendeur, et il semblait qu'elle s'offrait d'elle-même aux
hommages de ses adorateurs. Ceux qui ont élevé ce temple ont
cédé au désir moins de tromper les esprits que de frapper les
sens par un peu de mise en scène. De même encore on serait assez disposé à considérer le péribole comme un rempart destiné à
cacher aux yeux du vulgaire des pratiques nouvelles, bizarres,
dont on gardait le secret avec un soin jaloux. A Tithorée, il était
défendu de construire autour du grand sanctuaire d'Isis et d'en
franchir le seuil sans une invitation spéciale de la déesse (1). Le
mur d'enceinte était donc là de toute nécessité. Mais les clôtures
de ce genre n'étaient pas réservées aux cultes des divinités mystérieuses ; il y en avait, en Grèce, autour des temples de Zeus,
de Poseidon, d'Héraclès, d'Athéné (2), etc. Tout ce que l'on peut
dire, c'est que probablement on donnait au péribole plus de hauteur et que l'on prenait plus de précautions encore pour que les
regards profanes ne pussent le franchir aisément lorsqu'avaient
lieu à l'intérieur des cérémonies qu'on avait intérêt à cacher. A

(1) Pausan., X, 32, 13.
(2) *Id.*, *passim.*

Eleusis, autour du grand temple de Déméter, le péribole est double, et l'on pénètre dans l'enceinte intérieure par une entrée placée sur le côté ; là commencent des propylées dont la direction forme une ligne oblique par rapport au mur latéral du *naos* (1). On croirait d'abord que l'on a cherché à imiter cette disposition dans l'Isium de Pompéi en perçant la porte sur un côté et dans un coin de l'enceinte. La vérité est qu'on ne pouvait faire autrement. En effet, le temple, au moins celui qui date de l'an 63, a été bâti certainement après le théâtre. Or, il fallait, pour tirer le meilleur parti possible de l'espace qui était limité, orienter l'édifice suivant une direction qui est à peu près celle du S.-O. au N.-E. ; et à l'E. la porte aurait donné sur un cul-de-sac. Il était bien plus naturel d'ouvrir le péribole sur la large rue du Nord, et non pas au milieu, mais à l'extrémité du mur, afin que le public, en arrivant, se répandît, non pas sur le côté, mais dans la partie antérieure de l'*area*, où l'on offrait les sacrifices à la divinité principale.

En définitive, deux choses dans l'Isium nous paraissent dignes d'une attention spéciale et vraiment uniques parmi les monuments sacrés de Pompéi découverts jusqu'ici, ce sont la *schola* et le *megarum*. Cela suffit pour donner à l'édifice un caractère singulier. L'art religieux des Romains ayant des besoins nouveaux à satisfaire, le temple s'agrandit et se remplit ; à une révolution sociale correspond un changement dans les procédés de l'architecture.

La construction est celle dont les Grecs ont fixé les principes. Nous ne trouvons ni ces formes trapézoïdales, ni ces terrasses, ni ces murs sans vides qui caractérisent l'architecture égyptienne. Tout est inspiré par le sentiment de l'élégance et des proportions.

Il y aurait plus à dire de la décoration. Bornons-nous à quelques remarques générales. Si aux fresques énumérées plus haut on joint celles qui ont été trouvées dans diverses maisons des villes ensevelies par la lave (2), on peut se figurer comment la peinture en Italie s'est arrangée des traditions et des usages du culte égypto-grec. Les artistes qui ont décoré l'Isium de Pompéi étaient ceux mêmes qui travaillaient à deux pas de là dans les maisons des particuliers sur les données de la mythologie hellénique ; qu'ils eussent à représenter Isis ou Aphrodite, Sérapis ou

---

(1) Smith, *Dictionn de géogr. antiq. : Eleusis,*

(2) Helbig, n. 78, 79, 80, 1094-1094ᵇ, 1094ᶜ, 1095, 1098-1100, 1101-1102, 1104-1105, 1105ᵇ, 1110ᶜ, etc.

Zeus, leurs procédés restaient les mêmes ; l'on peut aussi établir
parmi les tableaux que nous avons décrits les mêmes catégories
que parmi tous les autres ; ce sont des scènes tirées de la Fable
ou de la liturgie sacrée, des paysages ou des figures d'animaux.
Il n'y a pas plus de différences pour le style ; on trouve dans les
poses de la variété et du mouvement, dans les draperies de la
grâce et de la souplesse, de l'expression dans les physionomies.
Et cependant, la main du prêtre a manifestement guidé çà et là
celle de l'artiste ; d'abord, une part plus large est faite au symbolisme ; les attributs se multiplient et se combinent de cent façons ;
la flore et la faune de l'Egypte en fournissent un grand nombre ;
les lotus, les ibis, les crocodiles introduisent dans les paysages
ce caractère exotique qui frappe les imaginations. On les groupe
autour des dieux pour rappeler que l'Egypte a contribué, elle
aussi, à la formation et à la diffusion du culte alexandrin. On va
même jusqu'à imiter parfois la raideur qu'elle a donnée aux
images de la divinité ; cette tendance n'est pas particulière au
siècle des Antonins et à la sculpture ; nous en voyons la trace
à Pompéi dans des peintures du temps de Vespasien : Typhon est
assis, les mains sur les genoux, dans l'attitude d'un Amon-Ra
ou d'un Cnouphis ; Isis a les jambes serrées, les bras collés au
corps. La bizarrerie se mêle dans les costumes à l'antique élégance. En un mot, tout dénote un art qui est resté grec dans ses
traits essentiels, mais où les prêtres par politique, et la multitude
par goût du nouveau ont fait entrer un élément étranger. — Dans
la sculpture, les trois styles, haut égyptien, grec et égyptien
d'imitation, se trouvent réunis côte à côte ; c'est là peut-être ce
qu'il y a de plus digne de remarque dans nos temples. Quel aspect
bizarre devaient présenter des édifices dont on pourrait dire, si
on ne craignait de paraître jouer sur les mots, que leur originalité consistait précisément à n'en point avoir ! Jamais des éléments aussi divers ne se sont trouvés assemblés. Il fallait qu'il
fût survenu de grands changements dans le monde pour qu'on
enfermât dans le même sanctuaire des chapiteaux corinthiens et
des sphinx, des statues de Pascht et de Vénus. Toutefois, le Grec
a le dessus, et de beaucoup.

Au point de vue religieux, nous avons rencontré bien des nou-
veautés, quoique, à vrai dire, elles ne fussent telles que pour les
Romains ; mais c'est là ce qui nous importe. Le temple devient
un lieu de contemplation et d'affiliation ; c'est le contraire de ce
que la loi romaine voulait qu'il fût. On s'y assemble, on y discute et on y prépare des élections municipales ; on y reçoit de la

main du prêtre un caractère indélébile, auquel on se reconnaît
entre frères au dehors comme au dedans. Si l'enceinte sacrée
s'agrandit et se remplit, c'est qu'il y vient plus de monde et qu'on
y fait plus de choses. Dans la décoration, on cherche à fournir un
aliment aux esprits en multipliant les symboles, et à frapper les
sens en offrant aux regards des spectacles extraordinaires. Tout
révèle que le sentiment religieux s'exalte. Là encore nous reconnaissons l'influence de l'hellénisme ; les dieux grecs, Dionysos
et Aphrodite, ont leur niche et leur piédestal auprès d'Isis et
d'Harpocrate. Le mystère qui recouvre encore certaines parties
de l'Isium de Pompéi n'a pas dû à l'origine surprendre moins
les Romains qu'il ne nous surprend aujourd'hui. Pour le pénétrer, il nous faudrait connaître dans le détail ce fameux sanctuaire
d'Eleusis, qui a été le centre d'une propagande si active. On ver-
rait alors disparaître promptement ce qui reste des ténèbres dont
les anciens avaient entouré à dessein leurs cultes les plus vé-
nérés.

CHAPITRE II.

§ 1.

LES TEMPLES ALEXANDRINS DE ROME.

RÉGIONS II (CÆLIMONTANA) ET III (ISIS ET SERAPIS).

A la fin du mois de mars 1848, on trouva dans une vigne du Cælius, en face de Santa Maria in Navicella, une inscription gravée en l'honneur d'Isis Regina au nom d'un officier du camp des *Pérégrins* (1). Elle attestait qu'à proximité de l'espace occupé par cette milice en ce lieu même avait dû s'élever, sous Septime-Sévère, et avant l'année 204 de Jésus-Christ (2), quelque édifice consacré au culte d'Isis.

On aurait déjà pu le soupçonner en considérant la quantité de monuments alexandrins déterrés auparavant, soit auprès de Santa Maria soit dans la Villa Mattei. Nous nous contenterons d'indiquer les plus importants.

Le nom que l'on donne à l'église elle-même lui vient du petit navire en marbre que l'on voit aujourd'hui, porté par un piédestal, devant le portique. Ce morceau de sculpture est moderne : c'est une copie exécutée sous Léon X d'après un original antique, que Ugonio dit avoir vu (3). Plusieurs navires semblables ont été, paraît-il, mis au jour dans la Villa Mattei. Becker (4) les regardait comme des ex-voto offerts par les soldats Pérégrins à Jupiter Redux, qui avait aussi un temple auprès de leur camp ; c'étaient, suivant lui, des témoignages de reconnaissance qu'ils consacraient au dieu lorsqu'ils avaient obtenu un heureux retour. Il est beaucoup plus probable que ces petits navires sont des attributs d'Isis marine ; et si ce sont des ex-voto, ils ont toujours un rapport évi-

(1) *C. I. L.*, **VI**; 354.
(2) Borghesi, *Lettre* du 29 avril 1848.
(3) D'après Bunsen, *Geschreib. St. Rom*, t. III, part. I, p. 494.
(4) *Handbuch der Römischen Alterthümer*, p. 504, n. 1052, et p. 505.

dent avec le culte dont une des principales fêtes figure dans le calendrier romain sous le nom de *Navigium* Isidis (1).

Nous citerons encore comme provenant du même lieu :

Une statue d'Isis en marbre de Paros, coll. Blundell à Ince (près Liverpool). La tête et les deux bras sont modernes ; la déesse est cependant reconnaissable au nœud qui orne sa poitrine (H., 1m,15). Clarac, *Musée de sculpture*, pl. 991, 2574 D.

Une statue de prêtresse égyptienne en marbre salin, coll. Blundell à Ince. C'est une figure de femme coiffée d'un klaft, portant à deux mains devant sa poitrine, en l'enveloppant dans son manteau, l'hydrie qui contient l'eau sacrée. Elle est appuyée contre une sorte de pilier. Clarac soupçonne cette statue d'être une copie moderne. Style égyptien d'imitation (H., 1m,85). Clarac, *Mus. de sculpt.*, pl. 988, 2588 B.

Deux cippes cylindriques, en marbre de Paros, représentant les divinités du culte alexandrin entourées de leurs prêtres. V. notre *Catalogue*, nos 107 et 108.

Un bas-relief représentant deux personnages isiaques auprès d'un autel. V. notre *Catalogue*, no 115.

Une base de colonne autour de laquelle sont sculptées des feuilles de lotus. Style d'imitation. Piranesi, VIIe volume (*De romanorum magnificentia*), tab. XIX, 3.

Ainsi l'hypothèse à laquelle ces divers monuments auraient pu donner naissance est confirmée par l'inscription précitée. Elle est, d'autre part, pleinement justifiée par les textes. Trébellius Pollion (2), racontant la vie des deux Tétricus, dont l'un, le père, fut pendant quelques années compétiteur d'Aurélien, dit que de son temps la demeure des Tétricus existait encore et qu'elle était située « in monte Cælio, inter duos lucos, contra Isium Metellinum. » De plus, on trouve dans les *Mirabilia Romæ* (3) : « In Cælio monte, ante Thermas Maximas, fuere duo carceres et duo templa Hysidis et Serapis. » On ne peut pas accorder beaucoup d'autorité à ce passage écrit de fantaisie ou d'après une vague réminiscence (4); le nom de Thermes Maximiens, qui pourrait être d'un grand secours, n'a pas été expliqué jusqu'ici. Mais le témoignage de Pollion, à lui seul, mérite d'être examiné ; quoique Becker (5) le qualifie de suspect, il n'a pas été jugé tel par H. Pe-

(1) Voir notre chapitre sur les images des dieux alexandrins.
(2) *Hist. Aug. Trig. Tyr.*, 24.
(3) *Ibid.*, 26.
(4) Jordan, *Topogr. de St. Rom. in Alt.*, t. II, p. 516.
(5) *L. c.*, not. 1054.

ter, qui le reproduit sans corrections ni commentaires (1). Le
nom de *Metellinum*, par lequel l'historien désigne le temple du
Cælius, peut avoir deux sens : Il pourrait venir de celui du *vicus*
dans lequel l'Isium était situé; c'est ainsi que la *Notitia* et le *Curiosum* signalent dans la V° région une Isis Patricia qui se trouvait à coup sûr dans le *vicus* Patricius et dont nous reparlerons
plus loin. Rien ne s'oppose à ce qu'il y eût ici un *vicus* Metelli-
nus ou Metelli, comme il y avait ailleurs les *vici* Drusianus, Cor-
nelii, Fabricii, Scauri (2), etc. Quelque découverte ultérieure
établira peut-être ce fait. Ou bien l'édifice avait été construit par
Métellus, comme le pense Canina (3). A cette occasion, on peut
citer le portique dont Rome était redevable à Q. Cæcilius Métellus Macédonicus et que l'on identifie d'ordinaire avec le portique
d'Octavie (4) ; et, en second lieu, un temple de Jupiter Stator
élevé par le même personnage et qu'un auteur appelle *ædes Jovis
Metellina* (5). Mais il est impossible d'admettre que vers l'an 150
av. J.-C., un membre d'une des plus grandes familles prît sur lui
d'installer Isis dans l'enceinte de la ville. On songe alors aux
Métellus des dernières années de la République ; car dès cette époque l'invasion du culte alexandrin était consommée, en dépit des
prohibitions du Sénat. C'est ainsi que dans une inscription antérieure à l'Empire (6) nous rencontrons un prêtre d'Isis Capitoline
au milieu d'affranchis de la gens Cæcilia, dont les Métellus étaient
une branche. Celui auquel on pourrait s'arrêter serait Q. Métellus Pius Scipio, qui se tua après avoir livré contre César, comme
chef de l'armée pompéienne d'Afrique, un combat désespéré
(46 av. J. C.). Eckhel reconnaît le symbole de l'Afrique dans une
tête de femme coiffée d'une dépouille d'éléphant qui, pour la première fois dans la numismatique romaine, apparaît sur une
monnaie de Métellus Scipion ; et il émet l'opinion qu'une œuvre
d'art reproduisant ce type a dû donner son nom au *vicus* appelé
par les auteurs Caput Africæ (7). Or, non seulement cette rue était
comprise dans le quartier que nous étudions, mais encore il est
presque certain qu'elle venait aboutir sur le Cælius, à peu de
distance de notre temple d'Isis. Cependant, malgré cette coïnci-

(1) Recens. Herm. Peter. Leipzig, Teubner, 1865, *ad l. c.*
(2) Jord., t. II, p. 587 et suiv.
(3) *Indicat. topogr.*, p. 90.
(4) Becker, *t. c.*, p. 608.
(5) Festus, *Verb. Sign. Tarpeiæ.*
(6) *C. I. L.*, I, 1034.
(7) *Doct. num.*, t. V, p. 154.

dence, il est difficile de tirer de là une donnée positive. En effet, les inscriptions les plus anciennes dans lesquelles soit signalé le Caput Africæ datent du principat de Caracalla (1) ; et quant à l'Isium lui-même, rien ne nous assure qu'il fût antérieur à l'année 204. Il y aurait un moyen de tout concilier. Ce serait de supposer, en attendant de plus amples renseignements, que le temple fut bâti, en effet, à la fin du second siècle, dans un *vicus*, qui, malgré les changements de toutes sortes survenus sur le Cælius, avait conservé depuis l'époque républicaine le nom des Métellus.

Sous le pontificat d'Innocent XI (1671-89), on découvrit, dans la Villa Mattei, un temple de forme oblongue avec un pavé en mosaïque. Venuti (2) l'attribue à Jupiter Redux. Mais, ne serait-ce pas à aussi juste titre celui que nous cherchons ? On pourrait penser aussi que Santa Maria elle-même occupe l'emplacement de l'édifice païen. Cette église, en effet, remonte à l'antiquité ; elle fut fondée, suivant une tradition, par Cyriaca, matrone romaine, qui habitait en ce lieu. Les archéologues, qui ont rendu aux SS. Quattro Coronati et à S. Lorenzo Rotondo leurs titres antiques, gardent le silence sur Santa Maria ; le champ est donc ouvert aux conjectures.

En résumé, nos conclusions seraient celles-ci :

1º Il y avait au troisième siècle un Isium sur le Cælius entre Santa Maria in Navicella et la Villa Mattei ;

2º Ce temple était compris dans la région II Cælimontana ;

3º Il est identique à l'Isium Metellinum, dont parle Pollion.

Pourquoi, dira-t-on, n'en est-il question ni dans la *Notitia Regionum*, ni dans le *Curiosum Urbis*, alors que ces recueils enregistrent le Macellum Magnum, la cinquième cohorte des Vigiles, le Caput Africæ, le Camp des Peregrins, le Ludus Matutinus et les édifices circonvoisins? Cette omission ne serait pas la première que l'on eût relevée dans les régionnaires ; mais la raison ici est qu'Isis, aussi bien que Jupiter Redux, était logée dans une construction de petite dimensions, qu'il faut probablement compter parmi les sept édicules dont le souvenir nous est parvenu (3).

Ici surgit une autre difficulté bien autrement grave. Le nom d'Isis et Sérapis, que la *Notitia* et le *Curiosum* (4) donnent à la la troisième région, suffirait à lui seul pour établir qu'il y

(1) Becker, *Topog.*, p. 508.
(2) *Topogr. di Roma antica*, t. I, p. 186.
(3) Jord., *l. c.*, p. 544.
(4) Id.

avait là un temple élevé aux deux divinités principales des Alexandrins et qu'il y était considéré, au moins à partir du troisième siècle (1), comme un des monuments les plus importants et les plus fréquentés.

Or, personne jusqu'ici n'a pu en retrouver les restes ni en déterminer l'emplacement. De là diverses combinaisons :

1º La première consisterait à considérer le côté du Cælius où ont été trouvés les vestiges décrits plus haut comme ayant fait partie de la troisième région, et l'édifice que nous avons restauré en imagination comme ayant servi à la désigner. C'est, de toutes les explications, la moins vraisemblable. Si la région Cælimontana n'embrassait pas le sol qu'occupe Santa Maria in Navicella, où donc s'étendait-elle ?

2º On peut aussi n'accorder qu'une importance secondaire à l'Isium dont on retrouve la trace certaine à Santa Maria ; supposer que beaucoup plus bas, dans l'*intermontium* qui sépare le Cælius de l'Esquilin, il y en avait un autre plus vaste et que c'est à celui-là que s'applique le texte de Pollion. Cette hypothèse s'appuie sur un monument bien connu des archéologues, celui des Atérius (2). On sait que cette famille s'était fait élever, sur la Via Labicana, à trois milles de la Porte Majeure, un tombeau orné de plusieurs ouvrages de sculpture que les fouilles ont tirés du sol en 1848. Notons d'abord que les Atérius ont pu être initiés au culte d'Isis ; la femme que l'on voit étendue sur un lit funèbre a sous sa tête une large bandelette qui ressemble fort à une étole ; le serpent qui s'enroule autour du petit buste d'homme pourrait être l'attribut d'un prêtre d'Isis aussi bien que celui d'un ministre d'Esculape. Ce sont là cependant des indices douteux et insuffisants. Ce qui nous importe davantage, c'est le bas-relief où l'on a représenté une suite d'édifices de l'ancienne Rome ; le dernier, à gauche du spectateur, est un arc et porte l'inscription : ARCVS AD ISIS. Il est à trois portes ou plutôt à trois niches ; sous celle du milieu, on voit Minerve armée et, dans chacune des deux autres, une figure qu'on a quelque peine à distinguer, peut-être parce que l'artiste n'y a pas mis la dernière main. On les a prises d'abord pour les Eons du culte de Mithra ; Brunn, tout en rejetant cette interprétation, n'en propose pas d'autre. Or, il est certain que la statue de droite a bien l'air, en effet, d'être entourée d'un serpent

(1) Jord., t. I, p. 310.
(2) *Bullet. inst.*'archéol. *Rom.*, 1848, p. 97. *Ann.*, 1849, p. 363. *Mon.* t. V, **tab.** VI, VII et VIII.

comme les Eons; d'ailleurs, le rapprochement si commun des
symboles de Mithra et de ceux des divinités alexandrines est ici
très vraisemblable ; il est fâcheux seulement que l'on ne puisse
reconnaître l'instrument que le personnage tient sur sa poitrine.
Au-dessus de la niche est figuré le candélabre du culte d'Isis. Les
deux oiseaux ne sont ni des colombes, ni des perroquets, mais
bien des éperviers sacrés; on a indiqué sommairement sur la
tête de l'un d'eux le croissant de la lune (1). La statue de gauche
porte un voile et un calathos et au-dessus d'elle est sculptée la
ciste mystique d'où s'échappe un serpent, de telle sorte qu'on
peut la regarder sans hésitation comme une Isis.

Ce monument rappelle un triomphe, car le faîte supportait, au
milieu de trophées et de figures agenouillées qui représentent des
nations soumises, quatre chevaux qui devaient traîner le char du
vainqueur. A droite du groupe central se dresse un palmier. Si
les branches de cet arbre sont le symbole de la victoire, il est
souvent lui-même celui d'un pays tout entier; par exemple, celui
de l'Egypte, sur une monnaie fameuse de la colonie de Nîmes, et
aussi celui de la Judée (2). Peut-être ce détail permettrait-il de
pousser plus loin l'interprétation, si l'on pouvait s'appuyer sur
une date. Nos bas-reliefs sont probablement tous l'œuvre de la
même époque. Brunn (3) les croit antérieurs à l'an 250 de notre
ère, parce qu'il y remarque des coiffures qui sont passées de mode
dans la seconde moitié du troisième siècle. Et de fait, dans le
nombre, il y en a deux que l'on peut comparer, l'une à celle de
Faustine la mère, l'autre à celle de Faustine la jeune (4). Mais ce
critérium, qui serait d'une grande importance pour la classifica-
tion chronologique des ouvrages dont on ignore la date, n'est
pas absolument certain; non seulement des coiffures identiques
reparaissent à de longs intervalles, mais encore celles qui étaient
en usage simultanément variaient à l'infini (5). Toutefois rien ne
s'oppose à l'assertion de Brunn et le style de nos bas-reliefs la
rend très vraisemblable; il y a tout lieu de penser qu'ils ont été

(1) Cf. *Bullet. commiss. arch. comun. di R.*, 1876, tab. X, IV, n. 4, et p. 94.
(2) Eckhel, *Doct. num.*, t. VI, p. 326. Monnaie de Vespasien; de Saulcy, *Nu-
mismat. de la Terre-Sainte*, pl. III, n. 1, 2, 3, 4 et p. 88. V. en particulier, sur
une pièce de bronze frappée en Palestine sous Titus, un captif accroupi au
pied d'un palmier.
(3) *Ann. inst. arch.*, 1849, p. 408.
(4) *Mon.*, *l. c.*, tab. VI, la coiffure de la morte, et tab. VII, celle du buste
de femme. Cf. Clarac, *Musée sculpt.* (Iconogr.), 3297 A et 3300.
(5) Marquardt, *Privat Alterthüm.*, t. II, p. 203.

exécutés sous les Antonins et que, par conséquent, on voyait dans Rome, à la fin du second siècle, les monuments dont ils portent l'image.

Ceux-ci n'ont pas été choisis au hasard par le sculpteur; ils forment un ensemble. Il est même facile de s'assurer qu'ils bordaient tous la première moitié de la Voie Sacrée, c'est-à-dire cette partie qui allait du pied de l'Esquilin à l'arc de Titus (1). On a voulu indiquer ainsi la marche suivie par le cortège funèbre des Atérius; il se serait dirigé, suivant Brunn (2), vers le Forum, en parcourant la Voie Sacrée, depuis l'endroit où elle commençait, derrière le Colisée, et cela dans un but d'ostentation, afin de faire admirer au centre même de Rome la pompe des funérailles. En ce cas, l'Arcus ad Isis serait le point de départ. Il est permis d'exprimer quelques doutes à cet égard. Pourquoi n'a-t-on pas représenté aussi le point d'arrivée, l'arc de Titus, qui occupait la partie la plus élevée de la Voie et qui, le Colisée à part, en est pour la topographie le jalon le plus important? En outre, on admet, à la rigueur, que par vanité les grandes familles s'écartassent un peu, pour porter leurs morts au tombeau, du chemin le plus direct; mais autre chose est d'aller en sens opposé, comme on l'eût fait ici, puisque les Atérius avaient leur sépulture sur la Voie Labicane. Il est donc plus probable que l'on a voulu indiquer un itinéraire inverse. Supposons que la demeure des Atérius était voisine du temple de Jupiter Stator et de la Via Nova. Alors le cortège, arrivant par cette rue à l'endroit où elle débouchait dans la Voie Sacrée, au-dessous de l'arc de Titus, passait devant l'arc où est assise la figure de Rome et devant celui que décore une Cybèle, longeait le Colisée et enfin, après avoir franchi l'Arcus ad Isis, s'engageait sur la Voie Labicane.

Au surplus, quelle que soit la direction, la présence de notre Arc sur la Voie Sacrée, au delà du Colisée, atteste assez qu'il y avait un Isium dans la vallée qui sépare le Cælius de l'Esquilin. Mais cet espace est encore vaste. Brunn place ce temple entre les SS. Quattro Coronati et l'amphithéâtre, dans le voisinage du Caput Africæ et de la Minerva Capita; et comme il le croit identique à celui dont parle Pollion, il le rapproche autant que possible des pentes du Cælius et du terrain que coupe aujourd'hui la rue Saint-Jean de Latran (3). De cette théorie nous acceptons tout sauf

(1) Becker, *Topogr.*, p. 220.
(2) *Ann.*, 1849, p. 378.
(3) *Ann.*, 1849, p. 376.

le dernier point. En effet, nous admettons très volontiers que l'Arc n'était pas *contigu* au temple ; mais il en était voisin, et n'est-ce pas forcer beaucoup les choses, lorsque l'un était sur la Voie Sacrée, que de mettre l'autre sur le Cælius? Ajoutons qu'à notre connaissance on n'a découvert sur les pentes de cette colline, près des SS. Quattro Coronati, aucun vestige de l'art ou de la religion des Alexandrins.

Voici donc à quoi l'on peut s'arrêter : L'Arcus ad Isis, ainsi que le montrent clairement les statues dont il était orné, avait un caractère à la fois civil et religieux (1). Il rappelle une victoire remportée sans doute sur quelque peuple oriental ; et cependant ce n'était pas un arc de triomphe qui enjambât la voie publique. Il était, comme certaines fontaines monumentales, engagé dans les constructions qui la bordaient et remplissait l'office d'une édicule de carrefour ; il annonçait aux passants qu'à peu de distance ils pourraient adorer dans son temple propre chacune des divinités dont il contenait l'image, c'est-à-dire Isis et Minerve; il ne serait pas impossible que la troisième des statues que nous avons décrites fût celle de Mithra. On établirait ainsi qu'il était à proximité de la Minerva Capita, du Mithræon découvert à Saint-Clément (2), et enfin de l'Isium. Canina (3) fait du Caput Africæ une rue presque perpendiculaire au prolongement de la Voie Sacrée. Si notre Arc avait été situé au point d'intersection, à peu près au-dessous des Thermes de Titus (4), il répondrait bien aux conditions que nous avons indiquées. Quant à l'Isium lui-même, l'emplacement en est tout trouvé, et c'est là le grand avantage de notre opinion. A la fin du dix-septième siècle, on découvrit derrière S. Pietro e Marcellino un « temple égyptien » dont les restes furent dessinés par ordre du chevalier Cassiano dal Pozzo (5). Il

---

(1) *Bullet.*, 1848, p. 98.

(2) *Bullet.*, 1867, p. 33.

(3) *Pianta topografica di Roma antica.*

(4) Un synode, ou collège, d'athlètes, dans lequel un Alexandrin de distinction, M. Aurélius Asclépiades, a exercé la charge la plus élevée, et où ses concitoyens étaient sans doute en grand nombre, obtint sous les Antonins (134 et 143 ap. J.-C.), l'autorisation d'établir, près des Thermes de Titus, ses archives et ses autels. *C. I. G.*, 5906-14. V. sur l'origine et le caractère des synodes. Lumbroso, *Dei sodalizii Alessandrini.*

(5) Fea, *Miscellanea*, 1, p. ccxxii. Nous avons fait rechercher ces dessins dans les bibliothèques d'Oxford et de Montpellier, où sont déposés des papiers du chevalier dal Pozzo (V. Lumbroso, *Notizie sulla vita di Cassiano dal Pozzo.* Torino, 1875, in-8°, del tomo XV delle *Miscellanea di storia italiana*), mais sans succès.

est singulier qu'on n'ait pas attaché à ce fait l'importance qu'il
mérite, et que ceux qui l'ont relevé l'aient rejeté (1). L'Isium enfoui *derrière* S. Pietro e Marcellino est-il donc si éloigné de
l'extrémité de la Voie Sacrée, où nous plaçons notre Arc, que celui-ci ne puisse à bon droit être qualifié d'Arcus *ad* Isis? Il y a
quelques années à peine, on a mis au jour, près de la même église,
une tête égyptienne, de style d'imitation, haute de 0m,25 cent. (2).
Cette découverte récente paraît lever les derniers doutes.

Ainsi, le nom de la troisième région s'explique aisément, et
tout s'accorde pour donner à la question la solution la plus simple (3).

Nous ne pouvons cependant en aborder une autre sans dire un
mot d'une étymologie ingénieuse, d'après laquelle l'amphithéâtre
Flavien aurait été appelé *Colisée* à cause de la proximité de l'Isium.

On a fait remarquer (4) qu'au huitième siècle, Bède le Vénérable (5) mentionne, non pas le *Colosseus* ou le *Colosseum*, mais le
Colisæus, et l'on prétend qu'il désigne ainsi un édifice bien distinct de l'amphithéâtre. En effet, voulant railler la prétention que
l'homme a d'être infaillible, il rappelle un vieux proverbe que
l'on répétait encore de son temps, bien que les faits l'eussent démenti : « Quamdiu stabit Colisæus, stabit et Roma ; quando cadet
Colisæus, cadet et Roma ; quando cadet Roma, cadet et mundus. »
La pensée de l'auteur, d'après le contexte, est celle-ci : Le Colisée
est totalement détruit, mais le dicton circule toujours de bouche en
bouche. Bède tiendrait-il ce langage s'il voulait parler de l'amphithéâtre ?

Dans la vie d'Etienne III (768-772), que l'on a longtemps attribuée à Anastase le Bibliothécaire (6), comme toute cette partie du
Liber pontificalis dans laquelle elle est comprise, on lit qu'un partisan de l'antipape Constantin fut amené à Rome et torturé par la
populace qui l'avait traîné *ad Colloseum*. Ce nom diffère assez de
celui de *Colosseum* pour qu'on puisse croire qu'il s'applique à un
édifice autre que l'amphithéâtre; d'autant plus que les auteurs
des *Légendes des martyrs*, comme aussi l'anonyme d'Einsiedeln, qui

---

(1) *Ann.* 1849, p. 376.
(2) *Bull. arch. comunale*, 1875, p. 245.
(3) Beck., *Topogr.*, p. 563.
(4) Corvisieri, dans le *Buonarotti*, t. V (1870), p. 68-69, note.
(5) *Collectanea*, § 1, dans Migne, t. XCIV, p. 545.
(6) Migne, t. CXXVIII, p. 1154, § 273. — V. abbé Duchesne, *Lib. pontific.*,
p. 5.

vivait probablement entre le neuvième et le dixième siècle (1),
appellent encore le monument des Flaviens « l'amphithéâtre » (2).
La confusion commence dans les *Mirabilia*, et encore peut-on surprendre dans cet opuscule même un vague souvenir du temps où
elle ne s'était pas établie. Lorsque les rédacteurs du moyen âge ra-
content qu'il y avait une statue sur le faîte du Colisée (*Colisei*) (3),
ne faut-il pas, avant de les accuser de sottise, se demander ce
qu'ils entendent par ce dernier nom? On recomposerait peut-être
ainsi une tradition dénouée après le douzième siècle seulement;
et l'on s'expliquerait du même coup la distinction que fait Benoît,
chanoine de Saint-Pierre, lorsque, décrivant l'itinéraire que suit
le pape pour se rendre du Vatican au Latran le lundi saint, il dit :
« Descendit ad Metam Sudantem ante triumphalem arcum Constantini, reclinans manu læva ante *amphitheatrum*, ET per Sanc-
tam Viam juxta *Coloseum* revertitur ad Lateranum (4). » Alors
que sera le Colisée? L'ancienne orthographe *Colliseum* conduit à
une étymologie toute vraisemblable : *Collis Iseum* ; l'Iséum de la
colline s'élevait sans nul doute derrière l'amphithéâtre, sur les
pentes de l'Esquilin. C'est seulement lorsqu'il eut été détruit que
son nom passa peu à peu au monument voisin.

Si nous n'écoutions que les besoins de notre cause, nous adapterions sans hésiter cette théorie spécieuse, dont la conclusion est
identique à celle où nous sommes arrivés par l'étude du bas-relief
des Atérius. Mais les objections se présentent en foule. D'abord, le
sens du texte de Bède n'est pas très sûr (5), et on ne peut pas tirer
une grande lumière de ce qui l'entoure. En outre, quelle que soit
la pensée de cet auteur, qu'il rapporte le proverbe en son propre
nom, ou pour s'en moquer, est-il vraisemblable qu'il y eût près
de l'amphithéâtre un édifice qui en éclipsât la magnificence et les
proportions colossales au point de lui être préféré dans l'esprit du
vulgaire comme symbole de la grandeur romaine? Assurément
non. Les textes des régionnaires ne paraissent pas beaucoup
plus probants ; nous ne trouvons dans celui du chanoine Benoît
en particulier qu'une réduplication d'une même idée, et nous ne
voyons pas grande difficulté à admettre que les rédacteurs des

(1) Jord., *Topogr.*, II, p. 331, 332.
(2) *Itin.*, VII, 15, dans Jord., *ibid.*, p. 654.
(3) *Mirabil.*, 25, p. 637.
(4) Jordan, p. 666.
(5) Il est interprété tout autrement, par exemple, dans Marangoni, *Memorie
sacre e profane del Colosseo*, p. 45.

14.

Mirabilia ont fait une confusion à laquelle les légendes du moyen âge ont bien pu donner naissance. Malgré ces réserves, un fait subsiste : c'est que le mot de *Colisæus*, avec des variantes d'orthographe, est au moins aussi ancien que celui de *Colosseum* et pourrait bien n'en pas être une corruption comme on le répète communément. Tout en continuant à admettre qu'il a été de tout temps appliqué à l'amphithéâtre seul, ne faudrait-il pas y chercher quelque forme dérivée du nom d'Isis?

RÉGION V (ESQUILIÆ).

L'Isis Patricia (1), honorée dans le quartier de l'Esquilin, ne peut être cherchée hors du Vicus Patricius (2). Cette rue est précisément une de celles que l'on connaît le mieux (3). On s'accorde, en général, pour la placer sur la pente de la colline qui regarde le Viminal, derrière Sainte-Marie Majeure, aux environs de Sainte-Pudentienne et de la Via Urbana actuelle (4).

On a même espéré quelque temps pouvoir arriver à plus de précision (5). Jusque vers la fin du seizième siècle subsista dans l'enceinte du monastère de Saint-Antoine la basilique dédiée à l'apôtre André par le pape Simplicius. A partir de cette époque, elle fut peu à peu abandonnée et dépouillée de ses ornements. Parmi ceux qu'on lui enleva se trouvaient deux ouvrages de l'art païen appartenant au genre dit *opus sectile marmoreum*. C'étaient deux tables d'incrustations de marbres et de verres de diverses couleurs, représentant l'une l'enlèvement d'Hylas, l'autre un triomphe. Au-dessous de ces tableaux étaient figurées, par le même procédé, des tapisseries dont la bordure portait des personnages égyptiens disposés à la file dans des attitudes et des costumes qui semblaient convenir à quelque cérémonie sacrée. L'étude de ces monuments donna à penser que la basilique de Saint-André, dont ils avaient orné les murs latéraux, avait dû, à l'origine, servir au culte d'Isis; et plus d'un juge compétent l'identifia avec le temple que mentionnent les régionnaires (6).

(1) *Notit.* et *Curios.*, reg. V, 12. Jord., *Topogr.*, II, p. 548.
(2) Jord., *ibid.*, p. 128.
(3) Id., *ibid.*, p. 593.
(4) Becker, p. 526, 531, 535.
(5) De Rossi, *Bullet. archéol. chrétienne*, 1871, p. 5.
(6) De Rossi, *l. c.*, p. 19. — Ces deux tables furent transportées, au dix-septième siècle, dans le palais voisin des Quatre Fontaines, qui appartint successivement aux cardinaux Massimi, Nerli et Albani. Encore aujourd'hui elles

Mais M. de Rossi a montré la fausseté de cette opinion. Les figures égyptiennes n'ont aucun rapport avec l'attribution de l'édifice. Ces dessins, qui enrichissaient les produits de l'industrie alexandrine, et surtout les tapis, étaient fort estimés et répandus chez les Romains de l'empire. C'est une de ces tentures exotiques qui pend ici sous le sujet principal. Au reste, des témoignages d'une valeur indiscutable nous apprennent que la basilique dédiée à saint André avait été construite vers 317 par Junius Bassus en souvenir de la victoire remportée par Constantin sur Maxence, et, bien qu'on ne sache pas au juste quelle en fut la destination primitive, il est certain que ce n'était pas un Isium.

Les deux tables n'en conservent pas moins un grand intérêt en elles-mêmes, tant à cause de la rareté des ouvrages de ce genre (1) qu'à cause du sens renfermé dans les scènes religieuses qui se déroulent sur la bordure des tapisseries. Il serait utile d'en chercher l'explication. Remarquons aussi que parmi ces marbres, vu la diversité extrême des sujets, une partie peut provenir d'un édifice antérieur à la basilique de Bassus, dans lequel des représentations empruntées au culte égyptien auraient été plus à leur place.

Il nous suffit d'avoir indiqué que la topographie ne peut en être éclairée. Le temple d'Isis Patricia a dû s'élever dans les environs immédiats de Sainte-Marie Majeure, mais non dans l'enceinte du monastère de Saint-Antoine.

RÉGION VI (ALTA SEMITA).

TEMPLUM SALUSTI ET SERAPIS (*Curiosum*). — TEMPLUM SALUTIS ET SERAPIS (*Notitia*).

Si l'on pouvait se fier à l'ordre que suivent les régionnaires dans leurs énumérations, on devrait s'attendre à trouver près du Templum Salutis (2), c'est-à-dire près de la place Barberini et de l'église Sainte-Suzanne, le Serapéum de la VI° région. Mais pro-

en décorent le vestibule, où on peut les voir. La première est intacte ; de la seconde il ne reste que la partie supérieure. V. un dessin qu'en fit faire, lorsqu'elle était plus complète, Ciampini, *Vetera monumenta*, t. I, tab. XXIII.

(1) On n'a que deux autres échantillons de l'*opus sectile marmoreum* ; ils ont été découverts dans ces dernières années et sont conservés au musée du Palatin. Encore n'y voit-on que des ornements, sans figures d'hommes ni d'animaux ; il n'entre point de pâte de verre dans les matières dont ils sont composés.

(2) Jordan, t. II, p. 121. *Bullet. arch. comun. di R.*, 1872-73, p. 227.

bablement il n'en est pas ainsi. Les restes antiques qui peuvent se rapporter à un sanctuaire alexandrin attirent notre attention sur un tout autre point.

Ce sont, en premier lieu, les deux statues de marbre qui décorent aujourd'hui la fontaine du Capitole. Elles représentent, sous les traits d'hommes à longues barbes, deux divinités fluviales couchées, portant l'attribut ordinaire, la corne d'abondance. L'une (1), celle de gauche, tient, en outre, un gouvernail et s'appuie sur un sphinx : c'est le Nil. L'autre est accoudée (2) sur un animal dont on ne pouvait bien définir l'espèce tout d'abord parce qu'il avait le museau cassé ; de là vient que chez quelques auteurs (3) la figure passait pour être celle du Tigre. L'artiste qui l'a restaurée a fait de l'animal une louve et a placé près d'elle les deux jumeaux avec grande apparence de raison. Le dieu n'est donc autre que le Tibre.

Nous dirons ailleurs (4) ce que signifie l'accouplement de ces deux figures. Il s'agit de refaire leur histoire.

Il y avait au moyen âge, au N.-O. des Thermes de Constantin, près des fameux chevaux qui s'élèvent encore sur la place du Quirinal (5), deux statues que l'on croyait être celles de Saturne et de Bacchus. On lit en effet dans les *Mirabilia* (6) : « Ibi in palatio (Constantini) fuit templum Saturni et Bacchi ubi *nunc jacent* simulacra eorum. » Martinus Polonus, dont la Chronique n'est, en ce qui concerne la topographie de Rome, qu'une copie de la rédaction des *Mirabilia* appelée *Graphia* (7), porte le même témoignage, mais avec cette variante digne de remarque « ubi *adhuc apparent* simulacra eorum (8). » Il paraît assez probable que les deux statues n'avaient jamais été ensevelies sous le sol. Toutefois, suivant un certain Apollodore, qui avait écrit au quatorzième siècle une description de Rome, elles auraient été *retrouvées* près de l'église de Saint-Sauveur aujourd'hui détruite, ce qui revient à dire près des Saints-Apôtres (9). Quoi qu'il en soit, elles restèrent sur la place du Quirinal jusqu'au milieu du seizième siècle. En 1430, le Pogge

(1) Clarac, pl. 748, 1810.
(2) *Id.*, pl. 749, n. 1819.
(3) Bernardo Gamucci, *Antichità di Roma*. Venezia, 1565, p. 17.
(4) Chapitre sur les images.
(5) Jord., t. II, p. 527.
(6) § 27.
(7) Jord., t. II, p. 358 et 387.
(8) Mart. P., *De major. regnis*, liv. I, ch. 7, éd. de 1574.
(9) Jord., t. II, p. 400.

écrit : « Vidi statuas duas stantes pone equos, Phidiæ et Praxitelis
opus, duas *recubantes* (1). » Sur un plan de Rome, dressé en
1493 (2), on voit de dos, derrière le groupe des chevaux, un
homme étendu à terre et assis sur son séant; une draperie le couvre jusqu'à mi-corps. Que ce dessin soit incomplet, c'est ce qui
n'est pas douteux ; car sur un plan postérieur (3), on a représenté au
même endroit, non pas une seule figure, mais deux. En revanche
celles-ci sont entièrement nues, et sans aucun doute à tort. Ces
dessins se complètent donc l'un par l'autre, ils doivent reproduire
deux statues disposées parallèlement et mi-vêtues. Ils sont d'ailleurs également inexacts en ce qu'ils ne tiennent aucun compte
des attributs. En 1510, Andreas Fulvius assure que les colosses
de Saturne et de Bacchus, toujours en place, tenaient des cornes
d'abondance et que quelques-uns les prenaient pour des Neptune (4). Enfin, en 1534, on n'y avait pas encore touché, puisque
le second des plans que nous avons cités a été, suivant M. de
Rossi, exécuté vers cette année-là (5). A partir de cette époque,
elles disparaissent.

Mais le Tibre et le Nil, dès 1544, étaient au Capitole. On les y
voyait sous la loggia des Conservateurs (6) ; jusqu'au jour où Mi-
chel-Ange les fit entrer dans la décoration de l'escalier (entre
1542 et 1547). Ces deux statues de fleuves sont-elles identiques à
celles que l'on connaissait au moyen âge sous le nom de Saturne
et de Bacchus? Les antiquaires du seizième siècle, à l'exception
de Serlio (7), le supposent déjà d'un accord unanime. Au dix-
huitième siècle, Nardini (8) est plus affirmatif encore que ses
prédécesseurs, et, depuis, tous les critiques ont partagé son opinion (9). Une des raisons qui, outre la tradition, la rendent très
plausible est que les *Mirabilia* n'ont pu signaler que des statues
de grandes dimensions qui arrêtassent les regards au passage, et
celles du Capitole répondent bien par leurs proportions colossales
à cette condition.

(1) *De variet. fortunæ*.
(2) De Rossi, *Piante iconog. e prospett. di Roma*, 1879, tav. V.
(3) *Ibid.*, tav. X.
(4) *Opusculum de mirabilib.* Rom., 1510, lib. II, § *De Collossis.*
(5) De Rossi, p. 109.
(6) Marliani, dans Jordan, t. II, p. 527. Gamucci, ouvrage cité, p. 17.
(7) Jordan, *l. c.*
(8) *Roma antica*, p. 188.
(9) Nibby, *Roma*, parte antica, t. II, p. 715. Gregovius, *Roma nel medio
evo*, t. VII, p. 876.

Elles proviennent donc d'un grand édifice de la VI⁰ région. Cet édifice ne peut être que le Sérapéum (1).

Mais, d'autre part, l'église de Sainte-Agathe des Goths a conservé pendant longtemps une inscription (2) qui n'est pas un indice moins important. Elle rappelait une consécration faite à Sérapis par un empereur qui ne peut être que Caracalla ou Héliogabale et qui est plutôt le premier. Le marbre, qui était encastré dans le pavé, s'est perdu à la suite de travaux de réparations. Mais l'authenticité de l'inscription ne peut être mise en doute et les commentateurs s'en sont servis à bon droit, comme d'un document précieux pour la topographie. Le temple de la VI⁰ région, construit sous Caracalla, s'élevait-il sur l'emplacement qu'occupe Sainte-Agathe? C'est l'avis de Canina (3). Il croit même le reconnaître dans des constructions en travertin qui y ont été découvertes au seizième siècle et dont le plan a été reproduit par Bufalini. Mais ces restes ne ressemblent guère à ceux d'un temple (4), et il serait plus naturel de les rapporter aux Decem Tabernæ, dont on croit avoir retrouvé la trace un peu au N.-O. de Sainte Agathe (5).

Nibby suppose que l'inscription avait été apportée du dehors dans l'église et qu'au Sérapéum appartenait aussi le magnifique fragment d'architecture appelé jadis par le vulgaire la Mesa, Torre Mesa, Frontispice de Néron, Tour de Mécène, et par les antiquaires temple du Soleil (6). Cette hypothèse nous sourit beaucoup. Il est prouvé en effet que le nom de *temple du Soleil* ne vaut pas mieux que les autres et qu'il est certainement faux. Tous les auteurs de topographies, sans savoir d'où il venait, l'ont répété les uns après les autres, jusqu'à Becker, qui en a fait justice. Nous revendiquons pour le Sérapéum le beau débris d'entablement que l'on admire aujourd'hui dans la Villa Colonna, sans savoir de quel monument antique il est détaché. Il faisait partie au moyen âge (7) d'une masse de constructions, qui s'élevait en forme de tour sur le terrain où l'on bâtit depuis les Scuderie Ponteficie. Or, nous avons dit plus haut que le Nil et le Tibre se trouvaient à l'ouest de la place du Quirinal. C'est là justement qu'aboutit le grand

---

(1) V. le chapitre sur les images.
(2) *C. I. L.*, VI, 570.
(3) *Indicazione topogr. di Roma ant.*, p. 191.
(4) *Pianta di Roma antica riprodotta*. 1879.
(5) *Bullet. arch. comun. di R.*, 1876, p. 102, tab. XVI-XVII.
(6) Becker, *Topogr.*, p. 587.
(7) Jordan, p. 597.

escalier du temple enfoui sous la villa Colonna (1). Il y a donc une concordance suffisante dans les données de notre hypothèse. Les dimensions des deux statues qui sont maintenant au Capitole s'accordent bien avec celles d'un vaste édifice. Quant à l'entablement, le style n'en est pas aussi pur que celui des ouvrages exécutés sous Trajan, et bien qu'il soit supérieur à celui de l'Arc de Septime Sévère, il pourrait à la rigueur convenir à un monument de l'époque de Caracalla ; il est d'ailleurs possible que lorsque le prince consacra le Sérapéum, les travaux durassent déjà depuis longtemps, depuis le règne de Commode par exemple. Enfin, l'église de Sainte-Agathe est assez voisine pour qu'on ait pu sans beaucoup de peine, lorsqu'on en jeta les fondements, au cinquième siècle (2), y transporter l'inscription que nous avons citée.

RÉGION VII (VIA LATA).

Nibby (3) attribue à cette région un *vicus Isidis*. Il n'y est autorisé par aucun autre témoignage que celui du Bréviaire de Sextus Rufus (4), lequel est, comme on sait, dénué de valeur (5).

Il n'y a pas de raison non plus pour supposer que la septième région contînt un sanctuaire alexandrin, comme l'a fait Canina dans son *Plan de Rome antique* (6). Au reste, il a lui-même exprimé ailleurs (7) ses doutes à ce sujet.

En 1617, on trouva dans le couvent attenant à l'église de S. Marcello, sur le Corso, les restes d'un édifice qui parut être un temple (8). On crut reconnaître celui d'Isis, que mentionnait une inscription, mise au jour, disait-on, en cet endroit, et qui était ainsi conçue : « Templum Isis exoratæ. » Canina suspecte non seulement la provenance, mais même l'authenticité de ce document. Depuis, il a été déclaré faux (9).

Ce qui a pu, outre ces sources corrompues, induire quelques archéologues en erreur, c'est qu'il y eut en effet, près de la Via

---

(1) Une restauration du prétendu Temple du Soleil a été donnée par un architecte, pensionnaire de la Villa Médicis. Elle est encore dans les cartons de l'Ecole des beaux-arts.
(2) Nibby, *Roma*, parte mod., t. I, p. 34.
(3) *Roma*, parte antica, t. II, p. 834.
(4) *Ibid.*, p. 381.
(5) Jordan, t. II, p. 301.
(6) *Pianta topogr. di R. ant.*, 1832, rég. VII, n° 14.
(7) *Indicazione topogr. di R. ant.*, p. 223.
(8) Nardini.
(9) *C. I. L.*, VI, *falsæ*, p. 15*, n. 60 a.

Lata, mais dans la IXᵉ région, et non dans la VIIᵉ, un Isium important que nous décrirons tout au long. C'est à celui-ci qu'il faut rapporter par exemple deux bas-reliefs en granit rose, provenant d'un obélisque élevé autrefois près du temple qu'Isis et Sérapis avaient à Rome aux environs de la Via Lata (1).

RÉGION VIII (FORUM ROMANUM).

Quoique les régionnaires ne disent pas qu'il y ait eu au Capitole un temple d'Isis, on ne peut douter qu'il ait existé. Renversé en l'an 58 avant J.-C., rétabli peu de temps après, il fut l'objet de nouvelles rigueurs en 48. Malgré ces vicissitudes, il eut sous la République des prêtres, romains de naissance, parmi lesquels un T. Sulpicius de la gens Cæcilia. Dans les premières années de l'empire, il dut partager le sort des temples du même genre ou plutôt il dut être le premier atteint dans les temps de persécutions. Sous Vitellius, on l'avait déjà relevé et rendu au culte et l'on y accourait en foule (2).

Nous considérerions comme provenant de cet édifice :

1o Une inscription gravée en l'honneur d'Isis Frugifera, que l'on voyait jadis dans l'église de Santa Maria in Ara Cæli (3);

2o L'obélisque qui du jardin de l'Ara Cæli, où il était couché à terre, fut porté dans la Villa Mattei (4).

RÉGION IX (CIRCUS FLAMINIUS).

ISEUM ET SERAPEUM (*Notitia* et *Curiosum*).

Sur tout l'espace qui s'étend entre le Corso, la Via del Seminario, le Panthéon et S. Stefano del Cacco ont été exhumées à diverses époques des antiquités égypto-romaines, que nous allons essayer de classer en suivant l'ordre topographique.

Un cynocéphale de marbre, appelé par le vulgaire Cacco, aurait donné à l'église le surnom qu'elle garde encore. Tiré du milieu des fondements, il resta près de là sur le sol jusqu'en 1563. A cette époque, il fut transporté au Capitole (5).

---

(1) Clarac, *Musée de sculp.*, t. II, 1ʳᵉ part., p. 162.

(2) Tous ces faits ont été exposés dans notre première partie, chapitre III.

(3) *C. I. L.*, VI, 351.

(4) V. encore *C. I. L.*, VI, 2234, et *Bullet. arch. comun. di R.*, 1880, p. 9.

(5) Nardini, *Roma antica*, VI, 9. Martinelli, *Roma ex ethnica sacra*, p. 309. Nibby, R., part. mod., t. I, p. 725. Marangoni, *Cose gentilesche delle chiese di R.*, p. 58-59.

Sous Pie IV, et la même année sans doute, furent aussi enlevés deux lions en basalte qui avaient été laissés jusque-là sur la place, devant l'église, et qui devaient avoir la même origine que le cynocéphale. Ils furent posés de chaque côté de l'escalier du Capitole, où ils servirent de fontaines pendant longtemps et lancèrent de l'eau par la gueule (1).

Sous l'église même, des fouilles entreprises du vivant de Flaminius Vacca (2) découvrirent en partie un temple, dont les colonnes de jaune antique étaient encore debout. Mais quand on voulut les prendre on s'aperçut qu'elles avaient été gâtées par un incendie et elles tombèrent en morceaux. On recueillit plusieurs autels sur lesquels étaient sculptés des béliers portant des ornements au cou. « Il n'est pas douteux, ajoute le même auteur, qu'il n'y ait, sous cette église, de grandes choses. »

De S. Stefano viennent encore :

Une petite colonne en marbre portant l'inscription : Διὶ Ἡλίῳ μεγάλῳ Σαράπιδι (3).

Une autre inscription, gravée en l'honneur d'Antinoüs par les soins du *prophète* M. Ulpius Apollonius (4).

Au temps de Pogge (5), un propriétaire, en faisant planter des arbres entre S. Stefano et la Minerve, trouva une statue antique du Nil; mais importuné par les visites qu'elle lui attirait, il la fit recouvrir de terre. Comment l'enleva-t-on de là par la suite? C'est ce que l'on ignore. Ce qu'il y a de sûr, c'est qu'en 1523 elle était au Belvédère (6) et qu'à côté d'elle on y admirait une statue analogue et de même provenance représentant le Tibre. Flaminio Vacca (7) ajoute une indication plus précise encore : « J'ai entendu raconter par mon père, dit-il, que dans la rue voisine de la Minerve, qui va à l'Arc de Camille, on avait trouvé le Tibre et le Nil du Belvédère dans une maison où le Nil est aujourd'hui peint en clair-obscur sur la façade; on a voulu peut-être montrer par là qu'ils avaient été trouvés en ce lieu. » Les deux statues furent cédées à la France en 1796 par le traité de Tolentino. En 1816, la première revint à Rome, où on la voit

---

(1) Flaminio Vacca dans Fea, n° 27.
(2) *Id., ibid.*
(3) *C. I. G.*, 6002.
(4) *C. I. G.*, 6007.
(5) *De variet. fortun.*, p. 12, éd. de 1430.
(6) And. Fulvius, II, 148.
(7) N° 26, dans Fea, *Miscell.*, p. 66.

dans la galerie du Braccio Nuovo; l'autre est encore à Paris au Musée du Louvre (1).

On signale encore :

A Santa Maria in Via Lata, une inscription très importante, qui mentionne les chanteurs du temple de Sérapis (2).

Au coin du Collège romain, près de la maison Silvestrelli et de l'emplacement de l'Arc Camillano, l'inscription grecque du *Corpus* n° 6006, et aussi, suivant M. de Rossi (3), le n° 6007, que nous avons déjà cité comme trouvé un peu en deçà.

Dans la ruelle qui aboutit au chœur de Santa Maria sopra Minerva, maison Silvestrelli, un chapiteau et une base de colonne de style égyptien, une colonnette de granit et des degrés conduisant à une area entourée d'une espèce de petit canal (4).

Maison Tranquilli, dans la même ruelle, une colonne de granit rose, autour de laquelle est sculptée, en relief assez élevé, une procession isiaque qui a le caractère de l'art égypto-romain, une vache en granit, mutilée, que tette une très petite figure agenouillée. On y lit, en hiéroglyphes peints en rouge, la formule : « Comme le soleil, à toujours ». Une statue agenouillée, naophore, portant des hiéroglyphes de la XXVIe dynastie (saïtique). Une stèle d'un style très barbare qui semble égypto-romain. Un sphinx en granit, sur la poitrine duquel est gravée en hiéroglyphes d'un bon style la formule : « Royale offrande au soleil, dieu bienfaisant, seigneur des deux régions » et dans un cartouche : « Soleil stabiliteur du monde » (Ré men to), prénom de Thouthmès IV, qui se lit avec le nom de ce roi sur l'obélisque de Saint-Jean de Latran (5).

Entre S. Ignazio et S. Stefano, un autel isiaque orné de figures en relief, trouvé en 1719, en creusant les fondements de la bibliothèque Casanatense (6).

Devant l'église de S. Mauto ou S. Macuto (7), on voyait encore, à la fin du seizième siècle, « dressé tant bien que mal sur quelques pierres, » un petit obélisque en granit rose, couvert d'hiérogly-

(1) Clarac, *Cat.*, n. 249, *Musée*, pl. 338, 1818, et pl. 176, 254. Fröhner, *Sculpt. ant. mus. Louv.*, n° 449.

(2) *C. I. G.*, 5898.

(3) *Bullet. inst. corr. arch.*, 1853, p. 145.

(4) *Annal.*, ibid., 1852, p. 348, tav. agg. V.

(5) *Bullet.*, ibid., 1856, p. 180-182.

(6) Oliva, *Sopra un' ara isiaca.* Roma, 1719.

(7) Nibby, *Roma*, part. mod., t. I, p. 316.

phes (1). Sous Clément XI il fut transporté devant le Panthéon ; il y est encore aujourd'hui ; mais il est toujours connu sous le nom d'Obeliscus Mahutæus. C'est un monument de Ramsès III. Les hiéroglyphes signifient, d'après une traduction latine, que nous reproduisons textuellement (2) :

« Haroeris fortis, veritatis amicus (dilectus a Sole, Ammonis » amicus, Ramses) fundamentum in regia institutione una simul » vident. Dominus utriusque Ægypti, Sol custos veritatis a Sole » dilectus.

» Haroeris fortis, filius Athmù .... ædificia plurima .... ædifi-» cium in urbe Heliopoli Dominus diadematum, amicus Ammo-» nis, Ramses.

» Haroeris fortis, dilectus Solis .... princeps solemniorum con-» ventuum, sicut Sol, in throno Athmù Dominus diadematum, » amicus Ammonis, Ramses, quem Sol duplicis regionis diligit.

» Haroeris fortis, veritatis amicus, filius primogenitus Phrè, » devotus ipsi, excelsus Dominus utriusque Ægypti, Sol custos » veritatis, dilectus a Sole. »

Ungarelli assure que cet obélisque et celui de la Villa Mattei faisaient la paire. En effet, outre qu'ils sont tous deux de la même époque, il est à remarquer qu'un fragment (3), qui a pu faire partie de l'obélisque Mattei, est resté jusqu'au temps de Kircher devant la porte de derrière du Collège romain. Toutefois, il est difficile d'admettre que l'obélisque Mattei provienne du Sérapéum. Car il était d'abord, comme on sait, au Capitole, dans le jardin de l'Ara Cæli, et le fragment, à supposer qu'il en ait réellement fait partie, — ce qui est douteux, — a pu plus aisément être porté pendant le moyen âge du Capitole au Champ de Mars, que l'obélisque n'a pu l'être du Champ de Mars au Capitole. Mais il est fort possible que le fragment provienne d'un troisième obélisque de l'époque de Ramsès III, qui aurait fait la paire avec celui de S. Mauto.

Dans le jardin du cloître des Pères dominicains de la Minerve fut trouvé un obélisque en 1665 (4). Il s'élève, depuis 1667, sur

(1) Mercati, *Gli obelischi di Roma*, 1589, p. 264-5.
(2) Ungarelli, *Interpr. obelisc. Urbis*, p. 119, tab. III.
(3) Il fait aujourd'hui partie d'un obélisque composé de pièces et de morceaux, donné en 1737 à la ville d'Urbin par le cardinal Annibal Albani. On peut en voir la description dans Kircher, *Œdip.*, t. III, p. 382, et l'histoire dans Ungarelli, p. x, note 2.
(4) Aldroandi, 37. Kircher, *Interpretatio obelisci nuper reperti*, 1666.

la place de la Minerve, porté par un éléphant de marbre, sur le dos duquel le Bernin l'a dressé. C'est un monument du roi Hophré ou Apriès (569-550 av. J.-C.) de la XXVIe dynastie (saïtique). On y lit, gravée en hiéroglyphes, la légende suivante :

« Haroeris coruscans, præstantem faciens utramque Ægyptum,
» filius Solis ex eo prognatus, a quo diligitur Hophre, dilectus
» Neith, quæ in parte terræ viventium moratur, vitæ largitor si-
» cut Sol in perpetuum.

» Haroeris lætificans cor rex, dominus superioris atque infe-
» rioris Ægypti, dominus virtutis, Sol lætificans cor, dilectus
» Athmù dei magni, qui residet in regione inferiori, vitam tri-
» buens ad instar Solis in perpetuum.

» Haroeris lætificans cor, rex dominus superioris et dominus
» inferioris Ægypti, dominus virtutis, Sol lætificans cor, Athmù
» deus magnus, qui in parte terræ viventium moratur, illum
» diligit (redditque) datorem vitæ, sicuti est Sol in perpe-
» tuum.

» Haroeris splendens qui florentem facit utramque Ægyptum,
» filius Solis, ex eo prognatus (et) a quo diligitur Hophre, dilec-
» tus Neith .... in regione boreali, largitor vitæ sicut Sol in per-
» petuum (1). »

Cet obélisque a pu avoir, lui aussi, un pendant. Kircher (2) parle de deux fragments servant de pierres angulaires, l'un à la maison d'un pharmacien près de Saint-Ignace, l'autre à une maison voisine du Collège romain et du palais Salviatini, dans la rue qui va au Corso. Ungarelli (3) a reconnu, dans le premier tout au moins, un monument du roi Apriès de la XXVIe dynastie ; il le regarde sans hésitation comme ayant fait partie d'un obélisque jumeau de celui de la Minerve.

Du jardin des Pères dominicains, on a tiré, en outre :

Au dix-septième siècle, une Isis de basalte, achetée par le cardinal de Massimi, « et quelques fragments qui restèrent dans la cour des religieux (4). » Cette statue, dont Santi Bartoli ne donne pas une description plus détaillée et dont il n'est plus fait mention parmi celles qui ont appartenu aux Massimi, doit être identique à une Isis en basalte qui fut transporté à Versailles

---

(1) Ungarelli, ouv. cité, p. 133.
(2) *Loc. cit.*
(3) Page x, note 2. Le fragment est encastré dans l'obélisque d'Urbin.
(4) Santi Bartoli, 112. Dans Fea, p. CCLIV.

sous Louis XIV (1), puis au musée du Louvre (2). Celle-ci représente la déesse debout, vêtue d'une robe que recouvre un manteau noué sur la poitrine. Restaurations : la tête et les deux bras. Les proportions en sont colossales : $2^m,49$.

En 1635, sous le même couvent et du côté de la rue du Séminaire, on trouva, dans des travaux de réparation, une statue d'Osiris en basalte, que les dominicains donnèrent au cardinal Antoine Barberini (2).

En 1642, on fit, au même endroit, une découverte importante. On en a conservé le souvenir grâce à un ami éclairé de l'antiquité, dont nous avons déjà eu occasion de parler, grâce au chevalier Cassiano dal Pozzo. On a retrouvé au milieu de ses papiers (3) la note suivante : « Dans le bâtiment neuf du couvent des Pères dominicains, à la Minerve, on trouva, non seulement une statue d'Isis (4) et une autre d'Osiris (5) en marbre d'Egypte, mais encore, en creusant le sol de la cave, du côté qui regarde l'église des Bergamasques (6), un pavé antique de dalles de pierre sur lesquelles étaient gravées des figures et des hiéroglyphes égyptiens ; il formait le carré tout autour d'une chambre, dont une mosaïque de pierre ornait le milieu. Mais ce pavé, ainsi que les figures en creux qui, par endroits, portaient encore des traces de peinture, était tout retourné sens dessus dessous, et, lorsqu'on vint à creuser pour l'enlever, on s'aperçut qu'il avait été brûlé et notablement endommagé par le feu. Néanmoins on le retira, et un frère lai, nommé Vincent, le fit transporter, comme tous les objets que l'on trouve sous terre, dans une chambre du rez-de-chaussée, pour voir s'il serait possible de le recomposer. De plus, on recueillit une main en marbre de Paros, fort belle ; un fragment de statue en marbre d'Afrique, égyptienne aussi, endommagé par le feu, et un tronçon de colonne sur laquelle des raies formaient mille détours capricieux. Je dois d'avoir vu ces curiosités antiques de la Minerve au Père Réginald Lucarino, qui vint en rendre compte chez moi à mon frère et nous conduisit sur les

---

(1) Ciampini, *Vetera monum.*, t. 1, p. 34. Clarac, *Mus. de sculpt.*, pl. 307, n. 2586.

(2) Donato Aless., *Roma vetus ac recens* (1638), lib. I, p. 80.

(3) Publiés par M. Lumbroso. V. plus haut. L'original est en italien.

(4) Quelle peut être cette Isis trouvée avant 1642 ? Elle n'est probablement pas distincte de celle de Santi Bartoli et de celle de Ciampini.

(5) Celle du cardinal Barberini.

(6) S. Bartolommeo dai Bergamaschi est l'église que l'on appela plus tard S. Mauto. V. Nibby, *Roma*, parte mod., t. II, p. 316.

lieux pour voir le tout, et ce fut dans la matinée du 30 mars 1642 (1). » C'est peut-être une des dalles exhumées à cette époque qui a subsisté jusqu'aux derniers travaux de restauration, encastrée dans le pavé du cloître de la Minerve. On y voyait, gravées en creux, des fleurs de lotus ou de papyrus. Mais on ignore ce qu'elle est devenue (2).

On en a trouvé d'autres récemment sur la place du Panthéon, à l'entrée de la via de' Pastini, à la profondeur de 1m,70. Elles sont en granit égyptien et d'une épaisseur de 0m,05. Elles reposaient sur un fondement en pierres sèches, dont on n'a pu déterminer les limites, vu le peu d'étendue de la fouille. Leur plan est de 1m,19 au-dessous du niveau de l'*area* du Panthéon (3).

A la fin de 1874, des fouilles, entreprises par la surintendance royale, ont amené au jour un bas-relief, qui avait été retourné et encastré dans les marches qui conduisaient au portique du Panthéon. C'est le morceau d'angle d'un entablement (L., 1m,92 ; H., 0m,75). Sur la frise sont sculptés des lions affrontés qui boivent dans un même vase ; c'est le symbole du Nil. Le retour de la frise représente deux éperviers, symbole de la divinité chez les Egyptiens, et entre eux un caducée, symbole ordinaire d'Anubis. M. C. L. Visconti suppose que ce fragment, étant de petites dimensions, a fait partie d'une édicule placée à l'entrée du *Dromos*, qui conduisait au Sérapéum (4).

Entre la Minerve et le Panthéon furent trouvés, en 1448, deux lions de basalte (5) que l'on plaça d'abord devant le Panthéon lui-même. Plus tard, on les transporta à la fontaine de l'Acqua Felice. Ils en ont été enlevés et on les a fait entrer au musée du Vatican. Ce sont deux ouvrages du règne de Nakhtnébew ou Nectanébo (375-363 av. J.-C.) (6). Sur le piédestal qui les supporte est gravée une légende hiéroglyphique.

A cette liste déjà longue il faut ajouter un certain nombre de fragments que signalent plusieurs auteurs sans en indiquer précisément la provenance. Ainsi, Bellonius (7) écrit : « Sunt et Romæ obelisci plures, sed longe minores, quorum alii humi prostrati

---

(1) *Memoriale*, Naples, Bib. nat., cod. V. E., 10, dans Lumbroso, p. 53.
(2) *Bullet. arch. comun. di R.*, 1876, p. 98, note 4.
(3) Pietro Rosa, *Scoperte archeologiche*, 1871-72, p. 73-74.
(4) *Bullet. arch. comun. di R.*, 1876, p. 92, et tab. XIV et XV, fig. 3 et 4.
(5) Flaminio Vacca, n° 35. V. un dessin dans Kircher, *Œdip.*, t. III, p. 463, 464.
(6) Letronne, dans l'*Acad. des inscr. et b.-l.*, t. XVII, p. 65.
(7) *Commentarius de admirabili operum antiquorum præstantia*, lib. I, c. 8.

post templum Minervæ jacent, alii adhuc erecti stant post Pan-
theon.... Nuper, cum Romæ essem tempore Pauli III P. M. (1)
duo admodum parvi terrâ effossi sunt. » Que sont devenus ces
monolithes? c'est ce que Zoega (2) ne savait déjà plus. Il rapporte
en ces termes une opinion vague qui avait cours de son temps :
« Fert quoque rumor sepultos jacere obeliscos in fundamentis
Cœnobiorum S. Mariæ suprà Minervam et S. Stephani de Caco ;
sed frustrà adlaboravi ut certior fierem de re, cujus nulla prostat
memoria litteris mandata. »

Kircher (3) parle aussi d'objets divers trouvés à la Minerve et
qu'il conservait dans son musée : « Ingens antiquitatum ægytiaca-
rum copia, quæ, dum hæc scribo, ex ruderibus loci effossa est,
quarumque non exiguam partem in meo Museo spectandam
exhibeo. » Il cite (4), entre autres, un morceau de vase couvert
d'hiéroglyphes dont il donne le dessin.

On ne sait pas sous quel prince a été construit le grand sanctuaire dont nous venons de passer en revue les vestiges. Mais ce
que les historiens nous apprennent des vicissitudes du culte permet d'affirmer qu'il ne fut pas ouvert au public avant le principat
de Caligula. Ce fut là sans doute qu'après la défaite des Juifs,
Vespasien et Titus passèrent la nuit qui précéda leur triomphe, et
de là que partit leur cortège, dans la matinée de ce jour solennel,
pour se diriger vers le portique d'Octavie (70 ap. J.-C.) (5). Josèphe dit simplement *le Temple d'Isis*, sans faire mention de la région ; il se pourrait aussi bien qu'il voulût parler de celui de la
IIIᵉ. Mais le sanctuaire de la IXᵉ région était le plus important de tous, et l'on s'accorde, en général, pour y rapporter
les passages des auteurs qui ne contiennent pas d'indications
plus précises. En 80, il fut la proie d'un incendie, ainsi que les
Septa Julia, le temple de Neptune, les Thermes d'Agrippa et le
Panthéon (6). Domitien le restaura (7). Depuis lors, il jouit d'une
vogue extraordinaire ; Juvénal (8) le dit assez lorsqu'il raille les
femmes qui vont répandre pieusement de l'eau du Nil dans le

(1) 1535-1549.
(2) *Obelisc.*, sect. II, c. 1, § 12.
(3) *Œdip.*, t. III, p. 384.
(4) *Ibid.*
(5) Josèphe, *Guerre de Judée*, VII, 17.
(6) Dion Cassius, LXVI, 24.
(7) *Chron. Vienn.*, 8, dans Jordan, *Topogr.*, t. II, p. 32.
(8) VI, 526.

temple d'Isis, qui s'élève tout auprès des Septa Julia, ou, suivant son expression, près de l'antique Bergerie :

... in ædem
Isidis, antiquo quæ proxima surgit Ovili.

C'est aussi à l'Isis du Champ de Mars que le Lucius d'Apulée (1) va offrir journellement ses hommages : « summo numini reginæ Isidis, quæ, de templi situ sumpto nomine *Campensis*, summa cum veneratione propitiatur. » Commode, qui prit part avec tant d'ardeur aux cérémonies isiaques (2), Caracalla, qui montra tant de dévotion pour les divinités égyptiennes et qui leur éleva *partout* des temples magnifiques (3), ne durent oublier, ni l'un ni l'autre, celui du Champ de Mars. Alexandre Sévère y fit de nouveaux embellissements ; il y ajouta des statues en bronze de Délos et l'enrichit d'objets propres aux mystères (4). Enfin, Dioclétien en augmenta peut-être encore l'éclat ; mais ce dernier point est douteux (5). Le monument dut être une des dernières citadelles de la religion païenne et tomber lorsque l'alexandrinisme, après un suprême effort, eut été vaincu à son tour. C'est une grosse question de savoir si les temples de Rome furent saccagés par les chrétiens, et nous nous garderons bien d'y toucher ici (6). Nous rappellerons seulement que le Sérapéum d'Alexandrie fut renversé par ordre de Théodose en 391 (7). Au reste, que l'on attribue la destruction de celui du Champ de Mars aux chrétiens, aux barbares ou à un de ces accidents si fréquents dans les fastes de la ville, il est avéré qu'un incendie le dévora.

Le nombre de bâtiments que comprenait notre sanctuaire est assez débattu. D'abord, l'Isium et le Sérapéum étaient-ils deux temples distincts ? On n'en peut douter, lorsqu'on lit dans le grec de Dion Cassius (8) : τὸ Σεραπεῖον καὶ τὸ Ἰσεῖον. Cependant, M. C.-L. Visconti (9) blâme Canina de n'avoir pas fait observer que, pour être distincts, ils n'en étaient pas moins compris dans

(1) *Métam.*, XI.
(2) Lamprid., *Commod.*, 9.
(3) Aurel. Victor, *Cæs.*, 21. Spartien, *Caracalla*, 9.
(4) Lamprid., *Alex. Sever.*, 26.
(5) *Chron. Vienn. Diocl.*, 505, dans Jord., *Topogr.*, t. II, p. 34 et 37.
(6) V. de Rossi, *Bullet. arch. chrét.*, 1865, p. 5-8, et 1866, p. 53-59.
(7) *Ibid.*, p. 54.
(8) *L. c.*
(9) *Bullet. arch. comunale*, 1876, p. 98.

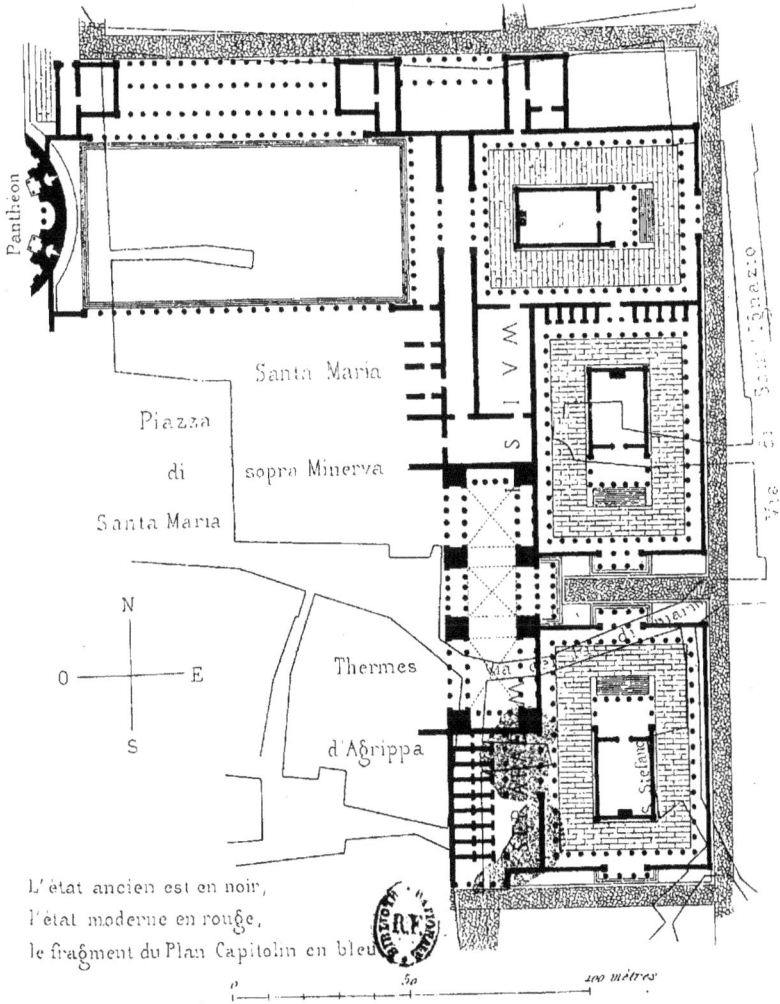

Panthéon

Santa Maria

Piazza

di

Santa Maria

sopra Minerva

N

O — E

S

Thermes

d'Agrippa

L'état ancien est en noir,
l'état moderne en rouge,
le fragment du Plan Capitolin en bleu

0   50   100 mètres

LES TEMPLES D'ISIS ET DE SÉRAPIS
DANS LA IXᵉ RÉGION DE ROME
(Essai de restauration de Canina)

Ernest Thorin, éditeur, à Paris.   J. Sulpis sc.

le même lieu sacré, dans le même τέμενος. Nous donnons tout
notre assentiment à cette opinion, qui, au reste, était celle des
auteurs de la *Beschreibung*; dans leur plan du Champ de Mars une
enceinte carrée enferme les deux temples, parallèles l'un à l'autre (1). On y a même fait entrer un troisième édifice dont les
topographes avaient quelque peine à déterminer la position : c'est
le Templum Boni Eventus (2). Claudius, préfet de Rome en 374,
restaura, dit Ammien Marcellin (3), un grand portique contigu
aux Thermes d'Agrippa, que l'on appelait Porticus Boni Eventus
à cause de la proximité du temple de ce nom. Platner (4) suppose
que le dieu qu'on y adorait n'est autre qu'Antinoüs, et que son
culte était lié à celui des divinités alexandrines. Le titre d'Ἀγαθὸς
δαίμων s'appliquait non seulement à Antinoüs, mais encore à
Anubis et à Harpocrate, comme celui d'Ἀγαθὴ τύχη à Isis. Il est
donc possible que l'autel du Bonus Eventus fût annexé à ceux
d'Isis et de Sérapis. On croit même que les débris de portique
qui se trouvaient à S. Stefano del Cacco appartiennent à celui
dont parle Ammien Marcellin. En tout cas, cette partie du Champ
de Mars fut sans doute le lieu de rendez-vous et la résidence
centrale de tous les Alexandrins de Rome, et il contenait bien autre chose que les deux temples. Près de Santa Maria in Via Lata se
réunissaient les chanteurs du Sérapéum. Dans le local affecté aux
assemblées de leur collège (5) ils avaient élevé, le 6 mai 146, un
buste de marbre à Embès, leur chef, ou, suivant l'expression
consacrée, leur *père* et leur *prophète*. Près de là devaient se trouver le Pastophorion, les logements des différents ordres de prêtres, qui étaient fort nombreux, les salles propres aux initiations,
aux discussions religieuses (6), aux délibérations des collèges.
L'espace que nous avons essayé de délimiter n'est pas de trop
pour tous ces usages.

De la forme et de la disposition de nos deux temples nous ne
savons rien.

On a, il est vrai, sur la table de marbre que l'on conserve au
Capitole, un fragment de plan d'un Sérapéum. Mais qui nous
répond que ce soit bien celui de la IXe région, plutôt que celui
de la IIIe ou de la VIe? Nous donnons ci-joint, à tout hasard, la

(1) *Beschreib.*, vol. III, part. 3. *Campi Martii ichnographia.*
(2) Becker, *Topogr.*, p. 650.
(3) XXIX, 6.
(4) *Beschr., l. c.*, p. 119.
(5) *C. I. G.*, 5898, Οἶκος. V., sur le sens de ce mot, *C. I. G.*, 5838, p. 748.
(6) Jordan, *Forma Urbis Romæ* (1874), fragm. 32.

15.

restauration de Canina(1), en distinguant d'une manière sensible pour les yeux les divers éléments dont elle se compose. Quoique l'imagination de l'artiste s'y soit mise à l'aise, on peut y prendre une idée approximative de la configuration des édifices. Canina pense que le Sérapéum du Champ de Mars doit être placé à S. Stefano del Cacco, et que les statues du Tibre et du Nil en précédaient l'entrée (2).

Pour l'Isium, on sait par Dion Cassius (3) que le fronton était orné d'une image d'Isis. La déesse était représentée dans son rôle de divinité sidérale ; elle était assise sur le chien Sirius. On peut se figurer ce qu'était ce groupe, d'après un bas-relief du musée Kircher que nous avons interprété (4). Il est possible que les restes découverts sous la maison Silvestrelli en 1853 marquent l'emplacement de l'Isium, et que, par là, les suppositions qui auparavant avaient guidé Canina dans sa restauration, aient été confirmées, ainsi qu'il l'assure (5). Mais, en pareille matière, le plus sage est de suspendre son jugement. La plupart des monuments qui pourraient apporter des données nouvelles dans la question sont sans doute encore sous le sol ; le nombre et l'état de conservation de ceux que l'on en a déjà tirés doivent encourager les archéologues à poursuivre leurs recherches dans ce quartier de Rome. Mais il est si populeux et si voisin du point où se concentre la vie de la cité moderne, qu'on ne peut espérer de le voir devenir bientôt l'objet d'une exploration méthodique.

RÉGION XII (PISCINA PUBLICA).

ISIS ATHENODORIA (*Notitia* et *Curiosum*).

D'après un savant (6), le nom que les régionnaires donnent à l'Isis de cette région lui serait venu du personnage qui lui avait consacré le temple où on l'adorait. Suivant d'autres, elle aurait été ainsi appelée parce que sa statue était l'ouvrage du célèbre sculpteur de l'école de Rhodes, Athénodore. Cet artiste est bien connu : c'est l'un des trois auteurs du fameux groupe du Lao-

---

(1) *Pianta topografica di Roma antica* (1840), tav. II, XCII et XCIII.
(2) *Annal. inst. arch.*, 1852, p. 351.
(3) LXXIX, 10.
(4) V. notre *Catalogue, Bas-reliefs.*
(5) *Annal., l. c.*
(6) Preller, *Region.*, p. 196, et les observations de M. C.-L. Visconti, *Bullet. arch. comun.*, 1872, p. 39-40.

coon (1). Nous voyons encore moins que M. C.-L. Visconti quelle difficulté il peut y avoir à ce qu'Athénodore eût fait une statue d'Isis. Il est également possible que celle de Rome fût l'original lui-même, comme le *Supplice de Dircé* (2), de la même école, ou qu'elle fût une copie.

Mais, par Isis Athénodoria, faut-il entendre un temple, ou seulement une statue exposée en plein air? Les régionnaires, en effet, au lieu de dire *Isium*, comme plus haut, disent cette fois *Isis*. Les images de divinités dressées au coin des carrefours ou le long des voies publiques n'étaient pas rares dans Rome; on cite la Fortuna Mammosa, l'Hercules cubans et d'autres encore.

Une inscription (3), que l'on prétendait avoir été trouvée entre l'église de Saint-Sixte et les Thermes de Caracalla, a longtemps servi d'indice à ceux qui cherchaient la position d'un Isium dans la douzième région (4). Cette inscription est fausse (5).

M. C.-L. Visconti croit reconnaître dans un fragment de pied colossal, déterré près de l'église de Saint-Césaire, un reste de l'Isis Athénodoria. Il exprime d'ailleurs son opinion avec réserve, et nous n'avons garde de nous montrer plus affirmatif que lui. Dans les sujets représentés sur le bord de la sandale dont ce pied est chaussé, il n'y a rien qui ait trait spécialement au culte d'Isis.

Nous rappellerons que « dans le jardin contigu à l'église des SS. Prisca et Priscilla, » sur la pente de l'Aventin qui regarde l'E., fut trouvée, en 1709, la table isiaque à laquelle le nom de Ficoroni est resté attaché (6). Cet endroit n'est pas éloigné sans doute de celui d'où provient le planisphère égypto-grec de Bianchini (7). Peut-être pourrait-on étendre jusque-là le tracé de la XIIe région, qui n'est pas bien déterminé de ce côté, et placer dans le voisinage de Santa Prisca l'Isis Athénodoria; à moins que l'on ne voie un indice plus important dans la mosaïque polychrome du musée Kircher, qui représente une chasse à l'hippopotame sur les bords du Nil. Elle a été exhumée dans la vigna Mac-

---

(1) V. Overbeck, *Antike Schriftquellen für Gesch. der K.*, n°s 2031, 2037, et *Gesch. d. griech. plastik*, t. II, p. 204 et suiv.

(2) Le Taureau Farnèse, trouvé aux Thermes de Caracalla.

(3) Gruter, LXXXIII, 15.

(4) Entre autres à M. Visconti, *l. c.*

(5) Orelli, 2494, et la note d'Henzen, p. 219, *C. I. L.*, VI, *fals.*, p. 9*, 7, et p. 11*, 18.

(6) Ficoroni, *Vestigie e rarità di Roma antica*, p. 80. V. notre *Catalogue*, n° 231.

(7) Fröhner, *Sculpture antique du Louvre*, p. 15. V. notre *Catalogue*, n° 232.

carani, « au pied du premier olivier que l'on rencontre en montant la colline, le long du mur de Servius, contre l'église de Santa Saba (1). »

Les temples que nous venons de décrire n'étaient sûrement pas les seuls que l'on eût élevés dans Rome aux divinités alexandrines. Nous avons dû passer sous silence des monuments importants, soit parce qu'aucun texte écrit ne signale un édifice sacré à l'endroit où ils ont été trouvés, soit parce qu'on en ignore la provenance exacte. Tels sont, entre autres :

Un autel isiaque rond, en basalte, qui faisait autrefois partie de la collection de la villa Médicis et qui a été transporté au musée des Uffizi, à Florence (2);

Un buste colossal d'Isis, en marbre, auquel le vulgaire a donné le nom de Madama Lucrezia, et qui, depuis 1465 environ, est dressé près du palais de Saint-Marc, à Rome (3).

Des morceaux qui ont de telles proportions n'ont pu trouver place que dans de grands sanctuaires. Mais proviennent-ils de ceux que nous avons énumérés? Le lieu où ils ont été vus par le premier auteur qui les ait mentionnés est-il bien celui qu'ils occupaient dans l'antiquité? Autant de questions insolubles.

Les divinités alexandrines avaient une foule de chapelles dont les régionnaires ne parlent pas, parce que l'importance en était secondaire. De ce nombre étaient les *mansiones*. On donnait ce nom, dans l'ancienne religion romaine, à des espèces de reposoirs permanents où les Saliens faisaient des stations lorsqu'ils parcouraient, les jours de procession, les divers quartiers de la ville (4). Les Isiaques voulurent en avoir aussi ; on en connaît un, qu'un collège avait élevé à Isis et à Osiris pour obtenir d'eux la conservation de la maison impériale (5). Ceci s'accorde fort bien avec les textes et montre que le culte alexandrin, à partir d'une certaine époque, jouit de tous les privilèges de la religion nationale, et qu'il donna ses cérémonies en spectacle au peuple jusque dans la rue.

_____

(1) *Bullet. inst. arch. R.* 1858, p. 51 ; 1870, p. 80. De Ruggiero, *Catal. d. mus. Kircher*, p. 265.

(2) Dessin dans Kircher, *Œdip.*, t. I, p. 225-226. V. notre *Catalogue*, n° 117.

(3) V. notre *Catalogue*, n° 36.

(4) Orelli, 2244, *Bull. inst. corr. arch.*, 1842, p. 134.

(5) *C. I. L.*, VI, 348, et *add.*, 3692.

§ 2.

LES INSCRIPTIONS.

Les temples alexandrins dont il est question dans les inscriptions ressemblent, autant qu'on peut en juger par quelques détails, à celui de Pompéi. Celui d'Asculum Pĭcenum (Ascoli) était entouré d'un péribole construit des deniers d'une affranchie, Valéria Cithéris ; cette enceinte est appelée *circuitus* (1) ; c'est le mot latin qu'il convient d'employer pour désigner ce que l'usage grec nommait péribole. Sur les bords du lac Benacus (lac de Garde, à Malcésine), un particulier fait élever un pronaos (*pronaum*) devant un sanctuaire (*fanum*) où Isis et la Mère des dieux recevaient un culte commun (2). Nous nous sommes servi des inscriptions de Porto, où il s'agissait d'un *megarum* et d'une *schola*, pour nous éclairer sur la destination véritable de certaines parties de l'Isium de Pompéi. Mais l'épigraphie nous apprend encore quelque chose de plus que l'archéologie.

Il y avait à Bénévent un collège d'anciens soldats, les Martenses, qui rendaient un culte à un dieu nommé Verzobius (3), rapporté par eux de Dacie (4), où ils avaient dû servir, peut-être sous Trajan. Un patron de la colonie éleva pour une de leurs compagnies un *Canope* (5). Qu'est-ce que désigne ce mot ? Les commentateurs citent, comme de juste, le Canope qui formait un des lieux de délices de la villa d'Hadrien à Tibur. Mais on ne voit pas trop ce qu'un collège de vétérans avait à faire d'un grand bassin ou canal, bordé de guinguettes, où l'on sacrifiait beaucoup moins à Mars qu'à Vénus. Il s'agit plutôt ici d'un édifice destiné à des réunions ; le bienfaiteur du collège l'a élevé à ses frais *a solo*. Une autre explication paraît nécessaire. Canope n'était pas seulement en Égypte une ville de plaisirs, c'était aussi une ville sainte ; la religion était le motif, ou, si l'on veut, le prétexte des divertissements que l'on y prenait. On y priait Sérapis dans un sanctuaire qui était fréquenté presque à l'égal de celui d'Alexandrie ; même hors

(1) Orelli, 1882. V. de Vit, *Lexicon* : *circuitus* 7.

(2) *C. I. L.*, V, 4007. V. un embellissement semblable fait à Lambèssa (Algérie), dans un temple d'Isis et de Sérapis, par un légat de l'empereur, sa femme et sa fille. Renier, *Inscrip. alg.*, 23.

(3) *I. R. N.*, 1479, 1525 à 1531.

(4) Cf. Verzovia, Verzo, Verzonis, Bersovia, Berzobis, dans *C. I. L.*, III, 1217, 1269, 1271, *ibid.*, C. VI, l. 4 ; XVIII, l. 2 et 4, *ibid.*, p. 247.

(5) *I. R. N.*, 1529.

de l'Egypte, on adora sous un vocable spécial le *dieu de Canope*. Il
était connu et invoqué à Rome (1). On alla jusqu'à lui dresser
des autels qui lui étaient propres; sur l'Acrocorinthe, il y avait,
au second siècle, deux temples de Sérapis, dont l'un était affecté
spécialement au culte de Sérapis de Canope (2). Il est donc bien
possible que dans un cas semblable, pour éviter une confusion,
on ait dit tout simplement, par synérèse, le *Canope*. N'aurions-nous
pas ici une chapelle de ce genre, qui aurait servi en même temps
aux réunions et au culte d'un collège ? Il est vrai que les Martenses ne font pas profession d'adorer une divinité alexandrine;
mais nous avons bien vu qu'à Porto on s'assemble dans la même
schola pour sacrifier à Isis et à la Mère des dieux. Jusqu'ici, on
n'a pas trouvé trace à Bénévent du culte égypto-grec (3). Il serait
bien étrange cependant qu'après s'être répandu dans toute la
Campanie et à Æclanum (4), il ne fût pas entré dans une ville où
passait la Via Appia. Enfin, on peut admettre tout au moins
qu'un Canope, sans lui être nécessairement dédié, était toujours
construit sur un certain modèle apporté en Italie par les Alexandrins.

Isis et Sérapis en province n'ont pas eu seulement des sanctuaires sur la voie publique. Il est arrivé quelquefois, au temps
de leur plus grande faveur, qu'ils ont envahi même le siège
des séances du conseil municipal; dans une petite ville des Æqui-
culi (à Nesce, Cicolano) (5), sous Marc Aurèle (6), un esclave public, associant dans une œuvre pieuse sa femme et son fils, fait
placer à ses frais, dans la *schola* des décurions, des images d'Isis
et de Sérapis avec tous les ornements et une édicule. Les magistrats lui en donnent la permisssion. Il est même à présumer qu'à
cette époque de pareilles œuvres étaient vues d'un bon œil et en-
couragées. L'esclave fait sa cour à l'autorité.

§ 3.

APULÉE.

Le temple de Kenchrées (7), où le Lucius d'Apulée est initié aux

(1) *C. I. G.*, 5996. V. Creuzer-Guignault; *Symbolique* : *Canobus*.
(2) Pausan., II, 4, 7.
(3) Une femme seulement porte le nom d'Isidora. *I. R. N.*, 1584, 1585.
(4) *I. R. N.*, 1090.
(5) *I. R. N.*, 5704.
(6) Cf. 5705.
(7) *Métam.*, XI, p. 802 et suiv. Cf. Pausan., II, 2, 3.

mystères isiaques, se distingue par quelques détails curieux. Le
baptême était la première cérémonie de l'initiation. Lorsque Lucius le reçut, il fut conduit par les prêtres à des bains voisins, « ad
proximas balneas, » et là il se plongea dans le bassin affecté à cet
usage, « *sueto lavacro*. » Il y avait donc une vasque dans l'enceinte sacrée ; car on ne peut croire que les bains dont parle l'auteur fussent publics, puisqu'il dit qu'ils servaient spécialement au
baptême. Il est vrai qu'après la cérémonie, Lucius est *reconduit*
au temple (1), ce qui donne à entendre qu'une certaine distance
l'en séparait ; mais elle pouvait être très faible. Apulée, dans son
onzième livre, emploie une sorte de langue liturgique qui ne ménage pas les mots lorsqu'il faut décrire les marches et contre-mar-
ches du rituel ; cette fidélité à énumérer tous les détails fait que
chacun d'eux prend une importance exagérée, et que l'expression
dépasse quelquefois la pensée. En outre, l'édifice au milieu duquel
est placée la scène d'initiation a d'autres proportions que le petit
Isium de Pompéi ; c'est une vaste construction (2) où l'on peut
aller et venir sans sortir de l'enceinte.

Du même passage il ressort qu'il n'y avait pas en latin de terme
spécial s'appliquant à cette partie du temple, puisque Apulée emploie le terme général *lavacrum*, en le précisant par l'adjectif *sue-
tum*. Les Romains n'ayant pas la chose n'avaient pas le mot.
Sous l'empire même, lorsqu'ils se soumirent aux prescriptions des
cultes mystérieux de la Grèce et d'Alexandrie, il ne paraît pas
qu'ils aient désigné par un terme particulier ces lieux de purification, où le néophyte recevait de la main du prêtre un caractère sacré. A une religion nouvelle il fallait une langue nouvelle ; mais
celle-ci n'eut pas le temps de naître ; on peut voir dans le onzième
livre des *Métamorphoses* quel effort on fit pour la créer et comment
il avorta. Ainsi elle n'a pas de mot pour désigner l'endroit où l'on
baptise. Le christianisme adoptera celui de *baptisterium*, qui dès
le temps de Pline le Jeune (3) était déjà reçu dans un sens profane.

Les Romains, dans leurs temples, n'avaient pas de chaires, par
la raison que leur religion ne comportait pas d'enseignement.
Alors même que les prêtres avaient à faire une communication,
soit au public, soit à leurs confrères, ils se tenaient sous le pro-

---

(1) *Ad templum reductum.*
(2) *Ædes amplissima*, p. 801.
(3) Lett., II, 17, 11. — V. 6, 25. V. Rich, *Dictionnaire des antiquités :*
baptisterium.

naos; c'est là que le maître des Arvales donne lecture de son rapport aux *frères* sur les prières qu'ils doivent décréter pour la santé de l'Empereur ; c'est là que le collège les vote. Le pronaos du temple de Jupiter Optimus Maximus au Capitole, ou celui du temple de la Concorde, servent à la fois de chaire et de salle de délibération (1). Dans les mystères grecs, il n'y avait pas d'enseignement à proprement parler, si l'on entend par là celui qui se transmet oralement (2). On ne saurait affirmer qu'il y eût à Eleusis un βῆμα, d'où la voix du prêtre expliquait aux fidèles réunis les dogmes de la religion, comme il y en avait un sur la place publique, où l'orateur discutait devant le peuple les principes de la politique. Voici cependant qu'apparaît dans le temple alexandrin un *suggestus!* Ce fait capital révèle à lui seul qu'une révolution s'accomplit. Ce n'est pas ici le lieu d'en étudier les causes, la nature et les effets; le mot *suggestus* nous en apprend assez par lui-même. Il désigne la tribune d'où l'on domine la multitude ; c'est de là que l'orateur harangue le peuple, et le général ses soldats ; c'est de là que les empereurs assistent au jeux publics (3). Il y a maintenant un *suggestus* dans le temple où nous introduit Apulée, et il est si vrai que le mot prend un sens tout à fait inusité que l'auteur l'emploie presque par comparaison et en l'expliquant par une périphrase : « Cœtu .... *velut* in *concionem* » vocato, indidem de sublimi *suggestu* .... vota præfatus. » C'est toujours, lorsqu'il s'agit d'exprimer une innovation introduite dans le culte de la race latine, ce même embarras que nous avons déjà constaté ; la langue n'a pas encore de terme spécial pour rendre une idée à peine éclose. La pensée cependant n'a rien d'obscur. Lorsque les traducteurs disent : « Ensuite le prêtre monta *dans* une *chaire* élevée (4) », ils ajoutent peut-être un peu au texte ; le *suggestus* n'a dû être dans le temple, à l'origine, que ce qu'il était au milieu du Forum, une plateforme *sur* laquelle on se tenait debout, à moins qu'on n'y plaçât pour l'orateur un siège mobile (5). Mais ce qu'Apulée signale en passant c'est bien,

---

(1) V. Henzen, *Acta fratr. Arval.*, p. 91 et 151. Il est probable que lorsque les actes portent « in *æde Concordiæ*, » il faut entendre « in *pronao ædis Conc.*» qui s'y trouve en d'autres endroits. La première expression est moins explicite que la seconde, mais a le même sens.

(2) Maury, *Relig. de la Grèce antique*, t. II, p. 339-40.

(3) V. de Vit, *Lexicon* : Suggestus.

(4) Trad. Bétolaud, t. I, p. 385.

(5) Rich, *Dict. d. antiq.* : suggestus. Cf. Garrucci, *Vetri in oro*, tav. XVIII, 4, le Christ au milieu de ses disciples.

en effet, ce qui sera plus tard la *chaire*, ou, pour mieux dire, l'*ambon*, et la preuve en est que les chrétiens ont d'abord appelé *suggestus* la tribune disposée entre le sanctuaire et la nef pour la lecture de l'évangile, de l'épître et, en général, des livres saints, pour la promulgation des mandements épiscopaux et, enfin, pour la prédication (1).

En quel endroit du temple alexandrin s'élevait le *suggestus*? On n'en trouve pas trace à Pompéi. En l'an 79, l'autorité romaine était encore trop défiante pour laisser une tribune s'établir entre quatre murs. Nous en sommes donc réduits aux conjectures. D'après le passage d'Apulée, il semble bien que le prêtre s'adresse aux fidèles dans l'area même ; car c'est un véritable *office* que décrit notre auteur. Les ministres d'Isis ont disposé les images sacrées dans la cella « *intra cubiculum deæ* » ; le scribe, debout sur le seuil de la porte, *pro foribus assistens*, a convoqué les pastophores. C'est alors que les prières commencent. Si l'on a placé en ordre les statues des dieux dans le sanctuaire, c'est évidemment parce qu'on va les offrir à la vue de l'assemblée ; c'est donc que les différents actes qui sont énumérés ensuite se passent tous devant elles. La cérémonie se compose d'un ensemble de pratiques bien net ; elle débute par l'exposition des images et par l'ouverture des portes, elle se termine lorsque le prêtre a congédié les assistants et lorsqu'ils ont tous défilé devant Isis en lui baisant les pieds. C'est elle que l'on salue en entrant et en sortant ; il est bien probable que c'est devant elle que l'on récite les prières pour l'empereur. Lorsque les fidèles changent de place, Apulée ne manque pas de le dire ; après s'être prosternés, ils s'en retournent chacun chez soi « *ad suos discedunt lares.* » Si le *suggestus* se trouvait dans une pièce voisine de l'area nous serions sûrement avertis que l'assemblée s'y est transportée. Nous pouvons conclure de là que la tribune affectée aux harangues religieuses était bien dans l'area, et comme elle ne pouvait faire face au sanctuaire, puisque les auditeurs auraient dû tourner le dos à la déesse, il s'ensuit qu'elle était sur l'un des côtés.

On sait que les temples alexandrins en Egypte comprenaient, outre le sanctuaire, les portiques et les salles consacrées au culte, des logements pour les prêtres, des cellules pour les reclus et des chambres, où pouvaient être hébergés, moyennant salaire, les fidèles qui venaient du dehors demander aux dieux un ordre ou

---

(1) Martigny, *Dict. des antiq. chrét.* : *Ambon, chaire, prédication*, IV, 2, et *suggestus*.

un conseil, chercher près d'eux une guérison ou se préparer par la
retraite aux épreuves de l'initiation. Les Grecs, au temps de leur
grandeur, avaient construit autour de leurs temples les plus fréquentés des bâtiments dont l'étendue n'était pas moindre. Aussi,
lorsque plus tard les Ptolémées envoyèrent Isis et Sérapis à la
métropole, on n'eut pas, pour bâtir à ces nouveaux dieux des demeures appropriées aux besoins de leur culte, à faire violence
aux traditions de l'architecture nationale. On emprunta seulement aux Alexandrins le nom du *pastophorion* pour désigner ces
vastes annexes qui entouraient les édifices religieux de grande
importance. Un habitant de Délos se vante dans une inscription
d'avoir fait crépir à ses frais le pastophorion (1). Il y avait un
pastophorion à Kenchrées ; c'est ce qui ressort clairement du récit
d'Apulée : « Je louai une demeure, dit Lucius, dans l'enceinte
du temple et j'y établis temporairement mes pénates ; là je vivais
sous le même toit que les prêtres et je pratiquais le culte de la
grande déesse sans jamais me séparer d'elle (2). » Apulée ne
donne pas à l'édifice son vrai nom. En effet, il est douteux que
le mot *pastophorion* ait jamais été latinisé. Ruffin, au quatrième
siècle, ne l'emploie qu'en l'expliquant et on ne le rencontre pas
une fois dans les inscriptions latines. Ce n'est pas à dire cependant que l'Occident n'ait pas connu la chose.

(1) *C. I. G.*, 2297.
(2) *Métam.*, II, p. 792, trad. Bétolaud.

CHAPITRE III.

LES MONUMENTS FIGURÉS.

Nous devons exposer brièvement les principes suivant lesquels nous avons rédigé le Catalogue qui termine ce livre.

Il y a d'abord plusieurs catégories importantes de monuments que nous n'avons pas à examiner. Ainsi les représentations figurées du culte alexandrin ne se rencontrent jamais sur les miroirs étrusques ; ce fait n'a rien qui doive surprendre, puisque ces monuments sont en très grande majorité antérieurs à l'époque où Isis et Sérapis furent reçus en Italie. Sur ceux mêmes que l'on croit de fabrication plus récente et qui paraissent dater des deux derniers siècles de la république romaine (1), on ne trouve que des scènes d'un goût purement hellénique, qui n'empruntent rien aux mythologies des peuples étrangers.

Il faut en dire autant des vases peints. L'année où fut rendu le sénatus-consulte des Bacchanales (186 av. J.-C.) est à peu près, suivant l'opinion généralement adoptée, celle où on a cessé d'en fabriquer et d'en déposer dans les tombeaux (2). Nous avons vu que ce grave événement marque aussi d'une façon approximative le moment où le culte égypto-grec fait son apparition dans l'Italie méridionale. Isis et Sérapis arrivent quand l'usage des vases peints est déjà passé. Il y en a un cependant sur lequel on a cru reconnaître la trace de l'influence qu'exerça la religion alexandrine : c'est celui qui représente sous des traits grotesques

(1) Sur la chronologie des miroirs étrusques, v. Ed. Gerhard, *Gesammelte akademische Abhandlungen und kleine Schriften*. Berlin, Reimer, 1866, t. I, p. 140, 141 ; t. II, p. 258, 261.

(2) F. Lenormant, article *Bacchanalia*, dans le *Dictionnaire des antiquités* de Saglio.

Zeus s'apprêtant à escalader la fenêtre d'Alcmène avec l'aide d'Hermès (1). Le maître des dieux porte sur sa tête un objet semblable à un calathos; cet attribut étant le signe distinctif de Sérapis, Winckelmann, Millin et Guigniaut donnent au personnage le nom de la grande divinité alexandrine. Le style de la peinture, l'idée même qui a inspiré l'artiste, tout fait reconnaître dans ce vase un ouvrage de la dernière période ; on serait donc autorisé à admettre qu'il date de l'époque où le Zeus des Alexandrins commençait à être connu en Italie. En ce cas, ce serait un échantillon unique. Mais il est plus que probable que l'interprétation de Winckelmann est erronée. Si Zeus et Sérapis ont été identifiés, il ne s'ensuit pas que les aventures mythologiques de l'un aient été attribuées à l'autre; car la religion alexandrine a fondu ensemble des doctrines philosophiques plutôt que des légendes fabuleuses. Nous n'avons trouvé nulle part, dans les monuments que nous avons classés, Sérapis enlevant Europe ou Koré, bien qu'à partir du second siècle avant Jésus-Christ, on ne le distingue plus de Zeus ou d'Hadès. Il serait tout à fait singulier qu'il entrât en rapport avec Alcmène. Ces raisons corroborent une observation très juste de Wieseler; il est d'avis qu'on s'est trompé en prenant pour un calathos l'objet dont Zeus est coiffé; il pense que c'est plutôt une sorte de bonnet (*pileus*), comme ceux que portent certains personnages de comédie (2). Les reproductions que l'on a données de cette scène bouffonne ne représentent donc pas fidèlement l'original. On peut considérer comme un fait acquis que les sujets empruntés au culte et à la mythologie des Alexandrins ne se rencontrent pas sur les vases peints.

Il est plus surprenant qu'ils ne figurent pas sur les sarcophages. C'est vers le second siècle de notre ère que l'on commence à exécuter ces sortes de monuments, c'est-à-dire précisément lorsque Isis et Sérapis jouissaient de la plus grande faveur dans la maison des Césars et dans l'empire tout entier ; étant donné en outre le caractère mystérieux de leur culte, et le zèle avec lequel il entretint la croyance à l'immortalité de l'âme, il semble qu'il aurait dû fournir aux sculpteurs de tombeaux des motifs de décoration

---

(1) Vatican. Musée Grégorien. D'Hancarville, *Antiq. étr.*, IV, 105. Creuzer-Guigniant, pl. CLXXIV, n° 652. Millin, *Galerie mythologique*, pl. CVIII *bis*, n° 428*. Winckelmann, *Mon. inéd.*, n° 190. Müller, *Denkm. d. A. K.*, II, 3, 49. Pistolesi, *Vaticano descritto*, vol. III, t. LXIX. Fr. Wieseler, *Denkmäler des Bühnenwesens*, taf. IX, 11.

(2) *L. c.*, p. 59, col. 1. Cf. taf. XII, n° 10, et p. 92, col. 2.

au même titre que le mythe de Psyché ou que les traditions éleusiniennes. Visconti croit qu'un bas-relief du Belvédère, qui représente une procession isiaque (1), a dû être, dans les temps
modernes, scié et détaché de la paroi latérale de quelque sarcophage. Cette hypothèse ne paraît pas fondée. La disposition des
personnages, placés à la file les uns derrière les autres, n'est pas
ordinaire dans les sculptures que l'on destinait à cet usage. En
outre, on est habitué à y rencontrer des symboles ou des scènes
mythologiques, et non, comme ici, des tableaux représentant des
cérémonies du culte.

Après les monuments parmi lesquels nous n'avons rien eu à
recueillir, viennent ceux que nous avons rejetés d'une façon sys-
tématique. Il n'entrait pas dans notre plan d'étudier le culte
d'Isis et de Sérapis avec l'aide des monuments d'Alexandrie
même. Nous avons écarté tous ceux que nous savions avoir été
apportés de cette ville par les voyageurs modernes. Dans cette
catégorie rentrent, par exemple, plusieurs ouvrages de sculpture
que l'on conserve aujourd'hui dans les salles du rez-de-chaussée
du musée de Turin (2). Il faut y joindre toutes les monnaies
d'Alexandrie, dont Mionnet donne la liste. Mais le départ n'est
pas toujours facile à faire; bon nombre d'œuvres d'art sont ve-
nues depuis trois siècles prendre place dans les collections d'antiquités sans qu'on ait eu le soin d'en noter la provenance. Nous
n'affirmerions pas que telle pierre gravée, telle statuette, trouvée
à Alexandrie, ne s'est pas glissée dans notre Catalogue. Au
moins, nous sommes-nous tenu en garde contre tout ce qui appartient à des cabinets où les objets apportés d'Egypte sont en
majorité; c'est ainsi que nous avons considéré comme suspect le
musée formé autrefois à Vellétri par le cardinal Borgia, aussi
bien que le musée de Turin. Cependant les monuments que nous
avons proscrits peuvent à l'occasion fournir des points de comparaison utiles; les monnaies surtout, qui portent avec elles
leur date, sont d'un grand secours pour déterminer les limites
chronologiques dans lesquelles on doit enfermer certaines représentations figurées. Nous ne nous sommes donc pas interdit de
consulter, à l'occasion, les ouvrages où ils sont classés et décrits (3).

Les monuments, auxquels une restauration maladroite a donné

(1) V. notre *Catalogue*; n° 118.
(2) V. le *Catalogue* d'Orcurti.
(3) V. notre *Catalogue*, nᵒˢ 1, 2, 3, 7.

de fausses attributions, se présentent toujours en foule, quelque soit le sujet d'archéologie que l'on traite. Parmi les statues qui figurent dans les recueils sous le nom des dieux alexandrins, il y en a un certain nombre qui doivent tous leurs attributs caractéristiques à la main des artistes modernes ; elles n'ont d'antique le plus souvent qu'un simple tronc qui a pu appartenir aussi bien à un homme qu'à une divinité, à une Junon qu'à une Isis, de telle sorte que l'attribution en est certainement fausse (1). On peut former un autre groupe d'œuvres d'art égyptien d'imitation, trouvées en Italie, qui, quoique assez bien conservées, ne représentent sans doute pas la divinité dont on leur a donné le nom ; avant Winckelmann, on a appelé Isis plusieurs statues qui peuvent aussi bien être l'image d'un personnage égyptien quelconque, et cet exemple a été suivi même dans des recueils plus modernes (2). D'autres monuments, complétés par des restaurations probables d'après des indices certains, ont été également rejetés de notre Catalogue, parce que la partie antique, quoique l'attribution en soit juste, nous a paru d'une exécution commune et dépourvue d'intérêt (3). Quelque restreintes que soient les limites de notre sujet, nous ne pouvions songer à donner la liste de toutes les représentations figurées qui s'y rapportent. Un pareil travail serait à la fois fastidieux et inutile. Nous avons cherché seulement à présenter dans un recueil de peu d'étendue l'élite des monuments qui nous paraissaient propres à confirmer les témoignages des textes classiques (4). Enfin nous avons exclu tous ceux qui provenaient de l'Isium de Pompéi ; comme ils sont de beaucoup les plus intéressants, il nous a semblé qu'il valait mieux les réunir dans un chapitre spécial, afin de tracer de ce temple curieux un tableau d'ensemble dont l'effet fût plus saisissant (5).

Les monuments que nous avons admis, après le triage, avaient des titres divers à notre choix. Les uns nous offraient cet

(1) Clarac, *Musée de sculpture. Isis*, pl. 987, n⁰ˢ 2582, 2576, 2569 B ; pl. 988, n° 2574 E ; pl. 989, n⁰ˢ 2583, 2579, 2581 ; pl. 990, n⁰ˢ 2588 C, 2569 A ; pl. 993, n° 2583 B ; pl. 994, n° 2583 A. — *Harpocrate*, pl. 763, n⁰ˢ 1876 A, 1877.

(2) Montfaucon, *Ant. expl.*, t. II, 2ᵉ partie, pl. CVII, p. 278, et *Supplém.*, t. II, pl. XXXIV-XXXVII. Bottari, *Museum Capitolinum*, t, III, pl. 76, 77, 78 (reproduites sous d'autres noms dans Clarac, pl. 984 A, n⁰ˢ 2547, 2561, et pl. 985, n° 2564).

(3) Clarac, pl. 307, n° 2584 ; pl. 308, n⁰ˢ 2587, 2588.

(4) C'est ainsi, d'ailleurs, que notre tâche nous a été fixée par M. Heuzey, dans son *Rapport sur les écoles françaises d'Athènes et de Rome*, 1881.

(5) V. notre *Seconde partie, chapitre premier*.

avantage de servir de jalons précieux pour la topographie des temples alexandrins de Rome ; les autres reproduisent des scènes du culte : il importait de les rapprocher des passages des écrivains grecs et latins. En dernier lieu restent ceux qui reproduisent les images des dieux avec leurs symboles et leurs attributs, et dont le commentaire n'a pu encore trouver place dans aucune des divisions de ce travail.

Les pierres gravées tiennent le premier rang dans cette catégorie. Pline l'Ancien nous dit que de son temps la mode s'introduisait même parmi les hommes de porter au doigt l'effigie d'Harpocrate et des divinités égyptiennes (1). De là évidemment est venue cette quantité de pierres à sujets égyptiens et de travail gréco-romain que l'on conserve dans tous les cabinets de l'Europe. Nous n'hésitons pas à rattacher au grand mouvement religieux dont nous faisons l'histoire l'origine de ces petits monuments, auxquels on a attribué quelquefois une haute antiquité ; quelques-uns peuvent être antérieurs à notre ère ; mais la très grande majorité est l'ouvrage d'artistes contemporains des empereurs, travaillant hors de l'Egypte. Tel anneau avec son chaton a été trouvé en Autriche dans une tombe romaine (2), tel autre sur les rives du Bosphore (3) ; telle cornaline provient de Syrie (4). Les antiquaires ont donc raison de classer dans une série particulière les gemmes et les camées qui reproduisent l'image des dieux alexandrins (5) ; ce n'est pas en tête des catalogues, parmi les restes les plus anciens de la glyptique, qu'il convient de les placer, mais à la suite des pierres dont le sujet est emprunté à la mythologie gréco-romaine, parmi les ouvrages des bas temps. Si les monuments de cette catégorie abondent, les types sont en somme peu variés. Nous avons donné de chacun un échantillon, en nous arrêtant à celui que la beauté du travail désignait à notre choix, et dont l'authenticité, garantie par plusieurs juges compétents, ne pouvait faire de doute. D'abord viennent les pierres qui représentent chacune des divinités d'Alexandrie séparément, puis celles où leurs images forment des groupes, et enfin celles où Sérapis et ses compagnons de fortune se mêlent aux dieux du panthéon gréco-romain. Nous

(1) *Hist. nat.*, XXXIII, 12, 2.
(2) V. notre *Catalogue*, n° 177.
(3) *Ibid.*, n° 166.
(4) *Ibid.*, n° 160.
(5) V. les catalogues des cabinets de Berlin, par Tölken, et de Vienne, par Von Sacken.

avons écarté à dessein toutes celles qui ressemblent de près ou de loin à des Abraxas ; non qu'il ne soit intéressant d'étudier, à l'aide des pierres gravées, quelle influence la religion égyptienne a exercée sur les sectes juives ou chrétiennes ; cette question, au contraire, nous a paru trop considérable pour être traitée en passant et nous l'avons renvoyée parmi celles qui se rattachent à l'histoire du culte alexandrin envisagé dans la seconde période de son existence ; il y a là une nouvelle série de recherches dans laquelle nous n'avons pas voulu nous engager.

§ 1. — *Monuments établissant les dates.*

Les images des dieux alexandrins et de leurs attributs n'apparaissent que rarement sur les monnaies des Lagides ; deux pièces, qu'on ne sait auquel de ces princes rapporter, montrent seules les bustes conjugués d'Isis et de Sérapis, avec la fleur de lotus sur le front, tels en un mot que l'art des temps postérieurs devait les représenter (1). Mais ce fait tient à l'uniformité du type adopté par les Ptolémées et ne prouve nullement qu'ils n'aient pas accordé leur protection au culte mixte qui réunissait tous leurs sujets devant les mêmes autels. Au contraire, on voit déjà par les monnaies du chef de leur dynastie qu'ils se donnèrent, suivant la tradition égyptienne, comme la vivante personnification des grands dieux de leur royaume : Bérénice, femme de Soter, est représentée avec les attributs d'Isis (2). Sous Auguste, le vase à long bec (3), les épis mêlés aux pavots, la ciste, les torches, les serpents (4), tous les instruments et les symboles des mystères isiaques remplacent l'aigle essorante des Lagides. A partir de Vespasien, ces représentations deviennent très communes jusqu'à la fin du troisième siècle, où Alexandrie cessa d'avoir une monnaie spéciale.

Le plus ancien monument que nous ayons du culte alexandrin hors de l'Egypte serait, suivant Cavedoni (5), une monnaie de M. Plætorius Cestianus, frappée en l'an 68 av. J.-C. (6). Au droit,

---

(1) V. notre *Catalogue*, n° 2.
(2) *Ibid.*, n° 1.
(3) *Ibid.*, n° 3.
(4) V. Mionnet, *Alexandrie, Auguste, passim.*
(5) *Bullettino dell' inst. di corr. arch. di R.*, 1853, p. 140.
(6) Cohen, *Monnaies de la répub. rom. Plætoria*, n° 11, et pl. XXXII, n° 9.

on voit le buste d'une femme coiffée d'un casque à crinière qu'entoure une couronne de laurier, d'épis, de pavots et de lotus ; de longues boucles de cheveux tombent sur son cou ; elle porte par derrière un arc et un carquois ; des ailes sont attachées à ses épaules ; devant elle, dans le champ, est une corne d'abondance. Comme ces attributs sont empruntés à plusieurs divinités différentes, Cavedoni croit reconnaître une image panthéistique et il suppose que c'est celle d'Isis. Il y a du mérite à proposer une explication, quelle qu'elle soit, des sujets représentés sur ces monnaies de la gens Plætoria, dont Borghesi (1) a dit qu'elles désespéraient les numismatistes, comme la goutte les médecins. Mais Cavedoni n'a pas trouvé la véritable interprétation, ou du moins la sienne n'est pas appuyée de preuves assez solides pour qu'elle puisse être acceptée. Il est certain que ce buste a quelques-uns des attributs qui conviennent à Isis, les longues boucles de cheveux, les épis, les pavots, le lotus, la corne d'abondance et même les ailes qu'on voit à cette déesse sur plusieurs monuments (2). Cependant il est impossible qu'en l'année 68 un magistrat du peuple romain ait fait frapper sur les monnaies l'effigie d'Isis, comme celle d'une divinité reconnue par l'Etat. Si c'est bien Isis que l'on a voulu représenter (et il faudrait encore le démontrer), peut-être cette pièce est-elle destinée à rappeler une mission, un succès diplomatique de M. Plætorius en Egypte. Elle ne peut, en aucune façon, perpétuer le souvenir de l'introduction du culte alexandrin à Rome, ni être considérée comme notre plus ancien monument.

Si l'on excepte celles des monnaies autonomes des villes qui sont antérieures à Auguste (3), ce sont les œuvres d'art déterrées dans l'Isium de Pompéi qui doivent ouvrir notre liste. D'après ce que nous avons dit de l'établissement du culte d'Isis et de Sérapis dans l'Italie méridionale, on peut admettre que celles qui ne datent pas de l'an 63, où le temple fut restauré, remontent au second siècle avant Jésus-Christ, et dans ce nombre nous ferions entrer, par exemple, la statue d'Isis qui occupait le fond du sanctuaire.

Viennent ensuite, dans l'ordre chronologique, plusieurs tim-

Mommsen, *Hist. de la monnaie rom.*, traduite par le duc de Blacas, t. II, p. 482 b. V. la note de la page 481 (2).

(1) *Œuvres complètes*, t. I, p. 182.
(2) V. notre *Catalogue*, nᵒˢ 100, 125, 126.
(3) Syracuse, Temnos (Eolide), Téos (Ionie), Hiérapolis (Phrygie), etc.

bres sur briques des affranchis de la gens Domitia, qui datent au plus tard des premières années du second siècle de notre ère (1). On y voit, auprès des noms d'Amandus, d'Arignotus, de Daphnus, l'image d'un sistre, qui indique que le culte alexandrin avait des adeptes dans le personnel des grandes briqueteries, léguées plus tard à l'empereur Marc-Aurèle.

Isis, Sérapis et leurs symboles ne figurent sur les médailles romaines qu'assez tard. Une pièce d'or, frappée à l'occasion du voyage d'Hadrien à Alexandrie (130), représente l'Empereur et sa femme Sabine donnant la main à Sérapis et à Isis (2). Mais ce monument est destiné à rappeler une circonstance tout à fait exceptionnelle. Il n'en est pas de même d'un bronze postérieur à 128, sur lequel on voit Isis portée par le chien Sirius (3); cette médaille, comme toutes celles sur lesquelles paraissent le Nil et la flore et la faune propres à l'Egypte, atteste le goût spécial d'Hadrien pour ce pays et pour ses dieux. Après lui, il faut aller jusqu'à Faustine la Jeune pour rencontrer les mêmes représentations (4). Elles reviennent plusieurs fois sur les monnaies de Commode. Un bronze de l'an 192 montre l'Empereur couronné par la Victoire et donnant la main à Sérapis qui se tient en face de lui avec Isis (5). Nous connaissions déjà par les textes la dévotion passionnée de Commode pour les divinités d'Alexandrie.

Si nous passons ensuite à l'époque où le paganisme expire, nous trouvons encore des représentations du culte isiaque dans les peintures du calendrier de Philocalus (354) (6). Elles abondent sur les monnaies de Julien (7), ce qui montre clairement quelle importance ce prince accorda aux dieux égypto-grecs dans sa restauration de la religion vaincue. Le monument le plus récent paraît être « une médaille en bronze frappée sous Gratien (375 à 383 ap. J.-C.), qui représente Anubis debout, le caducée à la main (8). » Quelques années plus tard (391) un édit de Théodose ferme le Sérapéum d'Alexandrie.

Ainsi on peut comprendre les représentations figurées du

(1) V. notre *Catalogue*, nᵒˢ 4, 5, 6.
(2) *Ibid.*, nᵒ 7.
(3) *Ibid.*, nᵒ 8.
(4) *Ibid.*, nᵒˢ 9, 10.
(5) *Ibid.*, nᵒˢ 11, 12.
(6) *Ibid.*, nᵒ 13.
(7) *Ibid.*, section VIII, *passim*.
(8) *Ibid.*, nᵒ 14.

culte d'Isis et de Sérapis entre le commencement du troisième siècle avant Jésus-Christ et la fin du quatrième de notre ère. Elles se répartissent donc sur un espace de sept cents ans environ. Mais, tandis que les inscriptions antérieures au principat d'Auguste sont en assez grand nombre, surtout en pays grecs, on compte les monuments figurés auxquels on peut assigner à coup sûr une date aussi reculée.

§ 2. — *Différences de style. Attributs communs aux quatre divinités.*

Les images des divinités alexandrines trouvées hors de l'Egypte présentent des différences de forme presque infinies. Cette diversité vient avant tout de ce qu'elles appartiennent aux périodes de l'histoire de l'art les plus dissemblables.

Le style qu'adoptèrent tout d'abord les peintres et les sculpteurs d'Alexandrie pour représenter Isis et Sérapis fut sans doute celui qui régnait en Grèce à l'époque d'Alexandre. Comme on élevait à ces dieux des temples dont le modèle était à Athènes ou à Corinthe, de même on donnait à leurs statues la grâce et la souplesse qui étaient jadis réservées aux hôtes de l'Olympe. On se borna à les revêtir d'une certaine espèce de vêtements, à placer à côté d'eux, sur leur tête ou dans leurs mains, des attributs qui leur fussent propres, sans rien diminuer d'ailleurs de leur libre allure. Mais parfois aussi on s'astreignit à leur communiquer quelque chose de la raideur et de la gravité des dieux de Thèbes et de Memphis, afin de ne pas les rendre complètement méconnaissables pour les vaincus que l'on voulait attirer jusqu'à leurs pieds. De là naquit le style d'imitation. De même que le style purement grec, il pénétra en Italie avec le culte alexandrin. Ainsi telle figurine en bronze, provenant d'Herculanum, n'a d'une Isis que la coiffure et l'arrangement des plis de la robe (1). Au contraire, la statue principale de l'Isium de Pompéi (2) est l'œuvre d'un artiste qui a cherché à se rapprocher des principes de la sculpture égyptienne : les jambes sont jointes, le vêtement presque sans plis moule exactement les formes, et l'un des bras est collé au corps. Winckelmann est le premier qui ait enseigné à reconnaître le style d'imitation dans les ouvrages qu'avant lui

(1) V. notre *Catalogue*, n° 52.
(2) V. plus haut p. 189, n. 10.

on qualifiait en bloc d'égyptiens (1); cette distinction est devenue classique. Il n'est pas inutile cependant d'ajouter deux remarques à la règle qu'il a établie. D'abord ce style a été adopté en Italie avant l'année 79; nous ne faisons même aucune difficulté à admettre qu'il régnait déjà au siècle d'Auguste et dès le temps de Cicéron; on ne peut pas, en effet, tirer un argument contraire de ce que le culte était alors banni (2); les prohibitions du sénat ne font qu'en attester la force. Il est même probable que le style d'imitation était répandu à Alexandrie bien avant qu'Isis et Sérapis ne fussent connus à Rome. En outre, il comporte une infinité de nuances; il y a des degrés dans la soumission dont les artistes font preuve à l'égard de leurs modèles égyptiens, et sans doute ce ne fut qu'en dernier lieu qu'ils s'abaissèrent à une servilité complète. Si nous comparons la statue de l'Isium de Pompéi à celles qui ont été mises au jour dans le Canope de la villa d'Hadrien à Tivoli (3), nous constatons une différence sensible. L'une est en marbre blanc, couverte d'or et de couleurs éclatantes, les autres sont en basalte noir. L'Isis de Pompéi a une élégante coiffure, sa robe tombe simplement, sans cacher ses formes et sans les accuser à l'excès; il semble que l'art grec, en prenant des modèles dans les temples des Pharaons, ait recouvré quelque chose de l'heureuse simplicité de ses origines. Au contraire, les statues de Tivoli sont coiffées du klaft; les vêtements trop collants ont une transparence exagérée, on ne trouve dans ces ouvrages qu'une froide convention, qui ne réussit ni à oublier les procédés réalistes, ni à égaler l'indépendance naïve et le charme souriant de l'archaïsme; au lieu d'une mystérieuse gravité, on n'a pu leur donner qu'une raideur de commande. L'imitation n'est heureuse qu'autant qu'elle est discrète; or, sous Hadrien, on lui enlève ce qui lui restait de liberté; on lui impose jusqu'au choix de la matière. La sculpture se transforme pour obéir à un goût capricieux, qui du prince passe aux particuliers.

Mais il ne s'arrêta pas là. Déjà sous Auguste on ne se contentait plus des ouvrages d'imitation: on recherchait les originaux de l'époque pharaonique. Plus ils étaient bizarres, et plus ils plaisaient. Il fallait du nouveau; il n'y avait pas de meilleur moyen d'en trouver que de chercher du vieux, et le vieux que l'on apportait d'Egypte défiait toute concurrence. Les Romains n'avaient d'abord connu

(1) *Histoire de l'art*, liv. II, chap. III, § 9.
(2) *Ibid.*, § 12.
(3) V. notre *Catalogue*, nᵒˢ 57, 58, 59, 60.

ce pays que par les Grecs de la côte. Lorsque après Actium ils se répandirent davantage dans l'intérieur, ils durent éprouver devant les œuvres de l'art indigène cette sorte de saisissement dont nous ne pouvons nous défendre nous-mêmes après tant de changements survenus dans les idées religieuses du monde. Les empereurs, les riches particuliers firent transporter par mer et dresser sur les places publiques, dans les palais, dans les jardins, des obélisques, des sphinx, des statues, des tables couvertes d'hiéroglyphes; c'étaient surtout pour eux des motifs de décoration. Les prêtres de leur côté virent là un moyen puissant d'entretenir cette soif du mystère qui dévorait la société romaine; et ainsi on répandit en Italie par voie d'importation des monuments contemporains des antiques dynasties de l'Egypte (1).

Telles sont les raisons pour lesquelles on vit réunies dans un même temple des images de trois styles différents. Les unes et les autres furent colportées dans toutes les parties de l'Empire; les plus grandes et les plus belles se trouvent, comme de juste, en Grèce et en Italie. Il y avait à Rome des boutiques où l'on vendait de ces objets de dévotion (2). Ceux qui avaient un moindre volume passèrent dans les provinces occidentales; les figurines en bronze ou en terre cuite émaillée devinrent surtout très communes; elles étaient souvent fabriquées dans le plus ancien style et on y inscrivait des hiéroglyphes véritables (3). On en a exhumé un grand nombre sur divers points de la France, à Clermont-Ferrand (4), à Nuits (Côte d'Or) (5), en Alsace (6). Il est probable que le commerce alexandrin en porta jusqu'aux dernières limites du monde antique.

Aux différences de style correspondent autant de différences dans les attributs des divinités égypto-grecques. Il y en a un certain nombre qui n'ont pas à proprement parler un sens religieux; tels

---

(1) V., outre ceux que nous avons cités çà et là dans nos catalogues de Pompéi et de Rome, outre les obélisques : la statue d'un roi pasteur qui se trouve à la Villa Ludovisi, *Bullettino della commissione di archeologia comunale di Roma*, 1877, p. 100.

(2) *Lettres de Paciaudi à Caylus*, publiées par Sérieys. Paris, 1802, in-8°, lettre VII. *Lettres de Caylus à Paciaudi*, publiées par Ch. Nisard. Paris, 1877, lettre du 9 avril 1759.

(3) *Bullet. dell' inst. di corr. arch. di R.*, 1878, p. 68-69. Cf. *Annali*, 1876, p. 243.

(4) *Mélanges d'archéologie égyptienne et assyrienne*, t. III, p. 65.

(5) *Revue archéol.*, 1865, p. 72.

(6) Schœpflin, *Alsatia illustrata*, t. I, part. I, p. 494.

sont les animaux et les plantes de la vallée du Nil, l'ibis, le crocodile, l'hippopotame, le palmier ; on les rencontre souvent sur
les mosaïques, les fresques, les bas-reliefs, à côté d'Isis ou de
Sérapis ; ils y figurent, non pas comme symboles, mais seulement
afin de rappeler d'une manière sensible le pays d'où le culte était
sorti. D'autres attributs sont devenus aussi des motifs de décoration, mais sans avoir perdu complètement la signification mystérieuse qu'ils avaient à l'origine : tels sont les sphinx et les obélisques. D'autres sont propres au culte : c'est le cas de tous les instruments qui servaient à un usage pratique, tels que le petit seau,
le sistre, l'œnochoé à long bec ; bien qu'à l'origine on eût peut-être
attribué à la forme qu'on leur donnait une valeur symbolique (1),
ils ont été pris plutôt comme emblèmes que comme symboles ; ils
jouent le rôle que l'on assignait sur les monuments de la religion romaine à la patère et au simpulum par exemple ; le sistre
surtout a toujours été choisi pour désigner les personnes et les
choses consacrées aux dieux égypto-grecs. Enfin viennent les symboles proprement dits, ceux qui représentent par un signe sensible, non une collection d'individus et un ensemble de pratiques,
mais une idée abstraite ; le nombre en est considérable et on ne
peut guère espérer en dresser une liste complète. Lorsque le symbolisme devint à la mode chez les Romains de l'Empire, ils pui-
sèrent sans réserve dans l'art de l'Égypte, qui sous ce rapport leur
offrait plus de ressources que tout autre. Où s'arrêtèrent leurs
emprunts ? Il est difficile de le dire ; à mesure que des idées nouvelles s'introduisirent dans les esprits et que, pour résister aux
progrès du christianisme, on alla chercher des armes dans tous
les temples du monde, chaque phase de la lutte ajouta quelque
chose aux représentations figurées des religions de Rome ; les systèmes philosophiques, qui comptaient presque autant de variétés
qu'il y avait de philosophes, apportèrent chaque jour leur contingent ; les caprices de l'imagination individuelle se donnèrent
carrière dans l'invention et la combinaison des symboles ;
bien des surprises sont donc réservées à l'archéologie, et un classement méthodique serait condamné d'avance (2). Il n'est même
pas très sûr que le mystère dont on enveloppait certaines images
fût plus facile à pénétrer pour les anciens que pour nous, et que
nous ne perdions pas notre peine en cherchant à rendre précises
des idées qui ne l'étaient pas toujours pour ceux mêmes qui les

(1) Plut., *De Is. et Os.*, p. 670, 671.
(2) V. les Abraxas.

mettaient en circulation. On arrive quelquefois à expliquer des représentation figurées de l'alexandrinisme, dont on ne peut pas prévoir les singularités, en les rapprochant des différentes écritures de l'Egypte; les Romains en ont tiré bien des signes qu'ils ont interprétés à leur manière. Nous n'entrerons pas dans une étude dont on ne voit point les bornes. Il y a cependant quelques symboles qui ont plus d'importance que les autres : ce sont ceux dont on a fait en quelque sorte les insignes du culte même, ceux qui conviennent à toutes les divinités égypto-grecques en général et ne conviennent pas à d'autres dans le Panthéon de l'Occident, si bien que leur présence sur les monuments est à elle seule un indice suffisant et indiscutable.

La fleur du lotus, dont le calice bleu s'épanouit chaque matin à la surface des eaux, avait été choisi par les Egyptiens comme le symbole de la résurrection. Par une association d'idées naturelle, on y vit celui de l'immortalité, et on le plaça au-dessus du front d'Isis, de Sérapis, d'Horus, comme les Egyptiens l'avaient fait pour leur dieu Nowré-Toum (1). Quelquefois Isis est représentée portant la fleur à la main, et Horus sortant du calice. Par suite le lotus est devenu un motif de décoration très commun ; il orne les objets sacrés et tout ce qui, de près ou de loin, a rapport au culte.

L'épervier chez les Egyptiens était l'image même de la divinité ; aux basses époques, cet oiseau, figuré en hiéroglyphe, signifiait *dieu* (2). Faute de savoir qu'il devint un des symboles de l'alexandrisme, on a été embarrassé pour expliquer des monuments où il était représenté (3). Il porte quelquefois au-dessus de la tête le croissant et le disque, et doit, dans ce cas, être considéré comme une sorte de dieu Lunus des Egyptiens. Il exprime ainsi que le lotus des idées de renaissance, de renouvellement.

Apulée, décrivant les attributs d'Isis, dit qu'elle tenait à la main un vase surmonté d'un aspic : « aspis, caput extollens arduum, cervicibus late tumescentibus (4). » Le serpent que les Egyptiens appelaient *árà*, les Grecs οὐραῖος ou βασιλίσκος, et qui porte chez les Arabes le nom d'*hadjé*, se voit dans une attitude

---

(1) Pierret, *Dictionnaire d'archéologie égyptienne* : *Lotus.*
(2) Brunn, *Monument des Atérius. Arcus ad Isis*; dans : *Bullettino dell' inst. di corr. arch. di R.*, 1848, p. 97. *Annali*, 1849, p. 363.
(3) *Bullettino della commissione di archeolog. comunale di Roma*, 1876, p. 94, tab. XIV, 4.
(4) *Métam.*, XI, p. 760.

exactement semblable à celle que peint Apulée, non seulement auprès d'Isis, mais encore tout seul ou réuni à d'autres symboles sur les objets du culte. Il dresse la tête, son cou se gonfle, sa queue se replie sous son corps. Dans l'écriture hiéroglyphique, son image exprimait l'idée de déesse (1).

Ces attributs, on le voit, ont un caractère commun ; ils représentent par des symboles empruntés à l'Egypte la divinité dans son essence même et dans sa conception la plus générale, abstraction faite de toute légende. Il nous faut, maintenant, passer en revue ceux qui conviennent à chaque divinité en particulier.

§ 3. — *Sérapis* (2).

Tacite voulant faire connaître Sérapis à ses lecteurs s'exprime ainsi : « Beaucoup prétendent que c'est Esculape, parce qu'il guérit les maladies ; plusieurs en font Osiris, la plus ancienne divinité des Egyptiens, ou Jupiter, comme maître de toutes choses ; la plupart, aux attributs qui apparaissent en lui, reconnaissent Pluton ou croient le deviner (3). »

Dès le quatrième siècle, les Grecs fixèrent le type de ce dieu, qu'ils identifiaient avec Zeus, Asklépios et Hadès. Une tradition assez vague (4) rapporte qu'un artiste nommé Bryaxis fit pour un roi d'Egypte une statue de Sérapis qui fut placée dans le grand temple d'Alexandrie. Brunn (5) suppose avec raison que ce Bryaxis n'est autre que le sculpteur athénien qui avait travaillé avec Scopas au fameux mausolée d'Halicarnasse, et qu'ainsi un ciseau habile offrit au monde grec l'image idéale du nouveau dieu, aussitôt que son culte eut été imaginé (6). D'après un témoignage antique (7), cette statue aurait été un composé des métaux les plus précieux, et l'artiste, après l'avoir achevée, l'aurait

---

(1) Pierret, *l. c.* : *Uræus.*

(2) Sur les représentations figurées de Sérapis, v. Winckelmann, *Hist. de l'art*, V, I, 30 et 33. Visconti, *Mus. P. Clem.*, II, tav. I, VI, tav. 14 et 15. Zoega, dans *Welckers Zeitschrift*, I, p. 454 et suiv. Braun, *Ruinen und Museen Roms*, p. 422. Overbeck, *Kunst mythologie : Zeus*, p. 305.

(3) *Hist.*, IV, 83, trad. Burnouf.

(4) Athénodore, fils de Sandon, dans Clem. Alexand., *Protrept.*, IV, 48, p. 42 et suiv. (éd. Potter).

(5) *Geschichte der Griechischen Künstler*, t. I, p. 384.

(6) V. encore Overbeck, *Die antiken Schriftquellen zur Geschichte der Bildenden Künste bei den Griechen*, n° 1325.

(7) Athénodore, cité plus haut.

recouverte d'un vernis noir. Pline l'Ancien (1) mentionne aussi une statue colossale de Sérapis, qui se trouvait encore, au premier siècle, dans le Labyrinthe d'Egypte et qui aurait été faite d'une émeraude de neuf coudées, c'est-à-dire probablement d'une sorte de pierre de couleur sombre. Nous voyons, en effet, par les monuments qui nous sont parvenus, que les artistes ont quelquefois cherché, pour représenter Sérapis, une matière foncée qui contribuât à produire sur l'âme du spectateur une impression grave et même triste.

Comme Zeus, Sérapis prend sous la main des Grecs la forme d'un homme dans la maturité de l'âge; ses membres ont tout le développement que peut donner la plénitude de la vie; une abondante chevelure tombe sur son cou; une barbe épaisse étage ses boucles autour de son visage. Comme le maître de l'Olympe il tient souvent le sceptre, et quelquefois l'aigle est à ses pieds. Un certain nombre de monuments le représentent assis sur un trône à dossier élevé, comme le Zeus de Phidias. Enfin, il rappelle le souverain des dieux par la majesté de ses traits et de son attitude. Mais quelquefois aussi les artistes ont donné à sa physionomie une expression qui le rend plus semblable à Hadès. Les boucles supérieures de sa chevelure, au lieu d'être rejetées en arrière, retombent assez bas sur son front; ses sourcils se contractent; son visage prend cet air menaçant qui distingue le maître des régions souterraines. Près de lui se tient un cerbère à trois têtes : « Celle du milieu, qui est la plus élevée, appartient à un lion; celle de droite est d'un chien, à l'air doux et caressant; et celle de gauche est d'un loup rapace. Un serpent entoure de ses nœuds le corps de ces animaux, et sa tête vient s'abaisser sous la main droite du dieu (2). » Si Sérapis n'emprunte rien à Asklépios, c'est que chez les Grecs le dieu de la médecine était représenté à peu de chose près comme Zeus lui-même.

Mais l'attribut distinctif de Sérapis c'est le calathos qui surmonte sa tête; cette corbeille, symbole de fécondité et d'abondance, que l'on portait en grande pompe dans les mystères d'Eleusis, devient la coiffure du dieu, qui représente, comme toutes les puissances chthoniennes, la vie sans cesse éteinte et sans cesse renaissante. Le calathos est quelquefois orné extérieu-

---

(1) *Hist. nat.*, XXXVI, 19.
(2) Macrobe, *Saturn.*, I, 20. Les Cerbères à trois têtes ne sont pas rares parmi nos monuments; mais nous n'en avons peut-être pas un seul où ces trois têtes appartiennent à des animaux différents. Cette observation est d'Overbeck.

rement d'épis de blé, et des branches d'un arbre que Visconti (1) dit être le chêne, mais dans lequel nous reconnaîtrions plutôt, avec d'autres archéologues, l'olivier. D'autres fois, la tête de Sérapis est ceinte d'un bandeau auquel viennent s'adapter des rayons qui forment comme une auréole; mais cet attribut n'est pas aussi caractéristique que le calathos, et les exemplaires où il figure ne sont pas en grand nombre. Enfin il arrive que le front du dieu est seulement surmonté d'une fleur de lotus, comme celui d'Isis, sa compagne, et qu'il tient dans la gauche une corne d'abondance, au lieu de sceptre, et dans la droite un gouvernail.

Overbeck (2) cite dix-huit bustes de Sérapis, et on pourrait facilement grossir ce nombre. Il les partage en deux classes : la première comprenant ceux dont l'expression est plus calme, plus majestueuse, quoiqu'il s'y mêle toujours un peu de mélancolie; la seconde, ceux qui donnent à la physionomie du dieu un air plus sombre, plus farouche, et dont les formes sont moins nobles. Le plus beau type de la première classe est le buste colossal en marbre pentélique que l'on peut admirer au Vatican (3). Sérapis a toute la majesté de Zeus; mais il n'en a pas la sérénité; l'expression qui domine sur son visage est celle d'une bonté mélancolique. C'est bien ainsi qu'on se figure le maître des enfers, qui, suivant les paroles de Zoega, « retient les âmes des morts dans son empire, non pas par les chaînes de la nécessité, mais par le charme de ses sages et séduisantes paroles. » La chevelure retombe sur le front et l'enveloppe, symbole des épaisses ténèbres dans lesquelles est plongé le royaume des ombres. Le vêtement ne se compose pas seulement, comme chez Zeus, de l'himation qui laisse l'épaule droite à découvert, mais encore d'un chiton plissé qui couvre la poitrine jusqu'au cou, ainsi qu'on le voit généralement sur toutes les représentations de Sérapis. Nous citerons encore un bel exemplaire en marbre blanc conservé au musée Britannique (4); l'expression est semblable à celle du buste du Vatican; sur la tête est un calathos orné de branches d'olivier. A la limite des deux classes et comme pouvant servir de transition, il faut ranger une tête colossale en basalte vert qui se trouve à la Villa Albani (5). Ce qui contribue surtout à lui donner

---

(1) V. notre *Catalogue*, n° 32.
(2) *Kunst Mythologie : Zeus. Sarapis.*
(3) V. notre *Catalogue*, n° 19.
(4) *Ibid.*, n° 20.
(5) *Ibid.*, n° 24.

un caractère grave et pensif c'est la proéminence du bas du front ; les yeux, très enfoncés dans leurs orbites, semblent porter leurs regards au loin et refléter la pensée profonde du dieu qui gouverne la nature entière. Mais ce n'est plus la beauté idéale de Zeus. Le défaut de noblesse est très sensible surtout dans un buste en marbre de Paros que l'on conserve au Louvre (1) ; la physionomie se distingue au premier coup d'œil de celle de Zeus « non seulement par son expression sombre, mais encore par le manque absolu de majesté idéale. De plus le nez court, la figure trapue lui prêtent un caractère de férocité brutale (2). »

Les quinze statues de Sérapis que cite Overbeck reproduisent presque toutes exactement le même type. Une des plus intactes est celle qui a été trouvée à Pouzzoles et qui est aujourd'hui au musée de Naples (3). Le dieu est assis ; sa main, élevée plus haut que sa tête par un geste vigoureux, tient un long sceptre ; sa droite est abaissée vers Cerbère ; la pose est pleine de noblesse, quoiqu'un peu raide. La statue du Vatican que donne ensuite notre Catalogue (4) est d'un travail plus délicat ; les mouvements sont plus souples, les draperies mieux jetées ; mais l'ensemble ne produit pas l'impression qu'on attend d'une œuvre qui vise à l'idéal. Une statuette en argent d'une collection anglaise (5) offre ceci de particulier que la main gauche tient une corne d'abondance au lieu d'un sceptre. Sérapis a été très rarement représenté debout par les sculpteurs ; un joli petit bronze de Florence offre seul peut-être l'image de ce type (6).

Plus rares encore sont les représentations de Sérapis sur les bas-reliefs. Un autel votif du Vatican en offre un exemple bien caractérisé (7). Welcker donne la liste de quatorze bas-reliefs funéraires où il croit reconnaître la figure du dieu alexandrin (8). Plusieurs archéologues s'écartent de cette opinion ; quelques-uns veulent que le personnage en question ne soit pas le dieu lui-même, mais un mortel identifié avec Sérapis. Quoi qu'il en soit, il y a là matière à discussion. Un bas-relief en terre cuite du

(1) V. notre *Catalogue*, n° 26.
(2) Fröhner.
(3) V. notre *Catalogue*, n° 31.
(4) *Ibid.*, n° 32.
(5) *Ibid.*, n° 33.
(6) *Ibid*, n° 34.
(7) *Ibid.*, n° 98.
(8) *Ibid.*, n° 90.

musée de Naples (1) offre au contraire une image de Sérapis dont l'attribution n'est pas douteuse; car elle est parfaitement semblable aux statues les mieux conservées. Le même type se rencontre aussi fréquemment sur les lampes.

Parmi les nombreuses monnaies qui représentent Sérapis, il n'y en a qu'une qui offre un sujet dont nous n'ayons pas encore parlé; c'est une pièce autonome d'Odessos (2), sur laquelle on voit le dieu porté par un cheval au galop; il est probable que si on lui a donné pour compagnon cet animal qui est l'attribut ordinaire de Poseidon, c'est que les habitants d'Odessos avaient confondu Sérapis avec le souverain des mers; cette identification, quoique plus rare que les autres, n'est pas sans exemple.

Les sujets figurés sur les gemmes ne se distinguent pas de ceux que l'on peut observer sur les autres monuments. La tête de Sérapis y est représentée tantôt de face, tantôt de profil, et les graveurs, comme les sculpteurs, lui ont donné une expression tantôt triste et mélancolique, tantôt farouche et passionnée. Deux pierres de la collection formée à Rome par Cadès (3) peuvent servir d'exemples de l'un et de l'autre type. Sérapis assis paraît sur les gemmes dans l'attitude et avec les attributs que nous lui connaissons déjà, si ce n'est qu'il y est quelquefois beaucoup plus semblable à Zeus; souvent le Cerbère est remplacé par l'aigle et le dieu tient dans la gauche un foudre au lieu du sceptre. On lui voit aussi à la main une phiale (4), qui contient sans doute l'eau rafraîchissante promise aux bienheureux; une monnaie d'Hadrianopolis (Thrace) (5) présente d'ailleurs le même sujet. Enfin, il faut noter qu'un certain nombre de gemmes portent, autour de l'image sacrée, cette légende : « Sérapis seul est Zeus (6), » ou encore : « Grand est le nom de Sérapis (7). » D'après ces inscriptions, il n'est pas douteux que l'on attribuait aux pierres où était gravé le nom ou l'image du dieu une vertu prophylactique.

(1) V. notre *Catalogue*, n° 91.
(2) *Ibid.*, n° 185.
(3) *Ibid*, n° 135.
(4) *Ibid.*, n°
(5) *Ibid.*, n° 183.
(6) *Ibid.*, n°⁵ 138, 139, 143. Cf. n° 213.
(7) *Ibid.*, n° 138.

§ 4. — *Isis.*

Le costume que porte Isis sur les monuments de l'Europe varie d'abord suivant le style de l'ouvrage. C'est surtout lorsqu'on a voulu imiter la manière des Égyptiens que la diversité est devenue grande; suivant qu'on a voulu être plus ou moins fidèle, on a puisé plus ou moins dans l'attirail hiératique. Sur un bas-relief (1), une romaine vêtue en Isis a au-dessus de la tête le disque de la lune et les cornes de vache et tout son corps est enveloppé dans de longues ailes repliées. Sur un camée en ivoire du Vatican (2), la déesse est coiffée de la poule de Numidie; telle statue de la Villa Hadrienne (3) porte le klaft et tient le tau à la main. Le front de telle autre est surmonté de deux larges plumes (4). Nous ne pouvons donc que répéter ce que nous avons dit des attributs en général : un classement dans les ouvrages d'imitation est impossible, parce qu'aucune règle fixe n'a limité la fantaisie des artistes. Ce qui est certain, c'est qu'on avait inventé pour Isis, à l'époque alexandrine, un costume spécial, qu'Apulée (5) décrit dans tous ses détails. La coiffure est ainsi dépeinte : « La déesse avait une épaisse et longue chevelure dont les anneaux légèrement bouclés et dispersés çà et là sur son cou divin flottaient avec un mol abandon. » Les accessoires qu'énumère ensuite l'auteur ne se retrouvent pas partout. Il parle en ces termes du vêtement : « Sa robe, faite d'un lin de la dernière finesse, était de couleur changeante et se nuançait tour à tour de la blancheur du lis, de l'or du safran, de l'incarnat de la rose. Mais ce qui frappa le plus vivement mes regards, ce fut un manteau si parfaitement noir qu'il en était éblouissant. Ce manteau, jeté sur elle en travers, lui descendait de l'épaule droite au-dessous du côté gauche, comme eût fait un bouclier. Un des bouts pendait avec mille plis artistement disposés et il se terminait par un nœud en franges qui flottait de la manière la plus gracieuse. » La robe de dessous tissue de lin, le manteau (*palla*) bordé de franges (*fimbriæ*), jeté en travers de l'épaule droite au côté gauche et noué par un bout sur la poitrine, sont devenus, depuis Winckelmann, le critérium assuré auquel on reconnaît les figures

(1) V. notre *Catalogue*, n° 101.
(2) Winckelmann, *Storia dell' arte*, Ed. Fea, t. I, p. 451.
(3) V. notre *Catalogue*, n°ˢ 57, 58, 59.
(4) *Ibid.*, n° 52.
(5) *Métam.*, XI, p. 756 à 758, traduct. Bétolaud.

d'Isis. Il faut y joindre le sistre et le petit seau (*cymbium, situla*), qu'elles tiennent d'ordinaire à la main. Elles devraient, en outre, suivant Apulée, être chaussées de sandales tissues avec les feuilles du palmier.

Autant il y a de divinités gréco-romaines avec lesquelles l'Isis égyptienne a été identifiée, autant on peut former de groupes parmi les attributs qu'on a empruntés aux cultes grecs pour orner ses images.

Isis est d'abord une divinité sidérale : « C'est moi, dit-elle dans Apulée (1), dont la volonté gouverne les voûtes lumineuses du Ciel. » Comme telle, elle absorbe quatre ou cinq divinités égyptiennes : Nout, Hathor, Neith, Nauth... (2), etc. Elle embrasse ainsi tout le firmament. Outre ce rôle général, elle en avait un plus particulier. L'astre Sepet, dont le lever héliaque marquait le commencement de l'année, lui était consacré. Les Grecs, constatant l'identité de Sepet avec leur Sirius, acceptèrent aussi cette fonction et représentèrent Isis assise sur le Chien, qui était chez eux le signe de cet astre ; un groupe de ce genre était placé à Rome au-dessus de la porte d'entrée de l'Isium de la IXe région (3) ; un bas-relief du musée Kircher, trouvé à Cervetri, en donne une idée exacte (4). Il semble que c'est par suite d'une erreur (5) que les Grecs, Plutarque (6) entre autres, ont cru qu'Isis était aussi une déification de la lune. Quand ils virent, en Egypte, la tête de la déesse coiffée des cornes de vache, ils ne pénétrèrent pas le sens du symbole, qu'on leur cacha peut-être ; mais ils furent frappés de la ressemblance que cette image présentait avec celles d'Io ; dès le temps d'Hérodote (7), ils l'avaient remarquée et, comme Io avait chez eux pour attributs des cornes qui étaient aussi bien celles de la lune que celle d'une vache (8), il n'en fallut pas davantage pour construire toute une légende. On prétendit qu'Io avait passé en Egypte, où elle avait été reçue par Isis (9), puis, qu'elles ne différaient pas l'une de l'autre. Et ainsi Isis prit chez les Grecs une fonction qui, dans le Panthéon

(1) *Métam.,* XI, p. 762.
(2) V. ces mots dans Pierret, *Dict. d'archéol. égypt.*
(3) V. plus haut, p. 226, n. 4.
(4) V. notre *Catalogue*, nº 93.
(5) Pierret, ouvrage cité, article *Isis*.
(6) *De Is. et Os.,* p. 371.
(7) II, 41.
(8) Smith, *Dictionary of greek and roman mythology* : *Io*.
(9) V. plus haut l'Isium de Pompéi et notre *Catalogue*, nº 218.

égyptien, était réservée primitivement à un dieu spécial (1). Elle
porta sur la tête le croissant et ne se distingua plus de Phébé. De
là à lui donner pour insigne la pleine lune il n'y avait qu'un
pas : « Elle avait au-dessus du front, dit Apulée, une plaque circulaire en forme de miroir, laquelle jetait une lumière blanche
et indiquait que c'était la Lune (2). » Puis on réunit le croissant
et le disque et, en définitive, il se trouva que la coiffure de la
déesse ressemblait parfaitement à celle qu'on lui voyait en Egypte,
mais qu'elle avait un sens symbolique tout différent (3). Enfin
Isis, considérée comme divinité sidérale, fut revêtue d'un manteau brodé « étincelant d'innombrables étoiles, au centre desquelles une lune dans son plein brillait de sa radieuse et vivante
lumière (4). »

Isis, chez les Egyptiens, n'avait pas l'empire des mers ; il était
naturel qu'elle le conquît, lorsqu'elle eut été adoptée par un peuple de navigateurs. Dès lors, « elle gouverne les souffles salutaires de l'Océan (5) ; » c'est du milieu des flots qu'elle apparaît au
Lucius d'Apulée, sur les rivages de Kenchrées. Sous le vocable
de Pharia ou Pelasgia, elle est adorée à Corinthe (6) et sur la
plupart des côtes où touchent les Alexandrins. On donne son nom
à des bateaux marchands (7), à des vaisseaux de guerre (8) ; son
image est quelquefois placée à la proue (9). Dans les naufrages,
on implore sa protection, et, si l'on y échappe, on expose dans
ses temples, comme ex-voto, de petits tableaux où est représentée la catastrophe (10). La plus grande fête de son culte est une
fête maritime, celle du Navire (11). Sur un grand nombre de monnaies des villes de l'Asie (12), Isis Pharia est représentée debout
sur une galère, tenant une voile enflée au-dessus de sa tête ; quelquefois, on voit auprès d'elle un phare et deux Tritons sonnant
du buccin (13).

(1) Pierret, *Dict. d'arch. égypt.* : *Aah.*
(2) *Métam.*, XI, p, 757.
(3) Pierret, ouvr. cité : *Isis.*
(4) Apulée, *l. c.*, p. 759.
(5) *Ibid.*, p. 762.
(6) Pausan., II, IV, 6.
(7) *Annali dell' Inst. di corr. arch. di R.*, 1865, p. 323.
(8) *I. R. N.*, 2807, 2810.
(9) *C. I. L.*, III, 3.
(10) Juvén., XII, 28.
(11) V. plus haut, p. 120 et suiv.
(12) V. notre *Catalogue*, n° 189.
(13) *Annali dell' Inst.*, 1841, p. 247-248.

C'était surtout son rôle de divinité chthonienne qui avait fait sa fortune. A force de la voir représentée comme *pleureuse* et comme *couveuse* (1), les Grecs n'eurent pas de peine à l'identifier avec Déméter. Les attributs des mystères d'Eleusis sont associés à ses images. Apulée place dans sa coiffure des épis de blé « qui venaient se balancer au-dessus de son front. » Ils se trouvent aussi auprès d'elle ou isolément, ou mêlés aux ornements de ses temples. Quelquefois, ils entourent une tête de pavot (2), absolument comme on le voit sur des monuments du culte de Déméter. Epis et pavots remplissent, sur certaines médailles, la corbeille sacrée appelée *calathos* (3). Ailleurs figure la ciste (4). Le serpent jouait, comme on sait, un grand rôle dans les religions antiques ; c'était un symbole commun, surtout dans les mystères d'Eleusis. Il le devint plus encore dans ceux d'Alexandrie. Peut-être est-ce parce qu'en Egypte il était propre à Rannou, déesse des moissons et de l'abondance (5). Tantôt ces serpents d'Isis-Déméter ne se distinguent pas de l'*uræus*, tantôt ils ressemblent à de grosses couleuvres, tantôt leur corps est surmonté d'une tête d'Isis ou de Sérapis (6). Souvent ils se confondent avec l'agathodémon, surtout lorsque au culte alexandrin se joint, sous Hadrien, celui d'Antinoüs, représenté comme le bon génie. Il arrive même que toutes les distinctions s'effacent, que l'*uræus* devient un agathodémon, et ainsi de suite.

Isis, outre qu'elle règne, en tant que puissance cosmique, sur les cieux, la mer et la terre, absorbe en elle, si on l'envisage dans ses rapports avec l'homme, presque toutes les autres divinités gréco-romaines. Cependant tous leurs attributs ne lui conviennent pas également. Il n'y a guère que ceux de la Tychè-Fortuna, la corne d'abondance, le gouvernail et la rame (7) qui puissent sûrement lui être rapportés. Il n'est pas prouvé que l'on possède une seule statue d'Isis Salutaris ou Hygia (8) ; les gemmes où elle paraît dans le rôle de divinité médicale sont en très

(1) Pierret, *Dict. d'arch. égypt.* : *Isis.*
(2) V. notre *Catalogue*, n° 131.
(3) V. dans Mionnet les monnaies d'Alexandrie frappées sous Auguste.
(4) V. notre *Catalogue*, n° 103.
(5) Pierret, *Dict. d'arch. égypt.* : *Rannou.*
(6) V. notre *Catalogue*, n°⁵ 18, 77, 92, 196.
(7) *Ibid.*, passim.
(8) Dans la statue de Clarac, pl. 987, n° 2576, les restaurations sont arbitraires, et l'attribution, quoi qu'en dise Visconti (*Mus. P. Cl.*, t. VII, pl. 5), douteuse.

petit nombre (1). La conception de la Providence était assez compréhensive par elle-même aux yeux des Alexandrins ; ils avaient trouvé avec raison que détailler ses fonctions et rappeler chacune d'elles par des symboles spéciaux était chose inutile. Toutefois, Isis-Panthée porte encore, outre les attributs déjà énumérés, le casque de Minerve (2).

Il y avait, dans un quartier de Rome, une statue que l'on appelait l'Isis d'Athénodore (3). On a pensé que ce nom désignait une œuvre de cet artiste fameux, élève de l'Ecole de Rhodes, qui travailla au groupe du *Laocoon*. En ce cas, le type de la déesse alexandrine aurait été fixé au troisième ou au deuxième siècle (4) avant notre ère, peut-être sous l'inspiration des Ptolémées, par la statuaire grecque, et l'original, transporté ensuite à Rome, aurait servi de modèle aux artistes des temps postérieurs.

Les bustes d'Isis ont à peu près tous la même expression. En général, la physionomie est semblable à celle qui distingue Déméter ; les traits sont calmes et doux, mais graves. La déesse est représentée comme une femme dans tout l'éclat de sa beauté, dont le visage reflète les sentiments tendres et profonds qui conviennent à la mère d'un dieu et à la bienfaitrice du genre humain. Malgré cette communauté d'expression, les types offrent une grande variété. Il y a des bustes qui reproduisent exactement le type le plus ordinaire, celui que décrit Apulée. Un ouvrage de ce genre se trouve aujourd'hui au Vatican (5) ; les cheveux séparés en deux bandeaux ondulés tombent en boucles gracieuses ; le front est surmonté du croissant et de la fleur de lotus ; une robe enveloppe le corps jusqu'au cou dans ses plis sévères et un manteau à franges forme sur la poitrine le nœud caractéristique. Un buste colossal de la Villa Borghèse (6) et celui que le peuple de Rome appelle *Madama Lucrezia* (7), sont conçus aussi d'après ce type. On pourrait faire entrer dans le même groupe un buste du Louvre en marbre gris (8), s'il n'y avait des raisons de croire qu'il est, au moins en partie, de travail moderne. Le musée du

(1) V. notre *Catalogue*, n° 149.

(2) *Ibid.*, n° 126.

(3) V. plus haut, p. 226.

(4) Sur le rôle des Ptolémées dans les arts, v. Overbeck, *Griechische Plastik*, Fünftes Buch, Einleitung.

(5) V. notre *Catalogue*, n° 35.

(6) *Ibid.*, n° 41.

(7) *Ibid.*, n° 36.

(8) *Ibid.*, n° 37.

Vatican en possède un autre (1), qui s'écarte du type connu : la déesse n'a ni boucles de cheveux, ni nœud sur la poitrine ; elle est couverte d'un voile qui tombe sur les épaules ; on voit au-dessus de son front le disque de la lune entre deux serpents. Une tête du musée du Louvre (2) est plus singulière encore : le visage tourné vers la gauche a une expression de vague inquiétude ; la chevelure tombant en boucles est ceinte d'un diadème qui rappellerait celui d'Héra, s'il n'était orné, au milieu, d'un croissant, d'un serpent et de tiges de pavots ; sur le front paraissent deux petites cornes naissantes. L'artiste a voulu représenter cette Isis à laquelle les inscriptions donnent le nom de Reine, mais en même temps il l'a identifiée avec cette Io errante et tourmentée, dont les infortunes sont aussi célèbres que celles de l'épouse d'Osiris. Il y a, enfin, au Vatican, un buste colossal (3) d'un type unique. C'est celui d'une femme dont la tête est coiffée du klaft et couverte d'un voile ; la robe monte jusqu'au cou ; une *infula* pend de chaque côté du front. Ce dernier attribut appartient plutôt à une Cybèle ; mais sur le sommet de la tête on a remarqué un trou qui devait recevoir, à ce que l'on croit, une fleur de lotus. De là le nom d'Isis que l'on a donné à cette figure. S'il est justement appliqué, il n'est pas moins vrai qu'on ne retrouverait nulle part un monument semblable.

Les statues d'Isis sont en très grand nombre. Clarac à lui seul en cite près de quarante. Mais, une fois le triage fait, il n'en reste que bien peu dont la dénomination soit exacte ; il en reste bien moins encore qui aient conservé leurs bras, et, partant, leurs attributs caractéristiques. La plupart ont été restaurées d'après les médailles et les gemmes. La plus belle, la plus conforme au type décrit par Apulée, est celle que l'on conserve au Capitole (4) ; l'artiste a su marier dans la composition de cette figure exquise la gravité des déesses éleusiniennes à la grâce d'Aphrodite. Nous citerons encore, comme offrant des variétés intéressantes, de jolis bronzes (5), dont un trouvé à Herculanum, les statues en basalte tirées de la Villa Hadrienne (6), et comme tout à fait singulière, celle que l'on conserve au Palais Ducal, à Venise (7). Il

(1) V. notre *Catalogue*, n° 38.
(2) *Ibid.*, n° 39.
(3) *Ibid.*, n° 40.
(4) *Ibid.*, n° 45.
(5) *Ibid.*, n°ˢ 52, 53, 54.
(6) *Ibid.*, n°ˢ 57 à 60.
(7) *Ibid.*, n° 63.

suffira d'ailleurs de jeter un coup d'œil sur notre *Catalogue* (1)
pour se rendre compte des différences d'attitude et d'expression
que les Grecs et les Romains ont introduites dans le type d'Isis.
Winckelmann a remarqué le premier qu'il était difficile de distinguer cette divinité de ses prêtresses, parce qu'elles portent sur
les monuments le même costume qu'elle. Quelque juste que soit
cette observation, il semble qu'il y a un moyen de sortir d'embarras : c'est de s'en rapporter au visage ; il est bien probable que s'il
est d'une beauté idéale, l'artiste a voulu représenter la déesse , et
il est certain que s'il a au contraire le caractère d'un portrait, il
offre l'image d'une isiaque (2).

Les gemmes et les monnaies ne méritent pas d'être examinées
d'une façon spéciale. Il faut noter seulement que le type d'Isis
Pharia, très rare parmi les statues, s'y rencontre assez fréquemment (3), et qu'elles présentent aussi quelques exemples remar-
quables d'Isis montée sur le chien Sirius (4).

§ 5. — Harpocrate (5),

Anubis. — Les groupes.

Les Égyptiens avaient représenté Horus sous la figure d'un enfant qui portait le doigt à sa bouche, comme on le fait souvent
dans le premier âge. Le sens de ce geste échappa aux Grecs ; ils
crurent qu'Horus commandait le silence aux initiés ; ils s'étaient
toujours fait un scrupule de révéler les secrets de leurs mystères
nationaux ; frappés de voir que le même voile cachait ceux de
l'Égypte, quelquefois même à leurs propres yeux , ils trouvèrent
heureux ce prétendu symbole et l'adoptèrent dans le culte mixte
dont Alexandrie fut le siège. Harpocrate, tel que leur imagination
l'a conçu, ne diffère guère d'Eros que par ce geste consacré. Il lui
ressemble non seulement par ses formes d'enfant, arrondies et
potelées, mais encore par les ailes qui paraissent derrière son dos ;

(1) Nᵒˢ 35 à 64.
(2) *Ibid.*, nᵒˢ 85, 86, 87, 88.
(3) *Ibid.*, nᵒˢ 150, 189.
(4) *Ibid.*, nᵒˢ 153, 191.
(5) Sur les représentations figurées d'Harpocrate, v. Cuper, *Harpokrates*,
Trajecti ad Rhenum, 1687. Bien que ce livre ait beaucoup vieilli à cause des
progrès de la science égyptologique, il contient un grand nombre de reproductions intéressantes. V. encore Montfaucon , *Ant. Expl.*, t. II , p. 300 à 305,
pl. cxxiii à cxxv , et tous les ouvrages d'archéologie que nous avons cités dans
la bibliographie des monuments de notre *Catalogue*.

les Romains suspendent à son cou la bulle, attribut du jeune âge. D'ordinaire, il est entièrement nu, ou du moins vêtu légèrement ; une nébride est jetée sur ses épaules et une couronne de lierre entoure sa chevelure, comme on le voit sur les figures de Dionysos ; la main gauche tient une corne d'abondance, symbole de la fécondité de la nature, dont le jeune dieu personnifie les forces inépuisables et sans cesse renaissantes. Les artistes lui donnent aussi le carquois d'Apollon, qui représente comme lui le soleil levant. Identifié avec Hercule, il s'appuie quelquefois sur la massue. Il semble qu'on se soit ingénié à grouper autour de lui tous les attributs qui convenaient dans les traditions artistiques de la Grèce aux figures des dieux enfants ; il paraît même avoir été confondu avec l'enfant à l'oie (1). Comme divinité alexandrine, il a au-dessus du front la fleur de lotus, ou une mèche de cheveux nouée et dressée de façon à imiter ce symbole, ou bien encore un croissant et deux longues plumes ; il est souvent accompagné de l'épervier.

Nous ne connaissons pas de buste d'Harpocrate ; ses statues sont au contraire assez nombreuses ; la meilleure se trouve au musée du Capitole (2) ; elle est d'un bon travail, quoiqu'elle n'appartienne certainement pas à la meilleure époque de l'art ; elle a été exhumée dans la villa d'Hadrien, et elle est sans doute l'œuvre d'un contemporain de ce prince. Les figurines en métal qui représentent Harpocrate abondent dans toutes les collections ; ce sont en général des amulettes ; elles ont été répandues à profusion et se retrouvent sur tous les points du monde romain.

Anubis (3) fut aussi l'objet d'une méprise. Les Egyptiens lui avaient donné une tête de chacal, parce que cet animal, vivant loin de la lumière du jour, était pour eux un symbole funèbre (4). Les Grecs prirent cette tête pour celle du chien. Ils joignirent aux images du dieu cynocéphale le caducée et les *talaria*, attributs d'Hermès, et la palme, symbole de la mort, que les Egyptiens tenaient à la main lorsqu'ils accompagnaient un des leurs à sa dernière demeure (5). Anubis est en général vêtu d'une tunique à manches courtes qui s'arrête au-dessus des genoux et qui est ser-

(1) V. notre *Catalogue*, n° 74.

(2) *Ibid.*, n° 65.

(3) *Ibid.*, n°ˢ 76, 96, 97, 102, 103, 112, etc.

(4) Pierret, *Dict. d'arch. égypt. : Chacal.*

(5) Wilkinson, *Customs and manners of the ancient Egypt.*, t. III, pl. LXIX (Ed. de Birch).

rée à la taille par une ceinture; de ces épaules tombe un grand manteau, qui tantôt est rejeté en arrière et tantôt l'enveloppe entièrement. C'est dans ce costume qu'il figure sur les bas-reliefs, sur les gemmes, sur les monnaies, sur les peintures. C'est encore ainsi que le représente une statue colossale trouvée à Porto au siècle dernier, et que l'on peut voir aujourd'hui au musée du Capitole (1).

Les images des quatre dieux alexandrins sont souvent réunies par groupes. Celui d'Isis et de Sérapis se rencontre le plus fréquemment; on voit les têtes ou les bustes de ces deux divinités affrontés ou accolés sur des monnaies, sur des lampes, sur des gemmes, sur des vases de l'époque romaine. Isis allaitant Horus est plutôt connue en Occident par des figurines émaillées ou par des statuettes en bronze de style d'imitation. La Glyptothèque de Munich possède un groupe en marbre, provenant de Rome, qui représente Harpocrate et Isis debout l'un auprès de l'autre (2). Sérapis, Isis et Harpocrate n'apparaissent guère que sur les gemmes et sur les monnaies; Anubis y figure aussi quelquefois comme leur acolythe.

§ 6. — Conclusion.

Les représentations figurées que nous venons d'étudier montrent comment s'est formé le syncrétisme alexandrin. D'abord, toutes les divinités d'un même panthéon se confondent; Isis ne se distingue plus d'Hathor ou de Neith, ni Hécate de Déméter, ni Proserpine de Cérès. En second lieu, on réunit les trois panthéons, et l'on arrive ainsi à concentrer toutes les croyances de l'humanité autour d'une triade, à laquelle on adjoint comme ministre d'un rang inférieur Hermanoubis. Mais il s'en faut qu'on lui ait donné sans distinction tous les attributs qui convenaient à chacune des divinités dans chacun des panthéons. On a fait un choix, et ce choix est bien significatif; les monuments en cela nous en apprennent beaucoup plus que les textes. S'il fallait s'en rapporter aux auteurs, il n'y a pas un dieu égyptien qui n'eût son équivalent en Grèce, et il était impossible qu'il en fût autrement; car il n'y a pas de religion que l'on ne puisse comparer à quelque autre. Mais gardons-nous de croire que les Alexandrins fussent restés fidèles à toutes les traditions des cultes helléniques et qu'ils

(1) *Catalogue*, n° 76.
(2) *Ibid.*, n° 78.

continuassent à adorer sans exception tous les êtres surnaturels dont ils retrouvaient les analogues dans les temples des bords du Nil. En fait, la religion qu'ils ont répandue en Occident est née de l'éclectisme, auquel le monde, fatigué du poids de ses croyances, aspirait de plus en plus. Bien des hôtes de l'Olympe, qu'on n'avait pas oubliés et qu'on nommait encore, sont restés au delà des mers, et ce sont précisément ceux de la vie, de la force, de la beauté, les plus brillants, les plus Grecs. Qu'est devenu Apollon? Qu'est devenu Arès? Qu'est devenue même cette Aphrodite, que la Grèce avait faite sienne, en ajoutant comme attribut à la fécondité de la déesse asiatique la grâce exquise et la suprême élégance de la forme (1)? On nous dit bien qu'elle n'est autre qu'Isis-Ouadji (2); mais le culte qu'elle reçoit sous ce nom est resté propre à quelques localité de la basse Egypte, d'où il n'est pas sorti; les prêtres enseigneront qu'Aphrodite n'est qu'une forme d'Isis; mais elle redevient alors une conception naturaliste; on ne voit plus en elle qu'une force nécessaire à la reproduction des êtres; on ne comprend plus le Beau divinisé. Au contact de l'Egypte, les principes métaphysiques contenus dans la religion grecque se développent et étouffent tout le reste; les statues deviennent des monstres auxquels on ne demande que d'exprimer des idées sous une forme sensible. Et alors les symboles se multiplient; ceux que nous avons passés en revue ont un caractère commun; ils parlent tous à l'homme de mort et de résurrection; non seulement on conserve ceux qui avaient cours dans les mystères d'Eleusis, mais encore on en emprunte de nouveaux à l'Egypte en les interprétant quelquefois à contresens. Il semble que l'on n'ait pas assez de signes pour rappeler à l'homme qu'il n'est que poussière. Ces idées de vie future, que les Grecs ne remuaient qu'à certains jours, deviennent alors la préoccupation constante. L'art religieux oublie les légendes dorées des immortels, leurs jeux et leurs passions, c'est-à-dire qu'il ne trouve plus de charmes dans la représentation de l'existence humaine divinisée; si l'on excepte la peinture où l'on voit Io reçue en Egypte par Isis (3), on chercherait en vain parmi les monuments du culte alexandrin une scène où fût retracée une aventure mythologique. Le sentiment qui guide la main des artistes devient triste et profond : le paganisme est réduit à son minimum.

(1) Decharme, *Mythologie de la Grèce antique*, p. 188.
(2) *Gazette archéolog.*, 1877, p. 149, notes 2, 5 et 6.
(3) V, chap. VIII, et notre *Catalogue*, n° 219.

CATALOGUE MÉTHODIQUE

DES

MONUMENTS FIGURÉS

CATALOGUE MÉTHODIQUE

DES

MONUMENTS FIGURÉS

———

SECTION PREMIÈRE.

MONUMENTS ÉTABLISSANT LES DATES.

N° 1.　　　*Monnaie en bronze de Ptolémée Soter.*

Tête de Ptolémée à droite, avec l'égide.

℞. —[ΒΑΣΙΛΕΩΣ ΠΤΟΛΕΜΑΙΟΥ. Tête de Bérénice à droite, coiffée comme Isis ; derrière, une corne d'abondance.

Mionnet, *Médailles grecques*, t. VI, p. 7, n° 65. — *Suppl.*, t. IX, p. 4, n° 24.

N° 2.　　　*Monnaie en bronze d'un Lagide indéterminé.*

Têtes accolées de Sérapis et d'Isis, à droite, surmontées chacune du lotus ; l'une laurée, avec le pallium ; l'autre diadémée, avec la stola.

℞. — ΠΤΟΛΕΜΑΙΟΥ ΒΑΣΙΛΕΩΣ. Aigle debout sur un foudre, tourné à gauche et regardant derrière lui, avec une double corne d'abondance ornée du diadème sur l'aile droite.

Mionnet, t. VI, p. 37, n. 301. — *Suppl.*, t. IX, p. 21, n°˙ 113 à 115.

N° 3.　　　*Monnaie en bronze d'Alexandrie.*

ϹΕΒΑϹΤ écrit en ligne droite dans le champ. Tête nue d'Auguste à droite.

℞. — ΚΑΙϹΑΡ. Vase sacré du culte isiaque, à une anse et à long bec, décoré de figures et surmonté d'un ornement.

Mionnet, t. VI, p. 48, n° 31.

N° 4. — *Timbre sur brique au nom de Cn. Domitius Amandus, affranchi de la gens Domitia.*

Entre le nom et le surnom image d'un sistre.

> Descemel, *Marques de briques relatives à une partie de la gens Domitia,* n°° 72, 73, 74.

N° 5. — *Timbre sur brique au nom de Cn. Domitius Arignotus.*

Deux sistres.

> *Ibid.,* 87.

N° 6. — *Timbre sur brique au nom de Cn. Domitius Daphnus.*

Un sistre.

> *Ibid.,* 103.

N° 7.   *Médaille en or d'Hadrien.*

HADRIANVS · AVG · COS · III · P · P · Tête nue de l'empereur à gauche.

℞. — ADVENTVI · AVG · ALEXANDRIAE · Hadrien et Sabine debout donnant la main à Sérapis, dont la tête est ornée du calathos, et à Isis, qui tient un sistre ; entre eux un autel paré et allumé.

> Henry Cohen, *Description historique des monnaies frappées sous l'empire romain, communément appelées médailles impériales. Adrien,* n° 58.

Même sujet sur un grand bronze du même prince.

> *Ibid.,* n° 585.

N° 8.   *Médaille en bronze d'Hadrien.*

HADRIANVS · AVG · COS · III · P · P · Tête laurée de l'empereur à droite.

℞. — S. C. Isis avec la fleur de lotus sur la tête, assise sur un chien et tenant un sistre et une haste.

> Cohen, *ibid.,* n° 117.

N° 9.   *Médaille en bronze de Faustine la Jeune.*

FAVSTINA AVGVSTA. Buste de Faustine à droite.

℞. — Sans légende. Isis Pharia marchant à droite, avec son voile par-dessus la tête et tenant un sistre ; derrière, un phare ; devant, un vaisseau avec un mât sur lequel est une voile éployée.

Cohen, *Faustine la Jeune*, n° 245.

N° 10. *Id.*

FAVSTINA · AVG · PII · AVG · FIL . Tête de Faustine.

℞. — Sans légende. Isis, avec la fleur de lotus sur la tête, tenant un sistre et une haste, assise sur un chien courant qui retourne la tête.

Cohen, *ibid.*, n° 246.

N° 11. *Médaille d'argent de Commode* (192 ap. J.-C.).

L · AEL · AVREL · COMM · AVG · P · FEL · Tête laurée de l'empereur à droite.

℞. — SERAPIDI · CONSERV· AVG · Sérapis debout de face, étendant la main droite et tenant un sceptre.

Cohen, *Commode*, n° 232.

N° 12. *Moyen bronze de Commode* (192 ap. J.-C.).

L · AEL · AVREL · COMM · AVG · P · FEL · Tête radiée de l'empereur à droite.

℞. — COS · VII · P · P · S · C · Commode à gauche, couronné par la Victoire et donnant la main à Sérapis en face de lui, accompagné d'Isis, qui tient un sistre ; tous debout. Entre eux, un autel paré et allumé.

Reproduit sur notre frontispice.

Cohen, *Commode*, n° 482.

Grand bronze semblable de la même année.

Ibid., 694, t. III, pl. III.

N° 13. *Peinture sur manuscrit.*

Prêtre isiaque debout. Sa tête n'est couverte que de quelques mèches de cheveux. Il est vêtu d'une tunique à manches, par-dessus laquelle est jeté un manteau. Il tient dans la droite un sistre, dans la gauche un plateau sur lequel se dresse un serpent, au milieu de débris de fruits et de feuilles. A ses pieds est une oie. Auprès de lui, une base, sur laquelle une tête d'âne supportée par un piédestal. Dans le champ de la composition, un pavot.

Manuscrit de la bibliothèque de l'Empereur, à Vienne, qui contient le Calendrier de Philocalus (354 ap. J.-C.). *Mensis november.*

Bucherius, *Comm. in Victorium Aquitanum.* Antverp., 1633 , p. 275-288.
Lambecius, *in Bibl. Cæsar. Append. Comm.*, t. IV. Vindobon., 1671, p. 271-302.
Montfaucon, *Ant. Expl., Suppl.*, t. 1, pl. **XV.**
Grævius, *Thesaurus*, vol. **VIII**, p. 95-113. (V. *Corpus Inscr. Lat.*, I, p. **332**
et suiv., et p. 405).

Nᵒ 14.   *Médaille en bronze de Gratien* (375-383 ap. J.-C.).

℞. — Anubis debout tenant un rameau et un caducée.

Cohen, *Gratien*, nᵒ 67.

SECTION II.

FRAGMENTS D'ARCHITECTURE.

N° 15. — *Sept chapiteaux ioniques, qui surmontent les colonnes de l'intérieur de Santa Maria in Transtevere, à Rome.*

On y voit, au milieu des volutes, l'image des dieux alexandrins. Piranesi en a reproduit un, qui représente Harpocrate, dans son ouvrage intitulé : *Magnificenza d'architettura dei Romani*, tab. XX, mais avec peu d'exactitude. On ignore la provenance de ces fragments. Ils ont dû appartenir à quelque édifice considérable, peut-être au Sérapéum de la IIIᵉ région, ou à celui de la IXᵉ.

Winckelmann, *Remarques sur l'architecture des anciens* (1783), p. 40.
Burckhardt, *Der Cicerone*, p. 15 d.

N° 16. — *Chapiteau romain du deuxième ou du troisième siècle de notre ère.*

Un rang de feuilles d'acanthe garnit le bas, et de ces feuilles s'élancent des Victoires tenant la palme et la couronne, qui, remplaçant les caulicoles, soutiennent les angles du tailloir. Entre les Victoires, Harpocrate, sortant du feuillage à mi-corps, occupe le milieu de la face; il porte l'index de la main droite à la bouche et tient sur le bras gauche une corne d'abondance remplie de fruits.

Ce chapiteau, qui repose encore sur son fût, se trouve à Pise, engagé dans la façade d'une maison particulière de la rue qui mène de la Strada del Borgo à la Piazza dei Cavalieri. Au même endroit, on en voit un second sur lequel est représenté Jupiter avec le sceptre et la foudre. M. de Witte en signale quatre autres, qui offrent les images d'Isis, de Cérès, de Minerve et de Vénus.

Gazette archéologique de MM. de Witte et Lenormant, 1877, pl. 29 et 30, texte, p. 184 et 185.

Nº 17.   *Chapiteau de pilastre.*

Roseaux entremêlés de feuilles de chêne, au-dessus d'une rangée
d'oves. Sur le tailloir, l'inscription : I. O. M. SERAPI. Trouvé en 1865
à la forteresse du Sud de Troesmis (Mœsie inférieure). Vu en 1868 par
M. E. Desjardins, à Galatz (Moldavie), dans la cour des ateliers Hart-
mann.

Annali dell' Instituto di corrispondenza archeologica di Roma, 1868, p. 84.

Nº 18.   *Isis et Sérapis sous la forme de deux serpents.*

Les têtes sont brisées.

Atlantes adossés à deux piliers que l'on voit à Athènes, à l'est du
temple de Thésée, dans une ruelle qui aboutit vis-à-vis de l'église de
Saint-Philippe.

Dr. A. Mordtmann Jr dans la *Revue archéologique*, 1879 (t. XXXVII), p. 261-262.

SECTION III.

STATUES, BUSTES, STATUETTES, FIGURINES,

EN PIERRE, EN MÉTAL ET EN TERRE CUITE.

N° 19. *Sérapis barbu.*

Vêtu d'un chiton plissé, qui monte jusqu'au cou, et sur lequel est jeté un himation. Trace d'un calathos. La tête est entourée d'un diadème, dans lequel sont pratiqués sept trous; ils étaient destinés à recevoir des rayons en métal comme ceux que le restaurateur y a fixés.

Au Vatican, dans la Rotonde, n° 549. Buste colossal en marbre pentélique, trouvé au neuvième mille de la Voie Appienne, dans le lieu dit le Colombaro, près des Frattocchie.

Parties modernes : Le calathos et les rayons.

Visconti, *Musco Pio Clementino*, t. VI, p. 99, pl. XV.
Bouillon, *Musée des antiques*, t. I, pl. 69.
Hirt, *Bilderbuch für Mythologie*, taf. IX, 1.
Musée-*Napoléon*, IV, 57.
Zoega, dans *Welcker's Zeitschrift*, I, p. 454.
Pistolesi, *Vaticano descritto*, vol. V, tav. 110.
Ch. O. Müller, *Monuments de l'art antique*, gravés par Ch. Œsterley, pl. LXX, n° 390.
Beschreibung Roms, II, II, p. 226, n° 8.
Braun, *Ruinen und Museen Roms*, p. 422, n° 140.
Burckhardt, *Der Cicerone*, p. 72 e.
Overbeck, *Kunst Mythologie : Zeus*, p. 307.

N° 20. *Même type.*

Sur la tête est un calathos orné de branches d'olivier.
Buste en marbre blanc portant des traces de peinture rouge. Au Musée Britannique.

Synopsis of the contents of the British Museum, p. 91.
Ancient Marbles of the Brit. Mus., part. X, pl. II.
Overbeck, *Kunst Myth. : Zeus*, p. 308.

N° 21.   *Même type.*

Calathos orné de feuillage.

Buste colossal en marbre noir. Musée du Louvre. Retouché au XVI° siècle. On ignore les restaurations.

> Bouillon, t. III, *Bustes*, pl. I, I.
> Clarac, *Musée de sculpture*, pl. 1089, n° 2722 C.
> Fröhner, *Catal. du Musée de sculpture du Louvre*, n° 554.
> Overbeck, *l. c.*, p. 308.

N° 22.   *Même type.*

Buste plus grand que nature provenant de Guastalla. Musée de Parme.

> Burckhardt, *Cicerone*, p. 72 g.
> Conze, *Archäologische Zeitung*, 1867, Anz., p. 80*.
> Overbeck, *l. c.*, p. 309.

N° 23.   *Même type.*

Buste : Villa Doria Panfili, à Rome. Deuxième chambre du rez-de-chaussée.

> Winckelmann, *Hist. de l'art*, V, I, 30 et 33.
> *Beschreibung Roms*, III, III, p. 630.
> Overbeck, *l. c.*, p. 309.

N° 24.   *Même type, avec une expression plus sombre.*

Tête colossale en basalte vert sur un buste de marbre noir (qui n'est peut-être pas antique).

Portique circulaire de la Villa Albani, à Rome.

> Winckelmann, *Hist. de l'art*, V, I, 33.
> *Beschreibung Roms*, III, II, p. 496, n° 13.
> Braun, *Ruinen und Mus. R.*, p. 716, n° 120.
> Burckhardt, *Cicerone*, p. 72 g.
> Overbeck, *l. c.*, p. 310, n° 10.

N° 25.   *Même type, avec une expression tout à fait farouche.*

Le calathos manque, mais on en peut reconnaître la trace.

Buste en basalte provenant de la Villa Mattei. Au Vatican, première salle des bustes. N° 299.

> *Monumenti Matteiani*, t. II, tav. 1.
> Visconti, *Mus. P. Cl.*, t. VI, pl. XIV, p. 97.
> *Beschreibung*, II, II, p. 188, n° 49

Burckhardt, *Cicerone*, p. 72 f.
Braun, *Ruinen und Mus. R.*, p. 338, n° 80.
Overbeck, *l. c.*, p. 310, n° 11.

N° 26.   *Même type.*

Buste en marbre de Paros. Musée du Louvre. Parties modernes : La chevelure, la draperie et la poitrine.

Clarac, *Description du musée royal*, n° 13.
— *Musée de sculpture*, pl. 1088, n° 2722 A.
Bouillon, *Musée des antiques*, I, pl. 70.
Müller (O.), *Monuments de l'art ant.*, II, n° 3.
Fröhner, *Catal.*, p. 486, n° 552.
Overbeck, *l. c.*, p. 311, n° 12.

N° 27.   *Buste de Sérapis sur un pied humain.*

Marbre grec. Musée des Offices, à Florence.

Galleria di Firenze, ser. IV, t. I, tav. 38.
Hans Dütschke, *Ant. Bildwerke in Ober Italien*, t. III, n° 542.

N° 28.   *Sérapis.*

Sur la face antérieure du calathos, disque du soleil.
Petit buste en bronze. Au Cabinet des Médailles, à Paris.

Chabouillet, n° 2937.

N° 29.   *Tête de Sérapis.*

Terre cuite, d'un très beau travail.
Musée de Vienne.

Von Sacken und Kenner, *D. kaiserl. königl. Antik. Samml. zu Wien. Bildwerke aus Terracotta. Büsten und figuren*, n° 89.
V. un échantillon semblable au Musée de Dresde : Hermann Hettner, *Die Bildwerke der königlichen Antikensammlung zu Dresden. Zweiter Saal*, n° 366.

N° 30.   *Même type.*

Petite tête détachée d'une statuette en terre cuite, d'une belle expression.
Provient de Tarse (Cilicie). Musée du Louvre.
(Inédite).

N° 31.   *Sérapis assis.*

Le dieu porte sur la tête un calathos orné d'une palmette. Le bras

18.

droit est abaissé vers un Cerbère à trois têtes, enlacé d'un serpent. Le bras gauche élevé tenait un sceptre.

Parties modernes : Les deux mains avec les poignets ; deux des têtes de chien.

Marbre grec. Trouvé à Pouzzoles dans les ruines du monument dit Temple de Sérapis.

Musée de Naples, sous le portique.

Gerhard und Panofka, *Neapels antike Bildwerke*, p. 23, n° 68.
Finati, *Il regal Museo Borbonico*, p. 6, n° 5.
Museo Borbonico, t. I, pl. 68.
Clarac, *Musée de sculpture*, pl. 757, n° 1851.
Overbeck, l. c., p. 313, n° 1.

N° 32.   *Même type.*

Calathos orné de foudres.

Parties modernes : Le nez, la main droite avec partie de l'avant-bras, la fourche, une tête de Cerbère.

Marbre de Luni. Musée Pio-Clementino.

Visconti, *Mus. P. Cl.*, t. II, pl. 1, et a VII.
Clarac, *Mus. de sc.*, pl. 757, n° 1850.
Müller (O.), *Manuel d'arch.* Atlas, pl. 35, CXCVI.
Millin, *Galerie mythologique*, pl. LXXXVII, n° 346.
Creuzer, *Religions de l'antiquité*, refondu par Guigniaut, pl. CXLVII, n° 554ᵃ.
Overbeck, l. c., p. 313, n° 2.

N° 33.   *Sérapis assis.*

La main gauche tient une corne d'abondance.
Statuette en argent. Collection Payne-Knight.

Specimens of ancient sculpture, vol. I, pl. 63.
Overbeck l. c., p. 313 et 314, n° 13.

N° 34.   *Sérapis debout.*

La main droite élevée et étendue, la gauche tombant le long du corps. Sur la tête est posé un calathos orné de feuillage.
Statuette en bronze. Musée de Florence.
Parties modernes : Les bras.

Galleria reale di Firenze, ser., IV, t. I, pl. 20.
Clarac, *Mus. de sc.*, pl. 399, n° 673.
Overbeck. l. c., p. 314, n° 15.

N° 35.   *Isis.*

La déesse porte un manteau bordé de franges, qui forme un nœud sur la poitrine. La chevelure, ceinte d'un bandeau, tombe en boucles sur les épaules. Au-dessus du front est un croissant surmonté d'une fleur de lotus et de plumes.

Buste en marbre de Paros trouvé hors de la porte Majeure, à Rome, dans l'endroit appelé Roma Vecchia. La tête était autrefois couverte d'un voile qu'on a fait disparaître dans l'antiquité même.

> Visconti, *Museo P. Cl.*, t. VI, p. 106, pl. xvi.
> *Beschreibung*, II, ii, p. 185, n° 17.

N° 36. *Même type.*

Buste colossal, en marbre blanc, que le vulgaire appelle Madama Lucrezia et qui, depuis le quinzième siècle, se trouve à Rome sur la petite place de San-Marco, près de l'église de ce nom.

> Winckelmann, *Storia dell' Arte*, éd. Fea, liv. II, c. III, § 7.
> Righetti, *Mus. Capitol.*, vol. I, p. 121.
> Gregorovius, *Storia di Roma nel medio evo*, t. VII, p. 757, note.
> Matz und von Duhn, *Antike Bildwerke in Rom*, n° 1582.

N° 37. *Isis Athéné.*

Manteau à franges, noué par un seul bout sur la poitrine. Un voile, bordé aussi de franges et indépendant de la robe, tombe sur les épaules.

Buste en bigio antique, provenant de la Villa Borghèse. Une chouette essorante est représentée au-dessous. Musée du Louvre.

Ce buste est de travail moderne, suivant Fröhner.

> *Sculture del palazzo della villa Borghese detta Pinciana* (Roma, 1796). Parte seconda, stanza VIII, n° 12.
> Petit-Radel, *Musée Napoléon*, t. IV, 55.
> Bouillon, t. I, 76.
> Clarac, *Mus. de sc.*, pl. 1087, n° 2733*.
> Fröhner, *Sc. ant. du Louvre*, n° 560.
> (Visconti cite un autre exemplaire en bronze de ce même type, *Mus. P. Cl.*, t. VI, p. 107, n. 1).

N° 38. — *Isis sans boucles de cheveux ni nœud sur la poitrine.*

Sur le front, disque de la lune flanqué de deux serpents. Un voile couvre la tête et les épaules.

Buste en marbre grec. Vatican.

> Visconti, *M. P. Cl.*, t. VI, p. 108, pl. xvii, 1.
> *Beschreibung*, II, ii, p. 193, n° 100.

N° 39. *Isis-Lune.*

La figure est tournée de trois quarts à gauche. Sur le front paraissent les deux cornes d'Io. Les cheveux tombant en boucles sont retenus par un diadème au milieu duquel est représenté un croissant, surmonté d'un serpent et flanqué de pavots.

Tête en marbre de Paros, très bien conservée. Musée du Louvre.

Bouillon, t. I, pl. 72.
Clarac, *Mus. de sc.*, pl. 1087, n° 2733[b].
Fröhner, n° 559.

N° 40.   *Isis identifiée avec Cybèle.*

La tête est couverte d'un klaft qui descend assez bas sur le front et cache entièrement les cheveux : par-dessus est jeté un voile, au sommet duquel est un trou, destiné à recevoir une fleur de lotus, comme celle que le restaurateur y a placée. On aperçoit une *infula* qui pend de chaque côté sous le voile ; trois autres paraissent sur la poitrine. Une robe à petits plis monte jusqu'au cou.

Buste colossal en marbre cipolin. Musée du Vatican.

Parties modernes : tasseaux dans la figure ; la fleur de lotus.

Gori, *Comment. ad Inscr. Donianas*, tab. VIII, num. 3, p. LXXI.
Winckelmann, *Monum. inéd.*, t. II, p. 7.
Visconti, *Mus. Chiaram.*, pl. I.
Beschreibung, II, II, p. 73, n° 545.
Burckhardt, *Cic.*, p. 129.

N° 41.   *Isis.*

Les cheveux sont séparés en deux bandeaux. Des bandelettes tombent de chaque côté du cou. Le front est surmonté de la fleur de lotus.

Buste colossal. Villa Borghèse.

Canina, *Indicazione delle opere antiche di scoltura esistenti nella villa Borghese.*
Nibby, *Monumenti scelti della villa Borghese*, tav. 7.
Beschreibung, III, III, p. 235 n° 3.
Burckhardt, *Cic.*, p. 80[b].

N° 42.   *Isis.*

Boucles de cheveux sur les épaules. Nœud sur la poitrine.

Petit buste en bronze. Cabinet des Médailles, à Paris.

Chabouillet, 2938.
Échantillons semblables à Vienne : Von Sacken, ouvrage cité. *Antike Bronzen*, II Zimmer, Kasten IV, u. 1322 ; à Berlin : Dr. Carl Friederichs, *Berlins Antike Bildwerke* II, *Geräthe und Bronzen im Alten Museum*, n° 1558[f] 3.

N° 43.   *Isis.*

La tête surmontée d'une large palmette ornée du globe, entouré du croissant lunaire et accompagné de deux uræus.

Petit buste en bronze. Collection Durand.

De Witte, *Catalogue de la collection Durand*, p. 409, n° 1920.

N° 44.   *Isis.*

Le manteau noué entre les seins, les boucles de cheveux tombant sur les épaules. La tête est couverte par la poule de Numidie. — Type africain ; les lèvres sont épaisses ; le nez est épaté.

Buste en bronze. Musée de Florence.

Reale galleria di Firenze, ser. IV, t. III, tav. 141.

N° 45.   *Isis debout.*

Ouvrage d'un style grec complètement libre. Pose pleine d'élégance. Tunique à longues manches. Le manteau bordé de franges est noué par deux bouts à la tunique entre les seins. Fleur de lotus sur le front. Un voile couvre le derrière de la chevelure dont les longues boucles tombent sur les épaules.

Statue en marbre pentélique. Musée du Capitole, à Rome.

Parties modernes : la main gauche et le vase, la main droite et une partie du bras ainsi que le sistre, l'extrémité du pied gauche. Des tasseaux en divers endroits.

De Rossi e Maffei, *Raccolta di statue antiche*, tav. CXLIII.
Montfaucon, *Ant. expl.*, supplém., t. II, pl. XL, p. 146.
Righetti, *Museo Capitol.*, I, tav. IX.
Bottari, *Museum Capitolinum*, t. III, n° 73.
Clarac, *Mus. de sc.*, pl. 993, n° 2574ᶠ.
Beschreibung, III, I, p. 236, n° 26.
Seemann, *Kunsthist. Bilderbogen*, n° 28, 4.
Burckhardt, *Cic.*, p. 80ᵈ.

N° 46.   *Même type.*

Statuette en marbre dont la partie antique se réduit à un tronc, mais qui est intéressante en ce qu'elle a été apportée de Grèce.

Musée du Louvre.

Petit-Radel, *Musée Napoléon*, t. IV, 54.
Bouillon, t. I, 46.
Robillart-Laurent, *Musée français*, t. IV, 46.
Visconti, *Opere varie*, t. IV, 190, pl. 26.
Clarac, *Mus. de sc.*, pl. 307, n° 2584.
Fröhner, n° 558.

N° 47.   *Même type.*

La tête est couverte par un pan de manteau, qui est bordé de franges tout autour.

Parties modernes : les deux bras.

Statue en marbre grec. Musée du Vatican.

Visconti, *Museo Chiaramonti*, pl. 3.
Pistolesi, *Vaticano descritto*, vol. IV, tav. X.
Clarac, *Mus. de sc.*, pl. 988, n° 2574ᴰ.

N° 48.   *Même type.*

Les cheveux, tombant en boucles, sont retenus par un diadème que décore sur le devant le disque de la lune, surmonté de plumes et flanqué de deux serpents. Les prunelles des yeux sont marquées. La main gauche abaissée tient la *situla* et une guirlande de fleurs de lotus (?).

Partie moderne : le bras gauche. Conservation parfaite d'ailleurs.

Statue en marbre grec provenant du Palais Maccarani, à Rome. Musée Britannique.

Clarac, *Mus. de sc.*, pl. 988, n° 2574c.
Ancient marbles of the British Mus., part. X, pl. xix.

N° 49.   *Même type.*

Statue en marbre gris provenant de la collection Farnèse. Musée de Naples.

Le tronc seul est antique.

Finati, *Museo Borbonico*, n° 214.
Clarac, *Mus. de sc.*, pl. 991, n° 2574ᴬ.
Museo Borbonico, III, ʟᴠ.

N° 50.   *Même type.*

Statue en marbre moins grande que nature provenant de Rome. Les deux bras manquent.

Musée de l'Ermitage à Saint-Pétersbourg. Collection Campana.

E. Guédéonow, *Notice sur les objets d'art de la galerie Campana à Rome, acquis pour le Musée impérial de l'Ermitage.* Marbres antiques, n° 28.

N° 51.   *Même type.*

La tête, les bras et les pieds sont en marbre blanc ; le vêtement est en marbre noir.

Statue trouvée aux environs de Naples, et achetée au prince de Sinzendorf en 1817 pour le Musée de Vienne.

Von Sacken, ouvrage cité. *Sculpturwerke*, I Saal, n° 157.

N° 52.   *Isis-Fortune.*

Les cheveux tombent en boucles sur les épaules. La draperie est nouée sur la poitrine d'après le type ordinaire. Au-dessus du front s'élèvent deux hautes plumes. La main gauche tient une corne d'abondance remplie de fruits, du milieu desquels s'élève une pyramide. Le bras droit est orné au poignet d'un bracelet en forme de serpent ; la main tient un gouvernail.

Figurine en bronze trouvée à Herculanum. Musée de Naples.

Antichità di Ercolano, t. V. Bronzes, pl. 13.
Bronzes d'Herculanum, p. 99.
Museo Borbonico, t. III, tav. XXVI.
Clarac, *Mus. de sc.*, pl. 986, n° 2571.
Müller (O.), *Denkmäler der Alten Kunst* (fortgesetz von Friederich Wieseler), pl. LXXIII, n° 925.
Robiou et Lenormant, *Chefs-d'œuvre de l'art antique*, 2ᵐᵉ série, vol. IV, pl. 137.

N° 53. Même type.

La main gauche tient une corne d'abondance, autour de laquelle s'enroule un serpent. La droite manque. Sur le front se dresse une fleur de lotus.

Statuette en bronze trouvée à Crémone, sur les bords du Pô. Musée de Parme.

Annali dell' Instituto di Corr. arch. di R., 1840, p. 109-113.
Monumenti Ibid. t. III, pl. XV, n° 2.

Autre semblable trouvée à Velleia.

Manumenti, ibid., n° 3.

N° 54. Même type.

La main gauche tient la corne d'abondance et la droite, le gouvernail. Sur le front est placé le disque de la lune flanqué de deux cornes et entouré de plumes et d'épis. Le manteau couvre le derrière de la tête en guise de voile.

Jolie statuette en bronze, bien conservée. Musée de Berlin.

Dr. Carl Friederichs, *Berlins antike Bildwerke*, II, *Geräthe und Bronzen im Alten Museum*, n° 1979.

Analogues.

Ibid., n°ˢ 1980 à 1987. A Vienne : Von Sacken, ouvr. cité, *Antike Bronzen*, II Zimmer, Kasten I, n. 180.

N° 55. Isis Pharia (?).

Boucles sur les épaules. Nœud sur la poitrine. Le bras droit tenait un pan du manteau relevé en guise de voile à la hauteur de la tête.

Statue en marbre. Collection Cocke à Holkham, Norfolk.

Parties modernes : Les deux bras ; partie du manteau, le bas des jambes et de la tunique et les pieds.

Clarac, *Mus. de sc.*, pl. 992, n° 2575ᴬ.

N° 56.   *Isis.*

Style d'imitation.

Nœud sur la poitrine. Un vautour aux ailes pendantes forme la coiffure. Les deux bras manquent.

Figurine en bronze provenant de la collection formée principalement à Rome par le chevalier Palin, ancien ministre de Suède à Constantinople. Acquise en 1864 pour le Musée du Louvre.

De Longpérier, *Notice sur les bronzes du Mus. du Louvre*, n° 512.

N° 57.   *Isis debout dans une attitude hiératique.*

Les bras collés le long du corps ; la droite tient le tau ; la gauche, la fleur de lotus. Le manteau, représenté sommairement, tient à la tunique par un nœud dont les plis tombent entre les deux seins. La tête est coiffée du klaft. Les vêtements sont d'une transparence exagérée. Style d'imitation.

Statue en basalte noir trouvée, en 1740, à la Villa Hadriana, près de Tivoli, et placée au Musée du Capitole.

Bonne conservation.

Bottari, *Museum Capitolinum*, t. III, pl. 79.
Clarac, *Mus. de sc.*, pl. 986, n° 2569.
Beschreibung, III, 1, p. 147, n° 15.

N° 58.   *Même type et même style.*

Seulement la main droite est élevée à la hauteur du coude.

Statue en basalte trouvée comme la précédente à la Villa Hadriana et placée au Musée du Capitole.

Parties modernes : Quelques tasseaux dans la coiffure.

Bottari, *Mus. Cap.*, t. III, pl. 78.
Righetti, *Mus. Cap.*, vol. II, tav. ccxc.
Clarac, pl. 986, n° 2570.
Beschreibung, l. c., n° 12.

N° 59.   *Même type et même style.*

Les jambes sont un peu plus libres. Le vêtement se compose d'une seule tunique à manches longues serrée au cou et qui tombe jusqu'aux pieds.

Statue en basalte trouvée à la villa Hadriana et placée au Musée du Capitole.

Partie moderne : la tête.

Bottari, *Mus. Cap.*, t. III, n° 81.
Clarac, pl. cccvii, n° 2585.
Idem, Description du Musée royal, n° 359.
Caylus, *Recueil d'antiq.*, t. II, 39.
Winckelmann, *Storia dell' Arte*, ed. Fea, III, p. 235.

N° 60. — *Isis qui n'a d'égyptien que le klaft représenté assez librement.*

Nœud sur la poitrine. La main gauche tient une corne d'abondance ; la droite est abaissée sans raideur.

Statue en basalte, trouvée en 1740 à la Villa Hadriana et placée au Musée du Capitole.

Parties modernes : Des morceaux du cou, le haut de la corne d'abondance et des tasseaux dans la draperie.

Bottari, *Mus. Cap.*, t. III, pl. 80.
Righetti, *Mus. Cap.*, I, tav. cxxi.
Clarac, pl. 986, n° 2572.
Beschreibung, l. c., n° 17.

N° 61.   *Isis dans une attitude d'une raideur cherchée.*

L'art grec domine dans tout le reste. Chevelure tombant en longues boucles. Le manteau n'est pas noué sur la poitrine ; un seul bout pend sur le sein droit. Le sein gauche est complètement à découvert.

Statuette en marbre provenant de la Villa Borghèse, Collection Blundell.

Clarac, pl. 987, n° 2588ᴬ.

N° 62.   *Isis Ptérophore.*

La tête est coiffée du klaft et légèrement relevée. Les deux bras sont nus depuis l'épaule ; la gauche pend le long du corps ; la droite tient un cylindre doré qui devait être le manche d'un sistre. Les deux jambes sont réunies. Les ailes sont repliées le long des hanches.

Statue en basalte ; la tête, les bras et les pieds sont en albâtre calcaire. Musée du Louvre.

Clarac, *Description du Musée royal*, n° 375.
—   *Mus. de sc.*, pl. 306, n° 2574.

N° 63.   *Isis (?)*.

Chaque bras porte un bracelet. Le vêtement est très singulier. Il consiste en une robe tombant jusqu'aux pieds, qui laisse à découvert les deux bras et une partie du sein droit. Elle est serrée à la taille et couverte de raies verticales, qui figurent des plis très rapprochés les uns des autres. Par-dessus est jeté un manteau dont un pan, ramené sur les hanches, retombe entre les jambes. Mais ce que cette figure a de plus curieux, c'est une sorte de pectoral (ou, comme l'appelle Valentinelli, d'*éphod*), qui est suspendue à la partie supérieure de la robe par une pendeloque assez longue, et qui s'applique sur les côtes, au-dessous du sein gauche. Cet ornement est partagé en trois bandes horizontales; sur la première est représenté un croissant entre deux têtes de bœuf; la seconde ne porte que trois raies verticales qui ont l'air de rubans ou de chaînettes destinées à la rattacher à la troisième; sur celle-ci on voit deux cavaliers affrontés qui flanquent un objet peu distinct. Au bas de ce pectoral pendent des breloques. La robe est ornée aussi sur le sein droit d'une petite faucille et, au milieu de la poitrine, de deux objets semblables à des décorations. Les pieds sont chaussés de sandales.

Statuette en marbre blanc, manquant de la tête et des deux avant-bras. On y a adapté une tête en pierre molle.

Musée du Palais Ducal, à Venise. Salle des Scarlatti, n° 179. Legs de Jérôme Ascagne Molin (1816).

Thiersch, *Reise in Italien*, p. 229-230.

Valentinelli, *Catalogo dei marmi scolpiti del Museo archeologico della Marciana di Venezia*, n° 179, tav. xxv.

N° 64.　　　　　　　*Isis assise.*

Le nœud et les franges du manteau rendent l'attribution certaine, quoiqu'on doive à la restauration toute la partie gauche de la statue au-dessus du tronc, le bras droit, le bas de la draperie, le pied qui est posé en avant et plusieurs autres morceaux.

Statue en marbre de Luni. Collection Pamphili.

Clarac, *Mus. de sc.*, pl. 994, n° 2581ᴬ.

N° 65.　　　　　　*Harpocrate debout.*

Le dieu est représenté sous les traits d'un enfant complètement nu. Au-dessus du front est une fleur de lotus.

La main droite porte l'index à la bouche; la main gauche tient une corne d'abondance.

Statue en marbre de Luni, trouvée en 1744 à la Villa Hadriana. Aujourd'hui au Musée du Capitole. Bonne conservation. Il n'y a de moderne que quelques tasseaux et quelques morceaux sans importance.

Bottari, *Museum Capitolinum*, t. III, tav. lxxiv.

Piranesi, *Statue antiche*, n° 23.

Righetti, *Mus. Cap.*, I, xvii.

Penna, *Viaggio pittorico della villa Hadriana*, III, 67.
Clarac, *Mus. de sc.*, pl. 763, n° 1876.
Beschreibung, III, I, p. 238, n° 35.
Braun, *Ruinen und Mus. R.*, p. 189.
Burckhardt, *Cic.*, p. 135[1].

N° 66.   *Même type.*

Le dieu est vêtu d'une courte tunique et il porte au-dessus du front, non une fleur de lotus, mais un croissant. Les deux mains manquent.
Statue en marbre. Musée de Toulouse.

Clarac, *Mus. de sc.*, pl. 763, n° 1878.

N° 67.   *Même type.*

Outre la corne d'abondance, le dieu tient de la main gauche une massue autour de laquelle s'enroule un serpent. Au-dessus des fruits que contient la corne d'abondance est accroupie une petite figure d'enfant.
Statue en marbre de Carrare. Collection Giustiniani. Parties modernes : le nez et morceaux divers.

Clarac, *Mus. de sc.*, pl. 641, n° 1455.

N° 68.   *Même type.*

Statuette en marbre grec, d'un bon travail. Musée de Berlin.
Parties modernes : Les extrémités de la corne d'abondance.

Gerhard, *Berlins antike Bildwerke*, p. 129, n° 371.
(Autre moins bonne au même Musée, *ibid.*, p. 136, n° 414).

N° 69.   *Harpocrate ailé.*

Le front orné d'une fleur de lotus, l'index de la main droite sur la bouche. Il est vêtu d'une nébride et s'appuie à gauche sur un tronc d'arbre qui porte un épervier.
Statuette en bronze provenant d'Herculanum. Musée de Naples.

Antichità d'Ercolano. Bronzi, t. II, tav. LXXXVI.
Gerhard et Panofka, *Neapels antike Bildwerke*, p. 174.
Museo Borbonico, XII, XXX.

N° 70.   *Même type.*

Le dieu porte le pschent et une couronne de lierre sur la tête ; la main gauche, tenant la corne d'abondance, repose sur un tronc d'arbre. Au cou est suspendue une bulle.

Statuette en bronze provenant d'Herculanum. Musée de Naples.

> Antichità d'Ercolano, t. II, tav. LXXXVII.
> Gerhard, ibid., p. 175.
> Museo Borbonico, XII, XXX.

Autre semblable, portant de plus un carquois sur l'épaule droite. Musée de Florence.

> Reale galleria di Firenze, ser. IV, t. I, tav. 47.

N° 71.   Même type.

Jolie figurine en bronze, qui a été portée comme amulette ; un anneau est fixé à l'oreille droite. Les pieds manquent ; la corne d'abondance et le manteau qui pend sur le bras gauche sont un peu endommagés.
Musée de Berlin.

> Dr. Carl Friederichs, ouvr. cité, n° 1997.

Analogues.

> Ibid., n°⁸ 1998 à 2005. Et au Musée du Louvre. De Longpérier, n°ˢ 519, 534.

N° 72. — Harpocrate avec ses attributs ordinaires et un épervier à ses pieds.

Figurine en argent. Musée de Vienne (Collection Mihanovich).

> Von Sacken, ouvr. cité, Toreutische Arbeiten, V. Zimmer, Kasten VII, n° 17ᵃ.

Analogues.

> Ibid., n°ˢ 18, 26, 27, 28ᵃ.

N° 73.   Même type.

Ailes derrière le dos, nébride, carquois, bulle et corne d'abondance. Aux pieds du dieu on voit un chien, une grenouille et un paon.
Figurine en or du Musée du Louvre (ancienne collection Edmond Durand). Cabinet Tersan n° 320.

> De Longpérier, n° 520.

N° 74. — Harpocrate avec ses attributs ordinaires et portant en outre une sorte de guirlande en bandoulière.

Manquent le haut de la tête et les deux jambes au-dessous des genoux.
Statuette en terre cuite, provenant de Tarse (Cilicie) et attribuée par M. Heuzey au premier siècle avant J.-C. Musée du Louvre.

> L. Heuzey, Gazette des Beaux-Arts, nov. 1876, p. 385 et 404. Cf. la fig. 10.

N° 75.   *Harpocrate identifié avec l'Enfant à l'oie.*

Il porte des ailes derrière le dos, une couronne de lierre et une fleur de lotus sur la tête. Dans la main droite il tient une sorte de bâton recourbé ; la gauche est vide. Le dieu est à cheval sur l'oie.

Statuette en terre cuite, provenant de Tarse. Musée du Louvre.

V. notre planche III.

N° 76. — *Anubis représenté sous la forme d'un homme à tête de chien.*

Entre les deux oreilles est placé le disque de la lune. La tunique, qui s'arrête au-dessus des genoux, est serrée à la taille par une ceinture. Par-dessus est jeté un manteau qui tombe sur la partie gauche du corps. A gauche, Anubis porte un caducée ; à droite, il tenait sans doute le sistre que lui a donné le restaurateur. Les pieds sont chaussés de brodequins. Par derrière se dresse le tronc d'un palmier.

Statue en marbre de Paros, trouvée, en 1750, à Porto d'Anzio, dans la villa des princes Pamphili. Musée du Capitole.

Parties modernes : les deux mains et quelques tasseaux.

Bottari, *Museum Capitol.*, t. III, pl. 85.
Righetti, *Mus. Cap.*, t. I, tav. cxvii.
Clarac, *Mus. de sc.*, pl. 983, n° 2568.
Beschreibung, III, 1, p. 146 n° 5.

N° 77. — *Isis et Sérapis sous la forme de deux serpents à têtes humaines, dont les queues sont enlacées.*

Isis porte sur la tête les cornes de vache et le disque surmonté du lotus ; Sérapis, le calathos.

Groupe en bronze provenant de Cyzique. Cabinet du docteur A. Mordtmann Jr.

Revue archéologique, 1879 (nouvelle série, t. XXXVII), p. 260, pl. IX, 2.

N° 78.   *Isis et Harpocrate.*

Isis debout porte le vêtement à franges et le nœud caractéristiques. A sa droite est Harpocrate, sous la forme d'un jeune enfant, debout aussi ; il n'est vêtu que d'une petite chlamyde qui tombe de ses épaules. La gauche tient la corne d'abondance ; la droite porte l'index à la bouche. Sur la base, le donataire a fait graver :

Q · MARIUS · MARO · D ·

Statues en marbre grec provenant du palais Barberini, à Rome. Aujourd'hui dans la glyptothèque de Munich.

Parties modernes : Isis : la tête et les deux bras avec leurs attributs. Harpocrate : l'avant-bras droit et la bouche.

Hirt, *Bilderbuch*, II, 10.
Müller (O.), *Manuel d'arch.*, atlas, pl. 32, nº ccxci.
Clarac, *Musée de sc.*, pl. 992, nº 2589.
Heinrich Brunn, *Beschreibung der Glyptothek... zu München*, nº 126.

Nº 79. — *Isis caractérisée par une haute fleur de lotus sur la tête, par les boucles de cheveux et par le manteau à franges noué sur la poitrine, présente le sein à Horus, qu'elle tient avec le bras gauche sur son giron.*

Demi-figure sortant d'une grosse fleur qui lui sert de piédestal.
Statuette italo-grecque en terre cuite. Collection Campana. Musée du Louvre (Inédite).

Nº 80.   *Isis allaitant Horus.*

Figurine d'émail verdâtre trouvée sur la côte du Latium, à Pratica.

Bullettino dell' Instituto di Corr. arch. d. R., 1878, p. 68-69.

Nº 81.   *Prêtre debout contre une colonne.*

Il est coiffé du klaft et vêtu d'un grand manteau. Ses deux mains en ramènent les plis sur la poitrine autour d'une hydrie dont l'anse a la forme d'un serpent.
Statue en marbre salin provenant de la Villa Mattei. Collection Blundell.
Authenticité douteuse.

Clarac, *Mus. de sc.*, pl. 988, nº 2588ʙ.

Nº 82. — *Buste en marbre représentant avec toute la fidélité d'un portrait soigneusement étudié un prêtre du culte égypto-grec.*

Le nez est busqué, les sourcils sont froncés, les pommettes saillantes, les lèvres épaisses. Le visage est complètement rasé. Le crâne, rasé aussi, est couvert par une sorte de bonnet très fin qui en moule exactement toutes les formes ; on observe seulement deux proéminences sur le devant de la tête et une troisième par derrière ; Biondi croit reconnaître dans cette coiffure le *galerus* que portaient les prêtres, c'est-à-dire un bonnet de peau, et il suppose que ces proéminences indiquent la place des pattes et de la queue de l'animal.
Trouvé dans les fouilles de Tor Marancio, à quelque distance de Rome

(1817-1823), au milieu d'objets provenant d'un temple de Bacchus-Osiris. Aujourd'hui au Vatican.

Biondi, *Monumenti Amaranziani*, tav. XL. Cf. tav. XLI.

N° 83. — *Prêtre dont les cheveux sont complètement rasés, sauf une mèche qui pend sur l'oreille droite.*

Il y a un trou sur le sommet de la tête. Les yeux sont en argent; l'un des deux est notablement plus petit que l'autre.

Buste en bronze ayant appartenu à Enn. Quir. Visconti, qui croit qu'il a servi de tronc dans un temple d'Isis.

Visconti, *Mus. P. Cl.*, t. III, p, 60, note 1, et p. 240, pl. B. IV, n°ˢ 6 et 7.

N° 84. — *Tête de femme dont tous les cheveux sont rasés, à l'exception d'une mèche qui pend sur l'oreille droite.*

Bronze.

Caylus, *Recueil d'antiq.*, t. I, pl. LXXXI, n° 1.
Fea ad Winckelm., *Storia delle Arti*, l. II, c., 11, § 24, lett. d.

N° 85. — *Portrait d'une jeune femme vêtue du costume isiaque.*

La chevelure bouclée et disposée par étages, suivant la mode de l'Empire, porte sur le devant un croissant. Le manteau bordé de franges est noué entre les seins.

Buste en marbre du musée du Capitole. Suivant une tradition peu sûre, il représenterait Faustine, femme d'Antonin.

Bottari, *Mus. Cap.*, t. III, tav. 38.
Righetti, *Mus. Cap.*, vol. II, tav. CCXV.

N° 86. *Autre analogue.*

Les cheveux ondulés sont couronnés par une large natte qui fait le tour de la tête. Les traits sont d'une délicatesse charmante.

Buste en marbre de Luni. Musée de Naples. Finati croit qu'il représente Sabine, femme d'Hadrien; rien n'est moins certain.

Gerhard et Panofka, p. 17, n° 41.
Museo Borbonico, t. VI, tav. LX.

N° 87. *Jeune fille costumée en prêtresse d'Isis.*

Sa coiffure, partagée en tresses et entourée d'une espèce de bourrelet de cheveux, est celle du temps de l'Empire. Elle est vêtue d'une robe et d'une tunique, dont le bord supérieur, orné de franges, est noué entre les seins. Sur les épaules est jeté un manteau orné aussi de franges. La main gauche tient la situla; le bras est relié au corps par trois tenons. Les pieds sont chaussés de sandales. Le visage est un portrait.

Statue en marbre grec trouvée, en 1867, à Taormina (Sicile), près de l'église de Saint-Pancrace, en même temps qu'un ex-voto à Sérapis et à Isis. Elle est aujourd'hui au musée de Palerme, où nous l'avons vue en mai 1880. Elle n'avait subi alors aucune restauration. Le nez et la main droite sont brisés.

Bullettino dell' Instituto di corr. arch. di R., 1867, p. 172-173.
V. notre planche IV.

N° 88.   *Prêtresse d'Isis.*

Elle porte, outre le manteau à franges noué entre les seins, une étole passée en écharpe de l'épaule gauche au flanc droit et dont un bout retombe verticalement par-devant. De longues boucles de cheveux couvrent les épaules; le front est surmonté d'une fleur de lotus. La main gauche tient des pavots.

Statue que l'on a donnée jusqu'ici comme représentant Agrippine, femme de Claude.

Maffei e de Rossi, *Raccolta di statue antiche*, tav. XCIII.
Montfaucon, *Antiq. expl.*, t. III, part. I, pl. XVI, n° 2, p. 39, et suppl., t. I, pl. XLII, 2.

N° 89.   *Prêtresse d'Isis.*

Elle est vêtue d'une robe et d'un ample manteau qui lui couvre les deux épaules et dont elle ramène les pans sur sa poitrine, autour d'un vase qu'elle tient à deux mains. La tête est nue; les cheveux sont noués par derrière. Les pieds sont chaussés de sandales. Visage d'un type idéal.

Statue en marbre de Paros provenant de la villa d'Este, à Tivoli. Placée par Benoît XIV au Capitole. Elle a donné lieu à bien des discussions. Les uns l'ont considérée comme une Psyché, les autres comme une Vestale, d'autres comme une Danaïde. Bœttiger et Visconti nous paraissent lui avoir donné le nom qui lui convient.

La tête antique a été rapportée.

Winckelmann, *Mon. ant. ined.*, p. 64.
Bottari, *Mus. Cap.*, t. III, p. 146, et pl. 23.
Righetti, *Mus. Cap.*, vol. I, tav. LVIII.
Böttiger, *Isis Vesper*, note 17.
Visconti, *Opere varie*, t. IV, p. 324, pl. XXVII.
Beschreibung, t. III, 1, p. 255, n° 16.

SECTION IV.

BAS-RELIEFS

SUR PIERRE, MÉTAL, TERRE CUITE ET IVOIRE.

N° 90.   *Sérapis-Esculape.*

Le dieu, coiffé du calathos, est étendu sur un lit devant une table ; il se soulève sur son coude et tient de la main droite un rhyton ; des ailes paraissent derrière son dos. A sa gauche un serviteur nu se tient debout près d'une amphore. A sa droite est assise une femme, sans doute une divinité, qui porte dans la main gauche une cassette et dans la droite un petit vase qu'elle pose sur la table. Plus loin on voit six personnages des deux sexes, représentés dans des proportions moindres, comme le sont d'ordinaire les mortels auprès des dieux ; avec eux un enfant. Dans le coin, au milieu d'un encadrement, une tête de cheval.

Ex-voto grec. Cabinet du professeur Wagner, à Rome.

Gerhard, *Antike Bildwerke*, taf. cccxv, n. 4.

Welcker, *Alte Denkmäler*, Zweiter Theil, p. 275, taf. xiii, 25.

Welcker donne un catalogue descriptif de treize bas-reliefs analogues provenant de la Grèce. Sur ces représentations communes aux cultes d'Esculape et de Sérapis, et sur les discussions qu'elles ont soulevées, v. P. Girard, *Bullet. de corr. hellén.*, 1878, p. 73 et suiv.

N° 91. — *Sérapis assis, tendant la main droite vers Cerbère.*

Sa tête est surmontée d'un calathos orné de feuillage.
Plaque en terre cuite. Musée de Naples.

Finati, *Il regal Museo Borbonico*, p. 110, n° 1724.

N° 92. — *Isis sous la forme d'une femme sans bras, dont le corps se termine en serpent au-dessous de la ceinture.*

La chevelure ondoyante tombe sur les épaules. La tête est coiffée d'un bonnet phrygien surmonté d'un croissant. Un collier avec un médaillon est suspendu sur la poitrine découverte. Au-dessous de la figure, des lignes ondulées qui représentent la mer. A gauche est appuyé un flambeau.

Terre cuite. Dans la surface postérieure se trouve une ouverture ayant servi à la suspension.

Provient de Cyzique. Cabinet de M. le docteur A. Mordtmann Jr.

Revue archéologique, 1879 (nouvelle série, tome XXXVII), p. 257, pl. ix, 1.

Nº 93.   *Isis,*

la tête voilée, le sistre dans la main gauche, la patère dans la main droite, monte le chien Sirius.

Plaque triangulaire en marbre blanc provenant de Cervetri (Cære). Acquise par M. Benndorf, qui la céda au Collège Romain.

Aujourd'hui au musée Kircher.

Bullettino dell' Inst. di corr. arch. d. R., 1866, p. 102.
Archæologische Zeitung, mai 1866, p. 231-232.
G. Lafaye, *Un monument romain de l'Etoile d'Isis* dans : *Mélanges d'archéologie et d'histoire publiés par l'Ecole française de Rome*, 1881, p. 192, pl. vi.

Nº 94.   *Buste d'Isis de face entre deux sphinx affrontés.*

La déesse porte une grosse fleur de lotus au-dessus de sa tête, d'où tombent d'épaisses boucles de cheveux. Ses deux bras sont relevés ; la main gauche tient un plateau, sur lequel on voit, entre deux épis, une pomme de pin et deux fruits ronds. La main droite tient un sistre. Le sphinx qui est à droite du spectateur est mâle ; celui de gauche est femelle. Tous deux ont une fleur de lotus sur le front et un serpent sur le dos.

Au-dessus du sujet court une rangée d'oves.

Plaque en terre cuite ayant servi de frise. Musée du Louvre. Collection Campana.

Museo Campana, antiche opere in plastica, tav. cxiii.

Analogue, au musée Britannique.

Combe, *Description of the collection of ancient Terracottas in the British Museum*, p. 23, n. 3.

Nº 95.   *Harpocrate.*

Le front ceint d'un bandeau, avec des feuilles de lierre dans les cheveux, l'index de la main droite sur la bouche.

Plaque en terre cuite ayant servi d'ornement de frise. Musée de Berlin.

Panofka, *Terracotten des kön. Museums zu Berlin*, taf. XXXIII.

Autre semblable au musée Fol, à Genève.

Musée Fol, terres cuites, pl. XXXII, 1.

N° 96. *Anubis à tête de chien.*

Il est chaussé de brodequins et couvert seulement d'un long manteau jeté sur l'épaule et le bras gauches. Il tient dans la main gauche un caducée, dans la droite la boule du monde. Un de ses pieds repose sur un crocodile. Au-dessus de sa tête sont deux étoiles. Dans le champ sont représentés : A droite, une branche d'arbre, une tête de bœuf coiffée du calathos et une étoile. A gauche, une palme, une tête d'Ammon avec les cornes de bélier et le calathos, un triangle dans lequel on lit la lettre M, un ballot, une patère et un simpulum.

Autel votif qui porte l'inscription du *C. I. G.*, 6006.

Boissard, *Antiquit. rom.*, P. VI, p. 78.
Gruter, *Corp. insc.*, p. MLXXIII, 11.
Montfaucon, *Antiq. expl.*, t. II, part. II, pl. CXXVIII, 1, p. 313.

N° 97. *Autel votif en marbre.*

Face principale. Inscription du *C. I. L.*, II, 3386.

Face de gauche. Anubis à tête de chien complètement couvert d'une tunique et d'un manteau. Il est chaussé de brodequins et tient dans ses bras une massue. En face de lui est un palmier; à ses pieds, un ibis.

Face de droite. Personnage de forme humaine, entièrement nu, assis sur un rocher; il tient à la main un instrument qui paraît être le manche d'une charrue. Peut-être est-ce Osiris. En face de lui est un oiseau, peut-être un épervier, perché sur un tronc d'arbre. Au-dessous, dans un autre registre, est représenté un bœuf.

Trouvé à Guadix (Espagne). Aujourd'hui à Séville, au palais de Medinaceli.

Jacobus de Bary, *Catalogus numismatum antiquorum*, tab. 36.
Montfaucon, *Ant. expl.*, t. II, part. II, pl. CXXXVI, 1, p. 324.

N° 98. *Autel votif en marbre.*

Face principale. Inscription du *C. I. L.*, VI, t. I, n° 572. Au-dessus, un pied humain entouré d'un serpent. Un sphinx de chaque côté.

Face de gauche. Sérapis assis sur un trône dont le dossier s'élève au-dessus de sa tête. Il est coiffé du calathos. Il tient dans la droite un long sceptre et tend la gauche à un Cerbère placé à ses pieds.

Face de droite. Isis debout, le calathos sur la tête, tenant dans la droite le sistre et dans la gauche la situla.

Au palais ducal, à Urbin. Provient de Rome.

> Cuper, *Harpocrates*, p. 47.
> Fabretti, *Inscr.*, 467, xx.
> Montfaucon, *Ant. expl.*, t. II, part. ii, pl. cxxii, 8, p. 298.

Nº 99.   *Nain barbu de face entre deux sphinx affrontés.*

Il est debout, les jambes réunies, la tête coiffée du klaft et tient dans chaque main une longue tige de lotus. Le sphinx de droite est mâle; il a la tête de Sérapis et le front surmonté d'un uræus dressé. Le sphinx de gauche est femelle; sa tête est celle d'Isis avec un uræus semblable au précédent. Les queues de ces deux monstres se terminent par des tiges fleuries qui forment des courbes gracieuses. Ils portent chacun une guirlande sur leur dos.

Plaque en terre cuite ayant servi de frise. Le fond est peint en bleu. Musée du Louvre. Collection Campana.

> Inédite.

Autre semblable, si ce n'est que les deux sphinx sont mâles. Musée du Louvre.

> Inédite.

Musée Britannique.

> Combe, pl. xxiii, nº 42.

Autre semblable avec deux sphinx femelles. Au musée Fol, à Genève.

> *Musée Fol*, terres cuites, pl. xxvii, 2.

Nº 100.   *Isis et Sérapis.*

La fleur de lotus sur la tête de la déesse est flanquée d'ailes.

Edicule en argent du cabinet de M. Kestner.

> *Bullettino dell' Inst. di corr. arch. d. R.*, 1852, p. 161.

Nº 101. — *Trois personnages romains dans le costume et avec les attributs de Sérapis, d'Isis et d'Harpocrate.*

A gauche, le mari vêtu d'une sorte de tunique à manches courtes tombant jusqu'aux chevilles et ornée sur le devant d'une bordure dentelée. Il unit sa main droite à la main droite de sa femme placée à ses côtés; celle-ci porte le costume d'Isis Ptérophore. Au-dessus de sa tête coiffée du klaft est placé le disque de la lune flanqué de plumes; de longues ailes sont repliées sur ses hanches. Entre les deux personnages est leur fils, portant de la main gauche une massue que semble lui tendre la main gauche de son père. Plaque en marbre.

> Montfaucon, *Ant. expl.*, t. II, part. II, pl. c, p. 291.
> Winckelmann, *Monumenti inediti*, t. I, pl. lxxv. *Hist. de l'Art*, t. I, p. 54.

N° 102. — *Base triangulaire de candélabre en marbre blanc.*

1ʳᵉ face. Isis debout. Nœud à franges sur la poitrine. Fleur de lotus sur le front. La gauche s'appuie sur une longue haste ; la droite, abaissée, tient un instrument peu distinct, qui pourrait être un sistre vu de profil.

2ᵉ face. Harpocrate entièrement nu, l'index de la main droite sur la bouche, une corne d'abondance sur le bras gauche.

3ᵉ face. Anubis à tête de chien. Il est couvert d'un manteau et tient dans la droite une palme.

La base est supportée par des lions ailés, que séparent des arabesques et des palmettes.

Au musée du Palais Ducal, à Venise. Salle des Scarlatti, n° 107. Donné en 1586 par Jean Grimani, patriarche d'Aquilée.

> Zanetti, *Delle antiche statue che nell'antisala della libreria di S. Marco... si trovano*, t. II, pl. xli et p. 41.
> Valentinelli, n° 107, tav. xv.

N° 103. *Autel votif en marbre blanc.*

Face principale. Inscription du *C. I. L.*, VI, t. I, 344 et *add.*, 3962. Au-dessous, une ciste, portant sur le devant un croissant et deux épis et enlacée d'un serpent à la partie supérieure.

Face de droite. Anubis à tête de chien, vêtu d'une tunique et d'un manteau ; ses pieds nus sont munis des talonnières de Mercure. Dans la gauche il tient une palme et une situla.

Face de gauche. Harpocrate nu, l'index de la main droite sur la bouche. Un manteau est jeté sur son bras gauche, dont la main tient une corne d'abondance.

Face de derrière. Patère, couteau à dépecer les victimes, vase pour les sacrifices (*simpulum*).

Trouvé à Rome, en 1719, dans les fondements de Santa Maria sopra Minerva. Aujourd'hui au musée du Capitole.

> Oliva, *In marmor Isiacum Romæ nuper effossum*. Rome, 1719, avec planches.
> Montfaucon, *Ant. expl. Suppl.*, t. II, pl. xi, p. 52.
> Bottari, *Mus. Cap.*, t. I, tav. x.
> *Beschreibung*, III, I, p. 246, n. 14.

N° 104. — *Isis debout, coiffée d'un calathos, dont le dessin reproduit exactement celui d'une corbeille en osier tressé.*

La déesse porte des pendants d'oreilles, et ses cheveux tombent en longues boucles sur ses épaules. Sur le bras gauche elle tient une corne d'abondance qui se termine par un naos à colonnes torses, dans lequel on aperçoit Harpocrate accroupi, et que surmonte une coupole ; au-dessus, un oiseau qui doit être un épervier, et deux Amours, l'un jouant de la flûte, l'autre entre-choquant des cymbales. Isis tient dans la main droite un vaisseau monté par trois hommes, dont deux coiffés du bonnet phrygien. L'un, barbu, tient une rame ; l'autre, vêtu d'une chlamyde et de pantalons, tire un cordage, de même que le troisième, qui est tout nu.

A gauche d'Isis, on voit un épi, un enfant ailé tenant un oiseau, un autre semblable jouant de la double flûte, et, au-dessous, un épi et une femme, vêtue d'un long chiton serré à la taille, qui danse avec les gestes propres aux bacchantes.

A droite, un enfant ailé tenant un oiseau ; un autre semblable, avec une corne d'abondance sur le bras gauche ; au-dessous, un satyre tenant une flûte de Pan, et un serpent agathodémon barbu qui s'enroule à son bras droit ; enfin, un chien qui semble bondir vers la déesse.

Bas-relief en ivoire, donné, avec cinq autres, par l'empereur Henri II à la cathédrale d'Aix-la-Chapelle.

> *Jahrbücher des Vereins von Alterthumsfreunden im Rheinlande*, Bd. IX (1846), s. 100, taf. VII.

N° 105.   *Autel votif en marbre.*

1re face. Figure d'homme de face, agenouillée. Elle est coiffée du klaft ; son cou est orné d'un collier ; son bras droit, d'un bracelet. Elle tient à deux mains un objet rectangulaire qui paraît être un naos, dans lequel sont deux oiseaux affrontés. De chaque côté de ce personnage on voit sur un piédestal un ibis tenant dans son bec une branche d'arbre.

2e face. Deux prêtres vêtus d'une large tunique à manches, qui tombe tout d'une pièce jusqu'à mi-jambe. Ils sont tous deux pieds nus ; ils ont la tête rasée et ceinte d'une couronne de lauriers ; l'un tient une longue torche allumée ; l'autre, un rouleau de parchemin dans lequel il semble lire.

3e face. Le Printemps sous la forme d'un enfant debout entre un tronc d'arbre couvert de feuilles et de fleurs, et une corbeille remplie de fleurs. Ce personnage n'a pour tout vêtement qu'une chlamyde rattachée sur la poitrine par une fibule. Il porte sur la tête une couronne de fleurs qu'il tient de la main droite.

4e face. Le bœuf Apis avec un croissant sur le dos.

Ce monument était autrefois à Rome, au palais Odescalchi (maintenant Bracciano). Aujourd'hui au musée Britannique.

> Bartoli, *Museum Odescalchum*, t. III, tab. 42, 43, 47, 50.
> *Ancient marbles of the British Museum*, part X, pl. LI.

N° 106. — *Autel de même forme et de même provenance que le précédent.*

1re face. Figure agenouillée comme ci-dessus. Dans le naos, on voit, au lieu d'oiseaux, deux objets qui paraissent des caractères égyptiens. A droite de ce personnage, sur un piédestal, un vase d'où sort une fleur surmontée du disque du soleil et d'un serpent. A gauche, longue tige de lotus surmontée d'un monstre à queue de dragon et coiffée du klaft.

2ᵉ face. Deux hippopotames attelés à un char sur lequel on voit Harpocrate debout, l'index de la main droite sur la bouche, une corne d'abondance sur le bras gauche, une fleur de lotus sur le front. Dans le fond, des roseaux.

3ᵉ face. L'Automne sous la forme d'un jeune enfant qui tient des épis de blé dans la droite et une faucille dans la gauche. Près de lui une corbeille remplie d'épis.

4ᵉ face. Le bœuf Apis portant sur le dos une étoile au lieu de croissant.

> Bartoli, *Mus. Odescalchum*, t. II, tab. 44, 53, 48, 51.
> *Ancient Marbles*, X, pl. LII.

Il y avait au palais Odescalchi un troisième autel sur lequel était représenté l'Hiver.

> *Ancient Marbles*, X, p. 129.

N° 107. — *Base cylindrique en marbre de Paros, autour de laquelle est sculpté en bas-relief le sujet suivant :*

L'eau du Nil court au bas de la composition. Dans ce qui paraît en être le centre, le fleuve lui-même est représenté comme le sont les divinités de cet ordre ; il est à demi couché, le bras gauche appuyé sur un crocodile, et tenant un roseau garni de ses feuilles ; derrière lui sont des plantes aquatiques. Il montre de la main droite un temple tétrastyle à colonnes torses, sur le fronton duquel est sculptée la figure d'Harpocrate accroupi. Ce monument est entouré de statues ; à droite de la porte d'entrée est un sphynx sur un piédestal ; un peu plus loin, la statue d'un prêtre portant le costume ordinaire aux ministres des dieux alexandrins ; enfin, de chaque côté de l'édifice se font pendant deux figures d'hommes soutenant au-dessus de leur tête de leurs deux bras élevés des corbeilles remplies de fruits. Les proportions de ces divers objets par rapport les uns aux autres ne sont pas observées ; le temple n'a qu'une grandeur conventionnelle ; il faut supposer qu'elle est destinée à produire l'effet de la perspective. Derrière le Nil, Isis, la tête couverte d'un voile, d'où sortent les deux cornes d'Io, est assise sur un trône ; elle tient dans la droite une corne d'abondance et dans la gauche des épis de blé. Auprès d'elle est le bœuf Apis conduit par un prêtre. Au-devant marchent divers ministres du culte ; l'un tient une palme, deux autres des flambeaux ; un quatrième donne à manger à des crocodiles. Une barque d'une grandeur conventionnelle flotte sur le bord de eau.

Provient de la villa Mattei. Aujourd'hui au Vatican, galerie des candélabres.

Amaduzzi, *Vetera monumenta quæ in Hortis Cœlimontanis... adservantur*, t. III, pl. 25.
Winckelmann, *Mon. ant. ined.*, vol. II, part. I, cap. VII, p. 26.
Visconti, *Mus. P. Cl.*, t. VII, tav. xiv et xiv[a].
Beschreibung, II, ii, p. 249.

N° 108. — *Autre base semblable à la précédente par la forme et les dimensions.*

On y voit un dieu barbu que Visconti considère à tort comme Héphaistos. C'est Osiris représenté, à peu de chose près, comme il l'est sur une fresque d'Herculanum (Cf. ici *Catal.*, n° 222). Il tient, non pas une torche, mais la massue d'Hercule ; il n'est pas assis, mais il danse, tandis que deux personnages placés par derrière jouent de la flûte. Près de lui est la ciste mystique et deux objets qui paraissent à Visconti les deux moitiés de l'œuf qui est sorti depuis l'origine des siècles de la bouche de Kneph ; ce sont tout simplement deux cymbales. Sur un petit autel enguirlandé est allumé du feu. Un sphinx ailé s'appuie sur une roue. Au premier plan est couché un bœuf. Deux prêtres bizarrement vêtus, dont l'un tient les mains serrées sur la poitrine, et dont l'autre porte des tiges de lotus, sont debout devant un petit autel sur lequel s'enroule un serpent. Ils marquent une division du bas-relief. A la suite vient un autre groupe. Isis, la tête entourée de son voile flottant, est assise sur un trône ; elle tient à la main des épis de blé. Vers elle est tourné le bœuf Apis dont le front est surmonté d'une poule de Numidie. Par derrière on aperçoit un homme portant une corbeille sur la tête. Enfin un groupe de deux prêtres semblables aux deux premiers ferme la scène ; à leurs pieds est un serpent.

Même provenance que le numéro précédent. Même musée.

V. les sources déjà indiquées et :
Visconti, *l. c.*, tav. xv et xv[a].

N° 109. — *Bas-relief divisé par des rames entortillées de dauphins, en deux compartiments, au milieu desquels on voit un masque de Neptune, et au-dessous une ancre.*

Aux deux bouts de la composition un sistre. Au-dessus une rangée d'oves surmontés de palmettes.

Plaque en terre cuite.

Museo Campana. Antiche Opere in plastica, tav. vii.

N° 110. — *Plaque en terre cuite sur laquelle sont représentés, au-dessous d'une rangée de palmettes, des hiéroglyphes égyptiens disposés sans ordre, et une figure nue debout.*

Musée Britannique.

Combe, pl. xix, n° 35.

N° 111.   *Autel votif en marbre grec.*

Face principale : Inscription du *C. I. L.*, VI, t. I, n° 345, et *Add.*, 2692.

Face de droite. Isis debout, la tête ornée d'un diadème que surmonte une fleur de lotus, porte le sistre dans la main droite, et dans la gauche un vase qu'elle tient par le col.

Face de gauche. Un homme vêtu d'une tunique à manches courtes porte dans la droite un couteau et dans la gauche une colombe; devant lui est un autel cylindrique chargé de fruits.

Provient de Rome. Musée du Louvre.

Osann., *Sylloge*, p. 375, 51.
Bouillon, t. III. *Autels*, pl. 4.
Clarac, *Mus. de sc.*, pl. 199, 4.
Frœhner, 563.

N° 112.   *Cippe funéraire en marbre.*

Face de gauche. Anubis debout, la palme dans la droite, le caducée dans la gauche. Il est vêtu d'une tunique serrée à la ceinture et d'une chlamyde dont un pan tombe sur le bras gauche. Brodequins aux pieds.

Face de droite. Harpocrate nu, la fleur de lotus sur la tête; il fait le geste consacré. Le bras gauche couvert à moitié d'un manteau soutient la corne d'abondance pleine de fleurs et de fruits.

Face principale. Demi-figure représentant un prêtre isiaque, dont la tête est complètement rasée. Sa tunique est bordée au cou d'une frange ou plutôt d'une sorte de torsade; les manches s'arrêtent aux coudes. Sur l'épaule gauche pend une étole. La main gauche tient une patère. Dans la main droite un objet peu distinct dans lequel Marucchi voit la main de justice, et qui paraît être plutôt une bourse. Au-dessous de ce personnage l'inscription :

M · AEMILIVS · CRESCES · FECIT · SIBI
ET · AEBVTIAE EVTYCIAE · LIBERTAe

Trouvé à Rome dans un mur de la Vigne Tanlongo, au premier mille de la Via Flaminia.

Annali dell' Instit. di corr. arch. d. R., 1879. Article de M. Marucchi, p. 158-172 et tav. agg. 1.

Nº 113.   *Cippe funéraire en marbre.*

Face principale. Prêtresse d'Isis debout, le sistre dans la droite, la situla passée au bras gauche. Elle porte la coiffure à plusieurs étages des dames de l'empire.

Faces de droite et de gauche. Ciste mystique autour de laquelle s'enroule un serpent.

Provient de la Villa Médicis, à Rome. Aujourd'hui au musée de Naples. Salle du Taureau Farnèse.

> Gerhard et Panofka, p. 61.
>
> Mommsen, *Inscr. regni Neapolitani latinæ*, 6944.

Reproduite sur notre planche V.

Nº 114. — *Stèle funéraire d'époque romaine en marbre pentélique.*

Naos vu de face sur l'architrave duquel on lit :

ꓶ ΛΕΞΑΝΔΡΑϽΟΗΘΕ
ΚΤΗΤΟΥ ΓΥΝΗ

Ἀλεξάνδρα (Ἀλεξάνδρου) Ὄηθεν Κτήτου γυνή.

Au milieu, Alexandra de face, vêtue d'une robe à manches, sur laquelle est jeté un manteau bordé de franges et noué sur la poitrine ; la main gauche tient la situla, la droite le sistre. Les cheveux tombent sur les épaules ; les pieds sont chaussés de sandales. Deux petits clous en métal fixés des deux côtés de la tête servaient à tenir une couronne.

A Athènes. Kentrikon Mouseion. 4e salle. Provient de l'Hagia Trias.

> Napoleone F. Martinelli, *Catalogo dei getti in gesso vendibili presso — in Atene*, nº 109.
>
> *Archæologische Zeitung*, année xxix (1872), p. 17, 3.
>
> Sybel, *Die Museen von Athen*, nº 447.

Vingt-trois monuments du même type à Athènes, en divers endroits.

> Sybel, 451, 456, 461, 467, 468, 530, 876, 1118, 1307, 1468, 1549, 1571, 2008, 2295, 3395, 3480, 3535, 3685, 6552, 6717, 7007, 7067, 7179, plus un certain nombre de fragments douteux.

Un bas-relief analogue, de provenance grecque, se trouve au Giardino Giusti, à Vérone.

> V. Hans Dütschke, *Antike Bildwerke in Ober Italien*, t. IV, nº 621.

Un autre au musée de Mantoue.

> *Ibid.*, nº 859.

N° 115. — *Un homme vêtu de la toge se tient debout devant un petit autel sur lequel est allumé du feu.*

Il a dans la gauche une boîte et paraît jeter de la droite des grains d'encens sur la flamme. En face de lui est une femme qui porte au-dessus du front la fleur du lotus et le croissant de la lune. Une haute coiffure à plusieurs rangs de cheveux s'étage sur sa tête. Sur sa poitrine tombe une étole ornée d'étoiles et de croissants. Sa gauche abaissée tient le petit seau; la droite est brisée. Les visages des deux personnages sont des portraits. Sur la plinthe on lit :

//// PFGALATEAT ////

Bas-relief en marbre de Paros. Vatican. Provient de la Villa Mattei.

Amaduzzi, *Monum. Matteian.*, t. III, pl. 24.
Visconti, *Mus. P. Cl.*, VII, 19.
Pistolesi, *Vaticano descritto*, vol. v, tav. LXXX.
Beschreibung, II, II, p. 194, n° 9.

N° 116. *Trois prêtresses d'Isis dans le costume romain.*

La première est tournée de gauche à droite et tient dans chaque main une sorte de cloche renversée terminée par un manche, sur laquelle est un petit Harpocrate accroupi. Les deux autres, tournées de droite à gauche, lui font face ; l'une tient une image d'Harpocrate sur un instrument semblable, mais terminé par un pied comme un vase ; la troisième tient à deux mains une image d'Apis posée sur un support du même genre, auquel est emmanché un long bâton.

Spon, *Miscellanea Eruditæ Antiquitatis*, p. 306, n° vii.
Montfaucon, *Ant. Expl.*, t. II, part. II, 64, cxv, n° 5, p. 285.

N° 117. *Trois couples d'isiaques.*

Dans chaque couple les deux personnages se font face. Ce ne sont pas des femmes, comme on pourrait le croire d'après la gravure de Montfaucon, mais des hommes qui ont la tête rasée et ceinte de laurier.

1er Couple. Personnage vêtu d'une longue robe collante et jouant du tympanon. L'autre, vêtu d'une robe, qui laisse le haut du corps à découvert au-dessus de la ceinture, joue de la harpe.

2e Couple. Personnage vêtu comme le précédent, qui tient à deux mains une crosse sur laquelle est posée l'image du bœuf Apis. Celui qui lui fait face, vêtu d'une robe collante serrée au cou et qui couvre entièrement le corps dont elle dessine les formes, porte dans la gauche une palme et dans la droite un sistre.

3e Couple. Personnage vêtu d'une robe et d'un manteau qui l'enveloppe entièrement. Il tient un Harpocrate sur un support en forme de cloche sans pied. L'autre, vêtu d'une robe qui part seulement des hanches, porte l'image d'un épervier et celle d'un Harpocrate sur deux supports semblables au précédent, dont un seul est muni d'un manche.

Bas-relief sculpté sur une base cylindrique en granit provenant de la Villa Médicis. Aujourd'hui au Musée des Offices, à Florence.

Kircher, Œdipus, t. I, p. 226.

Montfaucon, Ant. expl., t. II, part. II, pl. cxvi, 2, p. 286.

Lanzi, Notizie della scultura, Preliminar., p. 2.

Reale Galleria di Firenze, ser. IV, t. I, tav. 52, 53, 54.

N° 118.　　　　　　　*Procession isiaque.*

1° En tête marche une femme vêtue d'une longue tunique sans manches, tombant jusqu'aux pieds et serrée au-dessous des seins. Elle est chaussée de sandales qui laissent le pied à découvert. Au-dessus de ses cheveux, qui tombent en longues boucles derrière ses épaules, est placée la fleur du lotus. Un serpent à cou gonflé s'enroule autour de son bras gauche. La main droite abaissée tient une situla arrondie.

2° Prêtre qui n'a pour tout vêtement qu'une pièce d'étoffe nouée à la hauteur des hanches. Toute la partie supérieure du corps est nue, ainsi que le bas des jambes et les pieds. La tête, entièrement rasée, est ceinte d'un cordon ou d'un ruban dont le nœud ou la frange pend par derrière et auquel sont attachées deux plumes qui se dressent verticalement de chaque côté des tempes. Ce personnage tient à deux mains devant lui un livre sur lequel il paraît suivre pour chanter.

3° Prêtre couvert d'un ample manteau dont un pan est ramené sur sa tête complètement rasée. Il tient à deux bras, devant sa poitrine, une grosse hydrie ornée d'une fleur de lotus à l'endroit où l'anse rejoint le bec. Les pieds sont chaussés de brodequins que recouvrent des espèces de lanières.

4° Femme coiffée comme la première, moins la fleur de lotus. Elle est vêtue d'une robe qui s'arrête au-dessous des seins, sauf un pan qui est rejeté par-dessus l'épaule droite. A partir des hanches, les jambes sont couvertes en outre d'une large pièce d'étoffe drapée et nouée par-devant comme celle que porte le premier prêtre. La main droite tient un sistre, la gauche un vase muni d'un très long manche, qui servait pour les sacrifices (*capeduncula*). Les pieds sont chaussés de sandales.

Toutes les têtes ont un type idéal.

Bas-relief en marbre de Carrare qui se trouvait autrefois dans la cour du palais Mattei. Aujourd'hui au Belvédère. Parties modernes : « Quelques petites choses, qui ont été restaurées d'après des traces visibles sur l'original » (Visconti).

Bellori, Admiranda Rom. antiq., tab. xvi.

Montfaucon, Ant. expl., t. II, pars II, tab. cxvi, fig. 1, p. 286.

Amaduzzi, Monum. Matteian., t. III, tab. xxvi, fig. 2, p. 49.

Visconti, Mus. Chiaramonti, pl. ii, p. 11.

Beschreibung, II, II, p. 143, n° 58.

SECTION V.

N° 119. — *Buste de Sérapis formant le manche d'une lampe en albâtre à cinq lumignons.*

Montfaucon, Ant. expl., t. V, part. II, pl. CLVI, p. 213.

N° 120.   *Buste de Sérapis en relief.*

La tête du dieu est coiffée du calathos et entourée de rayons.
Lampe en terre cuite provenant de Rome.

Santi Bartoli e Bellori, *Antiche lucerne sepolcrali figurate*, part. II, tav. v.
Montfaucon, *l. c.*
Passeri, *Lucernæ fictiles*, III, 64 et 68.

N° 121. — *Sérapis assis sur un trône, avec un cerbère à trois têtes à ses pieds.*

Lampe en terre cuite provenant de Rome.

Santi Bartoli, *l. c.*, tav. 6.
Montfaucon, *l. c.*, pl. CLVII, p. 214.

N° 122.   *Même type.*

Les Dioscures avec leur cheval sont debout chacun d'un côté du trône.
Lampe en terre cuite.

Santi Bartoli, *l. c.*, tav. 8.
Montfaucon, *l. c.*

N° 123.   *Même type.*

Le Cerbère est remplacé par un sphinx ailé.

Lampe en terre cuite.

Montfaucon , *l. c.*, pl. CLVI.

N° 124.   *Lampe à deux becs en terre cuite.*

Sur l'anse un buste d'Isis munie de cornes de vache et coiffée du globe.

De Witte , *Description ... du cabinet Durand*, p. 390 , n° 1779.

N° 125.   *Isis debout entre deux autels allumés.*

Elle tient sur le bras gauche une corne d'abondance. Un croissant et
une fleur de lotus s'élèvent au-dessus de son front ; des ailes sont attachées à ses tempes.

Lampe en terre cuite.

Passeri, *Lucernæ fictiles*, tab. II.

N° 126.   *Isis-Panthée assise.*

La déesse est ailée; elle porte le casque de Minerve; elle tient dans la
gauche la corne d'abondance de la Fortune et dans la droite une patère.
Au-dessus de sa tête est une fleur de lotus. Derrière elle on voit un
serpent, le dauphin de Neptune et l'aigle de Jupiter; devant : la torche
de Cérès, un autel couvert de fruits autour duquel s'enroule un serpent,
la massue d'Hercule, le sistre d'Isis, la lyre d'Apollon, les tenailles de
Vulcain, le caducée de Mercure, le tyrse de Bacchus, un bouquet d'épis
et de pavots auquel pendent les cymbales de Rhéa , un épervier, et
enfin dans un croissant une tête d'enfant, qui doit être Harpocrate.
Au-dessous un objet peu distinct.

Lampe en terre cuite ayant appartenu à M. Barone, marchand d'antiquités à Naples.

Minervini , *Bullettino archeologico Napolitano* , anno terzo (1854-55), p. 182 ,
col. 2, et tav. VII, fig. 1.

N° 127.   *Lampe en verre de forme ronde.*

Tout autour court un rameau de vigne chargé de grappes de raisin.
Au milieu , buste d'Harpocrate, la fleur de lotus sur le front. Des ailes
paraissent derrière son dos ; il porte l'index de la main droite à sa bouche. Au-dessous de sa poitrine, on lit dans un cartouche l'inscription :

DEOQV*ui est*
MAXIM*us*

Passeri, *Lucernæ fictiles*, tab. I.

N° 128.   *Bustes d'Isis et de Sérapis.*

Au-dessous l'inscription :

ΑΛΕΞΙΚΑΚΟΙ

Lampe en terre cuite provenant de la Sabine. Présentée par M. Henzen.

Bullettino dell' Inst. di corr. arch. d. R., 1862, p. 35.

N° 129. — *Bustes d'Isis et de Sérapis affrontés formant le manche d'une lampe en terre cuite.*

Musée du Louvre. Salle des terres cuites de Tanagra. Cette lampe porte sur une étiquette le n° 255.
Inédite.

N° 130. — *Bustes d'Isis et de Sérapis affrontés sur une anse de vase en terre cuite.*

Caylus, *Recueil d'ant.*, t. VI, pl. LXXV, n°ˢ III et IV.

N° 131.   *Bustes affrontés d'Isis et de Sérapis.*

Sérapis porte le calathos sur le front et sa tête est entourée de rayons. Isis a la chevelure ceinte d'une couronne et surmontée de la fleur de lotus. Une double *infula* est suspendue comme un collier autour de son cou. Entre les deux bustes on voit un *præfericulum* et une tête de pavot entourée d'épis. Au-dessous, huit personnages partagés en deux groupes sont debout devant un autel.
Médaillon qui orne la panse d'un vase en terre cuite trouvé à Lyon en 1727. Aujourd'hui au palais des Arts, à Lyon.

> Laisné, *Mémoire lu à l'Académie de Lyon*, 1728.
> Caylus, *Recueil d'ant.* , t. VI, pl. CVII et p. 338.
> Artaud, *Notice du Musée des antiquités de Lyon. Antiquités romaines*, 4ᵉ gradin, n° 74, 2ᵉ notice.
> Comarmond, *Description... du Musée de Lyon. Argile, Vases gallo-romains*, n° 211.
> De Boissieu, *Inscriptions antiques de Lyon*, p. 463-465.

N° 132.   *Lampe en forme de nacelle.*

A la proue, Sérapis tenant de la main droite un gouvernail, et Isis, tous deux debout. Au-dessous un des Dioscures avec son cheval. Plus bas encore un ouvrier nain, tout nu, les jambes tordues, les cheveux disposés en forme de cornes, va mettre au four un petit vase qu'il vient de terminer; à ses pieds sont les instruments de son métier : c'est Phtah Démiurge. A l'extrémité de la nacelle, tête radiée du Soleil. Dans un cartouche au-dessous du Dioscure, le mot EΥΠΛΟΙΑ.

Sous la nacelle, l'inscription :

ΛΑΒΕΜΕΤΟΝΗΑΙΟCΕΡΑΠΙΝ

Trouvée à Pouzzoles. A passé de la collection Durand dans celle de M. Will. Hope.

> Lenormant dans : De Witte, *Description... du cabinet Durand*, n° 1777.
> Lenormant, *Quæstio cur Plato Aristophanem in convivium induxerit* (Thèse latine pour le doctorat ès lettres). Frontispice.
> R. Rochette, *Lettre à M. Schorn*, p. 136. *C. I. G.*, 8514.

N° 133. — *Sérapis donnant la main à Isis, le Soleil sous la forme d'un jeune homme à longue chevelure donnant la main à la Lune représentée par une jeune femme dont le front est surmonté d'un croissant.*

Quatre bustes disposés sur un lit (*lectisternium*). Manche d'une lampe en terre cuite provenant de Rome.

> Santi Bartoli, part. II, pl. 34.

N° 134.   *Sérapis, Isis et Cybèle.*

Lampe en terre cuite du Musée de Dresde.

> Hettner, Zweiter Saal, n° 377.

SECTION VI.

GEMMES.

PIERRES GRAVÉES, CAMÉES ET OBJETS PRÉCIEUX DE TOUT GENRE.

N° 135.   *Sérapis.*

Tête de face surmontée du calathos.
Cornaline. Musée de Florence.

> Gori, *Museum Florentinum*, t. I, tab. 53, n° 10.
> Tassie et Raspe, A *descriptive catalogue of gems*, 1398.
> *Reale galleria di Firenze*, ser. 5, t. I, tav. 18, n° 2.

Variantes :

> Tassie et Raspe, 1392 à 1423. Cadès, *Impronte Gemmarie*, 30 et 32 (reproduites
> dans Overbeck, *Kunstmythologie*, *Zeus*, Gemmentafel, IV, 14 et 15. Voy.
> p. 320, note E). — C.-W. King, *Antique gems and rings*, pl. XII, n° 4 et
> 8, *Museo Borbonico*, t. IV, tav. XXIX, Tölken, *Catalog der geschnittene Steine
> zu Berlin*, Erste Classe, n° 52 (reproduite par Krause, *Pyrgoteles*, taf. II,
> fig. 5), *Musée Fol.*, Glyptique, t. I, pl. VI, n° 1, etc., etc.

N° 136.   *Sérapis.*

Tête de face surmontée du calathos. Au-dessous, un aigle, les ailes
éployées.
Cornaline. Cabinet de Berlin.

> Winckelmann, *Catalogue des pierres gravées du baron de Stosch*, p. 42, n° 57.
> Tassie, 1425.
> Tölken, Erste Classe, n° 60.

Réplique :

> Tassie, 1424.

N° 137.   *Sérapis.*

Tête de face surmontée du calathos et entourée de rayons.

Soufre de Stosch. Cabochon.

Tassie, 1391.

N° 138.   *Sérapis.*

Tête de profil surmontée du calathos. Autour, l'inscription :

EIC ZEYC CEPAΠIC

Jaspe rouge. Cabinet de Berlin.

Winckelmann, *l. c.*, p. 41, n° 52.
Tassie, 1474.
Tölken, Erste Klasse, n° 56.
C. I. G., 7041.

Sans l'inscription avec des attributs divers :

Tassie, 1460 à 1487 ; Visconti, *Mus. P. Cl.*, t. IV, p. 313, pl. a III, b ; Mariette, *Pierres gravées du cabinet du roi*, t. II, pl. VIII ; Cadès, *Centurie*, II, n° 3. V. n° 55 ; De Jonge, *Pierres gravées du roi des Pays-Bas*, n° 16 ; De Witte, *Cabinet Durand*, p. 437, n° 2124 ; King, *Greek and Roman Gems*, pl. IV, n° 6 ; Chabouillet, 2017, 2027.

Avec inscription :

Tassie, 1461 et pl. XXIV (EAΠIC) 1471 (EIC ZEYC CEPAΠIC). V. encore les gemmes dont M. Le Blant a donné la liste dans les *Mémoires de la Société des antiquaires de France*, 1859, p. 191, n. 1. C. I. G , 7041, 7042ᵇ, 7043, ΜΕΓΑ ΤΟ ΟΝΟΜΑ ΤΟΥ ΣΑΡΑΠΙΔΟΣ, Fröhner, *Les Musées de France*, pl. XXXVIII, 8.

N° 139.   *Sérapis.*

Tête de profil radiée, sans calathos. Au-dessous, un aigle. Autour, l'inscription :

EI ZEYC CAPA

Jaspe rouge. Collection Leake.

King, pl. XII, 7.

N° 140.   *Sérapis.*

Tête de profil radiée et surmontée du calathos.
Cornaline de l'Electeur de Saxe.

Lippert, *Dactyliotheca*, I, 853.
Tassie, 1444.

Nº 141. *Sérapis.*

Tête de profil surmontée de la fleur de lotus, au lieu du calathos.
Soufre de Stosch.

> Tassie, 1470.

Nº 142. *Sérapis.*

Tête de profil portant ses attributs ordinaires avec les cornes d'Ammon.
Cornaline.

> Lippert, I, 854.
> Tassie, 1432.

Variantes :

> Tassie, 1427 à 1443, Tölken, Erste Klasse, 63, 64, 65. King, pl, xii, 5 et
> 6, *Copper plates of miscellaneous gems*, pl. iv, nº 38.

Nº 143. — *Sérapis debout, tenant un long sceptre dans la main
droite; de la gauche il fait un geste de protection.*

A ses pieds, à gauche, un Cerbère à trois têtes. Autour, l'inscription :

ЄIC ZЄYC CAPAΠIC

Pâte de verre du roi de Prusse.

> Winckelmann, P. gr. de Stosch, p. 83, nº 353.
> Tassie, 1506.
> Montfaucon, *Antiq. expl.*, t. II, part. ii, pl. cxxi, 4, p. 297.
> De la Chausse, *Mus. roman.*, sect. I, tab. 63.
> Corsini dans *Symb. litter.*, t. VII, p. 157.
> Cuper, *Lettres*, p. 199.
> Cannegieter, *De gemma Bentinckiana*, p. 7.
> C. I. G., 7042.

Variantes :

> Gori, *Gemmæ astriferæ*, pl. xxi. Tassie, 1503, 1504, 1505. Tölken, *l. c.*, 67 à
> 70, Cadès, *Centuria*. V. nº 65 (ILZEYCCEPAAΠIC) (*sic*). Chabouillet, 2026.

Nº 144. — *Sérapis assis sur un trône dans un naos auquel condui-
sent des degrés.*

Le dieu est représenté de face, tenant un sceptre dans la main gauche, étendant la droite vers un aigle qui est à ses pieds.
Jaspe rouge. Musée de Florence.

> Gori, *Museum Florentinum*, t. II, tab. 77, nº 3.
> Reale, *Galleria di Firenze*, Ser. V. t. I, tav. 18, nº 1.

Variantes :

> Tassie, 922, 1492 et pl. xxiv, 1493 à 1495. Cadès, n° 80 cité par Overbeck,
> Kunstmyth., Zeus, p. 321, note a. Le Blant, l. c., n° 11. Chabouillet, 2023.
> Montfaucon, Ant. expl., t. II, part. ii, pl. cxxi, 5. Musée Fol., Glyptique,
> t. I, pl. vii, 4.

N° 145. — *Sérapis debout, tenant dans la main droite une corne d'abondance, et dans la gauche une patère, où vient boire un papillon.*

Agathe.

> La Chaussée, Gemm. ant. fig., pl. 126.
> Montfaucon, Antiq. expl., t. II, part. ii, pl. cxxi, 3.

Réplique :

> Millin, *Pierres gravées*, pl. 3, Müller-Wieseler, pl. ii, n° 28.

N° 146.   *Isis.*

Buste de face, le calathos sur la tête. Manteau richement drapé.
Camée en onyx. Cabinet de la Haye.

> *Notice du cabinet des pierres gravées de S. M. le roi des Pays-Bas*, La Haye,
> 1823, p. 119.
> De Jonge, n° 14.

Variantes :

> Tassie, 243 à 256, toutes imitant de très près le style égyptien. Tölken, Erste
> Klasse, n°s 28 et 29.

N° 147.   *Isis.*

Buste de profil. La déesse a le front ceint d'un bandeau et surmonté de la fleur de lotus ; de longues boucles de cheveux pendent sur ses épaules ; elle est vêtue jusqu'au cou d'un chiton boutonné sur les bras, par-dessus lequel est jeté un manteau noué entre les seins. Style complètement grec.
Calcédoine.

> Lippert, I, n° 871.
> Tassie, 280 et pl. vii.

Variantes :

> Tassie, 256 à 281, plus ou moins imitées du style égyptien. Tölken, Erste Kl.,
> n° 38. King, pl. vii, n° 1. De Jonge, 15. Von Sacken, Kasten III, 141, 142,
> 164.

N° 148.   *Isis debout vue de face.*

Elle tient un sistre dans la main droite et une situla dans la gauche. Cornaline.

> Maffei, *Raccolta di Statue*, tav. 143.
> Tassie, 312.

Variantes :

> Tassie, 313, 314, 315. Tœlken, Erste Klasse, n°ˢ 31 à 34. Mariette, *Recueil de pierres gravées*, 2ᵐᵉ partie (1737), n° LXXII. La Chausse, pl. 51. Chabouillet, 2604. De Jonge, 19. Von Sacken, Kasten, III, 134.

N° 149.   *Isis-Hygie debout.*

Dans la droite elle porte un sistre; la situla est suspendue au bras gauche, dont la main tient une patère où vient boire un serpent. Cornaline. Cabinet de Berlin.

> Winckelmann, *Pierres gr. de Stosch*, p. 14, n° 56.
> Tassie, 318.
> Tölken Erste Kl., n° 35.

Variantes :

> Tassie, 319, 320.

N° 150.   *Isis-Pharia debout.*

Elle tient un long voile enflé par le vent. Cornaline. Cabinet de Berlin.

> Tölken, E. K., 38.

Variante,

> Tassie, 311.

N° 151.   *Isis-Tychè debout.*

De la main droite elle tient un sistre et le timon de la Fortune. Elle porte une corne d'abondance sur le bras gauche. Cornaline. Cabinet de Berlin.

> Winckelmann, *P. gr. de Stosch*, p. 15, n° 59.
> Tassie, 317.
> Toelken, E. Kl., n° 37.

N° 152.   *Isis-Panthée assise.*

Elle tient une corne d'abondance sur le bras gauche et des pavots dans la main droite. Un uræus se dresse au-dessus de son front. Devant elle, deux bœufs ; derrière un chien.

Topaze. Musée Fol., à Genève.

Musée Fol., Glyptique, t. I, pl. v, n° 6.

N° 153.   *Isis assise sur le chien Sirius.*

Elle tient un sistre dans la droite et un sceptre dans la gauche.
Prisme d'émeraude. Cabinet de Berlin.

Winckelmann, *P. gr. de Stosch*, p. 16, n° 66.
Tassie, n° 324.
Tölken, n° 39.

N° 154.   *Demi-figure d'Harpocrate de face.*

Le dieu est représenté sous les traits d'un enfant qui porte l'index de la main droite à sa bouche. Le bras gauche, chargé d'une corne d'abondance, s'appuie sur un cippe. Belle gravure grecque.

Pâte antique de M. Charles Townley.

Tassie, 395.

Autre de face, mais imitant l'Horus égyptien.

Tassie, 376 et pl. viii, onyx du cabinet de Berlin, mentionné encore par Winckelmann, *P. gr. de Stosch*, p. 20, n° 84, et par Tölken, n° 84. V. aussi Von Sacken, Kasten III, 144.

N° 155.   *Demi-figure d'Harpocrate de profil.*

L'index de la droite sur la bouche, une corne d'abondance sur le bras gauche.

Cornaline. Cabinet de Berlin.

Tölken, n° 85.

Variantes :

Tassie, 376 à 394. Tölken, 86 à 89. Stosch, *Gemmæ antiquæ cælatæ sculptorum nominibus insignitæ*, pl. xxxvii (Cornaline du cabinet de la Haye, avec le mot ΕΛΛΗΝ. De Jonge, 985. V. encore Köhler *Gesammelte Schriften*, Bd. III, *Abhandlung über die Geschnittenen Steinen mit den Namen der Künstler*, p. 57, n° 5 ; p. 110, n° 3, 259 à 261. Et : Brunn, *Geschichte der Griechischen Künstler*, Bd. II, Abth., II, p. 566, 567).

N° 156. *Pierre gravée à deux faces :*

1re face. Harpocrate grec sous la forme d'un bel enfant nu assis par terre, l'index de la droite sur la bouche. Camée.

2e face. Horus représenté à la manière égyptienne, quoique le travail trahisse une main grecque. Le dieu est accroupi sur une fleur de lotus. Il tient un fouet à la main. Intaille. Au-dessous l'inscription :

ΜΕΓΑΣ ΩΡΟΣ
ΑΠΟΛΛΩΝ ΑΡΠΟΧΡΑΤΗ
ΕΥΙΛΑΤΟΣ ΤΩ
ΦΟΡΟΥΝΤΙ

Héliotrope. Cabinet de Vienne.

Eckhel, *Choix de pierres gravées du cabinet impérial des antiques de Vienne,* pl. xxx.

Cuper, *Harpocrates,* 156.

Arneth (Joseph), *Monum. der k. k. Münz-und Antiken Cabinettes in Wien,* taf. xvi, 10.

Von Sacken, *L. c., Geschnittene Steine,* Kasten 1, n° 39.

N° 157. — *Harpocrate debout avec la corne d'abondance sur le bras gauche.*

Cornaline. Autrefois au cabinet Strozzi, à Rome, aujourd'hui au cabinet de Berlin.

Venuti, *Collectanea antiquitatum Romanarum,* tav. xxx.

Winckelmann, *P. gr. de Stosch,* p. 23.

Tassie, 408.

Tölken, 98.

Variantes :

Tassie, 396 à 407. Tölken, 97 et 99.

Musée Fol., Glyptique, t. I, pl. v, n° 4. Von Sacken, Kasten III, nr. 1 et 145 à 150.

N° 158. *Anubis debout.*

Il est représenté avec une tête de chien, vêtu d'une tunique serrée à la ceinture, qui s'arrête aux genoux. Il tient un caducée dans la gauche et une palme dans la droite.

Cornaline. Cabinet de Berlin.

Winckelmann, *P. gr. de Stosch,* p. 26, n° 106.

Tassie, 206.

Tölken, n° 109.

Variantes :

> Tassie, 205 et 207 à 214. Tölken, 106, 107, 108, *Musée Fol.*, Glyptique, t. I,
> pl. v, n° 7. De Jonge, 20. Von Sacken Kasten, III, 156.

N° 159.   *Bustes de Sérapis et d'Isis en face.*

Nicolo.

> Tassie, 1426.

N° 160.   *Bustes de Sérapis et d'Isis conjugués.*

Sérapis porte une couronne de laurier et un calathos, Isis une couronne d'épis que surmonte un serpent; de petites cornes paraissent sur
son front. Très beau travail.
Camée en onyx. Cabinet de Vienne.

> Arneth, p. 24, taf. xiii, 2.
> Overbeck, *Kunst Myth.*, Zeus, p. 320, note g.
> Von Sacken, *L. c.*, *Antike gesch. St.*, Kasten, I, nr. 8.

Variantes :

> Tassie, 1450 à 1455. Tölken, 71. Chabouillet 2016 (Cornaline rapportée de
> Syrie et acquise en 1851, pour le *Cabinet des médailles*). *Musée Fol.*, Glypti-
> que, t. I, pl. vi, fig. 2. Von Sacken, Kasten III, 140.

N° 161.   *Bustes de Sérapis et d'Isis affrontés.*

Sérapis avec le calathos, Isis avec la fleur de lotus et des épis au-dessus
du front; près d'elle, un sistre.
Cornaline.

> Tassie, 1446, pl. xxiv.

Variantes :

> Tassie, 1445, 1447, pl. xxiv, 1448, 1449. Tölken, 72, 73.

N° 162. — *Sérapis et Isis debout avec leurs attributs ordinaires.*

Cornaline. Cabinet de Berlin.

> Tölken, 75.

Variantes :

> Tölken, 76, 77.

N° 163. *Isis et Harpocrate.*

La déesse est assise ; elle porte le sistre dans la droite ; la situla est suspendue au bras gauche, dont la main tient une patère. Devant la déesse, Harpocrate debout.
Cornaline.

> La Chausse, pl. 52.

Variantes :

> Tassie, 316. Tölken, 43. Von Sacken, Kasten III, 138, 139.

N° 164. *Isis tenant Harpocrate sur ses genoux.*

Gravure grecque.
Cornaline de M. Titlow.

> Tassie, 327, pl. VII.

Variantes :

> Tassie, 326, 328 (Tölken 41), 329, 330 (Tölken 40). Caylus,
> *Recueil d'antiquités*, t. III, pl. IX, 111. Krause, *Pyrgoteles*, taf. I, fig. 2.
> Von Sacken, Kasten III, 135, 136.

N° 165. — *Harpocrate debout entre les bustes de Sérapis et d'Isis.*

Cornaline. Cabinet de Berlin.

> Tölken, 101.

N° 166. *Harpocrate avec Sérapis et Isis.*

Cornaline du Musée Fol, à Genève.

> *Musée Fol.*, pl. XXVI, fig. 8 (mal expliquée).

Variantes :

> Tölken, 100. Gori, *Mus. flor.*, t. I, pl. LVII, n° V. *Antiquités du Bosphore
> Cimmérien, conservées au Musée impérial de l'Ermitage, à Saint-Pétersbourg,*
> t. I, pl. XVIII, n° 5 (anneau trouvé sur les rives du Bosphore).

N° 167. *Isis debout avec le sistre et la situla.*

Devant elle, Anubis avec la palme et le caducée.
Cornaline de M. Cracherode, à Londres.

> Tassie, 321, et pl. VI.

Variantes :

Tassie, 215, 305 ; Mariette, II, 10.

No 168. — *Buste d'Harpocrate de face entre ceux de Sérapis et d'Isis.*

A côté d'eux, celui d'Anubis de profil. Les quatre bustes sont posés au-dessus d'un lit (*lectisternium*).

Petit bas-relief en bronze destiné à être monté comme un chaton de bague.

Caylus, *Recueil d'antiq.*, t. IV, pl. XXIII, n° 1.

No 169.   *Triade composée de :*

Isis-Déméter, coiffée du calathos, Harpocrate-Iacchos, coiffé du pschent, et Bubastis-Artémis, diadémée et portant deux plumes sur la tête.

Trois bustes coulés et ciselés en relief, qui décorent, au lieu de chaton, une bague d'or massif. Les bustes d'Harpocrate et de Bubastis sont portés par une même fleur.

Ce bijou provient de Rome, d'où il a été rapporté par l'abbé Barthélemy. Il est aujourd'hui au cabinet des Médailles.

Caylus, *Recueil d'antiq.*, t. VI, pl. LXXXVIII, I et II, p. 288.
Chabouillet, 2632.

No 170. — *Triade composée de Sérapis, Junon et Isis, formant un triclinium.*

Cornaline. Propriétaire inconnu.

Cadès, *Centuria*, IV, 3.

No 171.   *Triade montée sur un navire.*

A la proue Isis-Pharia avec un calathos sur la tête et un long voile flottant derrière elle ; elle étend les deux bras en avant. Au milieu, Sérapis, assis sur un trône, avec l'aigle à ses pieds. A la poupe, la Fortune, coiffée du calathos et tenant dans la main gauche une corne d'abondance et dans la droite un gouvernail.

Entre Isis et Sérapis il y a, dans le champ, une tête de Minerve.
Jaspe. Cabinet de Florence.

Gori, *Mus. Flor.*, t. I, tab. LVII, n° VI.

Variante :

Montfaucon, *Antiq. expl.*, t. II, pl. XLII, 1, p. 155.

No 172. *Sérapis debout.*

Il est à demi vêtu d'un himation ; il tient le sceptre dans la gauche ; à ses pieds est un Cerbère à trois têtes. Derrière lui, Minerve casquée, tenant un bouclier et une lance. Devant lui, Isis avec le sistre et la situla.

Gemme.

Montfaucon, *l. c.*, n° 2.

No 173. *Sérapis assis, avec les attributs ordinaires.*

Au-dessus, dans le champ, une étoile. Devant le dieu, Horos-Apollon sous la forme d'un adolescent imberbe, les cheveux longs et le calathos sur la tête, une haste dans la gauche et une lyre sous la droite allongée. Derrière Sérapis, Isis, une haste dans la gauche, une corne d'abondance dans la droite.

Gemme.

Montfaucon, *l. c.*, n° 3.

No 174. *Triade composée de :*

Sérapis, le foudre dans la gauche, un sceptre entortillé d'un serpent dans la droite ; Cérès avec une corne d'abondance et un long flambeau ; Cybèle coiffée d'une couronne murale.

Cornaline du comte Butturlin.

Lippert, suppl., n° 28.
Tassie, 1496.

No 175. *Triade composée de :*

Sérapis, coiffé du calathos, assis sur un trône, tenant un sceptre dans la gauche et posant la droite sur un Cerbère tricéphale ; l'aigle est à sa gauche. Buste de Cérès portant un long flambeau ; Harpocrate, debout, posant une corne d'abondance sur la tête d'un terme.

Cornaline. Cabinet de La Haye.

Winckelmann, *P. gr. de Stosch.*, p. 47.
Lippert, I, 863.
Tassie, 1497, pl. xxiv.
De Jonge, 248.

No 176. *Triade composée de :*

Sérapis, debout, avec le sceptre et Cerbère ; à sa droite, Isis, avec le sistre et la situla à sa gauche, Hékaté-Bubastis.

Pâte antique jaune. Cabinet de Berlin.

Tölken, 78.

N° 177.   *Tête coiffée du klaft, de face.*

Travail égypto-romain.
Onyx. Cabinet de Vienne.
Chaton d'un anneau trouvé dans une tombe romaine, à Tremmersfeld,
près de Cilli, anc. *Claudia Celeia* (Styrie).

Fundchronik *Archiv.*, XIII, 96, fig. 4.
Von Sacken, *Toreutische Arbeiten*, V Zimmer, IX Pultkasten nr. 149.

N° 178. — *Grand camée rond, sculpté dans le fond d'une tasse en
onyx (Tasse Farnèse).*

A gauche, le Nil barbu, les jambes couvertes d'un manteau, est assis
et accoudé contre un arbre ; il tient dans la gauche une corne d'abondance appuyée sur son genou. A ses pieds est étendue Isis, les cheveux
bouclés et le nœud sur la poitrine ; elle a le bras gauche posé sur la
tête d'un sphynx. Derrière elle est un jeune homme tenant une arba-
lète (?) dans lequel Visconti croit reconnaître Horus. A droite, sont
assises deux jeunes femmes, tenant l'une une tasse, l'autre un rhyton
(Memphis et Anchirroé, filles du Nil?). Au-dessus de la composition
planent deux jeunes gens ; l'un déploie un voile au-dessus de sa tête,
l'autre sonne du buccin. Ce sont peut-être les Vents Etésiens.

Sous la tasse, une tête de Méduse.

Musée de Naples. Provient de la collection Farnèse.

Maffei, *Osservazioni litterarie*, I, II, art. IX.
Gerhard et Panofka, p. 391.
Visconti, *Mus. P. Cl.*, t. III, pl. C. I, p. 241.
Mus. Borbon., XII, XLVII.
Robiou et Lenormant, *Chefs-d'œuvre de l'art antiq.*, 1re série, vol. II, pl. 30-31.
King, *Antiq. Gems and Rings*, pl. XIV, 6.

SECTION VII.

MONNAIES.

(Les monnaies des villes, autonomes et impériales, sont indiquées par le chiffre qu'elles portent dans l'ouvrage de Mionnet, intitulé : *Médailles grecques*, les monnaies romaines, par celui qu'elles portent dans le classement d'Henry Cohen : *Description historique des monnaies frappées sous l'Empire romain*).

No 179.   *Tête de Sérapis surmontée du calathos.*

Autonomes.

Hadrianopolis (Thrace), t. I, p. 385, n° 138. Temnos (Æolide), III, p. 27, n° 160. Téos (Ionie), III, p. 260, n°ˢ 1484-1485. Hermupolis (Lydie), IV, n° 244. Hiérapolis (Phrygie), IV, p. 296, n°ˢ 578, 579, etc., etc.

Impériales.

Flaviopolis (Cilicie), III, p. 582, n°ˢ 209-215. Cassandrea (Macédoine), *Supplément*, III, p. 54, n° 355. Cæsarea (Samarie), V, p. 488, n°ˢ 9, 11, etc. Diospolis (*ibid.*), V, p. 498, n° 63. Ælia Capitolina (Judée), V, p. 517, n°ˢ 6, 7, etc.

Romaines.

Julien le Philosophe, 56, 72, 92, 94, 95 à 131.

Contorniate.

Cohen, t. VI, p. 548, pl. xx.

No 180.   *Tête de Sérapis surmontée de la fleur de lotus.*

Autonome.

Anchialos (Thrace), I, p. 371, n° 57. Suppl., II, p. 251, n° 61.

Nº 181.   *Sérapis assis sans Cerbère.*

Autonomes.

> Tripolis (Carie), III, p. 390, nº 498. *Suppl.*, VI, 555-567.

Nº 182.   *Sérapis assis avec Cerbère à côté de lui.*

Impériales.

> Amasia (Pont), II, p. 338, nº 21, p. 339, nº 29. *Suppl.*, IV, p. 425, nº 38. Iasus (Carie), III, p. 354, nº 293. Nysa (*ibid.*), III, p. 336, nº 370. Hiéra-polis (Phrygie), IV, p. 305, nº 633. Tralles (Lydie), V, p. 185, nº 1071, 1072. Ælia Capitolina (Judée), V, p. 521, nº 31..., etc., etc.

Romaine.

> Caracalla, 168, 184, 470, 471, 479, 487. Hélène, 1.

Nº 183. — *Sérapis assis tenant au-dessus de la tête de Cerbère une phiale.*

Impériale.

> Hadrianopolis (Thrace). *Suppl.*, II, p. 325, nº 751.

Nº 184. — *Sérapis couché sur un lectisternium, le calathos en tête, portant un aigle sur la main droite et tenant une haste.*

Impériales.

> Sinope (Paphlagonie). *Suppl.*, IV, p. 581, nºˢ 164, 165, p. 582, nº 175.

Nº 185.   *Sérapis monté sur un cheval.*

Autonome.

> Odessos (Thrace). *Suppl.*, II, p. 350, nº 889.

Impériale.

> Julia (Phrygie), IV, p. 309, nº 656.

Nº 186.   *Sérapis debout.*

Autonome.

> Hermocapelia (Lydie), IV, p. 44, nº 232.

Impériales.

> Odessos (Thrace), I, 396, n° 228. *Suppl.*, II, p. 353, n°⁵ 903, 904, p. 357, n°⁵ 924-925. Kallatia (Mœsie). *Suppl.*, II, p. 62, n° 52. Hadrianopolis (Thrace), *ibid.*, p. 306, n° 692, p. 324, n° 749 et suiv. Germanicopolis (*ibid.*), II, p. 397, n° 60. Pheneus (Arcadie). *Suppl.*, IV, p. 287, n° 86. Cæsarea (Samarie), V, p. 493, n° 39. *Suppl.*, VIII, p. 342, n° 41. Ælia Capitolina (Judée), V, p. 521, n° 27..., etc., etc.

Romaines.

> Septime Sévère, 471. Caracalla, 134, 141, etc. Postume, 169 à 172. Julien, 121. Julien et Hélène, 10, etc., etc.

N° 187. *Tête d'Isis.*

Autonomes.

> Syracuse (Sicile), I, p. 315, n° 951, 952. Palerme (*ibid.*). *Suppl.*, I, p. 416, n° 389. Iasus (Carie), III, p. 333, n° 288, etc., etc

Impériales.

> Amastris (Paphlagonie), II, p. 393, n° 45. Serdica (Thrace), I, p. 421, n° 368. Ile de Syros. *Suppl.*, IV, p. 408, n°⁵ 300 à 302, p. 409, n°⁵ 306, 307.

Romaines.

> Hélène, 1 à 31.

N° 188. — *Isis debout avec le sistre et la situla ou une haste.*

Autonomes.

> Hadrianopolis (Thrace), I, p. 385, n° 138. Smyrne (Ionie), III, p. 209, n° 1143. Hiérapolis (Phrygie), IV, p. 296, n° 579, etc., etc.

Impériales.

> Nicopolis (Epire), II, p. 57, n° 85. Pagæ (Attique), II, p. 144, n° 336. Argos (Argolide), p. 234, n° 42. *Suppl.*, IV, p. 243, n° 45, p. 246, n° 70, p. 247, n° 75, p. 254, n° 118. Cyme (Eolie), III, p. 14, n° 79. Philomelium (Phrygie), IV, p. 351, n° 895, etc., etc.

Romaines.

> Licinius père, 157. Constantin Iᵉʳ, 583. Crispe, 143. Julien le Philosophe, 99 à 104. Julien et Hélène, 4, 5. Valens, 77, etc., etc.

N° 189. — *Isis Pharia debout sur une galère, tenant une voile enflée par les vents. Quelquefois un phare derrière elle.*

Autonome.

> Cyme (Eolie), III, p. 9, n° 56.

Impériales.

Cyme (Eolie), III, p. 11, n° 67. Ephèse (Ionie), III , p. 117, n° 417. Amastris (Paphlagonie). Suppl., IV, p. 561, n° 72.

Romaines.

Constantin Ier, 550 à 552. Crispe, 146, 147. Constant Ier, 165. Julien le Philosophe, 112, 113, 114. Julien et Hélène, 7, etc., etc.

Nº 190. — *Isis Panthée debout, casquée, ailée et vêtue de la stola, tenant dans la droite un sistre, un gouvernail et des épis, et dans la gauche, une corne d'abondance. A ses pieds, une roue.*

Impériale.

Tarse (Cilicie), III, p. 656, n° 614.

Nº 191.   *Isis assise sur le chien Sirius.*

Romaines.

Julien et Hélène, 6. Hélène, 11, et pl. xii. Valentinien Ier, 60. Valens, 76.

Nº 192.   *Harpocrate debout.*

Autonomes.

Perinthus (Thrace), I, p. 400, n° 252. Suppl., II, p. 397, n° 1160. Aphrodisias, (Carie), III, p. 324, n° 119, etc.

Impériales.

Ephèse (Ionie), III, p. 118, n° 421. Pessinus (Galatie), IV, p. 393, n° 119, etc.

Romaines.

Julien le Philosophe, 92 à 95. Hélène, 2 à 5. Valentinien Ier, 61, etc.

Nº 193. — *Anubis debout, avec une palme ou un sistre, et un caducée.*

Autonome.

Perinthus (Thrace), I, p. 401, n° 253, etc.

Romaines.

Constantin Ier, 555. Crispe, 144. Julien le Philosophe, 6, 122 à 126. Julien et Hélène, 12. Valentinien Ier, 62. Valens, 79.

Nº 194.   *Têtes de Sérapis et d'Isis accolées.*

Autonomes.

> Perinthus (Thrace), I, p, 400, nᵒˢ 251, 252, p. 401, nº 253. *Suppl.*, II, p. 397,
> nº 1161. Catane (Sicile), I, p. 227, nᵒˢ 162 à 165. *Suppl.*, I, p. 380, nº 162.
> Ephèse (Ionie), III, p. 117, nº 416, etc., etc.

Impériales.

> Ægæ (Cilicie), III , p. 542, nº 29. Sinope (Paphlagonie). *Suppl.*, IV, p. 579,
> nº 155, etc.

Romaines.

> Julien et Hélène, 1 à 13.

Nº 195.   .   *Têtes de Sérapis et d'Isis affrontées.*

Impériales.

> Flaviopolis (Cilicie), III, p. 580, nᵒˢ 205, 206, 207, 212, 213.

Romaines.

> Julien le Philosophe, 3.

Nº 196. — *Sérapis et Isis terminés en serpents, debout en face l'un
de l'autre, soutenant un vase duquel sort un serpent.*

Romaines.

> Julien le Philosophe, 117, 118. Jovien, 23.

Nº 197.   *Isis et Harpocrate.*

Autonomes.

> Catane (Sicile), I, p. 227, nᵒˢ 158, 159. *Suppl.*, I, p. 380, nº 160.

Nº 198.   *Isis allaitant Harpocrate.*

Romaines.

> Julie, 93, 188, 222. Julien le Philosophe , 96. Julien et Hélène, 2, 3. Hélène,
> 6. Valentinien 1ᵉʳ, 59. Valens, 78.

Nº 199. — *Char traîné sur la mer par deux sphinx ; dessus, Isis
debout, de face, avec la fleur de lotus sur la tête, tenant de la
main droite un sistre.*

Un peu au-dessus, Harpocrate à demi-nu, debout, portant la main
droite à sa bouche ; devant le char, un chien accroupi aboyant.

21.

Romaine.

Julien le Philosophe, 133, 134.

N° 200. — *Sérapis assis, une palme à la main ; derrière lui, le génie de la ville de Tarse.*

En face, Isis tenant le sistre dans la main droite ; au milieu, Harpocrate. Tous trois debout.
Impériale.

Tarse (Cilicie), III, p. 639, n° 506.

N° 201. — *Sérapis assis ; Cerbère à ses pieds, Cérès et Anubis à sa droite ; Isis et Harpocrate à sa gauche.*

Impériales.

Bizya (Thrace), I, p. 375, n°° 75, 76.

N° 202.   *Diane d'Ephèse, Isis et Sérapis.*

Impériale.

Ephèse (Ionie), III, p. 117, n° 415.

N° 203.   *Isis debout entre Marc-Aurèle et Commode.*

Aphrodisias (Carie), III, p. 326, n° 139. Tripolis (Carie), III, p. 391, n° 497.

N° 204. — *Isis dans un char conduit par deux mules tenant un sistre.*

Romaines.

Julien le Philosophe, 106, 107, 108 (avec Anubis accompagnant le char), 109. Hélène, 10. Jovien, 24, 25. Gratien, 66.

SECTION VIII.

AMULETTES

EN OR, EN PLOMB ET EN ÉMAIL.

Nº 205. — *Soixante lames, dont une en or, les autres en plomb, trouvées à Rome, dans la vigne Codini, près du tombeau des Scipions.*

Celle qui est en or porte l'inscription :

ΑΙΩΝΕΡΠΕΤΑ ΚΥΡΙΕ ϹΑΡΑΠΙ
ΔΟϹ ΝΕΙΚΗΝ ΚΑΤΑ ΠΑΙΝ ΥΠΟΠΕΤΡΑΝ

Bullettino dell' Inst. di Corr. Arch. d. R., 1852, p. 151, 152.

Nº 206. — *Tablette d'émail blanchâtre appartenant à M. Tyszkiewicz.*

Elle porte l'inscription :

ΑΧΙƎΝ
ΗƎΙϹΙϽ

νειχᾶ ἡ Εἶσις

Écriture du deuxième ou du troisième siècle de notre ère. Cette tablette, traversée par un trou dans toute sa longueur, doit avoir été portée suspendue au cou en guise d'amulette.

Bullett. dell' I. d. C. A. d. R., 1873, p. 34.

Nº 207.   *Amulette ronde en plomb.*

D'un côté Anubis, de l'autre Harpocrate.

Ficoroni, Piombi antichi, part. II, tav. v, nº 15.

N° 208.   *Amulette semblable.*

D'un côté tête de Sérapis ; de l'autre Isis en pied.

Ficoroni, *l. c.*, tav. x, n° 1.

N° 209.   *Amulette semblable surmontée d'un anneau.*

Elle a été portée suspendue au cou. D'un côté tête de Sérapis ; de l'autre, l'inscription :

ΦΥΛ
ΑΣΕ

Ficoroni, *l. c.*, tav. x, n° 2.

N° 210.   *Autre semblable mais sans anneau.*

Légende :

ΦΥΛ
ΑΞΕ

Seguin, *Selecta numismata deorum*, n° 1.

N° 211. — *Moule en pierre blanche, dans lequel on coulait des médaillons en plomb.*

On y voit cinq formes carrées, au milieu desquelles est représenté un sistre.

Ficoroni, *l. c.*, capitolo ultimo, tav. i.

N° 212.   *Autre semblable.*

Cinq formes carrées représentant Isis en pied.

Ficoroni, *ls. cs.*

N° 213.   *Lame en plomb, avec l'inscription :*

ЄΙC ΖΕΥC CЄΡΑΠΙC

Akerblad, *Iscrizione greca sopra una lamina di piombo*, p. 214.
C. I. G., 7049. Cf. n° 6002 c.

Nº 2{4. — *Petit tube quadrangulaire en or de la collection Kestner.*

Sur les quatre faces l'inscription :

Πουβλιχιανέ | εἶς Ζεὺς | Σέραπις | ἐλέησον.

Bull. Inst. Corr. arch. R., 1852, p. 161 et suiv.
Archäolog. Anzeiger, 1852, p. 242.
C. I. G., 8528 b.

SECTION IX.

PEINTURES MURALES

DES MAISONS PARTICULIÈRES DE POMPÉI, D'HERCULANUM, DE STABIES ET DE ROME.

N° 215. — *Pompéi, maison voisine de celle de M. Lucretius.*

Isis-Fortune sous la figure d'une femme qui porte de grandes ailes bleues aux épaules et un croissant sur le front. Elle est vêtue d'une tunique jaune, serrée à la taille, et chaussée de sandales; une bandelette brune, qui paraît être en laine, pend sur son épaule gauche. La main gauche tient la corne d'abondance, et la droite, le sistre. Son pied droit est posé sur une boule du monde à laquelle est appuyé un gouvernail. A gauche de la déesse, un cavalier, que l'on regarde comme le dieu Lunus; sa tête est ornée d'une couronne; il est vêtu d'une tunique grise et d'un pallium rouge qui flotte derrière son dos; la gauche tient une *bipennis*; sa tête est entourée d'un nimbe bleu très maladroitement peint. A droite d'Isis un enfant debout, qui tient à deux mains un flambeau. Au-dessus, on lit, tracée au pinceau, l'inscription :

ΓILOLVS · VOTVM · SOL.

Helbig, *Wandgemälde Campanicus*, n° 78 (où l'on trouvera l'indication des sources).

N° 216.　　　*Pompéi, maison de Julia Felix.*

Peinture qui se trouve sur les murs d'une chambre voûtée ayant servi de *sacellum*.

Mur du fond. Autel sur lequel est placée une pomme de pin; de chaque côté un serpent qui semble ramper. Au-dessus, Isis entièrement vêtue, assise sur un siège à dossier; elle porte le croissant et la fleur du lotus sur le front; dans la droite le sistre, dans la gauche une patère. A gauche de la déesse, Anubis, couvert d'un vêtement de couleur sombre, les pieds chaussés de sandales, une palme dans la droite. A droite d'Isis, une figure très endommagée, dont il est difficile de reconnaître le sexe ; elle est vêtue d'une tunique de couleur claire et d'un manteau sombre ; la gauche est appuyée sur un bâton, la droite tient une corne d'abondance d'où sort un long rameau. (C'est sans doute Harpocrate.)

Mur de droite. Figure de femme vêtue d'une tunique et d'un manteau bordé de franges, la tête ceinte d'une couronne, un rameau dans la gauche. La droite tient un plat rempli d'œufs et de fruits dont s'approche, en rampant, un serpent mâle. Un second serpent s'avance de l'autre côté. Au-dessous du premier, dolium contenant des plantes semblables à des roseaux.

Mur de gauche. Figure de femme, vêtue d'un manteau, tenant dans la gauche une corne d'abondance, dans la droite un bâton ; elle semble faire rouler à terre une boule. C'est sans doute la Fortune. Figure d'homme vêtue d'un manteau, tenant une corne d'abondance dans les deux mains. Les peintures de ce mur ont aujourd'hui complètement disparu.

Helbig, 79.

N° 217. *Pompéi, maison des Amazones.*

Dans une niche, deux figures vêtues : Isis avec le sistre dans la droite et la corne d'abondance dans la gauche ; Sérapis, barbu, tenant dans la droite la situla, dans la gauche une corne d'abondance. Entre les deux, Harpocrate nu, tenant dans la gauche la corne d'abondance et posant l'index de la main droite sur la bouche. Tous les trois portant sur le front une fleur de lotus couleur d'or.

Sous la niche un autel en briques, sur lequel était peint un candélabre jaune sur fond rouge.

Peinture aujourd'hui perdue.

Helbig, 80.

N° 218. *Pompéi, maison du duc d'Aumale.*

Arrivée d'Io en Egypte.
Peinture semblable à celle de l'Isium, à l'exception de quelques détails insignifiants. V. ici p. 188, n. 9.

Helbig, 139.

N° 219. *Pompéi, maison d'Eumachia.*

Isis, le front surmonté du lotus, vêtue d'un chiton violet serré à la ceinture et d'un manteau, est debout sur un escalier devant un édifice rond, ouvert par devant ; elle tient de la gauche un plateau rempli de fruits, dans la droite une patère où boit un serpent. Sur une base est agenouillé un homme vêtu d'un chiton serré à la ceinture et tenant dans la gauche un objet qui paraît être un sistre. Sur une autre base, femme vêtue d'un long chiton, tenant une patère. Au-devant, un ibis.

Peinture aujourd'hui perdue.

Helbig, 1094 c.

N° 220.   *Pompéi, rue d'Holconius.*

Sous une édicule, Harpocrate en chlamyde rouge ; dans la gauche une corne d'abondance, l'index de la droite sur la bouche. A droite, prêtresse égyptienne en chiton jaune, tenant un sistre et une patère où boit un serpent ; à son bras gauche pend une situla. A gauche, prêtre debout, vêtu d'un chiton blanc, sans ceinture, qui tombe jusqu'aux genoux ; il tient un sceptre et une patère. Les trois figures ont le lotus sur le front, les deux dernières, des bandes en laine rouge sur les épaules.

Helbig, 1095.

N° 221.   *Pompéi, maison de M. Lucretius.*

Figure de femme debout, vêtue d'un chiton et d'un manteau. Dans la gauche une patère, dans la droite un sistre. La tête paraît être couverte de la dépouille d'un éléphant. En face, figure semblable tenant dans chaque main un flambeau.

Helbig, 1102.

N° 222.   *Herculanum.*

Enceinte sacrée entourée d'un péribole derrière lequel paraissent un palmier et de verts bosquets. Au fond, s'élève un naos qui est complètement ouvert par-devant et auquel cinq marches donnent accès ; il est flanqué de deux piliers d'ordre dorique et orné d'une couronne, de palmes et de guirlandes. On y voit au milieu un personnage barbu, complètement noir, dont la chevelure est ceinte de feuillage et surmontée d'une fleur de lotus ; il a un bras sur la hanche et l'autre en l'air ; il semble exécuter un pas de danse. Derrière lui se tiennent deux femmes, dont une joue du tympanon, deux jeunes enfants et un prêtre, nu au-dessus de la ceinture et la tête complètement rasée, qui agite le sistre. Au bas des marches et en face du sanctuaire est un autel à quatre cornes (κεραοῦχος), au-dessus duquel monte la flamme d'un sacrifice ; sur la base sont perchés deux ibis. A droite de cet autel on voit : un prêtre debout, tenant dans la gauche un sistre et dans la droite un instrument formé d'anneaux en métal engagés les uns dans les autres; un musicien qui joue de la trompe ou de la flûte; près de lui un jeune enfant; plus en avant, un homme agenouillé; une femme complètement vêtue, dont la droite tient un sistre d'une forme particulière et la gauche une petite branche garnie de feuilles; puis un homme et un enfant. A gauche, un prêtre agitant le sistre, et auprès de lui une figure peu distincte; en avant, un enfant portant sur la tête une corbeille qu'il soutient de la main gauche, et dans la main droite un petit vase. Au premier plan, une femme agenouillée, couronnée de feuillage, portant sur la gauche un plat rempli de fruits et dans la droite un sistre.

Helbig, 1112. (V. *ibid.* les autres références.)

N° 223.   *Herculanum.*

Petit temple entouré de bosquets, au milieu desquels deux palmiers inclinent leurs troncs élancés. Le naos est élevé sur onze marches et flanqué de deux sphinx; la porte, dont le linteau est enguirlandé, s'ouvre toute grande sur le sanctuaire; mais l'entrée en est barrée par une balustrade à jour; de chaque côté sont percées dans le mur deux petites ouvertures. Au sommet des marches et au milieu est debout un prêtre, la tête complètement rasée, qui, de ses deux mains enveloppées dans son manteau, tient une urne sur sa poitrine; de chaque côté et un peu en arrière sont deux acolythes, agitant le sistre, l'un complètement vêtu et les cheveux longs, l'autre nu au-dessus de la ceinture et les cheveux rasés. Au bas des marches on voit un autre prêtre debout, le sistre dans la gauche, et dans la droite une sorte de bâton renflé vers la base, dont il paraît se servir comme d'un insigne de commandement. De chaque côté, s'étageant sur les marches, est un chœur d'initiés des deux sexes rangés sur quatre files de profondeur, qui ont l'air de prêter attention aux gestes du prêtre. Au premier plan et au milieu de la scène est un autel à cornes, plus large que haut, et orné de guirlandes, sur lequel brille la flamme du sacrifice, qu'un personnage muni d'une sorte d'éventail est en train d'attiser. Dans le coin de droite un *tibicen*, assis par terre, joue de son instrument; devant lui est un prêtre debout qui tient deux bâtons, dont l'un semblable à celui que nous avons décrit plus haut. A gauche, une femme et un homme agitent un sistre; ce dernier tient, en outre, une fleur de lotus. La composition est fermée à droite et à gauche par un autel à cornes qui dépasse de beaucoup, en hauteur, la taille d'un homme. On voit deux ibis près de l'autel du milieu; il y en a un autre perché sur le grand autel de droite et un quatrième sur un des sphinx qui flanquent le naos.

Cette peinture est aujourd'hui au Musée de Naples.

Helbig, 1111. (Ajoutez à ses références une traduction française de l'opuscule de Böttiger dans le *Magasin encyclopédique* de Millin, année 1810, t. II, p. 241 à 278; la gravure qui y est jointe est mauvaise.)

N° 224.   *Herculanum.*

Harpocrate couronné, le lotus sur le front, un rameau dans la droite, l'index de la main gauche sur la bouche; il marche vers un autel enlacé d'un serpent, qui est sur le point d'y saisir un œuf entouré de fruits.

A droite de la peinture, l'inscription :

GENIVS
HVIVS LOCI
MONTIS

Aujourd'hui presque illisible.

     Helbig, 81.

N° 225.   *Herculanum.*

Objet qui paraît être un encensoir. A droite, figure d'homme debout, vêtue d'une robe longue et collante et tenant dans la main droite un serpent. A gauche, personnage à tête d'épervier, vêtu d'une tunique courte et collante et appuyé sur un bâton. En face, oiseau posé sur une table ; à droite, figure de femme dans le costume égyptien, la situla dans la gauche, la droite appuyée sur un bâton ; à gauche, figure d'homme barbu, couvert d'un vêtement court et collant, la droite appuyée sur un bâton et tenant dans la gauche un objet peu distinct.

Peinture aujourd'hui perdue.

     Helbig, 1094.

N° 226.   *Herculanum.*

Jeune femme la tête ceinte d'une couronne, vêtue d'un chiton brunâtre serré à la ceinture, un manteau vert sur le bras gauche et les cuisses, un plateau dans la gauche, le sistre dans la droite.

Musée de Naples.

     Helbig, 1104.

N° 227.   *Stabies.*

Prêtre à longue barbe, dont les cheveux, longs aussi, sont retenus par un bandeau. Au-dessus de son front se dresse une plume ou un uræus. Il est vêtu d'un chiton blanc tombant jusqu'aux pieds et dont les manches très larges s'arrêtent aux coudes. Sa poitrine est couverte d'un pectoral jaune à bandes horizontales retenu sur les épaules par deux

fibules. Il tient dans la droite un goupillon et dans la gauche une situla
et un objet qui ressemble à un sistre d'une espèce particulière. Il est
chaussé de brodequins jaunes. En face, un prêtre qui paraît tenir dans
la gauche un couteau ; un autre avec un vase et un petit objet semblable
à un rateau.

Musée de Naples.

Helbig, 1098.

N° 228.   *Stabies.*

Prêtresse debout, vêtue d'une robe blanche, par-dessus laquelle est
jeté un chiton jaune, long et étroit, dont les larges manches s'arrêtent
aux coudes. Un pectoral jaune pend sur sa poitrine. Sa tête est ceinte
d'un bandeau et surmontée d'une fleur de lotus. Elle tient à deux mains
un plateau sur lequel est posé le vase à long bec des mystères alexandrins.

Musée de Naples.

Helbig, 1101.

N° 229.   *Rome.*

Peintures d'un laraire découvert en 1867 dans la Vigna Guidi, près
des Thermes de Caracalla.

A gauche de la porte d'entrée, Harpocrate, la fleur de lotus sur la
tête, l'index de la droite sur la bouche, la corne d'abondance sur le bras
gauche. A droite de la porte, Anubis, tenant de la gauche une torche,
au lieu du caducée, et de la droite des épis. Sur le mur de gauche, Cérès, tenant dans la droite une torche et dans la gauche des épis. Près
d'elle un dieu barbu assis, qui tient dans la gauche un sceptre (interprété à tort comme un Neptune ; c'est un Sérapis). Plus loin, autre
figure effacée.

Bullett. Inst. corr. arch. R., 1867, p. 115.

SECTION X.

N° 230.   *Table isiaque, dite du Bembo ou de Pignori.*

Table en bronze recouverte d'un émail noir, sur laquelle sont tracées, avec des incrustations en argent, des figures de divinités égyptiennes disposées sur trois bandes horizontales superposées.

Ce curieux monument, auquel les égyptologues refusent aujourd'hui toute valeur scientifique, a défrayé pendant de longues années les commentaires des prédécesseurs de Champollion. M. Maspéro, que nous avons consulté sur le sens des figures, a bien voulu nous répondre ce qui suit : « Non seulement les hiéroglyphes sont faux, mais le style des figures n'est pas fort bon. Le graveur antique était un Occidental, qui a reproduit, avec l'intention mal justifiée d'être exact, un original égyptien aujourd'hui perdu. Autant qu'on le peut voir, la table isiaque représente une série de scènes d'offrandes à divers dieux par un roi et une reine dont les cartouches se voient çà et là, mais sont illisibles. Ce sont des bas-reliefs de grande banalité comme on en voit à la centaine sur les murs des temples ou des édicules religieux. Aussi les modernes n'en ont-ils fait aucune interprétation. Ce serait à la fois très facile et très inutile. »

La table isiaque a probablement été trouvée dans le sol de Rome. Au sac de cette ville, en 1525, elle fut achetée à un soldat du connétable de Bourbon par un serrurier, qui à son tour la vendit au cardinal Bembo. Elle passa ensuite dans la maison des ducs de Mantoue. Elle est aujourd'hui au Musée de Turin, dans une salle du premier étage.

Æneas Vico, *Mensa Isiaca.* Venet., 1559.
Pignorius, *Vetustissimæ tabulæ ... descriptio.* Venet., 1605. Amstel., 1670.
Kircher, *Œdipus*, t. III, p. 78.
Montfaucon, *Antiq. expl.*, t. II, part. II, pl. CXXXVIII, p. 331-341.
Caylus, *Recueil d'antiq.*, t. VII, pl. XII.

Winckelmann, *Werke*, III, 113 ; V, 450 ; VII, 449.

Rudbeck, *Atl.*, p. II, c. 11.

Jablonski, *Misc. Berol.*, vol. VI, VII.

Lessing, *Fragment über die Isische Tafel.* Mélanges, X, p. 327.

Oberlin, *Orbis antiqui monum.*

Böttiger, *Archäologie der Mahlerei*, p. 36.

Orcurti, *Catalogo dei monumenti egizi ... del Museo di Torino.*

Nº 231. *Table isiaque dite de Ficoroni.*

Table en basalte, qui n'est qu'un fragment détaché d'un monument plus considérable, peut-être un sarcophage, peut-être un naos. Voici la description que nous devons à l'obligeance de M. Maspéro : « Les grands hiéroglyphes du haut faisaient partie d'une bande, qui courait au-dessus de scènes dont quatre seulement ont été conservées ; elle est incomplète de droite et de gauche et renferme un fragment d'inscription, où le dédicateur parlait des dieux figurés au-dessous.

Des quatre scènes conservées, la première, celle de gauche, est seule incomplète. Elle représentait le roi Nectanèbe II, agenouillé devant un génie en forme de lion, dont le nom n'existe plus. Le génie répondait : « J'accorde que les peuples d'au delà la Méditerranée soient saisis de tes craintes, de manière que ta crainte circule en tous les pays et que tes épouvantements soient dans leurs cœurs. »

Ensuite le roi Khoprikerl Nakhtnibf (Nectanèbe II), agenouillé offre un grand collier de verroterie à un génie à triple tête de serpent, armé du couteau, *Ash-hôou*, le « multiple de faces, » qui lui répond : « Je t'ai donné que l'Occident et l'Orient s'inclinent devant tes esprits, qu'ils viennent le dos plié à ta face. »

3º Le même donne l'ornement *Aper* et deux bracelets à un génie à tête de crocodile : *Anom-miri ?-f* « Son œil ? est coloré » ; mais le signe pour œil n'est pas distinct. Le génie en échange « accorde que l'Egypte du Nord et l'Egypte du Sud soient dans ses mains, si bien que toute terre regorge de provisions. »

4º Le même offre le collier *omokh* à un second génie à tête de crocodile dont le nom manque et qui « donnait que tu vives comme le Soleil ! »

Cette table a été trouvée à Rome, en 1709, dans le jardin contigu à l'église des Saintes Prisca et Priscilla, sur la pente de l'Aventin qui regarde l'Est. On l'a transportée dans l'académie Clémentine de Bologne.

Ficoroni, *Vestigie e rarità di Roma antica*, p. 80.

Montfaucon, *Antiq. expl.*, t. II, part. II, pl. CXXXIX, p. 341.

Nº 232. *Planisphère dit de Bianchini.*

Table de marbre blanc en deux fragments, représentant les signes du zodiaque grec ; on y voit les décans égyptiens mêlés aux images des sept dieux helléniques qui figurent les planètes, ainsi que des signes numériques gréco-romains.

Ce monument, ouvrage postérieur au commencement de notre ère, a été trouvé à Rome sur l'Aventin, en 1705. Il est aujourd'hui au Musée du Louvre.

> *Histoire de l'Académie royale des sciences*, année 1708 (Paris, 1730). Envoi de Bianchini.
> Clarac, *Catalogue*, 271. Musée, pl. 248 *bis*, 410.
> Pour les autres références et pour une description plus détaillée, voyez :
> Fröhner, *Notice de la sculpture antique du Louvre*, n° 4.

N° 233. — *Cratère en granit noir, sur la panse duquel sont des figures gravées en creux par de simples traits.*

Elles sont divisées en six tableaux, qui représentent, suivant M. C.-L. Visconti, l'initiation d'un illustre personnage, peut-être d'Hadrien, aux mystères du culte égyptien. Il ne reste plus que trois tableaux et demi. Travail d'imitation.

1re Scène. Personnage humain vêtu à l'égyptienne, la tête ornée du *Sokari*, offrant de la main droite un petit vase à une divinité hiéracocéphale surmontée du disque, qui paraît être Phrè. Il est conduit par une autre divinité dont il ne reste que la partie inférieure. Anse avec l'épervier mystique au-dessus.

2° Le même personnage, conduit par une divinité androcéphale que les ornements de la tête font reconnaître pour Amon-Ra, se présente avec le geste de l'orant devant une chapelle où est debout le dieu Phtah.

3° Le même, orné du pschent offre deux petits vases à une divinité féminine, portant deux cornes sans le disque, qui doit être Isis ; il est conduit par une divinité féminine léontocéphale qui peut être Tafnè.

4° Horammon auquel le même rend hommage. Il est clair que la même scène se renouvelait dans tous les tableaux, devant les divers dieux du Panthéon égyptien.

Trouvé en 1860 à Rome, dans la vigne Bonelli, en dehors de la porte Portese, à un demi-mille sur la via Portuense.

> *Annali dell' Inst. Corr. arch. R.*, 1860, p. 437, tav. agg. R. 3 a et b.

N° 234. *Fragment d'une statuette égyptienne en basalte, représentant une femme.*

La main gauche tient une tige de lotus. Par derrière, sur une surface unie, est gravée une inscription hiéroglyphique de style saïte. D'après M. Maspéro, ce monument date de la fin de l'époque persane, du règne de Nectanébo ou d'un de ses prédécesseurs immédiats.

Manquent la tête, le cou et toute la partie inférieure du corps au-dessous des hanches.

Trouvée dans le Sérapéum de Délos.

Am. Hauvette-Besnault, *Fouilles de Délos*, dans le *Bullet. de corr. hellén.*, mai et juin 1882, p. 313-316.

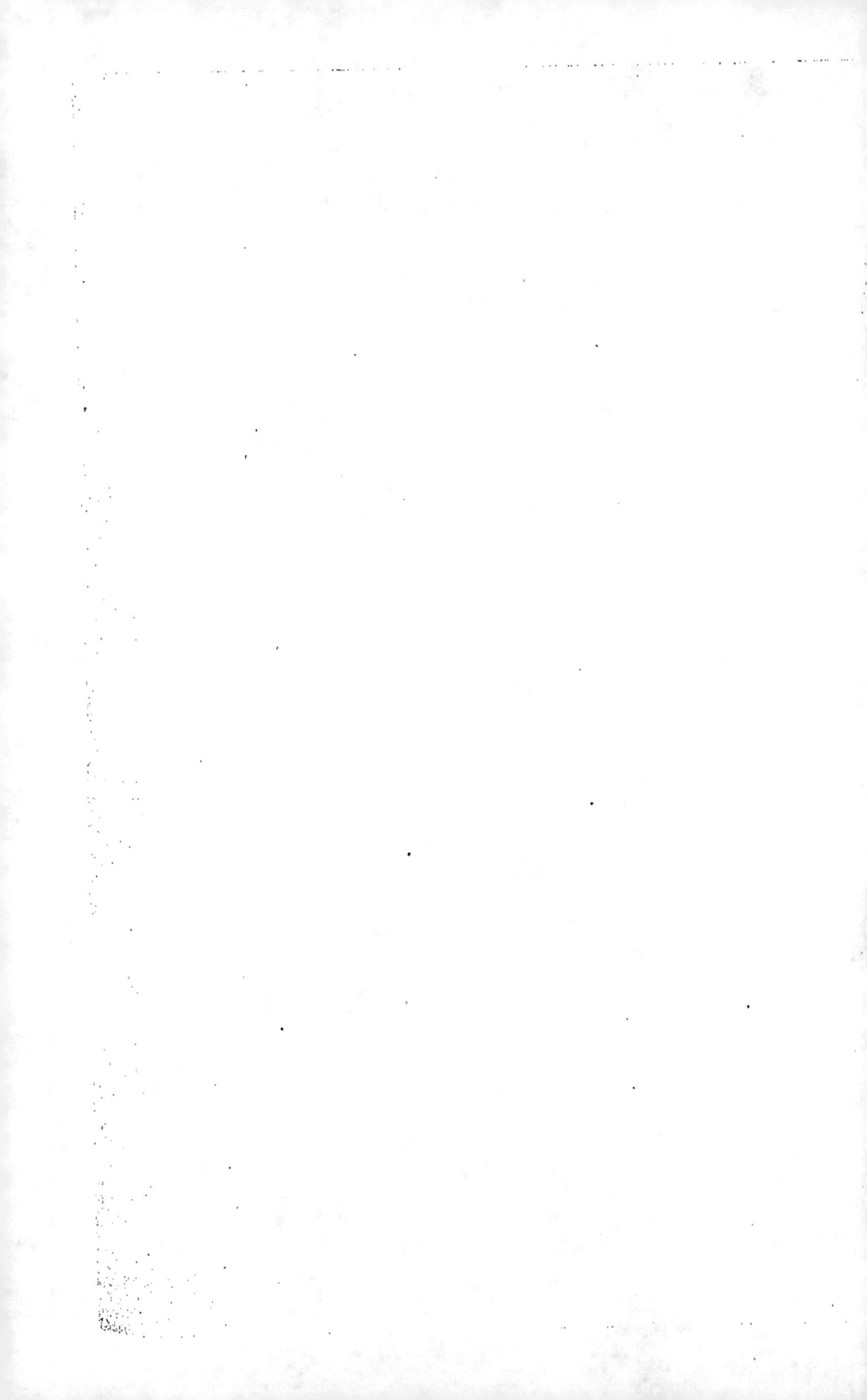

ERRATA ET ADDENDA

P. 13 l. 23. *Il ne subsiste plus guère de doutes*, etc. Bien que M. Foucart, dont nous résumons la thèse, ait apporté des faits et des arguments nouveaux qui paraissent trancher la question, il n'est peut-être pas sans intérêt de rappeler que, peu de temps avant la publication de son livre (1873), l'opinion contraire avait été soutenue par M. Caillemer. V. *La liberté de conscience à Athènes* dans la *Revue de législation*, 1870-71, p. 341 à 354.

P. 15 l. 6. Au lieu de *En 332 fut fondée Alexandrie* lisez *En 331 fut fondée Alexandrie*.

P. 16 l. 5. *Sous Ptolémée Soter apparaît un nouveau dieu, Sérapis.* Suivant Plutarque, il aurait été connu déjà du temps d'Alexandre. V. *Vie d'Alexandre*, 95 et 98.

P. 26 l. 30. Au lieu de *Ses maîtres lui-même* lisez *Ses maîtres eux-mêmes*.

P. 34 l. 16. Au lieu de *fidèlemet* lisez *fidèlement*.

P. 45 note 1. Il y avait aussi des Juifs parmi les affranchis de la *gens* Cæcilia. V. Plut., *Vie de Cic.*, 9.

P. 57. Les inscriptions de la *Grotte des Vipères* près de Cagliari ont été publiées de nouveau dans le *C. I. L.*, X, 7563-7578. M. Mommsen ne se prononce pas sur la date à laquelle on peut les rapporter. Il faut donc considérer comme une simple conjecture ce que nous en avons dit d'après ses devanciers.

P. 58 note 1. Orelli, 6090 = *C. I. L.*, X, 7514.

P. 89 note 7. *I. R. N.*, 3580 = *C. I. L.*, X, 3800.

P. 103 note 1. *I. R. N.*, 5352 = *C. I. L.*, IX, 3144.

P. 124 note 3. *I. R. N.*, 2807 = *C. I. L.*, X, 3615.

P. 129 note 6. Ajoutez : L. Renier, dans les *Mémoires de l'Académie des inscriptions et belles-lettres*, 1873, et Allmer, *Revue épigraphique*, n° 77.

P. 140 note 1. *I. R. N.*, 1090 = *C. I. L.*, IX, 1153.

P. 144 note 5. Cette inscription a été publiée de nouveau dans le *C. I. L.*, X, 7129.

P. 145 note 16. *I. R. N.*, 1 = *C. I. L.*, 1.

P. 154 note 4. *I. R. N.*, 2243 = *C. I. L.*, X, 846.

P. 163 l. 1. Au lieu de *Guinet* lisez *Guimet*.

P. 177 note 1. Au lieu de *sur les images* lisez *sur les monuments figurés* p. 245.

P. 180 note 6. *I. R. N.*, 2210 = *C. I. L.*, X, 815.

Ibid. note 8. *I. R. N.*, 2246 = *C. I. L.*, X, 849.

Ibid. note 9. *I. R. N.*, 2244, 2245 et 2243 = *C. I. L.*, X, 847, 848 et 846.

P. 181 l. 32. Au lieu de *au delà des autres* lisez *au delà des antes*.

Ibid note 1. *I. R. N.*, 2219 = *C. I. L.*, X, 848.

ERRATA ET ADDENDA.

P. 185 l. 27. Au lieu de *ce qui le justifie* lisez *ce qui la justifie*.
Ibid. note 1. *I. R. N.*, 2245 = *C. I. L.*, X, 848.
Ibid. note 2. *I. R. N.*, 2247 = *C. I. L.*, X, 850.
P. 187 note 4. *I. R. N.*, 2245 = *C. I. L.*, X, 848.
P. 189 note 11. *I. R. N.*, 2246 = *C. I. L.*, X, 849.
P. 190 note 2. *I. R. N.*, 2244 = *C. I. L.*, X, 847.
P. 191 l. 33. Au lieu de *qui abondaient dans le temple* lisez *qui abon-daient dans les temples*.
Ibid. note 3. *I. R. N.*, 2209 = *C. I. L.*, X, 814.
P. 192 note 3. M. Mommsen maintient son opinion contre les auteurs cités. V. *C. I. L.*, X, 843.
P. 200 note 3. Au lieu de *Geschreib.* lisez *Beschreib.*
P. 209 l. 21. Au lieu de *nous adapterions* lisez *nous adopterions*.

P. 226. Zoega ne se trompait pas lorsqu'il écrivait, sur la foi de té-moignages assez vagues, qu'un ou plusieurs obélisques étaient encore ensevelis à Rome derrière l'église de Santa Maria sopra Minerva (v. ici page 223 note 2). Nous ne nous trompions pas nous-même lorsque nous affirmions que « la plupart des monuments qui pourraient apporter des données nouvelles dans la question étaient encore sous le sol » (v. ici p. 226). Des fouilles entreprises au mois de juin 1883 dans l'impasse de Sant' Ignazio (v. ici, page 218, les notes 4 et 5, et notre plan) ont amené au jour un obélisque et cinq autres monuments d'une grande impor-tance. L'Académie des inscriptions et belles-lettres a été instruite de ces découvertes dans sa séance du 20 juillet 1883. Nous ne pouvons mieux faire que de reproduire le compte rendu de M. Julien Havet (*Re-vue critique* du 30 juillet 1883, p. 100).

« M. Le Blant communique des renseignements qui lui ont été trans-mis par MM. de Nolhac et Diehl, membres de l'École française de Rome, sur des fouilles récentes. Vers la fin de juin, un particulier, faisant quelques fouilles dans un petit jardin situé derrière l'église de la Minerve, trouva, presque à fleur de terre, un sphinx de granit rose, parfaitement conservé, d'environ 1m,20 de longueur. MM. de Nolhac et Diehl ont examiné ce monument : ils le croient de travail romain ; c'est du faux égyptien comme on en a tant fait sous les Antonins. L'attention de la commission archéologique ayant été attirée sur ce point par cette trou-vaille, des fouilles ont été entreprises dans l'impasse de Sant' Ignazio, qui confine à l'abside de la Minerve. Elles ont amené la découverte de plusieurs monuments intéressants :

» 1o Un sphinx de granit noir, de travail égyptien, qui porte le car-touche royal d'Amasis II, martelé, probablement par ordre de Cambyse ; ce sphinx, long d'environ 1m,50 et parfaitement conservé, a été trans-porté au musée du Capitole :

» 2o Deux cynocéphales de granit noir, dont l'un porte le cartouche du roi Nechtorheb Ier ;

» 3o Un piédestal de candélabre, triangulaire, de très grande dimen-sion, qui paraît être de travail grec et qui porte, aux trois angles de sa base inférieure, des figures accroupies, et, plus bas, des ornements fort délicats (1) ;

» 4o Un obélisque de granit rose, haut d'environ 6 mètres, sur lequel est gravé le cartouche de Ramsès II. C'est le pendant de celui qu'on voit sur la place de la Minerve ;

» 5o La base d'une belle colonne de granit oriental, décorée de sculp-tures égyptiennes très fines, exécutées en relief et représentant des per-sonnages. »

Au moment où nous mettons sous presse cet *Addenda* (septembre 1883),

(1) Cf. le n° 102 de notre *Catalogue*.

on n'a pas encore reçu à Paris les revues archéologiques de Rome, où ces monuments seront certainement reproduits et expliqués. Nous souhaitons qu'ils fournissent aux savants membres de l'Institut archéologique et de la Commission municipale d'archéologie les moyens de corriger le plan que nous avons donné de l'Isium et du Sérapéum de la IX⁰ région d'après Canina. Ces découvertes récentes portent à une trentaine environ le nombre des monuments qui ont été tirés des ruines de l'édifice antique.

P. 226 note 4. Ajoutez *n⁰* 93.

P. 229 note 3. *I. R. N.*, 1479, 1525 à 1531 = *C. I. L.*, IX, 1640, 1682 à 1687 et 1663.

Ibid. note 5. *I. R. N.*, 1529 = *C. I. L.*, IX, 1685.

P. 230 note 4. *I. R. N.*, 1090 = *C. I. L.*, IX, 1153.

Ibid. notes 5 et 6. *I. R. N.*, 5704 et 5705 = *C. I. L.*, IX, 4112 et 4109.

P. 245. M. F. Chabas a publié récemment dans les *Mémoires de la Société éduenne* (nouvelle série, t. VI, 1877) une *Notice de quelques statuettes antiques d'origine égyptienne, trouvées à Autun*. Cette notice a été résumée par M. Alex. Bertrand (*Revue des sociétés savantes des départements pour* 1878, 6ᵉ série, t. VIII, p. 72) dans un article que nous croyons devoir reproduire textuellement :

« Huit statuettes égyptiennes (trois statuettes funéraires, trois statuettes d'Osiris infernal, une statuette d'Isis allaitant le jeune Horus, une statuette de femme), faisant partie de la collection du musée et de celle de M. Bulliot, avaient été soumises à l'examen de M. Chabas. Ces statuettes devaient-elles être regardées comme authentiques? Y devait-on voir l'indication de l'existence d'un culte d'origine égyptienne en Gaule? Telles sont les questions auxquelles M. Chabas avait à répondre. — M. Chabas ne doute point de l'authenticité des statuettes en terre. — La statue en bronze du musée d'Autun, portant une série de signes hiéroglyphiques, dont deux sont altérés et qui peuvent se traduire : *illumination de l'Osiris am-ap-neter-snau, Ouah-het-Phra fils de la dame Touha*, lui semble douteuse. « Les statuettes funéraires en métal sont extrêmement rares. Le savant conservateur du British Museum, M. S. Birch, exclut le métal de la liste des matières qui pouvaient servir à la confection des figurines mystiques. Le musée du Louvre en possède une qui serait de l'époque de Ramsès II, mais on doute de son authenticité. En définitive, toutes celles de métal sont suspectes de fausseté. Le spécimen du musée d'Autun ne peut qu'accroître les soupçons des égyptologues. » M. Chabas est disposé à croire que quelques-unes des statuettes en terre ont été apportées à Autun dès l'époque de la conquête romaine; mais il se refuse à y voir la preuve de l'importation d'un rite égyptien dans la contrée. « A quelque date reculée que puisse remonter cette importation, écrit-il, on n'est pas fondé à en tirer la moindre conséquence historique. Les ustensiles du culte d'Isis et de Sérapis chez les Romains n'ont qu'un rapport très éloigné avec ceux du culte égyptien. Ils ne comprennent ni statuettes funéraires, ni figures d'Osiris infernal. Nous avons uniquement affaire ici à des objets de curiosité recueillis par des voyageurs en souvenir de leurs excursions lointaines. » En résumé, on ne doit pas s'étonner de trouver des statuettes en terre remontant, en Gaule, aux premiers temps de la conquête romaine; d'autres musées que celui d'Autun en possèdent d'authentiques; mais il ne faut les regarder, d'après M. Chabas, que comme objets de curiosité et non comme de véritables monuments historiques de nature à nous éclairer sur la religion de nos pères après la conquête. »

Quoiqu'il nous en coûte de nous trouver en contradiction avec un égyptologue de grand mérite, nous ne saurions accepter cette théorie que les témoignages de l'antiquité classique démentent absolument. Ce n'est pas seulement à Autun, ni même en Gaule, mais dans toute l'étendue de l'Empire romain que le culte égypto-grec a laissé des traces. Si l'opinion de M. Chabas était la vraie, il faudrait supposer que ces statuettes, découvertes un peu partout, étaient importées « *comme objets de curiosité,* » là où les inscriptions attestent qu'on rendait un culte aux divinités qu'elles représentent. Ainsi Isis et Sérapis avaient des temples, des prêtres et des adorateurs en Italie, en Gaule, en Espagne; mais leurs images, trouvées dans ces provinces aussi bien qu'à Rome même, n'auraient pas eu plus de valeur aux yeux des populations que n'en ont les statuettes bouddhiques qu'on nous apporte aujourd'hui de la Chine ou du Japon! C'est là une étrange inconséquence. En somme, la question qui intéressait les savants d'Autun ne nous paraît pas avoir été posée et résolue d'une façon claire. La Société éduenne voulait-elle savoir si ses statuettes, dont une porte des hiéroglyphes altérés, remontent à l'époque pharaonique et si elles attestent l'existence d'un culte emprunté par les Gaulois à la religion nationale de l'Egypte? Si le problème est ainsi présenté, nous répondons avec M. Chabas : non. Mais ces objets sont-ils de fabrication et d'importation alexandrine et doivent-ils être considérés comme des monuments du culte que les dieux alexandrins reçurent dans tout l'Empire romain? Nous répondons oui sans aucune hésitation.

P. 251 l. 23. *Sérapis a été très rarement représenté debout par les sculpteurs.* Ceci doit s'entendre seulement des statues de grandes dimensions; les petits bronzes qui reproduisent ce type ne sont pas rares; celui de Florence n'est donc pas le seul, comme nous l'avons dit.

P. 255 note 8. *I. R. N.* 2807-2810 = *C. I. L.*, X, 3615 et 3618.

P. 270 nº 17. L'original est conservé actuellement à la Bibliothèque nationale, à Paris.

P. 289. Ajoutez à la bibliographie du nº 90 : Von Sallet, *Asclepios et Hygieia* dans la *Zeitschrift für Numismatik*, 1882, t. IV, liv.

TABLE DES MATIÈRES

PREMIÈRE PARTIE.

LES TEXTES.

CHAPITRE PREMIER.

LES ORIGINES.

CHAPITRE II.

LE CULTE ALEXANDRIN DANS LE MONDE GREC ET AUTOUR DE ROME.

22.

CHAPITRE III.

LE CULTE ALEXANDRIN DANS ROME.

CHAPITRE IV.

LES SOURCES.

CHAPITRE V.

LA DOCTRINE.

CHAPITRE VI.

LE CULTE.

CHAPITRE VII.

LE SACERDOCE.

CHAPITRE VIII.

LES DIEUX ALEXANDRINS AU MILIEU DE LA SOCIÉTÉ DE ROME ET DANS LE MONDE OCCIDENTAL.

CONCLUSION.

SECONDE PARTIE.

LES MONUMENTS.

CHAPITRE PREMIER.

L'ISIUM DE POMPÉI.

CHAPITRE II.

LES TEMPLES ALEXANDRINS DE ROME.

CHAPITRE III.

LES MONUMENTS FIGURÉS.

CATALOGUE MÉTHODIQUE

DES MONUMENTS FIGURÉS.

TOULOUSE. — IMPRIMERIE A. CHAUVIN ET FILS, RUE DES SALENQUES, 28.

HARPOCRATE IDENTIFIÉ AVEC L'ENFANT À L'OIE

Terre cuite de Tarse (Cilicie). — Musée du Louvre

Ernest Thorin, éditeur, à Paris.   Héliog. Dujardin

PRÊTRESSE D'ISIS.
Statue du Musée de Palerme.

M
BALVI[.]IA[.]VARI[.]LAE
CONIVGI D M F[.]CIT
M ST[.]DI[.]VS AV[.]VSTALIS

PRÊTRESSE D'ISIS.
Bas-Relief du Musée de Naples.